Memórias de um doente dos nervos

Daniel Paul Schreber

Memórias de um doente dos nervos

tradução e introdução
Marilene Carone

posfácios
Elias Canetti
Roberto Calasso

todavia

Agradecimentos da tradutora 9
Da loucura de prestígio ao prestígio da loucura,
por Marilene Carone 11
Cronologia de Schreber 25

Memórias de um doente dos nervos

Prólogo 31
Carta aberta ao sr. conselheiro prof. dr. Flechsig 33
Introdução 37
1. Deus e imortalidade 41
2. Uma crise dos reinos de Deus? Assassinato de alma 52
3. (Não foi impresso) 60
4. Experiências pessoais durante a primeira
doença nervosa e início da segunda 61
5. Continuação. Língua dos nervos (vozes interiores).
Coação a pensar. Emasculação, um postulado da
Ordem do Mundo frente às circunstâncias 70
6. Experiências pessoais (continuação). Visões. "Visionários" 82
7. Experiências pessoais (continuação); manifestações
mórbidas estranhas. Visões 95
8. Experiências pessoais durante a estada no sanatório
do dr. Pierson. "Almas provadas" 107
9. Transferência para o Sonnenstein. Mudanças na relação
com os raios. "Sistema de transcrições" 121
10. Experiências pessoais no Sonnenstein. "Distúrbios"
como fenômeno concomitante ao contato com os
raios. "Moldagem do estado de ânimo" 134
11. Danos à integridade física por meio de milagres 144
12. Conteúdo da conversa das vozes. "Concepção das almas".
Língua das almas. Continuação das experiências pessoais 154

13. Volúpia de alma como fator de atração. Fenômenos resultantes 164
14. "Almas provadas"; seu destino. Experiências
pessoais (continuação) 175
15. Brincadeiras com os homens e com os milagres.
Gritos de socorro. Pássaros falantes 183
16. Coação a pensar. Suas manifestações e fenômenos correlatos 193
17. Continuação do anterior; "desenhar" no
sentido da língua das almas 202
18. Deus e os processos da criação; geração espontânea; pássaros
miraculados. "Direção do olhar". Sistema de exame 209
19. Continuação do anterior. Onipotência
divina e livre-arbítrio humano 218
20. Concepção egocêntrica dos raios com relação à minha
pessoa. Configuração ulterior das relações pessoais 226
21. Beatitude e volúpia em suas relações recíprocas. Consequências
dessas relações no comportamento pessoal 234
22. Considerações finais. Perspectivas futuras 244

Suplementos

Primeira série

1. Sobre milagres 253
2. Sobre a relação entre a inteligência divina e a humana 254
3. Sobre a brincadeira com os homens 255
4. Sobre as alucinações 258
5. Sobre a natureza de Deus 266
6. Considerações sobre o futuro — diversos 277
7. Sobre a cremação 282

Segunda série 287

Apêndice

Em que condições uma pessoa considerada
doente mental pode ser mantida reclusa em um
sanatório contra sua vontade manifesta? 299

Pós-escrito 306
Segundo pós-escrito 307

Anexos (Documentos dos autos do processo)

A. Laudo médico-legal 311
B. Laudo médico distrital 319
C. Fundamentação do recurso 329
D. Laudo pericial do conselheiro dr. Weber 360

Sentença da Corte de Apelação de Dresden, de 14 de julho de 1902 374

Glossário 403
Referências bibliográficas 411

Posfácios

O caso Schreber,
por Elias Canetti 415

Nota sobre os leitores de Schreber,
por Roberto Calasso 447

Agradecimentos da tradutora

A Francisco Medina Coeli, meu pai, e a Bernardete A. Ribeiro da Costa, pela datilografia; a Kathe Schwarz, Roberto Schwarz e Modesto Carone, pelo esclarecimento de alguns termos em alemão; a Luiz Eduardo Prado de Oliveira, pela ajuda no acesso à bibliografia francesa especializada.

Da loucura de prestígio ao prestígio da loucura

Marilene Carone

Em 1903, ao publicar as *Memórias de um doente dos nervos*, Daniel Paul Schreber acreditava que o livro figuraria entre as "obras mais interessantes que já foram escritas desde que o mundo existe".[1] Estava convencido de que seu trabalho seria acolhido como valiosa contribuição para a pesquisa científica, servindo de fonte de reflexão para as gerações futuras.

Hoje, oitenta anos depois da primeira edição,[*] continua a ter sentido sua publicação. O que faz com que uma autobiografia bem escrita, mas sem prestígio literário, resista ao desgaste do tempo, conservando interesse e atualidade? Certamente não bastaram as pretensões do autor, a cuja celebridade sempre se associaram as noções de paranoia e megalomania. Na verdade, a ambição de Schreber só começou a se tornar realidade a partir do momento em que Freud, em 1911,[2] transformou seu livro de memórias num documento científico, de leitura indispensável para o estudioso da psicose na perspectiva psicanalítica. De fato, por mais extensa que seja hoje a bibliografia sobre Schreber, seu nome permanece indissoluvelmente ligado a Freud: nós o conhecemos a partir do lugar que ele ocupa na galeria de seus pacientes famosos, ao lado de Dora, do Pequeno Hans, do Homem dos Ratos e do Homem dos Lobos. Mas nessa galeria Schreber ocupa uma posição especial, pois é o único caso em que o paciente é o livro, e não

---

1 Ver p. 334.   * Este texto foi originalmente publicado em 1984. [N.E.]   2 Sigmund Freud, "Psychoanalytische Bemerkungen über einen autobiographisch beschriebenen Fall von Paranoia (Dementia Paranoides)" (1911). In: *Gesammelte Werke*, v. VIII. Frankfurt: Fischer, 1964. [Ed. bras.: "Observações psicanalíticas sobre um caso de paranoia relatado em autobiografia ('O caso Schreber', 1911)". In: *Observações psicanalíticas sobre um caso de paranoia relatado em autobiografia ("O caso Schreber"); artigos sobre técnica e outros textos (1911-1913)*. Trad. Paulo César de Souza. São Paulo: Companhia das Letras, 2010.]

a pessoa do autor: Freud e Schreber nunca se encontraram pessoalmente. Deixando de lado a discussão sobre as limitações da psicanálise de um paciente-texto, podemos ver nessa circunstância uma oportunidade privilegiada: a de poder refletir sobre Schreber exatamente a partir dos mesmos dados que o criador da psicanálise.[3] O privilégio de poder se ombrear com Freud no exame dos dados, talvez mais do que o próprio fascínio exercido pela psicanálise da psicose, tem estimulado os psicanalistas pós-freudianos e estudiosos de outras áreas a se ocuparem do caso Schreber. Nenhum outro paciente de Freud inspirou tal quantidade de trabalhos ou foi objeto de tantas especulações. Como observa O. Mannoni,[4] por mais que o livro de Schreber aponte para o imaginário, nunca foi considerado obra de imaginação: ele transforma cada leitor seu num psiquiatra. Talvez não fosse exatamente essa a intenção de Schreber, pois ele negava com veemência a condição de doente mental. Sabia perfeitamente que sua vida carregava a "marca da loucura"[5] e por isso mesmo temia que o leitor se deixasse enganar pelas aparências, tomando o relato de suas experiências como "fantasmagorias ocas de uma cabeça confusa".[6] Doente dos nervos, sim, mas não uma pessoa que sofre de turvação da razão. "Minha mente [...] é tão clara [...] quanto a de qualquer outra pessoa."[7] Esperava que o leitor confiasse na honestidade da sua palavra e na seriedade das suas intenções: "[...] pretendo que sejam reconhecidas duas capacidades: por um lado, o *inquebrantável amor à verdade* e, por outro, *um dom de observação fora do comum*".[8] O fato é que o livro de Schreber continua a ser a prova de fogo da teoria psicanalítica e um dos melhores textos de iniciação à fenomenologia da psicose, segundo Lacan,[9] que atribui essa resistência histórica a pelo menos dois fatores: por um lado a pobreza da perspectiva clássica da psiquiatria e por outro a perspicácia psicológica e estrutural do próprio Schreber, que com

---

3 Na verdade, hoje sabemos sobre Schreber bem mais do que Freud pôde saber; graças às pesquisas de Niederland, Baumeyer, Quackelbeen e outros, temos acesso a novas informações sobre sua história pessoal e familiar, vida e obra de seus antepassados, sua carreira jurídica, evolução nos sanatórios psiquiátricos etc.   **4** Octave Mannoni, "Schreber als Schreiber". In: *Clefs pour l'imaginaire ou L'Autre scène*. Paris: Éditions du Seuil, 1969. [Ed. bras.: *Chaves para o imaginário*. Trad. Lígia Maria Pondé Vassalo. Petrópolis: Vozes, 1973.] **5** Ver p. 232.   **6** Ver p. 334.   **7** Ver p. 330.   **8** Ver p. 215.   **9** Jacques Lacan, "D'une Question préliminaire à tout traitement possible de la psychose". In: *Écrits*. Paris: Éditions du Seuil, 1966. [Ed. bras.: "De uma questão preliminar a todo tratamento possível da psicose" (1955-6). In: *Escritos*. Trad. Vera Ribeiro. Rio de Janeiro: Jorge Zahar, 1998.]

razão se vangloriava de ter chegado a "intuições sobre o processo de pensamento humano e suas sensações que muitos psicólogos poderiam invejar".[10]

Quem conhece esse tal dr. Schreber?

Daniel Paul Schreber (1842-1911) provinha de uma família de burgueses protestantes, abastados e cultos, que já no século XVIII buscavam a celebridade através do trabalho intelectual. Muitos de seus antepassados deixaram obra escrita sobre direito, economia, pedagogia e ciências naturais, onde são recorrentes as preocupações com a moralidade e o bem da humanidade. Os livros de seu bisavô, por exemplo, tinham por lema a frase "Escrevemos para a posteridade". Seu pai, Daniel Gottlob Moritz Schreber (1808-61), era médico ortopedista e pedagogo, autor de cerca de vinte livros sobre ginástica, higiene e educação das crianças. Pregava uma doutrina educacional rígida e implacavelmente moralista, que objetivava exercer um controle completo sobre todos os aspectos da vida, desde os hábitos de alimentação até a vida espiritual do futuro cidadão. Acreditava que seu trabalho contribuiria para aperfeiçoar a obra de Deus e a sociedade humana. Para garantir a postura ereta do corpo da criança em todos os momentos do dia, inclusive durante o sono, D. G. M. Schreber projetou e construiu vários aparelhos ortopédicos de ferro e couro. A retidão do espírito era fruto do aprendizado precoce de todas as formas de contenção emocional e da supressão radical dos chamados sentimentos imorais, entre os quais naturalmente todas as manifestações da sexualidade. "Poucas pessoas cresceram com princípios morais tão rigorosos como eu, e poucas [...] se impuseram ao longo de toda a sua vida tanta contenção de acordo com esses princípios, principalmente no que se refere à vida sexual"[11] — afirma Schreber em suas *Memórias*. Seu pai se orgulhava de ter aplicado pessoalmente nos filhos os próprios métodos educacionais e afirmava que os resultados tinham sido excelentes. Eram cinco filhos: Daniel Gustav (1839-77), Anna (1840-1944), Daniel Paul (1842--1911), Sidonie (1846-1924) e Klara (1848-1917). O mais velho, Daniel Gustav, se suicidou aos 38 anos, e Daniel Paul terminou seus dias demenciado, depois de um total de mais de treze anos da sua vida passados em sanatórios psiquiátricos. Não foi o cidadão exemplar previsto pelo modelo paterno,

10 Ver p. 157.   11 Ver p. 239.

mas alcançou a imortalidade que os Schreber sempre almejaram: tornou-se o louco mais famoso da história da psiquiatria e da psicanálise.

Sobre a infância de D. P. Schreber sabe-se muito pouco: tudo indica que ele se submeteu com docilidade ao despotismo pedagógico do pai. Foi um aluno aplicado, de "natureza tranquila, quase sóbria, sem paixão, com pensamento claro e cujo talento individual se orientava mais para a crítica intelectual fria do que para a atividade criadora de uma imaginação solta".[12] Nos anos de juventude não se destacou pela inclinação à religiosidade: seu principal interesse era o estudo das ciências naturais, em particular a então moderna teoria da evolução. As *Memórias* revelam um homem de sólida formação cultural, que sabia grego, latim, italiano e francês, conhecia história, ciências naturais e literatura clássica, e, para completar, era um exímio pianista — sem falar nos conhecimentos jurídicos, que afinal eram sua especialidade.

Os biógrafos de Schreber quase não fazem referência à figura materna: sabe-se apenas que era uma mulher pouco afetiva, deprimida e inteiramente dominada pelo marido.

Em 1859 a família Schreber é abalada por um grave acidente: uma barra de ferro de um aparelho de ginástica cai sobre a cabeça do pai, resultando em comprometimento cerebral irreversível. Ele retira-se inteiramente da vida profissional e passa fechado no quarto e em tratamento os três anos de vida que ainda lhe restam; quando ele morre, em 1861, Daniel Paul tinha dezenove anos e se encaminhava não para as ciências naturais, como indicava sua predileção de adolescente, mas para o estudo do direito, seguindo as pegadas do irmão mais velho, Daniel Gustav.

Em 1877, mais uma grave perda na família: Daniel Gustav, aos 38 anos de idade, solteiro, suicida-se com um tiro. Acabara de ser nomeado para o cargo de *Gerichtsrat* (conselheiro do Tribunal). Morto o irmão, Daniel Paul ficava agora como o último descendente varão da orgulhosa estirpe dos Schreber, com o encargo de resgatar e perpetuar a tradição familiar — que exigia grandes feitos na área intelectual ou uma descendência à qual pudesse delegar essa missão. Sua primeira providência foi procurar uma noiva, e um ano depois da morte do irmão, em 1878, já o encontramos casado com Ottlin Sabine Behr, quinze anos mais jovem, proveniente de uma família de atores de teatro, de nível social inferior ao dos Schreber. Parece

---

12 Ver p. 82.

ter sido um casamento de conveniência para ambos: para ele, o atrativo de uma pessoa jovem e para ela, a ascensão burguesa assegurada.

A carreira de Schreber como jurista, funcionário do Ministério da Justiça do Reino da Saxônia, evoluía regularmente, com promoções sucessivas obtidas por nomeação direta ou eleição interna. Seu primeiro cargo foi o de escrivão-adjunto, passando a auditor da Corte de Apelação, assessor do Tribunal, conselheiro da Corte de Apelação. Em 1884 torna-se vice-presidente do Tribunal Regional de Chemnitz. Sua ambição provavelmente requeria algo mais, pois no dia 28 de outubro de 1884 concorreu às eleições parlamentares pelo Partido Nacional Liberal. Sofreu uma fragorosa derrota. Tinha 42 anos, estava casado havia seis e tinha dezenove anos de carreira jurídica. Num jornal da Saxônia saiu nessa ocasião um artigo irônico sobre sua derrota eleitoral, intitulado: "Quem conhece esse tal dr. Schreber?". Para quem fora criado no culto orgulhoso dos méritos dos antepassados e fora testemunha da celebridade do pai, esse artigo trazia impressa, como um insulto, a face pública do seu anonimato.

A 8 de dezembro de 1884 Schreber foi internado na clínica para doenças nervosas da Universidade de Leipzig, dirigida então pelo prof. Paul Emil Flechsig, uma das maiores autoridades da psiquiatria e da neurologia da época. Nas *Memórias* é breve a referência a esse episódio. Schreber menciona uma crise de hipocondria com ideias de emagrecimento, "sem qualquer incidente relativo ao domínio do sobrenatural".[13] Hoje sabemos[14] que o quadro era mais grave, com manifestações delirantes não sistematizadas e duas tentativas de suicídio. Schreber se acredita incurável, queixando-se de ter perdido de quinze a vinte quilos de peso (enquanto a balança acusava um aumento de dois quilos). Vive cada momento como o último, pois está certo de que um ataque do coração é iminente. Está convencido de que os médicos o enganam intencionalmente sobre o seu peso. Suspeita que a esposa será enviada para longe sob qualquer pretexto e não voltará. Pede para ser fotografado seis vezes. Sente-se muito fraco para caminhar e precisa ser carregado. A 26 de maio insiste em ser fotografado "pela última vez".

Era sua primeira internação, mas não a primeira crise hipocondríaca: há referências vagas a um episódio de hipocondria em 1878, por ocasião do

---

13 Ver p. 61. **14** Cf. documentos descobertos por Franz Baumayer ("Der Fall Schreber" [1955] e "Noch ein Nachtrag zu Freuds Arbeit über Schreber" [1970]. In: D. P. Schreber, *Denkwürdigkeiten eines Nervenkranken*. Org. P. Heiligenthal e R. Volk. Wiesbaden: Focus, 1973.

casamento. Em 1884 a sra. Schreber já sofrera dois abortos espontâneos. A ciência do prof. Flechsig tratou o drama de Schreber com os recursos medicamentosos da época: morfina, hidrato de cloral, cânfora e brometo de potássio. Schreber faz nas *Memórias* uma crítica sutil ao tratamento de seus sintomas (em particular à ideia de emagrecimento): "essas são coisas de menor importância, às quais não dou muito peso; talvez não se possa exigir do diretor de uma grande instituição, na qual se encontram centenas de pacientes, que ele penetre tão profunda e detalhadamente na conformação mental de um único entre eles".[15] Ou seja, em termos atuais: não se pode exigir da psiquiatria que ela faça psicanálise.

Schreber permaneceu seis meses internado, até junho de 1885. Após a alta hospitalar, realizou com a esposa uma longa viagem de convalescença, que durou outros seis meses. Em janeiro de 1886, considerando-se inteiramente curado, reassumiu suas atividades profissionais como juiz-presidente do Tribunal Regional de Leipzig, cidade para a qual fora transferido ainda durante a sua internação.

A partir da instalação em Leipzig, decorrem oito anos, "no geral, bem felizes, ricos também de honrarias exteriores".[16] Pesquisas recentes[17] revelam em que consistiram essas honrarias: uma distinção oficial (a outorga da Cruz de Cavaleiro de Primeira Classe, em 1888), uma nomeação (para presidente do Tribunal Regional de Freiberg, em 1889) e duas eleições internas (em 1891 e 1892, para membro do Colegiado Distrital de Freiberg).[18] Note-se que Schreber tem, desde 1886, o título de *presidente.* Ao se referir a esse período nas *Memórias*, ele comenta que a felicidade desses anos só foi turvada pelas numerosas frustrações da esperança de ter filhos — e hoje se sabe que Sabine Schreber teve ao todo seis abortos espontâneos.

Um dia, em junho de 1893, Schreber recebeu a visita do ministro da Justiça da Saxônia, que veio pessoalmente à sua casa anunciar-lhe sua iminente nomeação para o cargo de *Senatspräsident* (juiz-presidente da Corte de Apelação)[19] na cidade de Dresden. Era um posto excepcionalmente elevado para sua idade (51 anos), e a nomeação era irreversível: por ser determinação direta do rei, era um cargo que não podia sequer ser solicitado, e sua

---

15 Ver p. 62. **16** Idem **17** J. Quackelbeen e D. Devreese, "Schreber-Dokumenten I", *Psychoanalytische Perspektieven*, Gante, n. 1, 1981. **18** Não se trata da homônima cidade natal de Freud. **19** Daí o nome de "presidente Schreber", como ficou conhecido.

recusa implicaria delito de lesa-majestade. O posto era vitalício, representando, portanto, para a carreira de Schreber, seu ponto máximo e último. Schreber sente-se honrado com a escolha, mas desde o início vê no novo posto uma sobrecarga e um desafio: seus subordinados serão muito mais velhos e experientes do que ele. No intervalo entre a visita do ministro e a posse, Schreber relata nas *Memórias* um sonho e um devaneio: sonha que a antiga doença nervosa tinha voltado e um dia se descobre pensando que seria bom ser uma mulher no ato sexual. Os esforços para atender bem às exigências do novo posto e ser bem apreciado por seus colegas em poucas semanas levam Schreber ao colapso mental. Os primeiros sintomas são insônia, sensibilidade a ruídos e angústia intensa, desde o início com a sensação de estar sendo objeto de maldosas manobras intencionais. O casal Schreber decide recorrer mais uma vez ao prof. Flechsig, por quem sentia profunda gratidão desde a cura da primeira doença. Flechsig tenta tratá-lo em casa, mas seu estado se agrava e exige internação. Ao dar entrada na clínica universitária para doenças nervosas em Leipzig, a 21 de novembro de 1893, Schreber ainda não tem ideia de que sua alta hospitalar dessa vez não virá em poucos meses, mas só após nove anos. O diagnóstico de Flechsig é *dementia paranoides*. No início Schreber se queixa de amolecimento cerebral e afirma que finalmente conseguiram enlouquecê-lo. Tem a sensação de morte iminente: prepara-se para morrer e exige o cianeto de potássio que lhe está reservado. Tem alucinações visuais e auditivas de caráter aterrador. Acredita estar morto e em decomposição, sem condições de ser enterrado. Declara sofrer de peste. Afirma que seu pênis foi arrancado por uma "sonda de nervo". Tenta enforcar-se no quarto e afogar-se na banheira. Nas *Memórias*, Schreber data de 15 de fevereiro de 1884 um sério agravamento de seu estado, relacionando-o diretamente com a ausência da esposa, que até então passava diariamente algumas horas com ele. O prontuário hospitalar registra, quinze dias depois, que o paciente afirma ser uma mocinha assustada por ataques indecentes. No capítulo 6 das *Memórias*, Schreber declara que o período de março a maio de 1894 foi, por um lado, o período mais atroz de sua vida, mas por outro foi também o período sagrado, no qual seu espírito ficou impregnado de ideias sublimes sobre Deus e a Ordem do Mundo. O relato do hospital assinala nessa época uma nova fase, na qual Schreber parece se entregar cada vez mais a fantasias místico-religiosas. Afirma que Deus fala com ele e que demônios e vampiros zombam dele. Quer converter-se ao catolicismo para fugir à perseguição. Presencia milagres e ouve música celestial. No jardim, põe a mão em concha atrás das orelhas para escutar. Dorme mal, apesar dos narcóticos, e grita à noite. Alimenta-se de modo irregular: ora come vorazmente, ora recusa o alimento, que precisa então ser dado à força. A 14 de junho de 1894, após seis meses em Leipzig, Schreber é transferido para o sanatório de Lindenhof, próximo de Coswig, dirigido pelo dr. Pierson e chamado por ele de "cozinha do diabo". O relato das *Memórias* só informa que a transferência foi brusca e sem explicação plausível, pois a estada em Lindenhof durou apenas quinze dias; em seguida foi novamente transferido para o sanatório público de Sonnenstein, onde passou seu mais longo período de internação: oito anos e meio. As experiências narradas ao longo de todo o texto das *Memórias* se referem, na sua maior parte, à estada no Sonnenstein. Foi lá que Schreber consolidou, desenvolveu e em parte modificou suas relações com as forças sobrenaturais, que constituem o cerne do seu sistema de crenças. Nos primeiros tempos no Sonnenstein, Schreber se manifesta agitado, sobretudo à noite. Durante o dia lê, escreve cartas, joga paciência, xadrez e toca piano no quarto. Às vezes faz caretas para o sol. Escreve cartas em italiano e numa delas assina "Paul Höllenfürst" (Paul, príncipe dos Infernos). Endereça uma carta ao "sr. Ormuzd, *in coelo*". O mês de novembro de 1895 é registrado nas *Memórias* como um momento de transformação fundamental na vida de Schreber; é quando se resigna a aceitar sua transformação em mulher, de acordo com os elevados fins da Ordem do Mundo: a fecundação pelos raios divinos e a geração de uma nova humanidade. Em dezembro desse ano é visto gritando pela janela do seu quarto: "Eu sou Schreber, o presidente da Corte de Apelação". A partir de junho de 1896 é transferido, apenas durante a noite, para uma cela-forte, devido aos acessos de urros (vociferações) e à agitação. Em julho chama o médico e mostra a parte superior do corpo despida, afirmando ter seios quase femininos. Parece entretido com fantasias sexuais: procura ver figuras nuas nas revistas e depois as desenha. Numa carta à esposa diz que as noites agora são agradáveis porque há *"un peu de volupté feminae"* (sic). Em setembro de 1896 Schreber é visto gritando no jardim: "O Sol é uma puta", "O bom Deus é uma puta". Continua na cela-forte. Os estados de excitação e as vociferações se alternam com momentos de perfeito autocontrole, comportamento sensato e disciplinado. Gosta de discutir questões legais, escreve muitas cartas e toca bastante piano, às vezes batendo nas teclas com toda força. Em março de 1898 é encontrado seminu no quarto, diante do espelho, rindo, gritando, enfeitado com fitas de cores alegres. Só em dezembro, depois de passar dois anos e meio na cela-forte, volta a dormir no quarto. No início de 1899 começa a expor suas ideias de forma organizada em cartas à esposa. A partir de outubro de 1899 Schreber começa a demonstrar interesse pela sua situação legal e denuncia como irregular a curatela provisória sob a qual se encontra desde 1894. Ocupa-se pessoalmente, nos mínimos detalhes, de todos os passos do processo que move para recuperar sua capacidade civil.[20] A primeira sentença, de março de 1900, é desfavorável às suas pretensões e determina a interdição definitiva. Schreber interpõe recurso, apela da sentença e a 14 de julho de 1902, em segunda instância, uma nova sentença concede o levantamento da interdição: Schreber, finalmente, recupera seu direito pleno de administrar seus bens de modo autônomo.

Paralelamente ao início das suas demandas com a Justiça, Schreber começa a escrever suas *Memórias* de modo sistemático. Os 23 capítulos das *Memórias* propriamente ditas foram escritos de fevereiro a setembro de 1900, a primeira série de suplementos, de outubro de 1900 a junho de 1901, e a segunda série de suplementos, no final de 1902. Uma cópia do manuscrito das *Memórias* foi anexada ao processo pelo próprio Schreber, que acreditava poder demonstrar com o livro a integridade da sua capacidade intelectual (na verdade, só foram recolhidos aos autos os capítulos 1, 2, 18 e 19).

Como consta do laudo pericial do dr. Weber, psiquiatra de Schreber e diretor do Sonnenstein, sua alta hospitalar está praticamente concedida desde o final de 1900. Mas Schreber, por vontade própria, só deixou o hospital a 20 de dezembro de 1902, porque preferiu ficar mais tempo para preparar cautelosamente seu retorno à vida em sociedade.

Nesse ponto da história de Schreber terminam as *Memórias*, e até esse momento vai a análise de Freud. As pesquisas posteriores *nos* permitem completar o itinerário. Apesar do risco de apreensão legal da edição (por motivos de censura) e dos protestos da família, que não queria ver seu bom nome publicamente comprometido com um caso de loucura, Schreber insiste na publicação, e o livro sai pela editora O. Mutze, de Leipzig, em 1903. Schreber acabou por fazer algumas concessões à censura e à família, aceitando a supressão do capítulo 3 (do qual nunca mais se encontrou o menor vestígio), onde se propõe a falar sobre os membros da sua família.

---

20 Cf. Anexos, pp. 309 ss.

Mantém expressões que ele mesmo considera grosseiras, para ser fiel ao modo como as "vozes se expressam".

No mesmo ano da publicação do livro, 1903, o casal Schreber adota uma menina órfã, de treze anos de idade, com a qual Schreber tem um excelente relacionamento, marcado pela ternura e pela camaradagem. Pai e filha fazem juntos longas excursões a pé pelas florestas e montanhas da região de Dresden. Schreber, com mais de sessenta anos de idade nesse momento, dá mostras de grande vitalidade física e intelectual. Manda fazer uma casa nova em Dresden e acompanha pessoalmente os trabalhos de construção. Solicita sua reintegração nos quadros do Ministério da Justiça, mas seu pedido é recusado. Lê muito, interessa-se por todas as manifestações da cultura, participa de campeonatos de xadrez e emite, em caráter privado, pareceres inteiramente adequados sobre questões legais. Os sinais exteriores da doença desaparecem quase por completo: durante o primeiro ano após a alta, só algumas vezes grita à noite. Quando lhe perguntam sobre a doença, diz que as vozes nunca o deixaram, mas que agora soam como um zumbido incompreensível e contínuo, localizado num ponto da parte posterior da cabeça, por onde tem a sensação de ser puxado por um fio.

Em maio de 1907 morre, aos 92 anos de idade, a mãe de Schreber. Ele não parece ficar muito afetado pela perda, reagindo apenas com um pouco de insônia por alguns dias. Encarrega-se imediatamente das questões legais relativas ao inventário e trabalha com afinco. A 14 de novembro desse mesmo ano a esposa de Schreber sofre um derrame cerebral, que resulta em uma afasia por quatro dias. Schreber reage mal a esse episódio e seu estado se agrava rapidamente; acredita estar sofrendo uma recaída, pois voltam as crises de insônia e a angústia, escuta vozes novamente, cada vez mais fortes. Os estudiosos até recentemente eram unânimes em atribuir ao choque causado pela doença da esposa a terceira e última internação de Schreber no sanatório de Dösen, próximo de Leipzig, a 27 de novembro de 1907. Um trabalho de 1981[21] vem levantar uma nova hipótese. No início de novembro de 1907, Schreber é procurado por membros das Associações Schreber (*Schrebervereine*) — grupos que se pretendem herdeiros das ideias de seu pai —, que lhe pedem apoio para formalizar seu reconhecimento legal como *verdadeiras* Associações Schreber, prevenindo assim qualquer

---

21 J. Quackelbeen e D. Devreese, op. cit.

utilização ilegítima do nome Schreber. Por ser o único filho homem sobrevivente, jurista e responsável pelo inventário da mãe, Daniel Paul é solicitado a opinar e conferir legitimidade aos pretensos herdeiros do legado paterno. Não se sabe como ele enfrentou a questão, mas fica a possibilidade de ser esse episódio o verdadeiro desencadeante da sua última crise mental. O fato é que Schreber é hospitalizado pela terceira vez, num estado psíquico desde o início considerado gravíssimo. Passa quase todo o tempo na cama, praticamente não fala e mantém uma postura rígida, com os olhos fechados, como quem escuta. Quando se levanta, seu andar é rígido e os movimentos, angulares. A expressão facial é de grande sofrimento. Afirma que seu corpo se deteriorará, mas seu cérebro continuará vivo. Fala de sua iminente decomposição e pede ao médico para providenciar o enterro. Às vezes murmura algo como "cheiro de cadáver", "apodrecimento". Descuida da aparência, recusa-se a tomar banho e suja-se intencionalmente com urina e fezes. Quando perguntado sobre o que se passa, responde: "Não posso dizer agora, você não entenderia". A partir de 1908 começa a emitir ruídos que soam como "ha-ha-ha", principalmente quando lhe dirigem a palavra. Dorme mal e se alimenta pouco, alegando não ter estômago. Grita "ha-ha--ha" quase o tempo todo com uma expressão torturada. Afirma estar perturbado por vozes. Um dia, pergunta subitamente ao médico: "Quando reinou Gustavo Adolfo? De 1611 a 1632, não é?". Fala às vezes, em francês, palavras ininteligíveis. Um dia reage colérico à visita matinal do médico, gritando--lhe: "Ápage Satanás". Depois pergunta-lhe: "Por que não vêm também os outros satás, só o senhor?". Certa manhã afirma subitamente: "Não entendo como um homem pode ser levado a fazer o que eu fiz nas últimas horas". Em 1909 seu estado se agrava: quase não sai da cama e é levado a passear em cadeira de rodas pelos enfermeiros. Não se alimenta sem auxílio. Escreve em folhas de papel as palavras "milagre", "túmulo" e "não comer". Numa das últimas observações do prontuário de Dösen, consta que ele às vezes escreve em seu caderno de notas, mas seus rabiscos mal se assemelham a letras. Em março de 1911 Schreber sofre uma crise de angina e morre a 14 de abril, com sintomas de dispneia e insuficiência cardíaca.

O prestígio da loucura

"É possível que o dr. Schreber ainda hoje esteja vivo e que tenha se distanciado tanto do sistema delirante que apresentou em 1903 que ele sinta como penosas essas observações sobre seu livro" — diz Freud na introdução ao primeiro ensaio interpretativo sobre as *Memórias*, publicado em 1911, mesmo ano da morte de Schreber.[22] Com o trabalho de Freud começa para Schreber uma nova carreira, a de caso clínico exemplar. Não cabe, no âmbito restrito desta apresentação das *Memórias*, fornecer um panorama do conteúdo de toda a série de interpretações que, a partir de 1911, se sucederam não apenas no campo psicanalítico. Isso resultaria numa banalização indesejável desses trabalhos, na medida em que implicaria reduzir sua complexidade a somente algumas de suas linhas de força; no entanto, é útil para o leitor conhecer o roteiro das principais publicações ao longo dos setenta anos que decorreram desde a análise de Freud.

Durante mais de trinta anos depois do trabalho de Freud, não se registra na literatura especializada nenhuma publicação relevante sobre Schreber. Há apenas algumas referências a ele, dentre as quais a mais interessante talvez seja a de Walter Benjamin, que em 1928 o situa no centro da sua coleção intitulada "Livros de doentes mentais".[23]

Entre 1946 e 1949, Franz Baumeyer, psiquiatra de formação psicanalítica, descobre em um sanatório das proximidades de Dresden prontuários dos três hospitais onde Schreber esteve internado; essas preciosas informações, só publicadas em 1955, hoje fazem parte obrigatória do material que serve de base ao estudo de Schreber.[24] Igualmente incorporados aos dados objetivos sobre Schreber estão os resultados das pesquisas de William Niederland,[25] que, inspirado por Freud, procura descobrir o chamado núcleo de verdade no delírio, empreendendo um amplo estudo da obra educacional do pai de Schreber (o que permite uma reconstituição da sua infância), da genealogia familiar e dos trabalhos psiquiátricos de Flechsig. As publicações de Niederland se iniciam em 1951 e vão até 1972. Até 1955, além

---

22 S. Freud, op. cit.   **23** Walter Benjamin, "Bücher von Geisteskranken". In: *Gesammelte Schriften*, v. IV, 2. Berlim: Suhrkamp, 1972, pp. 615-9.   **24** Franz Baumeyer, op. cit.
25 William Niederland, *O caso Schreber*. Rio de Janeiro: Campus, 1981. Dentre os ensaios de Katan, White e Carr presentes nessa antologia, destaquem-se os seguintes ensaios de Niederland: "Três notas sobre o caso Schreber" (1951), "Schreber: pai e filho" (1959), "O mundo miraculado da infância de Schreber" (1959), "O pai de Schreber" (1960), "Outros dados sobre a verdade histórica nos delírios de Schreber" (1963) e "Schreber e Flechsig: nova contribuição ao cerne de verdade no sistema delirante de Schreber" (1968).

de Baumeyer e Niederland, M. Katan[26] e H. Nunberg[27] são os únicos no âmbito da psicanálise a apresentar trabalhos específicos sobre Schreber. M. Klein,[28] num artigo de 1952, faz referência às *Memórias* para ilustrar os chamados mecanismos esquizoparanoides.

O ano de 1955 marca um momento capital na história do caso Schreber. Publica-se na Inglaterra, pela primeira vez, uma tradução das *Memórias*, por Ida Macalpine e Richard Hunter.[29] Na introdução, os dois autores refutam a interpretação de Freud e propõem numa perspectiva junguiana uma outra visão do delírio de Schreber. Nesse mesmo ano de 1955, Jacques Lacan, em Paris, começa a dedicar seus seminários à análise do caso Schreber, tomado como ponto de partida para uma ampla reformulação da teoria das psicoses na perspectiva psicanalítica. Esses seminários, que se estenderam até 1956, serviram de base para o ensaio, hoje clássico, intitulado "De uma questão preliminar a todo tratamento possível da psicose",[30] texto capital da bibliografia schreberiana. A partir da tradução inglesa e do ensaio de Lacan, começam a se multiplicar nos Estados Unidos, França e Inglaterra os trabalhos psicanalíticos sobre Schreber. Em 1962, em Atlantic City, realiza-se o primeiro simpósio internacional sobre Schreber, no qual são apresentados diversos trabalhos relevantes, como os de Kifay,[31] Carr,[32] Niederland[33] e White.[34] Elias Canetti,[35] em dois capítulos do livro *Massa e poder*, publica em 1960 a primeira grande tentativa de interpretação das *Memórias*

---

26 Maurits Katan, "Schreber's Delusion of the End of the World", *Psychoanalytic Quarterly*, XVIII, pp. 60-6, 1949. **27** Herman Nunberg, "Discussion of M. Katan's Paper on Schreber's Hallucination", *International Journal of Psychoanalysis*, XXIII, pp. 454-6, 1952. **28** Melanie Klein, "Notes on Some Schizoid Mechanisms". In: Melanie Klein et al., *Developments in Psychoanalysis*. Londres: The Hogarth, 1975. [Ed. bras.: "Notas sobre alguns mecanismos esquizoides". In: *Inveja e gratidão e outros trabalhos (1946-1963)*. Obras completas de Melanie Klein, v. III. Coord. da trad. Elias Mallet da Rocha e Liana Pinto Chaves. Rio de Janeiro: Imago, 1991.] **29** I. Macalpine e R. A. Hunter, "The Schreber Case", *Psychoanalytic Quarterly*, XXII, 1953. **30** J. Lacan, op. cit. **31** Philip M. Kitay, "Introduction" e "Summary" do simpósio "Reinterpretations of the Schreber Case: Freud's Theory of Paranoia", *International Journal of Psychoanalysis*, XLIV, pp. 191-4 e 222-3, 1963. **32** Anthony C. Carr, "Observations on Paranoia and Their Relationship to the Schreber Case", *International Journal of Psychoanalysis*, XLIV, pp. 195-200, 1963. **33** Niederland, op. cit. **34** J. B. White, "The Mother-Conflict in Schreber's Psychosis", *International Journal of Psychoanalysis*, XLII, pp. 55-73, 1961. **35** Elias Canetti, "Der Fall Schreber I/II". In: *Masse und Macht (1960)*. Frankfurt: Fischer, 1980, pp. 487-521. [Ed. bras.: "O caso Schreber". In: *Massa e poder*. Trad. Sérgio Tellaroli. São Paulo: Companhia das Letras, 1995, pp. 434-62. Cf. texto no posfácio desta edição.]

fora do âmbito da psicanálise e da psiquiatria. Em 1973, a antipsiquiatria se faz representar na bibliografia schreberiana com o livro *Soul Murder* [Assassinato de alma], de Morton Schatzmann.[36] Nesse mesmo ano surgem na Alemanha, pela primeira vez desde 1903, duas reedições das *Memórias*: uma organizada por Samuel Weber[37] e outra por Baumeyer.[38] Em 1974 é publicada a tradução italiana das *Memórias*, organizada por Roberto Calasso, que no ano seguinte publica uma ficção-ensaio centrada em Schreber: *L'impuro folle* [O louco impuro].[39]

A revalorização do texto de Schreber, a partir da interpretação lacaniana, continua a render seus frutos: em 1972 é publicada na Argentina uma antologia de textos sobre Schreber,[40] e, em 1975, a tradução francesa das *Memórias* (*Mémoires d'un nevropathe*, Ed. du Seuil) desencadeia uma nova série de trabalhos psicanalíticos sobre Schreber na França e em outros países. Em 1979, na França, Luiz Eduardo Prado de Oliveira[41] organiza uma vasta antologia dos trabalhos sobre Schreber em língua inglesa; em 1982, na Holanda, retoma-se o fio dos estudos documentais, com a pesquisa de J. Quackelbeen,[42] que traz à luz novos dados biográficos, focalizando, em especial, sua carreira jurídica.

Essa brilhante trajetória das *Memórias de um doente dos nervos* parece ser a confirmação flagrante do prestígio almejado: "Depois de tudo isso, não me resta mais nada *senão oferecer minha pessoa ao julgamento dos especialistas, como objeto de observação científica. Esse convite é o principal objetivo que persigo com a publicação do meu trabalho*".[43]

---

36 Morton Schatzman, *Soul Murder*. Nova York: Random House, 1973.   **37** Samuel Weber, "Die Parabel". In: D. P. Schreber, *Denkwürdigkeiten eines Nervenkranken*. Frankfurt: Ullstein, 1973, pp. 5-58.   **38** Baumeyer, op. cit.   **39** Roberto Calasso, *L'impuro folle*. Milão: Adelphi, 1974.   **40** Q. Masotta e J. Jinkis (Orgs.), *El caso Schreber*. Buenos Aires: Nueva Visión, 1974.   **41** Luiz E. Prado de Oliveira (Org.), *Le Cas Schreber*. Paris: PUF, 1979.   **42** J. Quackelbeen e D. Devreese, op. cit.   **43** Ver p. 293.

Cronologia de Schreber

1842   Nasce em Leipzig, a 25 de julho, Daniel Paul Schreber, filho do médico ortopedista Daniel Gottlob Moritz Schreber (1808-61) e de Louise Henrietta Pauline Haase (1815-1907).

1858   Uma barra de ferro cai sobre a cabeça do pai, resultando em comprometimento cerebral irreversível.

1861   Em novembro, o pai, com 53 anos, morre de obstrução intestinal. Nos últimos anos de vida apresenta um quadro de neurose obsessiva grave com impulsos homicidas. Já é um médico famoso na Alemanha e no exterior — por seus livros sobre pedagogia, ginástica e higiene — quando morre em Leipzig.

1877   A 8 de maio, Daniel Gustav, irmão mais velho de D. P. Schreber, comete suicídio com um tiro, aos 38 anos de idade, logo após ser nomeado conselheiro de tribunal (*Gerichtsrat*).

1878   Daniel Paul casa-se com Ottlin Sabine Behr (1857-1912), quinze anos mais moça que ele. Diabética, é descrita como de temperamento infantil, tendo dado ao marido muito pouco apoio durante a sua doença. Ottlin Sabine sofrerá seis abortos espontâneos, não tendo filhos com Daniel Paul. Por ocasião de seu casamento, consta que Schreber sofre um episódio de hipocondria, mas sem internação.

1884   Schreber é nomeado vice-presidente do Tribunal Regional de Chemnitz. A 28 de outubro, concorre às eleições parlamentares pelo Partido Nacional Liberal e sofre fragorosa derrota. A 8 de dezembro é internado na clínica para doenças nervosas da Universidade de Leipzig, cujo diretor é o prof. Paul Emil Flechsig, uma das maiores autoridades da neurologia e da psiquiatria da época. O diagnóstico é de hipocondria. A internação dura seis meses.

1885	Em junho, tem alta hospitalar, com aparente cura. Schreber e a esposa fazem uma longa viagem de convalescença que se estende até o fim do ano.
1886	Schreber retoma as atividades profissionais em Leipzig, para onde fora transferido durante o período de internação, no cargo de juiz-presidente do Tribunal Regional.
1888	Schreber recebe uma honraria oficial: a Cruz de Cavaleiro de primeira classe.
1889	Nomeado presidente do Tribunal de Freiberg, transfere-se para essa cidade.
1891	Por dois anos consecutivos (1891-2) é eleito por seus pares membro do Colegiado Distrital de Freiberg.
1893	Em junho, recebe a visita do ministro da Justiça, que lhe anuncia a iminente nomeação para o cargo de *Senatspräsident* (juiz-presidente da Corte de Apelação), na cidade de Dresden, para onde Schreber se transfere, imediatamente, com a esposa. A posse no cargo se dá a 1º de outubro. A 10 de novembro, viaja com Ottlin Sabine para Leipzig, com o objetivo de consultar mais uma vez o prof. Flechsig. Queixa-se de angústia e de insônia insuportável. Durante dez dias, Flechsig tenta tratá-lo em casa, sem resultados. A 21 de novembro, Schreber é internado novamente na clínica da Universidade de Leipzig, onde ficará por seis meses.
1894	Schreber é posto sob curatela provisória, por motivo de doença mental. De 14 a 28 de junho permanece no hospital de Lindenhof, mencionado nas *Memórias* como "a cozinha do diabo", e dirigido pelo dr. Pierson. A 29 de junho dá entrada no sanatório de Sonnenstein, onde permanecerá até 1902, com o diagnóstico de *dementia paranoides*.
1899	Em outubro, Schreber começa a se interessar por sua situação legal e denuncia como irregular a curatela provisória sob a qual se encontra. Inicia um processo em prol da recuperação da sua capacidade civil.
1900	De fevereiro a setembro, redige os 23 capítulos das *Memórias*. Em março, a primeira sentença do Tribunal é desfavorável ao pedido de suspensão da curatela e declarada como definitiva a interdição legal. Schreber interpõe recurso e apela da sentença. De junho desse ano até outubro de 1901, redige a primeira série de suplementos das *Memórias*.

1902   A 14 de julho a Corte de Apelação concede finalmente o levantamento da interdição e Schreber recupera a capacidade civil plena. No final do ano, redige a segunda série de suplementos e a introdução. Em dezembro, tem alta hospitalar.

1903   Redige carta aberta ao prof. Flechsig. O casal Schreber passa a viver em Dresden e adota uma menina de treze anos de idade. Com cortes e supressão de um capítulo, são publicadas em Leipzig, pelo editor O. Mutze, as *Memórias de um doente dos nervos*.

1907   Em maio, morre a mãe de Schreber, aos 92 anos de idade. Daniel Paul encarrega-se das questões legais relativas ao inventário. Nos primeiros dias de novembro, Schreber é procurado por representantes das Associações Schreber, que pedem o reconhecimento de sua legitimidade. A 14 de novembro a esposa de Schreber sofre um derrame cerebral que resulta em afasia por quatro dias. Schreber entra em crise de angústia e insônia e afirma estar sofrendo uma recaída. A 27 de novembro é internado no sanatório de Dösen, próximo a Leipzig.

1914   No dia 14 de abril, morre Daniel Paul Schreber, aos 69 anos de idade, no sanatório de Dösen.

Memórias de um doente dos nervos

Prólogo

Ao começar este trabalho, ainda não pensava em uma publicação. A ideia só me ocorreu mais tarde, à medida que ele avançava. A esse respeito não deixei de levar em conta as objeções que parecem se opor a uma publicação: trata-se, especialmente, da consideração por algumas pessoas que ainda vivem. Por outro lado, creio que poderia ser valioso para a ciência e para o conhecimento de verdades religiosas possibilitar, ainda durante a minha vida, quaisquer observações da parte de profissionais sobre meu corpo e meu destino pessoal. Diante dessa ponderação, deve calar-se qualquer escrúpulo de ordem pessoal.

Do trabalho, no seu conjunto, foram redigidos:

- As *Memórias* propriamente ditas, capítulos 1-22, de fevereiro a novembro de 1900.
- Os suplementos 1-7, de outubro de 1900 a junho de 1901.
- A segunda série de suplementos, no final de 1902.

No tempo decorrido desde o início do trabalho, modificaram-se substancialmente as condições externas da minha vida. Enquanto no início eu vivia em uma reclusão quase carcerária, excluído do contato com pessoas cultas e até mesmo da mesa familiar do diretor do sanatório (acessível aos chamados pensionistas), nunca saía fora dos muros do sanatório etc., foi-me sendo pouco a pouco concedida maior liberdade de movimento e possibilitado cada vez mais o relacionamento com pessoas instruídas. Consegui finalmente (embora apenas em segunda instância) total ganho de causa no processo de interdição citado no capítulo 20, uma vez anulada a sentença de interdição determinada pelo Real Tribunal de Dresden, por decisão, hoje juridicamente válida, da Corte de Apelação de Dresden, a 14 de julho de 1902. Minha capacidade legal de trabalho foi então reconhecida, e restituída a livre disposição de meus bens. Quanto à minha permanência no sanatório, tenho em mãos já há alguns meses uma declaração escrita da direção, segundo a qual nenhuma objeção de princípio se opõe à minha alta; por esse motivo penso retornar à minha casa a partir do início do próximo ano.

Graças a todas essas mudanças tive oportunidade de ampliar de maneira substancial o âmbito de minhas observações pessoais. Muitos dos meus pontos de vista expressos anteriormente tiveram de passar por certas retificações; em particular, não tenho nenhuma dúvida de que a chamada brincadeira com os homens (influência milagrosa)* limite-se a mim e a *meu ambiente mais imediato do momento*. Em consequência disso, daria hoje uma outra formulação a muitas passagens de minhas *Memórias*. Deixei-as contudo, no essencial, sob a forma redigida inicialmente. Modificações em aspectos particulares prejudicariam o frescor original da exposição. A meu ver, não tem também importância que, dadas as relações contrárias à Ordem do Mundo surgidas entre mim e Deus, as concepções que tinha construído antes tenham ficado cheias de erros maiores ou menores. De resto, só podem aspirar a um interesse mais geral aqueles resultados a que cheguei com base em minhas impressões e experiências vividas, relativas aos aspectos *permanentes* em questão, a saber, a essência e os atributos de Deus, a imortalidade da alma etc.; a esse respeito, também com base em minhas experiências mais recentes, não tenho a menor modificação a fazer nas minhas concepções básicas anteriores, isto é, as desenvolvidas nos capítulos 1, 2, 18 e 19 das *Memórias*.

Sanatório de Sonnenstein, Pirna
Dezembro de 1902
O autor

---

* *Wunder*: milagre, prodígio, maravilha. Optamos por "milagre", dada a conotação religiosa do contexto. [N.T.]

Carta aberta ao sr. conselheiro
prof. dr. Flechsig

Permito-me enviar-lhe anexo um exemplar de *Memórias de um doente dos nervos*, de minha autoria, com o pedido de que o submeta a um exame benévolo.

Verificará que no meu trabalho, principalmente nos primeiros capítulos, seu nome é frequentemente citado, às vezes em contextos que poderiam ferir sua suscetibilidade. Lamento sobremaneira, mas infelizmente nada posso modificar se não quiser eliminar de antemão a possibilidade de uma compreensão do meu trabalho. Em todo caso, não tenho a menor intenção de atingir sua honra, bem como, em geral, *não sinto contra ninguém qualquer rancor pessoal*; com meu trabalho tenho apenas o objetivo de promover o conhecimento da verdade em um campo de maior importância, o religioso.

Tenho a inamovível certeza de que disponho, nesse domínio, de experiências que — uma vez obtido o reconhecimento geral de sua exatidão — poderiam atuar de maneira mais frutífera possível sobre o resto da humanidade. Da mesma forma, não tenho dúvida de que seu nome desempenha um papel essencial na gênese das circunstâncias a que me refiro, à medida que certos nervos extraídos de seu sistema nervoso se transformaram em "almas provadas", no sentido descrito no capítulo I das *Memórias*; nessa qualidade adquiriram um poder sobrenatural, em consequência do qual vêm exercendo há anos uma influência nociva sobre mim e até hoje ainda exercem. O senhor tenderá, como outras pessoas, a começar por vislumbrar nessa suposição apenas um produto de minha fantasia, que deve ser julgado como patológico; para mim há uma quantidade impressionante de provas da sua validade, sobre as quais o senhor se informará melhor a partir de minhas *Memórias* na sua totalidade. Ainda agora sinto, todo dia e toda hora, a influência nociva, baseada em milagres, daquela "alma provada"; ainda agora as vozes que falam comigo diariamente, em circunstâncias que sempre se repetem, pronunciam o seu nome, proclamando-o centenas de vezes como autor daqueles danos, embora as relações pessoais que existiram entre nós durante certo tempo já tenham passado há muito para um segundo plano, e por isso dificilmente eu teria qualquer motivo para lembrar-me novamente da sua pessoa, muito menos com qualquer espécie de sentimento rancoroso.

Há anos venho refletindo sobre a maneira como poderia conciliar esses fatos com a consideração pela sua pessoa, *de cuja honorabilidade e valor moral não tenho o menor direito de duvidar*. A propósito, muito recentemente, pouco antes da publicação de meu trabalho, surgiu-me uma ideia nova, que *talvez* possa levar ao caminho certo para a solução do enigma. Como observo no final do capítulo 4 e no início do 5 das *Memórias*, não tenho a menor dúvida de que o *primeiro impulso* para o que foi sempre considerado pelos meus médicos como meras "alucinações", mas que significa para mim uma relação com forças sobrenaturais, consistiu em uma *influência emanada do seu sistema nervoso sobre o meu sistema nervoso*. Onde encontrar a explicação desse fato? Parece-me natural pensar na seguinte possibilidade: a princípio, quero crer que apenas com finalidades terapêuticas, o senhor manteve com meus nervos, *mesmo à distância*, uma relação hipnótica, sugestiva, ou como quiser denominá-la. Através dessa relação o senhor pode ter percebido que falavam comigo de outra parte, através de vozes que indicavam uma origem sobrenatural. Como consequência dessa surpreendente percepção, o senhor, por interesse científico, pode ter prosseguido durante um tempo a relação comigo até que a coisa se lhe tornou, por assim dizer, estranha, o que lhe teria dado oportunidade de romper a relação. Mas então pode ter acontecido algo mais: sem que o senhor tivesse consciência disso, e de um modo apenas explicável como sobrenatural, uma parte de seus próprios nervos saiu do seu corpo e subiu ao céu como "alma provada", adquirindo um certo poder sobrenatural. Essa "alma provada", ainda carregada de falhas humanas, como todas as almas impuras (conforme o caráter das almas, que conheço com segurança), teria se deixado levar apenas pelo impulso desconsiderado de autoafirmação e sede de poder — sem qualquer freio que correspondesse à força moral do homem: exatamente do mesmo modo como sucedeu durante muito tempo a uma outra "alma provada", a de Von W., conforme relato nas minhas *Memórias*. Assim, talvez fosse possível atribuir apenas àquela "alma provada" tudo aquilo que eu, erroneamente, acreditei dever imputar-lhe — refiro-me às influências nocivas sobre meu corpo. Nesse caso não seria necessário deixar recair sobre a sua pessoa a menor suspeita; no máximo restaria talvez a leve recriminação de que o senhor, como muitos médicos, não pôde resistir à tentação de usar *ao mesmo tempo como objeto de experimentos científicos* um paciente cujo tratamento lhe foi confiado e que casualmente oferecia, ao lado dos fins terapêuticos propriamente ditos, uma oportunidade do maior interesse científico. Até se poderia levantar a seguinte questão: se talvez todo falatório de que alguém cometeu um assassinato de alma não possa ser remetido ao fato de que às almas (raios) parece totalmente inadmissível que o sistema nervoso de uma pessoa possa ser influenciado pelo de outra, a ponto de aprisionar sua força de vontade, como ocorre na hipnose; e, para caracterizar de maneira mais forte essa inadmissibilidade, as almas, seguindo sua própria tendência a se expressar por hipérbole e, na falta de outra expressão disponível, se utilizaram da expressão corrente "assassinato de alma".

Não preciso salientar a incalculável importância que teria alguma forma de confirmação de minhas suposições anteriormente indicadas, sobretudo se estas encontrassem apoio em recordações que o senhor tivesse conservado na memória. Dessa forma, a sequência global da minha exposição ganharia credibilidade diante do mundo todo e seria imediatamente considerada *um problema científico sério a ser aprofundado por todos os meios possíveis.*

Em vista disso, prezado conselheiro, rogo-lhe, quase diria, *imploro-lhe,* que declare sem reservas:

1. Se durante minha permanência em sua clínica ocorreu, de sua parte, alguma relação hipnótica ou similar comigo, de tal forma que o senhor tenha podido exercer — e particularmente à distância — uma influência sobre o meu sistema nervoso;

2. Se o senhor, nessa ocasião, foi de algum modo testemunha de uma comunicação com vozes provenientes de outro lugar, que indicassem uma origem sobrenatural;

3. Se *o senhor também*, por ocasião de minha estada em sua clínica, não recebeu (especialmente em sonhos) visões ou impressões análogas a visões que, entre outras coisas, tratassem da onipotência divina, livre-arbítrio humano, da emasculação, da perda da beatitude, de meus parentes e amigos, bem como os seus, em especial de Daniel Fürchtegott Flechsig, citado no capítulo 6, e de muitas outras coisas mencionadas em minhas *Memórias.*

A isso quero acrescentar que, a partir de numerosas comunicações das vozes que naquela época falavam comigo, tenho pontos de apoio altamente decisivos para supor que o senhor também deve ter tido visões desse tipo.

Ao apelar para seu interesse científico, permitindo-me confiar em que o senhor terá a plena coragem da verdade, mesmo que isso signifique admitir alguma pequenez, o que não poderia implicar sério prejuízo à sua reputação e dignidade aos olhos de qualquer pessoa sensata.

Se o senhor quiser me enviar uma comunicação escrita, esteja certo de que não a publicarei sem o seu consentimento e da forma que lhe pareça apropriada.

Dado o interesse geral do conteúdo desta carta, considerei adequado mandar imprimi-la como "carta aberta", precedendo as minhas *Memórias*.

Dresden, março de 1903

Com a mais elevada estima
Dr. Schreber
Presidente da Corte de Apelação, em afastamento

Introdução

Considerando que tomei a decisão de, em um futuro próximo, solicitar [1]* minha saída do sanatório para voltar a viver entre os homens civilizados e na comunhão do lar com minha esposa, torna-se necessário fornecer às pessoas que vão constituir meu círculo de relações ao menos uma noção aproximada de minhas concepções religiosas, para que elas possam, se não compreender plenamente as aparentes estranhezas de minha conduta, ter ao menos uma ideia da necessidade que me impõe tais estranhezas.**

É a esse objetivo que deve servir o texto que se segue, com o qual tentarei expor às outras pessoas, de maneira ao menos inteligível, as coisas suprassensíveis cujo conhecimento me foi revelado há cerca de seis anos. Não posso contar de antemão com um conhecimento *completo*, uma vez que se [2] trata em parte de coisas que de modo algum se deixam exprimir em linguagem humana, por ultrapassarem a capacidade de entendimento do homem. Nem mesmo posso afirmar que *tudo* para mim seja certeza inabalável; muitas coisas permanecem também para mim como conjectura e verossimilhança. Sou também apenas um homem e, portanto, preso aos limites do conhecimento humano; só não tenho dúvida de que cheguei infinitamente mais perto da verdade do que os outros homens, que não receberam as revelações divinas.

---

* Os números entre colchetes na margem das páginas referem-se à paginação da edição original. [N.T.] ** *Nota preliminar*. À medida que avançava no desenvolvimento do presente trabalho, ocorreu-me a ideia de que ele talvez pudesse ter interesse também para círculos mais amplos. Apesar disso, abandonei-a desde o início porque o seu primeiro motivo foi orientar minha esposa sobre minhas experiências pessoais e concepções religiosas. Esta pode ser também a razão pela qual considerei conveniente sob muitos aspectos dar explicações circunstanciadas de fatos cientificamente já conhecidos, traduzir palavras estrangeiras etc., o que seria na verdade dispensável para o leitor culto. [N.A.]

Para me fazer compreender, terei de me expressar muito por imagens e símiles, que serão apenas *aproximadamente* corretos; pois a comparação com fatos conhecidos das experiências humanas é o único caminho pelo qual o homem pode tornar compreensíveis, ao menos em certa medida, as coisas sobrenaturais, que na sua essência mais íntima permanecem incompreensíveis. Onde cessa a compreensão do intelecto começa justamente o domínio da fé; o homem precisa se acostumar ao fato de que existem coisas que são verdadeiras, embora ele não possa compreendê-las.

Assim, por exemplo, o conceito de *eternidade* é para o homem algo incompreensível. O homem na verdade não pode imaginar a existência de uma coisa que não tenha princípio nem fim, uma causa que não possa ser remetida à causa anterior. E, no entanto, como creio dever supor — e junto comigo todos os homens voltados para a religião —, a eternidade pertence aos atributos de Deus. O homem estará sempre inclinado a indagar: "Se Deus criou o mundo, então como o próprio Deus o originou?". Essa pergunta permanecerá eternamente sem resposta. O mesmo acontece com o conceito da criação divina. O homem só pode imaginar [3] a origem de uma nova matéria a partir de matérias já existentes, pela atuação de forças transformadoras; no entanto creio — como espero em seguida poder documentar com exemplos particulares — que a criação divina é uma criação a partir do nada. Mesmo nos dogmas da nossa religião positiva há muita coisa que escapa a uma plena compreensão pelo entendimento humano. Quando a igreja cristã ensina que Jesus Cristo era o filho de Deus, isso só pode ser compreendido em um sentido misterioso, que apenas de modo aproximado é coberto pelo real significado das palavras humanas, já que ninguém pode afirmar que Deus, na qualidade de um ser dotado de órgãos sexuais, tenha tido relações com a mulher de cujo ventre nasceu Jesus Cristo. O mesmo acontece com o dogma da Trindade, da ressurreição da carne e outros dogmas cristãos. De modo algum pretendo ter afirmado com isso que reconheço como verdadeiros *todos* os dogmas cristãos no sentido da nossa teologia ortodoxa. Ao contrário, tenho bons motivos para supor que alguns deles são certamente não verdadeiros ou verdadeiros apenas dentro de limites muito estreitos. Isso vale, por exemplo, para a ressurreição da carne, que só na forma de transmigração das almas pode aspirar a uma verdade relativa e temporária (não representado o objetivo final do processo); vale também para a danação eterna à qual certos homens devem sucumbir. A representação de uma danação eterna — que permaneceria sempre apavorante para o sentimento humano — não corresponde à verdade, apesar da exposição, a meu ver baseada em sofismas, pela qual, por exemplo, Luthard em suas conferências apologéticas tentou torná-la aceitável; da mesma forma, em geral o conceito (humano) da *punição* (como instrumento de poder a serviço da obtenção de determinados objetivos *dentro da comunidade humana*) deve ser, ao menos no essencial, separado das representações sobre o Além. Só mais adiante se poderá [4] dizer algo mais preciso sobre isso.[1]

---

1 Por outro lado, baseado em minha própria experiência, estou em condições de dar uma explicação melhor sobre alguns dogmas cristãos: de que modo tais coisas se tornaram possíveis por meio de milagres divinos. Algo análogo à concepção de Jesus Cristo por uma virgem imaculada — isto é, por uma virgem que nunca teve relações com um homem — aconteceu no meu próprio corpo. Já em duas ocasiões diferentes (isso quando ainda estava no sanatório de Flechsig), eu possuí órgãos genitais femininos (embora desenvolvidos de modo incompleto) e senti no corpo movimentos que correspondem aos primeiros sinais da vida do embrião humano. Por milagre divino, foram lançados no meu corpo os nervos de Deus correspondentes ao sêmen masculino, produzindo-se assim uma fecundação. Mais tarde cheguei a ter uma ideia bem nítida de como pode ter ocorrido a ressurreição de Jesus Cristo; nos últimos tempos da minha estada no instituto de Flechsig e nos primeiros tempos da atual, pude ver, não apenas uma, mas centenas de vezes, formas humanas serem projetadas por um breve tempo, por meio de milagre divino, para depois se dissolverem de novo ou desaparecerem. As vozes que me falavam designavam essas aparições como "homens feitos às pressas"; eram em parte pessoas já mortas havia muito tempo, como, por exemplo, o dr. Rudolph J., que vi em Coswig no chamado sanatório de Pierson, mas também havia outros que evidentemente tinham passado por uma transmigração de alma, como, por exemplo, o procurador-geral B., o conselheiro da Corte de Apelação dr. N. e W., o conselheiro dr. W., o advogado W., meu sogro e outros mais, todos levando uma assim chamada vida de sonho, isto é, não dando a impressão de estarem em condições de travar uma conversa sensata; aliás, eu próprio naquela ocasião não tinha vontade de conversar, principalmente porque acreditava ter diante de mim não pessoas reais, mas apenas bonecos miraculados. Com base nessas experiências, tendo a supor que também Jesus Cristo, que como homem de verdade teve uma morte verdadeira, retornou depois por breve tempo, "feito" de novo, através de milagre divino como "homem feito às pressas" para fortalecer a fé de seus adeptos, preparando assim um lugar seguro para a ideia de imortalidade entre os homens; mas acabou por sucumbir à dissolução natural dos "homens feitos às pressas", o que não impediu, naturalmente, como se observará mais adiante, que seus nervos tenham atingido a beatitude. Ao contrário, de acordo com essa concepção, considero como mera fábula o dogma da ascensão de Cristo, estabelecido por seus discípulos a partir do desaparecimento daquele que várias vezes, mesmo depois de sua morte, foi visto entre os homens sob forma corpórea. [Esta e as demais notas chamadas por número são do autor.]

Antes de passar a expor como, em consequência de minha doença, en-
[5] trei em relações bastante particulares com Deus e — apresso-me a acrescentar — em si contraditórias com a Ordem do Mundo, devo primeiramente
adiantar algumas observações sobre a natureza de Deus e da alma humana,
as quais podem provisoriamente ser colocadas como axiomas, isto é, pro-
posições que não necessitam de demonstração e cuja fundamentação, na
[6] medida do possível, poderá ser tentada posteriormente.

I.
Deus e imortalidade

A alma humana está contida nos nervos do corpo; sobre sua natureza física, eu, como leigo, só posso afirmar que são formações de uma delicadeza extraordinária, comparável aos fios de linha mais finos, e que toda vida espiritual do homem se baseia na sua excitabilidade através de impressões externas. Por meio dessas os nervos são levados a vibrações, que, de modo inexplicável, produzem o sentimento de prazer e desprazer; possuem a capacidade de reter recordações das impressões recebidas (a memória humana). Ao mesmo tempo, através da tensão de sua energia volitiva, os nervos são capazes de levar os músculos do corpo, por eles habitados, a manifestar qualquer expressão de atividade. Desenvolvem-se, desde seus mais tenros inícios (como embrião humano, como alma infantil), até chegar a um sistema complexo, que abrange os domínios mais amplos do saber humano (a alma do homem maduro). Uma parte dos nervos é apenas capaz de receber impressões sensoriais (nervos da visão, audição, tato, volúpia etc.), sendo aptos portanto só para as sensações de luz, ruído, calor e frio, fome, volúpia, dor etc.; outros nervos (os nervos do intelecto) recebem e retêm as impressões espirituais e, na condição de órgãos da vontade, proporcionam à totalidade do organismo do homem o impulso para a expressão de sua força de atuação sobre o mundo externo. A relação que se estabelece é tal que *cada nervo do intelecto por si representa o conjunto da individualidade espiritual do homem*; em cada nervo do intelecto está, por assim dizer, inscrita a totalidade das recordações,[2] e o *número* maior ou menor dos nervos

[7]

---

[2] Se for correta essa suposição, ficam assim resolvidos tanto o problema da hereditariedade quanto o da variabilidade, isto é, o fato de que os filhos em certos aspectos se assemelham a seus pais e avós e em outros diferem deles. O sêmen masculino contém um nervo do pai e se une a um nervo extraído do corpo materno, surgindo uma nova unidade. Essa

do intelecto existentes só exerce influência sobre o tempo em que essas recordações podem ser fixadas. Enquanto o homem vive, ele é, ao mesmo tempo, corpo e alma; os nervos (a alma do homem) são alimentados e mantidos em movimento vital pelo corpo, cuja função coincide, no essencial, com a dos animais superiores. Se o corpo perder sua força vital, os nervos entram em um estado de privação de consciência que denominamos *morte* e que já está prefigurado no sonho. Mas com isso não se quer dizer que a alma tenha realmente se extinguido; antes, as impressões recebidas permanecem aderidas aos nervos; a alma atravessa, por assim dizer, o seu sono hibernal, como muitos animais inferiores, podendo ser despertada para uma

[8] nova vida de um modo que relataremos mais adiante.

Deus é, desde o princípio, apenas nervo, e não corpo, portanto algo aparentado à alma humana. Os nervos de Deus, contudo, não existem em número limitado, como no corpo humano, mas são infinitos ou eternos. Possuem as propriedades inerentes aos nervos humanos elevadas a uma potência que ultrapassa tudo o que o homem possa conceber. Têm, em particular, a capacidade de se transformar em todas as coisas possíveis do mundo criado; nessa função chamam-se raios, e nisso consiste a essência da criação divina. Entre Deus e o firmamento existe uma relação íntima. Não me atrevo a decidir se se deve afirmar diretamente que Deus e o firmamento são uma e a mesma coisa ou se é necessário representar o conjunto dos nervos de Deus como algo situado além e aquém das estrelas e, por conseguinte, as nossas estrelas e em particular o nosso Sol como meras *estações* por meio das quais o poder criador milagroso de Deus percorre o caminho até a nossa Terra (eventualmente até outros planetas habitados).[3] Tampouco me atrevo a dizer se também os próprios corpos celestes (estrelas fixas, planetas etc.) foram criados por Deus ou se a criação divina se refere apenas ao mundo do orgânico e se, por conseguinte, ao lado da existência de um Deus vivo — o que para mim se tornou certeza imediata — resta ainda lugar

---

nova unidade — a futura criança — faz reaparecerem portanto o pai e a mãe e, conforme o caso, predominantemente um ou outro; recebe durante a sua vida novas impressões e por sua vez transmite assim a seus descendentes essa nova característica adquirida. Ficaria assim anulada a ideia de um nervo que representaria a unidade espiritual do homem — *um nervo determinante*, que é, segundo meu conhecimento, a base do trabalho de Du Prel que tem esse mesmo título. **3** Nossos poetas têm também uma intuição sobre tudo isso. "Além do firmamento, lá no alto, deve morar um bom pai" etc. [Citação levemente alterada de Schiller, "Ode à alegria". (N.T.)]

para a hipótese da nebulosa de Kant-Laplace. A verdade plena consiste talvez (como no caso da quarta dimensão) em uma diagonal entre as duas diretrizes de representação, ininteligível para o homem. De qualquer modo, as forças de luz e calor do Sol, graças às quais ele é a causa de toda a vida orgânica sobre a Terra, devem ser consideradas apenas como uma manifestação vital indireta de Deus; por isso a adoração ao Sol prestada desde a Antiguidade por tantos povos, embora não encerre toda a verdade, contém [9] um núcleo altamente significativo, não muito distante da própria verdade.

As teorias da nossa astronomia sobre os movimentos, a distância e as propriedades físicas dos corpos celestes etc. podem ser, no geral, corretas. Só que para mim, em virtude de minhas experiências interiores, não há dúvida quanto ao fato de que também a nossa astronomia não captou a verdade plena sobre a força de luz e o calor dos astros, em particular do nosso Sol, mas que ela deve ser concebida direta ou indiretamente apenas como a parte do poder criador milagroso de Deus voltada para a Terra. Como prova dessa afirmação, acrescento por enquanto apenas o fato de que há anos o Sol fala comigo em palavras humanas, fazendo-se conhecer desse modo como um ser animado ou como órgão de um ser ainda superior por detrás dele. Deus faz também o clima; via de regra isso ocorre, por assim dizer, por si mesmo, em consequência da maior ou menor irradiação de calor do Sol, mas em casos particulares pode ser dirigido para determinadas direções por Deus, de acordo com objetivos próprios que ele persegue. Obtive, por exemplo, indicações bastante seguras de que o rude inverno de 1870-1 foi algo decidido por Deus para, em determinadas oportunidades, favorecer a vitória dos alemães na guerra, e também a orgulhosa frase sobre o aniquilamento da Armada espanhola de Felipe II no ano de 1588, *"Deus afflavit et dissipati sunt"* (Deus soprou o vento e eles desapareceram), contém muito provavelmente uma verdade histórica. No caso, menciono o Sol enquanto o instrumento da expressão do poder da vontade apenas de Deus, que está mais próximo da Terra; na realidade, para a configuração do clima concorre também o conjunto dos demais astros. Em particular, o vento ou a tempestade ocorrem pelo fato de que Deus se afasta da Terra a maior distância; nas condições contrárias à Ordem do Mundo que se instauraram no momento, as relações se transformaram de tal forma, devo dizer-lhes desde já, que o clima depende, em certa medida, do *meu* agir e pensar: as- [10] sim que me abandono a não pensar ou, o que dá no mesmo, assim que deixo de me ocupar de algo que testemunhe a atividade do espírito humano, por exemplo, jogar xadrez no jardim, o vento se levanta imediatamente. Posso oferecer, a quem quiser duvidar dessa afirmação, que por certo soa aventureira, oportunidade quase diária de se convencer de sua exatidão, como fiz recentemente várias vezes a diversas pessoas (ao conselheiro privado, minha esposa, minha irmã etc.), no que diz respeito aos chamados urros. A razão disso reside justamente no fato de que Deus acredita poder afastar-se de mim, como uma pessoa supostamente idiota, assim que eu me abandono a não pensar em nada.

Graças à luz que emana do Sol e dos demais astros, Deus tem a capacidade de perceber — os homens diriam, de ver — tudo o que acontece *na* Terra (e talvez em outros planetas habitados); nesse sentido, pode-se, de modo figurado, falar do Sol e da luz dos astros como do olho de Deus. Ele se rejubila com tudo o que vê, como produto de sua força criadora, assim como o homem se rejubila com o trabalho criado por suas próprias mãos ou por seu espírito. Até a crise que será mencionada mais adiante, a situação era tal que Deus em geral deixava abandonados a si mesmos o mundo criado por Ele e os seres orgânicos que nele se encontravam (plantas, animais, homens) e só cuidava de manter o calor solar necessário à sua conservação e reprodução etc. Uma intervenção imediata de Deus no destino dos indivíduos humanos e dos povos via de regra não acontecia — designo esse estado como um estado conforme à Ordem do Mundo. Excepcionalmente isso poderia ocorrer algumas vezes; não podia nem devia acontecer com muita frequência, porque a aproximação de Deus à humanidade viva [11] implicada nisso — por motivos que serão desenvolvidos mais adiante — para o próprio Deus estaria vinculada a certos perigos. Assim, por exemplo, uma prece particularmente fervorosa poderia dar a Deus oportunidade de intervir por meio de um milagre em algum caso isolado[4] ou de orientar para determinadas direções, por milagre, o destino de povos inteiros (na guerra etc.). Ele também podia se conectar com algumas pessoas altamente dotadas (poetas etc.) — ("fazer com eles uma conexão nervosa") — é como as vozes que falam comigo designam esse processo — para proporcionar-lhes (principalmente em sonhos) alguns pensamentos e representações fecundas sobre o Além. Só que essa "conexão nervosa" não podia se tornar

---

4 Que Deus está em condições de, por exemplo, afastar qualquer germe de doença no corpo humano, através da emissão de alguns raios puros, é algo que experimentei muitas vezes em meu próprio corpo e ainda hoje experimento diariamente.

a regra, como se disse, porque, por uma circunstância impossível de elucidar, os nervos de homens *vivos*, sobretudo em estado de uma *excitação muito intensa*, possuem uma tal força de atração sobre os nervos de Deus que Deus não poderia mais se livrar deles, ficando portanto ameaçado em sua própria existência.[5]

Relações regulares entre Deus e as almas humanas, de acordo com a Ordem do Mundo, só ocorriam depois da morte. Deus podia, sem perigo, se aproximar dos *cadáveres* para, graças à energia dos raios, extrair do corpo e atrair para si os nervos, nos quais a autoconsciência não tinha se extinguido mas apenas repousava, despertando-os assim para nova vida celeste; a autoconsciência voltava por efeito dos raios. A nova vida no Além era a *beatitude* à qual podia ser levada a alma humana. Mas isso não podia acontecer sem a prévia purificação e triagem dos nervos humanos, o que requeria, como preparação, um tempo mais ou menos longo, de acordo com a diversidade de condição e ainda conforme o resultado de certas etapas preparatórias intermediárias. Para Deus — ou, se se prefere a expressão, no céu — só deveriam ser utilizados nervos puros, porque sua destinação era serem articulados ao próprio Deus e, finalmente, tornarem-se de certa forma integrantes de Deus, na qualidade de "vestíbulos do céu".[6] Os nervos de homens moralmente depravados são enegrecidos; homens moralmente puros têm nervos brancos; quanto mais um homem se elevou moralmente

[12]

---

5 (Adendo de novembro de 1902) A representação de uma *força de atração* atuando de uma distância tão enorme a partir de corpos humanos individuais ou — no meu caso — de um único corpo humano, deve parecer inteiramente absurda, se considerada em si mesma, isto é, se se pensar aqui em forças naturais por nós conhecidas, como um agente que atua de modo meramente mecânico. Não obstante, a atuação da força de atração é para mim como fato, algo absolutamente indubitável. O fenômeno ficará talvez mais compreensível e mais próximo do entendimento humano se se tiver presente que os raios são *seres animados* e que por isso, no que concerne à força de atração, não se trata de uma força que age de modo puramente mecânico, mas de algo semelhante aos *impulsos psicológicos*: "atraente" é, para os raios, aquilo que interessa. A situação parece ser semelhante àquela cantada por Goethe no seu "Pescador": "Em parte ela o puxou, em parte ele afundou".   **6** A expressão "vestíbulos do céu" não foi inventada por mim, *como todas as outras expressões que neste trabalho estão entre aspas* (como, por exemplo, "homens feitos às pressas", "vida de sonho" etc.), mas ela apenas reproduz a designação sob a qual as vozes que falavam comigo se referiam ao fenômeno em questão. São expressões *às quais eu nunca teria chegado por mim mesmo*, que nunca ouvi de qualquer outro homem, de natureza em parte científica, especialmente médica, e das quais nem ao menos sei se são de uso corrente na ciência humana correspondente. Voltarei a chamar a atenção sobre essa singular situação em casos particularmente notáveis.

durante a vida, mais a condição de seus nervos se aproximará da completa brancura ou pureza, que é própria, desde o princípio, dos nervos de Deus.

[13] Nos homens moralmente muito inferiores, talvez uma grande parte dos nervos seja totalmente inutilizável; assim se determinam os diversos *graus* de beatitude aos quais um homem pode ascender e provavelmente também o lapso de tempo durante o qual uma autoconsciência pode ser conservada na vida do Além. Isso quase nunca pode ocorrer sem uma prévia purificação dos nervos, já que é muito difícil encontrar um homem inteiramente livre de pecados, cujos nervos portanto de algum modo não tenham se tornado impuros na sua vida anterior por causa de uma conduta imoral. Mesmo para mim não é possível fornecer uma descrição exata do processo de purificação; recebi, no entanto, várias indicações valiosas nesse sentido. Parece que o processo de purificação se ligava a uma prestação de serviços[7] que produzia nas almas um sentimento de desprazer ou talvez a uma estada subterrânea, associada a mal-estar, necessária para conduzi-las gradativamente à purificação.

Quem quiser empregar aqui a expressão "punição" terá razão num certo sentido; mas é preciso notar que, diferentemente do conceito humano de punição, o objetivo não é infligir dano, mas obter uma precondição necessária à purificação. Desse modo explicam-se, *mas em parte também precisam ser corrigidas*, as representações correntes na maior parte das religiões sobre o inferno, o purgatório etc. As almas a serem purificadas aprendiam, durante a purificação, a língua falada pelo próprio Deus, a chamada "língua fundamental", um alemão algo arcaico, mas ainda vigoroso, que se caracteriza principalmente por uma grande riqueza de eufemismos (assim, por exemplo, recompensa com o sentido oposto, de punição, veneno por alimento, suco

[14] por veneno, profano por sagrado etc.). O próprio Deus era designado como "a respeito daquele que é e que será" — perífrase da eternidade, e era tratado como "Sua Majestade Fidelíssima". A purificação era designada como "prova"; as almas que não tinham passado pelo processo de purificação não se chamavam, como seria de esperar, "almas não provadas", mas, ao contrário, "almas provadas", conforme aquela tendência ao eufemismo. As almas ainda em processo de purificação se denominavam, em gradações diversas,

---

7 Com relação à alma de Flechsig, por exemplo, falou-se uma vez de um "trabalho de carreteiro" que este teria tido de realizar.

"satãs", "diabos", "diabos auxiliares", "diabos superiores" e "diabos inferiores"; esta última expressão parecia aludir a uma estada subterrânea. Os "diabos" etc., quando eram homens feitos às pressas, tinham uma cor peculiar (algo como vermelho-cenoura) e um particular odor repugnante que eu próprio pude constatar em muitas oportunidades no chamado sanatório Pierson em Coswig (que denominei "cozinha do diabo"). Vi, por exemplo, o sr. Von W. e o sr. Von O., que tínhamos conhecido no balneário báltico de Warnemünde, como diabos com rosto e mãos peculiarmente vermelhos, e vi também o conselheiro privado W. como diabo superior.

Soube que Judas Iscariotes, por causa da sua traição a Jesus Cristo, se tornou diabo inferior. Mas não se devem representar esses diabos, de acordo com os conceitos religiosos cristãos, como potências inimigas de Deus; ao contrário, eles eram, quase sem exceção, já muito tementes a Deus e apenas se submetiam ao processo de purificação. A afirmação feita anteriormente de que Deus se servia da língua alemã na forma da chamada "língua fundamental" naturalmente não deve ser compreendida no sentido de que a beatitude estaria destinada só aos alemães. No entanto, na época moderna (provavelmente desde a Reforma, mas talvez também já desde as migrações dos povos), os alemães foram o *povo eleito de Deus*, cuja língua Deus utilizava de preferência. Nesse sentido, sucessivamente no curso da história, [15] foram o povo eleito de Deus os povos moralmente mais virtuosos em cada momento — os antigos judeus, os antigos persas (estes em escala particularmente eminente, sobre os quais falaremos em detalhe mais adiante), os greco-romanos (talvez na época da Antiguidade greco-romana, mas também provavelmente como "francos" no tempo das Cruzadas) e finalmente os alemães. *Compreensíveis* eram para Deus, sem dificuldade, por meio das conexões nervosas, as línguas de todos os povos.[8]

A *transmigração das almas* parece ter servido aos fins da purificação das almas humanas impuras, e essa transmigração deve ter ocorrido em larga escala, como suponho com base em minhas diversas experiências. Talvez conservando uma obscura recordação de sua existência anterior, as almas humanas em questão eram chamadas a uma nova vida *humana* em outros corpos celestes, supostamente na aparência por via do nascimento, como

---

8 De maneira análoga, todas as almas que estão em conexão nervosa comigo, justamente por participarem de meus pensamentos, entendem todas as línguas que são compreensíveis *para mim*, por exemplo, grego, quando leio um livro grego etc.

aliás é o caso dos seres humanos. Não ouso fazer afirmações mais precisas, sobretudo a respeito da questão de ter a transmigração de almas servido ou não para fins de purificação ou também para outros fins (povoamento de outros planetas?). Conheci alguns casos, citados pelas vozes que falavam comigo ou indicados de algum outro modo, nos quais as pessoas em questão teriam tido, na vida posterior, uma posição substancialmente inferior à da vida anterior, o que talvez consistisse numa espécie de punição.

Um caso particularmente digno de nota foi o do sr. Von W., cuja alma, durante um período de tempo — como ainda agora a alma de Flechsig —, exerceu uma influência muito profunda sobre minhas relações com Deus e, consequentemente, sobre meu destino pessoal.[9] Na época em que eu estava no sanatório Pierson (a "cozinha do diabo"), Von W. ocupava o cargo de guardião-chefe — de acordo com minha concepção da época, que ainda hoje não consigo contestar, não como um homem real, mas como um "homem feito às pressas", isto é, como uma alma posta provisoriamente em figura humana, por milagre divino. Nesse ínterim ele já teria vivido uma segunda vida em qualquer outro planeta, na condição de "agente de seguros Marx".

As almas completamente depuradas pelo processo de purificação subiam ao céu, atingindo assim a *beatitude*. A beatitude consistia num estado de gozo ininterrupto, associado à contemplação de Deus. Para o homem, a ideia de um eterno não fazer nada significaria algo insuportável, já que o homem está habituado ao trabalho e, como diz o provérbio, só o trabalho torna doce a vida. Mas não se deve esquecer que as almas são algo diferente do homem, e por isso não seria lícito aplicar a medida humana aos

---

9 Naturalmente, à primeira vista parece uma total contradição que, tanto aqui como na nota I, eu tenha mencionado nomes de pessoas que ainda estão entre os vivos, e no entanto fale de uma transmigração de alma pela qual teriam passado. De fato, nisso reside um enigma, que só de maneira incompleta consigo resolver e que seria totalmente insolúvel apenas com o emprego de conceitos meramente humanos. Apesar disso, em vários casos, principalmente no que diz respeito à alma de Flechsig e à de Von W., os fatos em questão estão para mim completamente fora de dúvida, uma vez que tenho comprovado durante anos a influência direta dessas almas sobre meu corpo; e, no que diz respeito à alma de Flechsig, sinto essa influência ainda hoje, a cada dia e a cada hora. Mais adiante tentarei dar uma explicação aproximada da situação, quando chegar a falar da chamada "brincadeira com os homens". Por ora, basta indicar a possibilidade de uma *partição* da alma, que faria parecer concebível que certos nervos do intelecto de pessoas ainda vivas (que, conforme observado anteriormente, conservariam a plena *consciência de identidade*, mesmo que talvez apenas por breve tempo) desempenhem algum outro papel fora de seu corpo.

sentimentos das almas.[10] Para as almas, o contínuo regalar-se no gozo e ao mesmo tempo nas recordações de seu passado humano representa de fato a suprema felicidade. Estavam aí então em condições de intercambiar suas recordações e, por intermédio de raios divinos — por assim dizer, tomados de empréstimo para esse fim —, tomar conhecimento da situação daqueles que ainda viviam na Terra e pelos quais eles se interessavam, seus parentes, amigos etc., e provavelmente depois da sua morte também colaborar no seu acesso à beatitude. É preciso afastar a ideia de que a felicidade das almas pudesse ser turvada por saber que seus parentes que ainda viviam na Terra se encontravam em situação de infortúnio. Pois as almas possuíam, com efeito, a capacidade de conservar as recordações de seu próprio passado humano, mas não de reter durante um tempo duradouro as novas impressões que recebiam como almas; essa era a natural tendência das almas ao esquecimento, que fazia com que impressões novas, desagradáveis, fossem nelas imediatamente apagadas. Havia, na beatitude, gradações de acordo com a força de resistência que os nervos em questão tinham atingido em sua vida humana e provavelmente também de acordo com o número de nervos considerados dignos de serem acolhidos no céu. [18]

A beatitude masculina ficava um grau acima da feminina; esta última parece constituir-se predominantemente de um sentimento ininterrupto de volúpia. Além disso, podia acontecer que a alma de um Goethe, de um Bismarck etc. conservasse, talvez por séculos, sua autoconsciência (consciência de identidade), ao passo que no caso de uma criança morta precocemente essa consciência duraria tantos anos quantos durara sua vida humana. Uma duração eterna da consciência de ter sido esse ou aquele homem não era concedida a nenhuma alma humana. Finalmente, o destino de todas as almas era mais o de atingir unidades superiores fundidas com outras almas para, desse modo, sentir-se doravante como partes integrantes de Deus (vestíbulos do céu). Isso não significava, portanto, um verdadeiro fim — e *nesse sentido* concedia-se à alma uma existência eterna —, mas apenas uma

---

10 Como se tivesse tido uma intuição dessa situação, Richard Wagner fez seu Tannhäuser dizer, no auge do êxtase amoroso: "Ah, mas continuo mortal e para mim é imenso teu amor; um deus pode gozar sempre, mas eu estou sujeito a transformações" — do mesmo modo que, em geral, se encontram em nossos poetas intuições quase proféticas que fortalecem minha hipótese de que lhes vêm inspirações divinas por meio de conexões nervosas (principalmente em sonho).

sobrevivência com outra consciência. Só um pensamento estreito poderia querer encontrar aqui uma imperfeição da beatitude — com relação à imortalidade do homem, no sentido, por exemplo, da concepção religiosa cristã. Com efeito, que interesse poderia haver para uma alma em recordar-se ainda do nome que outrora tivera entre os homens e de suas relações pessoais de então, quando não só seus filhos, mas também os filhos de seus filhos, não só havia muito já tinham igualmente passado para o descanso eterno, mas também inúmeras outras gerações tinham descido à sepultura, e talvez até a própria nação à qual um dia pertenceram já tinha sido riscada do rol dos povos vivos? Desse modo — ainda na época de minha estada no sanatório de Flechsig —, conheci raios que me foram designados como raios, isto é, complexos de almas humanas beatificadas, elevadas a unidades superiores — dos antigos judeus (raios de Jeová), dos antigos persas (raios de Zoroastro) e dos antigos germanos (raios de Tor e Odin), entre os quais com certeza não

[19]   se encontrava mais nem uma única alma que tivesse consciência do nome sob o qual, há milhares de anos, pertencera a esse ou àquele povo.[11]

Sobre os "vestíbulos do céu" pairava o próprio Deus, a quem, em contraposição a esses reinos posteriores de Deus, foi também dada a designação de "reinos anteriores de Deus". Os reinos anteriores de Deus estavam (e ainda estão) submetidos a uma bipartição peculiar, segundo a qual se distinguiam um deus inferior (Ariman) e um deus superior (Ormuzd). Sobre o significado preciso dessa bipartição nada posso acrescentar,[12] a não ser que o deus inferior (Ariman) parece ter se sentido atraído de preferência pelos povos originariamente de raça morena (os semitas), e o deus superior, de preferência pelos povos originariamente de raça loura (os arianos). É significativo que uma intuição dessa bipartição se encontre nas representações religiosas de muitos povos. O Balder dos germanos, o Bielebog (deus branco) ou Swantewit dos eslavos, o Poseidon dos gregos ou o Netuno dos romanos são idênticos a Ormuzd, e a Ariman o são o Wodan (Odin) dos germanos, o Czernebog (deus

---

11 A exposição acima, relativa aos "vestíbulos do céu", talvez forneça também um vislumbre do eterno ciclo das coisas, que subjaz à Ordem do Mundo. Deus, ao criar algo, aliena em certo sentido uma parte de si próprio, ou dá uma forma modificada a uma parte de seus nervos. A aparente perda resultante é contudo ressarcida quando, depois de séculos e milênios, se reintegram a Ele, na qualidade de "vestíbulos do céu", os nervos beatificados de pessoas defuntas, para cuja conservação as demais coisas criadas serviram durante sua vida terrestre.
12 Excluindo o que se observará mais adiante sobre a emasculação.

negro) dos eslavos, o Zeus dos gregos e o Júpiter dos romanos. O deus inferior e o deus superior me foram designados pela primeira vez sob os nomes de Ariman e Ormuzd pelas vozes que falavam comigo, no princípio de julho de 1894 (perto do final da primeira semana da minha estada no atual sanatório); desde então ouço esses nomes diariamente.[13] A data indicada coincide com a dissolução dos reinos anteriores de Deus, com os quais eu antes me relacionava (meados de março de 1894, aproximadamente). [20]

O quadro desenvolvido sobre a natureza de Deus e a sobrevivência da alma humana depois da morte, em muitos aspectos, não se afasta muito das concepções religiosas cristãs sobre esses temas. De qualquer forma, parece-me que uma comparação entre ambos só resultaria favorável ao primeiro. Certamente não existiu *onisciência* e *onipresença* de Deus, no sentido de que Deus *continuamente* via o interior de cada ser humano vivo, percebia cada movimento da sensibilidade de seus nervos, a cada momento "sondando seu coração e seus rins". Tampouco havia necessidade disso, porque depois da morte os nervos dos homens, com todas as impressões que tinham recebido durante a vida, ficavam expostos aos olhos de Deus, e por isso, com infalível justiça, podia ocorrer o julgamento sobre serem ou não dignos de acolhida no reino dos céus. De resto, assim que surgia qualquer ocasião para isso, bastava a *possibilidade* de obter conhecimento do interior de um homem por meio de conexão nervosa. Por outro lado, falta ao quadro esboçado por mim qualquer traço de dureza ou crueldade gratuita, de que estão impregnadas muitas das representações da religião cristã e, em grau ainda maior, as das outras religiões. A Ordem do Mundo, em sua totalidade, apresenta-se assim como uma "construção prodigiosa"[14] diante de cuja sublimidade recuam todas as representações construídas pelos homens e povos, no curso da história, sobre suas relações com Deus. [21]

---

13 O fato de que, para designar os deuses inferior e superior, tenham sido usados os nomes dessas divindades persas, é para mim uma razão fundamental para supor que os antigos persas (naturalmente antes de sua ulterior decadência) devam ter sido de modo particularmente eminente o "povo eleito de Deus"; em outras palavras, um povo de um valor moral muito especial. Essa suposição é confirmada pela extraordinária potência dos raios que, a seu tempo, observei nos "raios de Zoroastro". Aliás, o nome Ariman também se encontra, por exemplo, no *Manfredo*, de Lord Byron, em conexão com um assassinato de alma.
14 Mais uma expressão não inventada por mim. Falei — naturalmente na língua dos nervos ou dos pensamentos, da qual se falará mais adiante — de uma *organização prodigiosa*, a partir da qual me foi inspirada, de fora, a expressão "construção prodigiosa".

2.
Uma crise dos reinos de Deus?
Assassinato de alma

[22] Então, nessa "construção prodigiosa" ocorreu recentemente uma fratura, estreitamente ligada ao meu destino pessoal. Mesmo para mim é impossível apresentar as conexões mais profundas de modo plenamente apreensível pelo intelecto humano. São processos obscuros, cujo véu apenas parcialmente posso levantar, com base em minhas experiências pessoais, enquanto no resto vejo-me remetido apenas a intuições e suposições. Primeiramente devo notar que, na gênese da evolução em questão, cujos primórdios vão longe, remontando talvez ao século XVIII, desempenham um papel importante, por um lado, os nomes de Flechsig e Schreber (provavelmente sem se limitar a um indivíduo particular das respectivas famílias) e, por outro, o conceito de *assassinato de alma*.

Começando pelo último, está difundida em todos os povos pela lenda e pela poesia a ideia de que é possível se apoderar de algum modo da alma de outra pessoa para conseguir, à sua custa, uma vida mais longa ou alguma outra vantagem que perdure além da morte. Basta recordar, por exemplo, o *Fausto*, de Goethe, o *Manfredo*, de Lord Byron, o *Franco-atirador*, de Weber
[23] etc. Habitualmente, no entanto, é dado um papel proeminente ao diabo, que penhora a alma de um homem mediante uma pequena gota de sangue, em troca de qualquer vantagem terrena etc., mas sem que se veja bem o que o diabo realmente faria com a alma aprisionada, a menos que se queira supor que a tortura de uma alma lhe proporcione um prazer particular como um fim em si.

Mas, ainda que se relegue esta última ideia ao reino da fábula, considerando que, segundo o que se afirmou, não existe um diabo como potência inimiga de Deus, ainda assim a ampla difusão nas lendas do tema do assassinato de alma ou rapto de alma dá margem a refletir que é pouco provável que essas ideias tenham se elaborado de maneira tão regular, em tantos povos, sem um fundamento nos fatos. Ora, desde o início da minha ligação com Deus (meados de março de 1894) até agora, as vozes que falam comigo vêm assinalando diariamente como causa da crise desencadeada nos reinos de Deus o fato de que, da parte de alguém, *se cometeu assassinato de alma*; antes se apontava Flechsig como autor do assassinato de alma, ao passo que, de um tempo para cá, numa inversão deliberada da situação, se quer me "fazer passar" por aquele que cometeu assassinato de alma; chego então a supor que em algum momento, talvez em gerações anteriores, teve lugar um fenômeno qualificável como assassinato de alma entre as famílias Flechsig e Schreber; da mesma forma, com base em acontecimentos posteriores, estou convencido de que na época em que minha enfermidade nervosa parecia assumir um caráter dificilmente curável, da parte de alguém tentou-se, embora sem êxito, cometer contra mim o assassinato de alma.

É provável que depois do primeiro assassinato de alma, de acordo com o princípio *l'appétit vient en mangeant,** tenham ocorrido outros assassinatos de alma contra almas de outros homens. Se realmente alguém tem responsabilidade moral pelo primeiro caso de assassinato de alma, é uma questão que deixo em suspenso; justamente a esse respeito muita coisa [24] permanece obscura. Possivelmente tratou-se de uma luta, originada pelo ciúme, entre as almas que já tinham deixado a vida. Os Flechsig e os Schreber pertenciam ambos, conforme a expressão empregada, "à mais alta nobreza celeste"; os Schreber, particularmente, ostentavam o título de margraves da Toscana e da Tasmânia, de acordo com um hábito das almas de se adornar com títulos terrenos pomposos, cedendo a uma espécie de vaidade pessoal. Das duas famílias, entram em consideração vários nomes: da família Flechsig em particular, além do prof. Paul Theodor Flechsig, também um certo Abraham Fürchtegott Flechsig e Daniel Fürchtegott Flechsig; este último terá vivido no fim do século XVIII e se tornado "diabo auxiliar" por causa de um acontecimento do tipo do assassinato de alma. Em todo caso, durante muito tempo estive em conexão nervosa com o prof. Paul Theodor Flechsig e com Daniel Fürchtegott Flechsig (com o primeiro, também na sua qualidade de alma?), e tive no corpo partes da alma de ambos. A alma de Daniel Fürchtegott Flechsig já desapareceu há

---

* Em francês no original: "o apetite vem com comer". Uma expressão equivalente seria: "A comer e a coçar só custa começar". [N. E.]

anos (volatilizou-se); da alma do prof. Paul Theodor Flechsig existe ainda hoje no céu, como "alma provada", pelo menos uma parte (isto é, um certo número de nervos que originariamente tinham a consciência de identidade do prof. Paul Theodor Flechsig, aliás muito enfraquecida nesse ínterim). Como a partir de outras fontes além das vozes que falam comigo não tenho o menor conhecimento da árvore genealógica da família Flechsig, talvez não deixe de ter interesse poder verificar se entre os antepassados do atual prof. Flechsig havia realmente um Daniel Fürchtegott Flechsig e um Abraham Fürchtegott Flechsig.

[25] Suponho então que algum dia um portador do nome Flechsig — alguém que tinha esse nome — conseguiu *abusar* de uma conexão nervosa, que lhe foi concedida com a finalidade de fornecer inspirações divinas ou por outros motivos, *para reter os raios divinos*. Naturalmente trata-se aqui apenas de uma hipótese, que contudo precisa ser mantida até que se encontre melhor fundamento para elucidar o fenômeno, como ocorre nas investigações das ciências humanas. Parece muito plausível que uma conexão nervosa divina tenha sido concedida justamente a alguém que se dedicava à prática do tratamento dos nervos, uma vez que, por um lado, se tratava supostamente de um homem de espírito elevado; por outro lado, devia ser de particular interesse para Deus tudo o que diz respeito à vida dos nervos humanos, a partir da consciência instintiva de que um excesso de *nervosismo* entre os homens poderia resultar em certos perigos para os reinos de Deus. Por essa razão os sanatórios para doentes mentais se chamavam, na língua fundamental, "sanatórios dos nervos de Deus". Se o supracitado Daniel Fürchtegott Flechsig, abusando de uma conexão nervosa divina, foi o primeiro a cometer uma falta contra a Ordem do Mundo, não era de todo contraditório o fato de que as vozes que falavam comigo o chamassem de *sacerdote do campo*, pois na época em que Daniel Fürchtegott Flechsig deve ter vivido — no século XVIII, em torno do período de Frederico, o Grande[15] — não existiam ainda sanatórios públicos para doentes mentais.

---

15 Deduzo-o do fato de que, na minha posterior conexão nervosa com Daniel Fürchtegott Flechsig, conversei, entre outras coisas, sobre Frederico, o Grande, de quem ele ainda se recordava como provavelmente a mais notável personalidade do seu tempo. Em compensação, ele não sabia nada das estradas de ferro e por isso não deixou de ser interessante para mim tentar dar a uma alma defunta, por meio de uma conversação via conexão nervosa, uma ideia do que é uma estrada de ferro e do transtorno trazido por essa invenção às comunicações humanas.

Imaginemos então que esse homem dedicado à prática da medicina nervosa — talvez ao lado de outra profissão — alguma vez acreditou ver *em sonho* imagens maravilhosas e experimentar coisas maravilhosas, sentindo-se estimulado a investigá-las mais, em parte pela sede de saber, própria dos homens, em parte justamente por um interesse científico nele já existente. O homem em questão talvez não precisasse ter, ao menos no início, nenhuma consciência de que se tratava de um contato direto ou indireto com Deus. Talvez em uma das noites seguintes tenha procurado trazer de novo à memória as imagens do sonho e ao fazê-lo teve então a experiência de que, no sono que então sobreveio, as imagens do sonho retornavam sob a mesma forma, ou um pouco modificadas, completando ulteriormente as comunicações anteriores. A partir de então naturalmente crescia o seu interesse, principalmente se o sonhador talvez pudesse perceber que aqueles dos quais partiam as comunicações eram os seus próprios antepassados, os quais recentemente tinham sido suplantados de algum modo por alguns membros da família Schreber. Ele então talvez tenha tentado agir, concentrando sua energia voluntária, à maneira dos que leem pensamentos — Cumberland etc. — sobre os nervos das pessoas que vivem ao redor, comprovando que de algum modo isso era possível. Opôs-se à suspensão da conexão nervosa que os raios divinos um dia haviam estabelecido direta ou indiretamente com ele, ou a fez depender de condições que não lhe poderiam ser recusadas, dada a natural fraqueza do caráter da alma em comparação com o homem vivo, e em consequência da impossibilidade de manter uma conexão nervosa permanente com um único homem. Pode-se imaginar desse modo que tenha ocorrido uma espécie de conjuração entre tal pessoa e elementos dos reinos anteriores de Deus contra a estirpe dos Schreber, talvez no sentido de lhe dever ser recusada a descendência ou pelo menos a escolha de profissões como a de médico especialista em doenças nervosas, que pudessem levar a relações de maior proximidade com Deus. Dado o que se observou sobre a organização dos reinos de Deus e sobre a onipresença (limitada) de Deus, não seria necessário que tais maquinações chegassem aos reinos posteriores de Deus. Os conjuradores — para manter essa expressão — talvez tenham conseguido minimizar eventuais suspeitas, permitindo que se estabelecesse uma conexão nervosa com membros da família Schreber em momentos de descuido, que qualquer um pode ter uma vez na vida, e levando à instância imediatamente superior na hierarquia dos reinos de Deus a convicção de que com a alma de

[26]

[27]

um Schreber não se podia contar muito quando se tratava de algum perigo para a subsistência dos reinos de Deus.[16] E foi talvez assim que desde o começo não se chegou a combater com total resolução tentativas inspiradas pela ambição e pelo desejo de dominação que em suas consequências levariam a um assassinato de alma — caso exista algo semelhante —, portanto à entrega de uma alma a outra, seja para conseguir uma vida terrena mais longa, seja para se apropriar das forças espirituais desta, seja ainda para obter uma espécie de imortalidade pessoal ou alguma outra vantagem. Por outro lado, é possível que se subestimasse o perigo daí resultante para os próprios reinos de Deus. Sentia-se de posse de um poder tão extraordinário que não dava lugar para o pensamento de que um único indivíduo pudesse algumas vezes ser perigoso para o próprio Deus. De fato, depois de tudo o que experimentei e vivi sobre o poder milagroso de Deus, não tenho a menor dúvida de que Deus — supondo que se mantenham as condições de conformidade com a Ordem do Mundo — estaria, a qualquer momento, em condições de aniquilar uma pessoa que lhe fosse incômoda enviando-lhe uma doença mortal ou fulminando-a.[17, 18]

[28]

Mas talvez não se tenha acreditado na necessidade de recorrer apressadamente a meios tão extremados contra o suposto assassino de alma, já que seu delito consistia inicialmente no abuso de uma conexão nervosa divina, que só remotamente parecia abrir a consequente perspectiva de um assassinato de alma, sendo que seus demais méritos pessoais e sua conduta moral não permitiam esperar que chegasse a tal extremo. Em que consiste a verdadeira essência do assassinato de alma e, por assim dizer, a sua técnica, nada posso dizer além do já indicado. Acrescentaria ainda apenas (segue um trecho inadequado para publicação).* De resto, por mais que se deva fazer pesar sobre o atual conselheiro prof. Flechsig ou sobre seus antepassados a responsabilidade real pelo "assassinato de alma", há pelo menos uma coisa para mim indubitável: a pessoa em questão deve ter tido uma intuição das coisas sobrenaturais de que tomei conhecimento nesse ínterim,

16 A esse contexto pertence a expressão "apenas uma alma Schreber", que mais de uma vez ouvi das vozes que falavam comigo, na época da minha estada no sanatório de Flechsig. Não me faltam pontos de apoio, cuja exposição no entanto me levaria aqui muito longe, para supor que a conexão nervosa comigo se estabelecia deliberadamente, nos momentos em que se poderia ter uma impressão pouco favorável de meu nível moral.   17 Falta a nota 17 do autor. [N. E. alemão]   18 Falta a nota 18. [N. E. alemão]   * Censurado no original. [N. T.]

mas certamente não chegou a penetrar profundamente no conhecimento de Deus e da Ordem do Mundo. De fato, quem tivesse conseguido chegar a uma sólida fé em Deus e à certeza de que lhe está reservada uma beatitude na medida da pureza dos seus nervos não poderia pensar em atentar contra a alma de outrem. Tampouco seria o caso de qualquer pessoa que, mesmo no sentido da nossa religião positiva, pudesse ser designada como *crente*. Desconheço que posição o atual conselheiro prof. Flechsig assumiu e ainda [29] assume em questões religiosas. Se ele pertenceu ou ainda pertence, como muitos homens modernos, aos *céticos*, isso não poderia, em si, ser motivo de recriminação, ao menos de minha parte, pois eu mesmo devo reconhecer ter já pertencido a essa categoria, até que fui instruído para algo melhor pelas revelações divinas.

A quem teve o trabalho de ler com alguma atenção a exposição precedente, ocorrerá talvez involuntariamente a ideia de que o próprio Deus deve estar ou ter estado em dificuldade, se a conduta de um único indivíduo pode constituir perigo para ele e se o próprio Deus, ainda que em instâncias subordinadas,[19] pode se deixar levar a uma espécie de conspiração [30] contra pessoas no fundo inocentes. Não posso declarar injustificada tal objeção, mas não poderia deixar de acrescentar que nem por isso se abalou em mim a fé na grandeza e sublimidade de Deus e da Ordem do Mundo.

---

19 A expressão (de minha autoria) "instâncias", bem como a anteriormente citada, "hierarquia", parece-me ser a correta para dar um quadro aproximado da organização dos reinos de Deus. Enquanto estive ligado aos reinos anteriores de Deus ("vestíbulos do céu"), de março a início de julho de 1894, cada chefe de raios ("chefe de coluna anterior", segundo uma expressão que *ouvi*) procurava se fazer passar por "onipotência de Deus". Cada um sabia que depois dele vinham outros, ainda superiores, mas não sabia quem eram esses superiores, nem a que altura chegavam. Quando então (início de julho de 1894) apareceram em cena os próprios reinos posteriores de Deus (Ariman e Ormuzd), isso aconteceu a princípio com um esplendor de fenômenos luminosos de tal modo imponente que até as próprias almas de Von W. e Flechsig, que ainda estavam na condição de "almas provadas", não puderam evitar o impacto e suspenderam por um momento a sua até então usual oposição sarcástica à onipotência de Deus. Discutirei mais adiante por que os fenômenos luminosos não se mantiveram ao meu redor de maneira mais duradoura. Graças a esses fenômenos, vi Ariman de noite, não em sonho, mas em estado de vigília, e em vários dias subsequentes vi Ormuzd *de dia*, durante minha permanência no jardim. Naquela ocasião estava em minha companhia apenas o enfermeiro M. Suponho que este não era na época um homem real, mas um "homem feito às pressas", pois do contrário teria tido de ficar de tal forma ofuscado pelos fenômenos luminosos (que ele também deve ter visto e que tomavam talvez da sexta até a oitava parte do céu) que ele teria de algum modo expressado sua admiração.

O próprio Deus, contudo, não era nem é o ser de *perfeição absoluta* que a maioria das religiões diz ser. A força de atração, isto é, aquela lei mesmo para mim impenetrável em sua essência mais íntima, graças à qual raios e nervos se atraem mutuamente, oculta em si um germe de perigos para os reinos de Deus, perigos cuja imagem já está na base da lenda germânica do crepúsculo dos deuses. O crescimento do nervosismo entre os homens podia e pode aumentar consideravelmente esses perigos. Já se mencionou que Deus via um homem vivo *só por fora*, não existindo, como regra geral, uma onisciência e uma consciência de Deus com relação ao interior das pessoas *vivas*. Mesmo o eterno amor divino, fundamentalmente, só existia para a criação *como um todo*. Assim que ocorria uma colisão de interesses entre indivíduos, entre grupos humanos (pense-se em Sodoma e Gomorra!), ou talvez até em toda a população de um planeta, em Deus, como em qualquer outro ser vivo, tinha de entrar em ação o instinto de conservação. Afinal, só é perfeito aquilo que corresponde a seu objetivo, por mais que a imaginação humana possa figurar um estado ainda mais ideal.[20] E esse

[31] objetivo foi atingido: para Deus, o júbilo eterno com sua própria criação e, para os homens, a alegria de existir durante sua vida terrena e, depois da morte, a felicidade máxima, na forma de beatitude. Seria totalmente impensável que Deus negasse a qualquer indivíduo a parte que lhe cabe de beatitude, uma vez que qualquer incremento dos "vestíbulos do céu" só poderia servir para aumentar seu próprio poder de fortalecer os meios de defesa contra os perigos provenientes da proximidade com a humanidade. Dentro das condições de uma conduta em conformidade com a Ordem do Mundo, jamais poderia ocorrer uma colisão entre os interesses de Deus e indivíduos isolados. Se, apesar disso, no meu caso se chegou a uma tal colisão de interesses por ocasião do suposto assassinato de alma, isso só aconteceu[21] em consequência de um prodigioso encadeamento de circunstâncias, de tal modo que um caso como este jamais aconteceu nem, como espero, acontecerá outra vez na história universal. E, mesmo num caso tão peculiar como este, a Ordem do Mundo traz consigo os meios para curar as feridas que lhe foram infligidas; o remédio está na *eternidade*. Enquanto no passado (por cerca de dois anos) eu acreditei precisar supor e, segundo minhas

---

20 Ninguém haverá de negar que o organismo humano é de elevada perfeição. E no entanto já ocorreu a quase todos os homens a ideia de que seria realmente bom se o homem pudesse voar como os pássaros. **21** A esse respeito serão dadas maiores informações só mais adiante.

experiências da época, precisei supor que a ligação duradoura de Deus comigo tinha como consequência o colapso de toda a criação terrena, exceção feita a certos jogos milagrosos ocorridos em meu ambiente mais imediato, nos últimos tempos precisei limitar de modo substancial essa concepção.

Alguns homens ficaram muito infelizes; eu próprio, devo dizer, passei por um período horrível e por uma amarga escola de sofrimento. Por outro lado, o afluxo de nervos de Deus para o meu corpo, há seis anos ininterrupto, teve como consequência a perda de toda a beatitude até então acumulada e a impossibilidade provisória de estabelecer novas beatitudes, de [32] tal forma que a beatitude ficou, por assim dizer, suspensa: todos os homens que desde então morreram e ainda morrerão *não podem ter acesso à beatitude por enquanto*. Para os próprios nervos de Deus o trânsito para o meu corpo se *realiza* contra sua vontade e com um sentimento de mal-estar, que se dá a conhecer por contínuos pedidos de socorro dos pedaços de nervos que se destacaram da massa global, que escuto diariamente no céu. Todas essas perdas só podem ser compensadas à medida que existe uma *eternidade*, mesmo que sejam necessários milhares de anos para restaurar completamente o estado anterior.

3.

[33] O conteúdo dos capítulos 1 e 2 era necessário para preparar a compreensão do que se segue. Aquilo que até agora só podia ser dito em parte apenas como axioma encontrará sua fundamentação, na medida em que permite o estado da questão.

Trato agora principalmente de alguns acontecimentos relativos *a outros membros de minha família*, que se podem pensar como relacionados com o suposto assassinato de alma e que, de qualquer modo, trazem todos consigo uma marca mais ou menos enigmática, dificilmente explicável por outras experiências humanas.

(O conteúdo subsequente do capítulo está suprimido, por ser impróprio para publicação.)*

---

* Este capítulo não foi impresso por consideração à família Schreber e até hoje não se encontrou o manuscrito. [N. T.]

4.
Experiências pessoais durante a primeira doença nervosa e início da segunda

Vou agora falar de *minhas próprias* vicissitudes pessoais durante as duas [34] doenças nervosas que me atingiram. Estive doente dos nervos duas vezes, ambas em consequência de uma excessiva fadiga intelectual; a primeira vez por ocasião de uma candidatura ao Reichstag (quando eu era diretor do Tribunal de Província em Chemnitz), a segunda vez por ocasião da inusitada sobrecarga de trabalho que enfrentei quando assumi o cargo de presidente da Corte de Apelação de Dresden, que me tinha sido então recentemente transmitido.

A primeira das duas doenças manifestou seu início no outono de 1884 e estava totalmente curada em fins de 1885, de forma que pude, a partir de 1º de janeiro de 1886, reassumir o cargo de diretor de província em Leipzig, para onde eu fora transferido nesse ínterim. A segunda doença nervosa começou em outubro de 1893 e ainda dura até hoje. Em ambos os casos passei a maior parte do período de doença na clínica psiquiátrica da Universidade de Leipzig, dirigida pelo professor, atualmente conselheiro, dr. Flechsig; a primeira vez, do início de dezembro de 1884 a início de junho de 1885; a segunda vez, de meados de novembro de 1893 a meados de junho de 1894. Em ambos os casos, ao dar entrada na clínica eu não tinha a menor ideia de um antagonismo que teria existido entre as famílias Schreber e Flechsig, [35] nem das coisas sobrenaturais de que tratei nos capítulos anteriores.

A primeira doença decorreu sem qualquer incidente relativo ao domínio do sobrenatural. No essencial, durante o tratamento só tive impressões favoráveis do método terapêutico do prof. Flechsig. É possível que tenham ocorrido eventuais equívocos. Já durante essa minha doença eu era, e ainda sou, da opinião de que *mentiras piedosas*, a que o médico dos nervos de fato não pode deixar de recorrer para com certos doentes mentais, ainda assim utilizando-as sempre com o máximo cuidado, não ocorreram quase nunca comigo, uma vez que se devia reconhecer em mim um homem de espírito elevado, de inteligência aguda e de finos dons de observação. E só pude tomar como mentira piedosa quando, por exemplo, o prof. Flechsig quis fazer passar minha doença por mera intoxicação por brometo de potássio, atribuindo-se o peso dessa responsabilidade ao dr. R. em S., com quem estive em tratamento anteriormente. Eu também teria podido me livrar bem mais depressa de certas ideias hipocondríacas que então me dominavam, como a de emagrecimento, se algumas vezes me tivessem deixado manejar sozinho a balança que servia para determinar o peso do corpo — a balança que na época se encontrava na clínica da universidade era de uma construção peculiar, para mim desconhecida. Mas essas são coisas de menor importância, às quais não dou muito peso; talvez não se possa exigir do diretor de uma grande instituição, na qual se encontram centenas de pacientes, que ele penetre tão profunda e detalhadamente na conformação mental de um único entre eles. O essencial foi que eu finalmente fiquei curado (depois de uma longa viagem de convalescença) e portanto só podia estar cheio de sentimentos de viva gratidão para com o prof. Flechsig, os quais expressei também através de uma ulterior visita e de honorários, na minha opinião, [36] adequados. Ainda mais profunda talvez foi a gratidão sentida por minha esposa, que realmente reverenciava o prof. Flechsig, aquele que lhe devolveu seu marido, e por esse motivo conservou durante anos um retrato dele sobre sua escrivaninha.

Depois da cura de minha primeira doença, vivi oito anos, no geral, bem felizes, ricos também de honrarias exteriores e apenas passageiramente turvados pelas numerosas frustrações da esperança de ter filhos. Em junho de 1893 fui notificado (primeiro pessoalmente, pelo sr. ministro da Justiça, dr. Schurig) da minha iminente nomeação para presidente da Corte de Apelação de Dresden.

São dessa época alguns sonhos aos quais na ocasião não dei atenção particular e até hoje não daria — como diz o ditado, "sonhos são ilusões" — se, em consequência das experiências tidas nesse ínterim, não tivesse tido de pensar ao menos na *possibilidade* de estarem ligados a uma conexão nervosa comigo. Sonhei algumas vezes que minha antiga doença nervosa tinha voltado, com o que, no sonho, eu ficava naturalmente tão infeliz quanto me sentia feliz ao despertar, pelo fato de que não passava de um sonho. Além disso, uma vez, de manhã, ainda deitado na cama (não sei mais se meio adormecido ou já desperto), tive uma sensação que me perturbou da maneira mais estranha, quando pensei nela depois, em completo estado de vigília. Era a ideia de que deveria ser realmente bom ser uma mulher se submetendo ao coito. Essa ideia era tão alheia a todo o meu modo de sentir que, permito-me afirmar, em plena consciência eu a teria rejeitado com tal indignação que de fato, depois de tudo o que vivi nesse ínterim, não posso afastar a possibilidade de que ela me tenha sido inspirada por influências [37] exteriores que estavam em jogo.

A 1º de outubro de 1893 assumi meu novo cargo como presidente da Corte da Apelação de Dresden. A carga de trabalho que encontrei era enorme, como já foi observado. Inspirado pela ambição, mas também exigido pelo interesse do trabalho, acrescentou-se a isso o esforço de conseguir por meio de uma indiscutível dedicação a meu trabalho, antes de mais nada, a necessária consideração da parte de meus colegas e demais círculos correlatos (advogados etc.). Essa tarefa se tornava mais difícil e também impunha maiores esforços de tato no relacionamento pessoal pelo fato de que os membros do colégio (formado por cinco juízes), cuja presidência eu devia assumir, ultrapassavam-me de longe em idade e, além do mais, estavam, pelo menos em certos aspectos, mais familiarizados do que eu com a prática do tribunal no qual eu estreava. Foi assim que já em algumas semanas fiquei intelectualmente estafado. O sono começou a faltar justamente no momento em que eu poderia dizer que superava, no essencial, as dificuldades de adaptação ao novo cargo, à casa nova etc. Comecei a tomar brometo de sódio. Como não conhecíamos ninguém em Dresden, não havia oportunidade de distração social, o que certamente me teria feito muito bem — como deduzo do fato de que dormi bem melhor depois da única ocasião em que fomos convidados a passar uma noite em sociedade. As primeiras noites bem ruins, isto é, noites quase totalmente insones, ocorreram nos últimos dias do mês de outubro ou nos primeiros dias do mês de novembro. E aqui ocorreu um episódio digno de nota. Durante várias noites, nas quais eu não conseguia conciliar o sono, fazia-se ouvir em nosso quarto um estalo na parede, que se repetia com pausas mais ou menos longas, e que me despertava toda vez que eu estava a ponto de adormecer. Naturalmente na ocasião pensamos em um rato, embora na verdade nos devesse parecer muito estranho [38] que um rato tivesse se insinuado no primeiro andar de uma casa tão solidamente construída. Mas, depois de ter ouvido ruídos semelhantes inúmeras outras vezes — e os ouço ainda hoje dia e noite —, ruídos que já reconheci indubitavelmente como milagres divinos — tanto que as vozes que falam comigo os designam como os chamados "distúrbios" —, posso, sem querer com isso fazer uma afirmação absolutamente precisa, ao menos não afastar a suspeita de que também naquela ocasião já se tratava de tal milagre, *isto é, que desde o começo se manifestou a intenção mais ou menos determinada de impedir meu sono e mais tarde minha cura da doença causada pela insônia, com um objetivo que no momento ainda não pode ser mais bem explicitado.*[22]

Minha doença assumiu rapidamente um caráter ameaçador; já a 8 ou 9 de novembro, a conselho do dr. O., por mim consultado, precisei inicialmente tirar uma licença de oito dias, que quisemos aproveitar para consultar o prof. Flechsig, em quem depositávamos nossa total confiança depois do seu êxito no tratamento da primeira doença. Por ser um domingo, dia em que não se podia esperar encontrar o prof. Flechsig, nós (minha esposa e eu) viajamos passando por Chemnitz e pernoitamos de domingo para segunda na casa de meu cunhado K. Nessa mesma tarde aplicaram-me uma [39] injeção de morfina e à noite pela primeira vez deram-me cloral — por casualidade, não na dose inicialmente prescrita; em consequência disso, já à tarde eu senti um mal-estar cardíaco de tal intensidade, como na primeira doença, que o simples caminhar por uma rua levemente íngreme me causava um estado de angústia. Mesmo a noite em Chemnitz também foi ruim. No dia seguinte cedo (segunda-feira) viajamos para Leipzig e da estação da Baviera fomos de fiacre diretamente para a clínica da universidade ter com o prof. Flechsig, que já estava advertido dessa visita por um telegrama da véspera. Seguiu-se uma longa entrevista, na qual, não posso dizer de outro modo, o prof. Flechsig desenvolveu uma extraordinária eloquência, que não deixou de me causar um impacto profundo. Falou de progressos que a psiquiatria havia feito desde a época de minha primeira doença, dos novos soníferos descobertos etc., e me deu a esperança de* toda a minha doença

---

22 A propósito, não quero deixar de acrescentar, de acordo com o caráter das almas, que reconheci desde então que nesse caso se trataria de um *dolus indeterminatus*, levado ao extremo — se me for permitido utilizar esta expressão jurídica —, isto é, de infrações às quais frequentemente se segue uma mudança de opinião e de estado de ânimo, assim que se fica convencido, a um exame mais acurado, de que a pessoa em questão seria digna de um destino melhor.

* Falta um verbo na frase. Os tradutores ingleses resolveram esse problema da seguinte forma: "*... and gave me the hope* of delivering *me of the whole illness through one prolific sleep*". Essa questão é apontada e comentada por J. Lacan em "De uma questão preliminar...". [N. T.]

por meio de um único sono profundo, que deveria durar, se possível, de três horas da tarde até o dia seguinte.

Graças a isso melhorou meu estado de ânimo, ainda mais que os nervos tinham se fortalecido um pouco pela viagem de várias horas ao ar fresco da manhã e pela hora do dia (manhã). Fomos logo buscar na farmácia o sonífero prescrito, comemos com minha mãe na casa dela e passei o resto do dia, no geral, muito bem, fazendo, entre outras coisas, um pequeno passeio. A ida para a cama (na casa de minha mãe) não se deu naturalmente às três horas, mas (de acordo com uma instrução secreta recebida por minha esposa) foi adiada até as nove horas. Pouco antes de dormir surgiram de novo sintomas inquietantes. Infelizmente também a cama, em consequência de um longo arejamento, estava muito fria, de modo que fui tomado por um forte calafrio, e foi já em estado de violenta agitação que tomei o sonífero. Por isso este falhou quase completamente em sua eficácia, de modo que depois de uma ou de algumas horas minha esposa concordou em me [40] dar o hidrato de cloral, guardado como reserva. Apesar disso passei praticamente toda a noite sem dormir e até me levantei da cama uma vez em estado de angústia para tentar uma espécie de suicídio por meio de um lenço ou um expediente desse tipo, o que minha esposa, despertada por isso, impediu-me de fazer. Na manhã seguinte já se apresentava um grave transtorno nervoso; o sangue tinha refluído de todas as extremidades para o coração, meu estado de ânimo era profundamente sombrio, e o prof. Flechsig, que tinham mandado chamar já de manhã bem cedo, considerou necessária minha internação em sua clínica, após o que, já em sua companhia, parti de fiacre imediatamente.

Depois de um banho quente, fui levado em seguida para a cama e não me levantei mais nos quatro ou cinco dias seguintes. Foi-me dado como enfermeiro um certo R. Minha doença piorou rapidamente nos dias seguintes; passava insone a maior parte das noites, pois não surtiam efeito os fracos soníferos com os quais se quis fazer as primeiras tentativas, para não passar imediatamente ao uso contínuo de hidrato de cloral. Não estava em condições de me ocupar com nada; não via ninguém, nem mesmo da minha família. Os dias passavam, pois, infinitamente tristes; meu espírito quase só se ocupava de pensamentos de morte. Quando penso retrospectivamente nessa época, parece-me que o plano de cura do prof. Flechsig consistia em primeiro aprofundar ao máximo minha depressão nervosa e depois, de uma vez, provocar a cura através de uma súbita mudança de estado de ânimo. Só assim, pelo menos, posso explicar o episódio que se segue, para o qual, de outra forma, eu teria de supor uma intenção realmente maldosa.[23, 24]

[41]   Em torno da quarta ou quinta noite após a minha entrada na clínica, fui arrancado da cama no meio da noite por dois enfermeiros e levado a uma cela de dormir própria para dementes (loucos furiosos). Aliás, eu já me encontrava em estado de enorme agitação, por assim dizer, num delírio febril, e naturalmente fiquei extremamente assustado por esse incidente, cujos motivos eu desconhecia. O caminho passava pela sala de bilhar, e, como eu não sabia o que pretendiam comigo, acreditando portanto ter de me defender, travou-se uma luta entre mim, que vestia apenas uma camisa de dormir, e os dois enfermeiros; eu tentei me agarrar ao bilhar, mas fui finalmente dominado e conduzido à mencionada cela. Lá, abandonaram-me ao meu destino; passei o resto da noite, na maior parte sem dormir, na cela decorada apenas com um estrado de ferro e roupa de cama, considerando-me totalmente perdido; durante a noite fiz uma tentativa, naturalmente frustrada, de me enforcar com um lençol preso à cabeceira da cama. Dominava-me inteiramente a ideia de que, para um homem que não consegue dormir, mesmo com todos os meios da arte médica, nada mais resta a não ser dar um fim à própria vida. Eu sabia que isso não era permitido nas clínicas, mas vivia na ilusão de que, uma vez esgotadas todas as tentativas de cura, devia se seguir uma alta — com o simples objetivo de que o interessado fosse dar um fim à sua vida em casa ou em qualquer outro lugar.

[42]   Quando despontou a manhã seguinte, foi portanto para mim uma grande surpresa ainda receber a visita de um médico. Apresentou-se o dr. Täuscher,* médico assistente do prof. Flechsig, e, juntamente com todo seu modo de me encorajar — não posso deixar de reconhecer que ele falou de maneira excelente nessa ocasião —, sua comunicação de que em absoluto não se pensava em desistir do tratamento teve como consequência sobre

---

23 Não posso silenciar o fato de que o prof. Flechsig, durante uma conversa posterior, quis pôr em dúvida todo o incidente da sala de bilhar e tudo o que a ele se relacionava, apresentando-o como um sonho da minha imaginação — aliás, diga-se de passagem, uma das circunstâncias que a partir daquele momento provocaram em mim uma certa desconfiança para com o prof. Flechsig. Não se pode falar em ilusão dos sentidos: a materialidade do incidente é absolutamente indubitável, pois não se pode negar que na manhã seguinte à noite em questão eu me encontrava na cela dos dementes, sendo lá visitado pelo dr. Täuscher.
24 A nota 24 foi suprimida por se referir a Flechsig. [N. E. alemão]. [Sobre isso, ver referência no Suplemento 6. (N. T.)]   * Literalmente, dr. Enganador [N. T.]

mim de novo uma mudança bem favorável no estado de ânimo. Fui levado de volta ao quarto que ocupara anteriormente e vivi o melhor dia que passei em toda a minha (segunda) estada no sanatório de Flechsig, *isto é, o único dia em que me senti animado por auspiciosos sentimentos de esperança.* Até mesmo o enfermeiro R. se comportou com muito tato e habilidade na conversação, tanto que depois me perguntei se também nele (como no dr. Täuscher) não se produziram inspirações vindas do alto. Na parte da manhã até joguei com ele um pouco de bilhar, à tarde tomei um banho quente e conservei até à noite o estado de ânimo revigorado a que conseguira chegar. Devia-se tentar ver se eu era capaz de dormir sem tomar nenhum sonífero. De fato, fui para a cama relativamente tranquilo, mas não consegui dormir. Depois de algumas horas não me era possível nem ao menos conservar calmo meu estado de ânimo; o afluxo sanguíneo para o coração me provocava de novo acessos de angústia. Depois da troca dos guardas — junto à minha cama ficava sempre um guarda, que no meio da noite era substituído por outro —, acabaram dando-me algo para dormir — o nome era necrina ou algo semelhante — e de fato conciliei um pouco o sono, que não me trouxe, contudo, nenhum efeito revigorante para o meu estado nervoso. Pelo contrário, na manhã seguinte encontrava-me no velho estado de prostração nervosa, tão profunda que vomitei o café da manhã que me trouxeram. Ao despertar, tive uma impressão particularmente assustadora do rosto totalmente decomposto que acreditei perceber no enfermeiro R. [43]

Desde então me foi dado regularmente hidrato de cloral à noite e se seguiram várias semanas de um período mais calmo, ao menos externamente, pois na maioria das vezes eu pelo menos conseguia dormir passavelmente. Recebia regularmente a visita de minha esposa, e nas duas últimas semanas antes do Natal passava sempre uma parte do dia na casa de minha mãe. Mas a excitação nervosa continuava e na verdade piorava em vez de melhorar. Nas semanas seguintes ao Natal, fazia diariamente passeios de fiacre com minha esposa e o enfermeiro. Minhas energias, entretanto, estavam tão enfraquecidas que ao descer do carro (no Rosenthal ou no Scheibenholz) sentia cada passeio de poucas centenas de passos como uma temeridade, à qual eu não conseguia me decidir sem angústia. Mesmo em outros aspectos, todo o meu sistema nervoso estava abalado ao extremo. Qualquer ocupação intelectual, como ler um jornal ou algo semelhante, era-me impossível, ou apenas minimamente possível. Até mesmo ocupações predominantemente mecânicas, como armar jogos de paciência, jogar paciência com cartas e coisas semelhantes, aumentavam tanto minha agitação nervosa que na maioria das vezes precisava abandoná-las depois de pouco tempo; mal conseguia durante um certo tempo jogar algumas partidas de dama com o enfermeiro R. Nessa época bebia e comia na maior parte do tempo com bom apetite e costumava também fumar charuto diariamente. A fraqueza nervosa aumentava, ao mesmo tempo que reapareciam estados de angústia, quando de tempos em tempos se tentava utilizar soníferos mais fracos em lugar do hidrato de cloral, o qual, embora tivesse a curto prazo um efeito revigorante sobre os nervos, a longo prazo acabava por atacá-los. Minha vontade de viver estava completamente destro-

[44] çada: tinha desaparecido em mim qualquer outra perspectiva que não a de uma saída para a morte através do suicídio; diante dos planos para o futuro, com os quais minha mulher frequentemente tentava me animar, eu sacudia a cabeça, incrédulo.

Por volta de 15 de fevereiro de 1894, sobreveio mais um colapso nervoso, que marca uma etapa importante em minha vida; foi quando minha esposa, que até então passava diariamente algumas horas comigo e também almoçava em minha companhia no sanatório, fez uma viagem de quatro dias para a casa de seu pai, em Berlim, para buscar um pouco de descanso, de que tinha muita necessidade. Nesses quatro dias cheguei a decair tanto que, depois do retorno de minha esposa, só a revi uma única vez e depois eu mesmo declarei que não podia de modo algum desejar que minha esposa me visse no estado de decadência em que me encontrava. As visitas da minha esposa cessaram a partir dessa época; depois de muito tempo, voltei a vê-la algumas vezes à janela de um quarto em frente ao meu; nesse ínterim já tinham acontecido tantas mudanças importantes no meu ambiente e em mim mesmo que acreditei ver nela não mais um ser vivo, mas apenas uma figura humana feita por milagre, do tipo dos "homens feitos às pressas". Foi particularmente decisiva para o meu colapso mental uma ocasião em que, numa única noite, tive uma insólita quantidade de poluções (cerca de meia dúzia).

A partir de então surgiram os primeiros sinais de uma relação com forças sobrenaturais, em particular uma conexão nervosa que o prof. Flechsig estabeleceu comigo, no sentido de que falava com meus nervos sem estar presente em pessoa. A partir dessa época, fiquei também com a impressão de que o prof. Flechsig não tinha boas intenções a meu respeito; creio

[45] ter encontrado uma comprovação disso quando, por ocasião de uma visita

pessoal, eu lhe perguntei se ele realmente acreditava em uma cura no meu caso: ele tentou me consolar de algum modo, *mas* — ao menos me pareceu — *não conseguiu mais olhar-me nos olhos enquanto falava.*

É chegado o momento de dar maiores pormenores sobre as *vozes interiores*, várias vezes mencionadas, que desde então falam ininterruptamente comigo, e, ao mesmo tempo, sobre a tendência, a meu ver inerente à Ordem do Mundo, segundo a qual em certas circunstâncias é preciso chegar a uma "emasculação" (transformação em uma mulher) de um homem (vidente) que entrou em uma relação ininterrupta com os nervos divinos (raios). O capítulo que se segue será dedicado à descrição dessas coisas, tarefa aliás extremamente difícil.

5.
Continuação. Língua dos nervos (vozes interiores). Coação a pensar. Emasculação, um postulado da Ordem do Mundo frente às circunstâncias

[46] Além da língua humana habitual há ainda uma espécie de *língua dos nervos*, da qual, via de regra, o homem não é consciente. Em minha opinião, a melhor maneira de ter uma ideia disso é recordar os procedimentos pelos quais o homem tenta gravar na memória certas palavras numa determinada sequência, como, por exemplo, quando um estudante decora uma poesia que precisa recitar na escola ou um padre decora o sermão que tem de dizer na igreja. As palavras em questão são então *repetidas em silêncio* (como em uma *oração silenciosa* que, do púlpito, se exortam os fiéis a fazer), isto é, o homem incita seus nervos a induzir as frequências vibratórias correspondentes ao uso das palavras em questão, ao passo que os instrumentos próprios da linguagem (lábios, língua, dentes etc.) não são postos em movimento ou o são apenas casualmente.

O uso dessa *língua dos nervos*, em condições normais (de acordo com a Ordem do Mundo), depende naturalmente apenas da vontade das pessoas de cujos nervos se trata; ninguém pode por si obrigar um homem a se utili-
[47] zar dessa língua dos nervos.[25] Mas no meu caso, desde a mencionada reviravolta crítica em minha doença nervosa, ocorre que meus nervos são postos em movimento *a partir do exterior*, e isso incessantemente, sem interrupção.

A capacidade de interferir desse modo sobre os nervos de uma pessoa é, antes de mais nada, própria dos raios divinos; isso decorre do fato de que Deus sempre esteve em condições de inspirar sonhos a uma pessoa adormecida. Eu mesmo senti essa influência inicialmente como proveniente do prof. Flechsig. Só posso encontrar a explicação para isso no fato de que o prof. Flechsig de algum modo se permitiu fazer uso de raios divinos; mais

---

25 Talvez se encontre uma exceção na *hipnose*, sobre cuja natureza eu, como leigo, estou insuficientemente informado para poder me permitir um julgamento.

tarde, além dos nervos do prof. Flechsig, raios divinos também se puseram em contato imediato com meus nervos. O modo como essa interferência se verificava assumiu, com o correr dos anos, formas cada vez mais atentatórias — diria, cada vez mais grotescas — diante da Ordem do Mundo e do direito natural do homem de dispor livremente de seus próprios nervos.

Assim, relativamente cedo essa interferência teve lugar na forma de uma *coação a pensar* — uma expressão que me foi sugerida pelas próprias vozes interiores, mas que não deve ser conhecida por outros homens, pois o fenômeno todo se situa além de qualquer experiência humana. A essência da coação a pensar consiste no fato de que o homem é forçado a pensar ininterruptamente; em outras palavras, o direito natural do homem de conceder de vez em quando o necessário repouso aos nervos do intelecto, através do não pensar (como acontece de forma mais característica no sono) — esse direito me foi limitado desde o início pelos raios que mantinham uma relação comigo e que ansiavam o tempo todo por saber em que eu estava pensando. Faziam-me, [48] por exemplo, diretamente — com estas palavras — a pergunta: "Em que está pensando agora?", uma pergunta já em si mesma completamente sem sentido, uma vez que sabidamente o homem em certos momentos tanto pode não pensar em *nada* como pode pensar em *mil coisas ao mesmo tempo*. E, como meus nervos por si não reagiam a essa pergunta insensata, tornou-se logo obrigatório buscar refúgio em um sistema de *falsificação do pensamento*, dando, por exemplo, a essa pergunta a resposta: "Na Ordem do Mundo é que ele deveria", subentendido, pensar,[26] isto é, pela ação dos raios obrigavam-se meus nervos

---

26 A palavra "pensar" foi omitida na resposta. As almas — já antes da ocorrência da situação contrária à Ordem do Mundo — tinham o hábito de dar aos seus pensamentos (na conversa entre elas) apenas uma expressão gramatical incompleta, isto é, omitindo certas palavras que, em todo caso, pelo sentido podiam ser dispensadas. Esse hábito, com o passar do tempo, com relação a mim degenerou em abuso vergonhoso, dado que os nervos do entendimento do homem (o seu "subsolo", como diz a expressão na língua fundamental) são continuamente excitados por tais frases interrompidas, pois eles se esforçam por procurar involuntariamente a palavra que falta para completar o sentido. Assim, para dar apenas um dos inúmeros exemplos, há anos ouço diariamente centenas de vezes a pergunta: "Por que não diz?", onde são omitidas as palavras "em voz alta", realmente necessárias para completar o sentido, e os raios então dão eles próprios a resposta, como se fosse pronunciada por mim: "Porque sou idiota, algo assim". Há anos meus nervos têm de aguentar ininterruptamente (como se de algum modo proviessem deles), em uma monotonia desoladora, absurdos como esses e outros semelhantes. Mais adiante direi algo ainda mais preciso sobre a razão da escolha das diversas expressões verbais e sobre o efeito que com isso se procura obter.

a fazer as vibrações correspondentes ao uso dessas palavras. Enquanto isso, aumentava com o tempo o número de lugares de onde partia a conexão nervosa: além do prof. Flechsig, que pelo menos durante um certo tempo era o único que eu sabia, com certeza, encontrar-se entre os vivos, foram principalmente as almas defuntas que passaram cada vez mais a se interessar por mim.

[49]

Poderia mencionar aqui centenas, senão milhares de nomes, muitos dos quais só mais tarde, depois de o contato com o mundo externo ter sido reaberto para mim por meio de jornais e cartas, vim a saber que contavam entre os vivos; naquela época eu só podia supor que já tivessem deixado a vida havia muito tempo. Nos portadores desses nomes, em muitos casos o interesse religioso ficava em primeiro plano, havendo particularmente entre eles muitos católicos, os quais esperavam, segundo uma conduta a ser combatida por mim, um incremento do catolicismo e em especial uma catolicização da Saxônia e de Leipzig; entre eles estavam o pároco St., de Leipzig, "catorze católicos de Leipzig" (dos quais só me foi citado o nome do cônsul-geral, D., provavelmente uma associação católica ou a sua diretoria), o padre jesuíta S., de Dresden, o arcebispo de Praga, o pároco Monfang, os cardeais Rampolla, Galimberti e Casati, o próprio papa chefiando um estranho "raio chamuscado" e finalmente numerosos monges e freiras; certa ocasião entraram em minha cabeça, na qualidade de almas, para nela encontrarem seu fim, 240 beneditinos de uma só vez. Em outras almas estavam em questão motivos nacionalistas mesclados a interesses religiosos; entre eles um neurologista vienense cujo nome era idêntico ao do mencionado padre beneditino, judeu batizado e eslavófilo que queria por meu intermédio eslavizar a Alemanha e ao mesmo tempo lançar as bases da dominação dos judeus; ele parecia, na sua qualidade de médico dos nervos — do mesmo modo que o prof. Flechsig na Alemanha, Inglaterra e América (portanto em nações essencialmente germânicas) —, ser uma espécie de administrador dos interesses de Deus em uma outra província divina (particularmente nas regiões eslavas da Áustria), coisa que provocou durante certo tempo uma luta pela hegemonia, causada pela rivalidade. Um outro grupo era formado principalmente por ex-membros da corporação Saxônia, de Leipzig, à qual o prof. Flechsig havia pertencido, na qualidade de companheiro de boêmia,[27] razão

[50]

27 Nem eu sabia disso no passado, e fiquei sabendo só por meio da conexão nervosa com as vozes que falam comigo. Por isso, certamente não seria desinteressante se esse particular, em si mesmo muito secundário, da vida pregressa do prof. Flechsig tivesse uma base de verdade.

pela qual, suponho, esse grupo foi ajudado por ele no seu acesso à beatitude: entre eles estavam o advogado dr. G. S., de Dresden, o médico dr. S., de Leipzig, o juiz G. e numerosos membros mais jovens da corporação, que mais tarde foram chamados "pendentes de Cassiopeia". Por outro lado, havia também muitos membros de associações estudantis, cuja causa teve grande impulso por um certo tempo, tanto que chegaram a poder ocupar os planetas Júpiter, Saturno e Urano. Entre eles, os mais proeminentes eram: A. K., advogado e vice-presidente da Câmara dos Deputados, a quem de resto nunca conheci pessoalmente em minha vida, o reitor prof. W. e o advogado H., de Leipzig. Estes e os citados membros da corporação Saxônia pareciam considerar toda a questão que se passava na minha cabeça como uma mera continuação da velha rixa entre corporações e associações estudantis. Menciono ainda o conselheiro dr. Wachter,* que parecia ter uma espécie de posto de chefia em Sirius, e o conselheiro eclesiástico dr. Hoffmann, com uma posição análoga nas Plêiades; por isso, estando já mortos havia muito tempo, eles pareciam já ter atingido um grau mais elevado de beatitude. Ambos me conheceram pessoalmente em vida, tendo provavelmente por isso um certo interesse por mim. [51]

Finalmente, sejam ainda mencionados vários dos meus parentes (além de meu pai e meu irmão, que já foram citados anteriormente, minha mãe, minha mulher e meu sogro), meu amigo de juventude Ernst K., falecido em 1864, e um príncipe que, na qualidade de "homúnculo" no sentido que vai ser esclarecido mais adiante, aparecia em minha cabeça e, por assim dizer, passeava nela.

Todas essas almas falavam comigo na qualidade de "vozes", de modo mais ou menos indiferenciado, sem que nenhuma soubesse da presença da outra. Qualquer pessoa que não pretenda considerar toda esta exposição como mero produto doentio da minha fantasia poderá avaliar a confusão desesperadora que surgia na minha cabeça. Entretanto nessa época as almas ainda tinham pensamento próprio e por isso eram capazes de dar informações do maior interesse para mim e também podiam responder a perguntas, ao passo que agora, já desde há muito tempo, todo o discurso das vozes consiste apenas em uma repetição espantosamente monótona das mesmas frases (aprendidas de cor) que retornam continuamente. Mais adiante apontarei as razões desse fato. Além dessas almas, que se davam a conhecer como indivíduos,

---

* Literalmente: dr. Vigia. [N. T.]

sempre se apresentavam ao mesmo tempo outras vozes, que vinham a ser a própria onipotência de Deus, em instâncias cada vez mais elevadas (ver nota 19), às quais as citadas almas individuais pareciam servir de postos avançados.

O segundo ponto a ser tratado neste capítulo diz respeito à tendência inerente à Ordem do Mundo à *emasculação* de um homem que entrou em contato permanente com raios. Por um lado, essa questão se relaciona intimamente com a natureza dos nervos de Deus, graças à qual a beatitude (o gozo desta, ver pp. 47-9) é, embora não exclusivamente, pelo menos simultaneamente, uma sensação da volúpia extremamente intensa; por outro lado, a questão se relaciona com o plano, evidentemente subjacente à Ordem do Mundo, que consiste na possibilidade de uma renovação do gênero humano no caso de uma catástrofe cósmica que torne necessário o aniquilamento — especificamente intencional ou não — da humanidade em algum corpo celeste. Se em algum corpo celeste a podridão moral (libertinagem voluptuosa) ou talvez também o nervosismo tivessem tomado a humanidade de tal modo que não se pudesse esperar de seus nervos enegrecidos uma integração digna de nota aos vestíbulos do céu (ver nota 6 [11]), ou ainda se se temesse um aumento ameaçador do poder de atração sobre os nervos de Deus, então o fim do gênero humano poderia ocorrer nesse corpo celeste por si mesmo (por exemplo, epidemias devastadoras etc.) ou por decisão de Deus, por meio de terremoto, inundação etc. Talvez fosse também possível para Deus retirar total ou parcialmente o calor do Sol (ou do respectivo astro fixo que serve para o aquecimento) de um planeta destinado ao desaparecimento, com o que se traria uma nova luz para o problema ainda não resolvido das *glaciações*. Não pode ser considerado convincente o argumento de que na época das glaciações terrestres a humanidade existiria apenas em seus primórdios (diluvianos). Quem poderá dizer se na época em questão, em um outro planeta, digamos Vênus, não existiria já uma humanidade altamente desenvolvida, cuja destruição deveria constar do mencionado plano de Deus, não podendo ocorrer sem um notável resfriamento simultâneo da Terra, ainda atrasada em seu desenvolvimento?[28, 29] Em todo esse tipo de

[52]

---

28 Falta a nota 28, que no entanto é várias vezes citada. Provavelmente foi omitida por se tratar do "soberano reinante" (ver nota 37). [N.E. alemão]   **29** De fato, durante minha estada no sanatório de Flechsig, tive visões (imagens de sonho) segundo as quais já houve outros planetas, mais contaminados do que a Terra pela podridão moral, e que justamente os habitantes da nossa Terra se distinguiriam por uma pureza moral relativamente mais elevada.

questões, o homem deve tentar ultrapassar as mesquinhas concepções geo- [53] cêntricas, que ele tem, por assim dizer, no sangue, e considerar a coisa do ponto de vista mais elevado da eternidade. É bem possível, portanto, que haja uma certa verdade nas ideias de Cuvier sobre as catástrofes cósmicas que se sucedem periodicamente. Então, para a conservação da espécie, seria reservado um único homem — talvez aquele que ainda fosse relativamente mais virtuoso do ponto de vista moral, chamado "judeu errante" pelas vozes que falavam comigo. O sentido dessa denominação é, portanto, algo diferente do que está na base da lenda homônima do judeu Ahasverus; ao contrário, pensar-se-á espontaneamente nas lendas de Noé, Deucalião e Pirra etc. Provavelmente também se relaciona com isso a lenda da fundação de Roma, segundo a qual Rhea Sílvia não teria concebido os futuros reis Rômulo e Remo de um pai terreno, e sim diretamente do deus da guerra, Marte. O judeu errante (no sentido aqui indicado) deve ter sido *emasculado* (transformado em uma mulher) para poder gerar filhos. A emasculação ocorria do seguinte modo: os órgãos sexuais externos (escroto e membro viril) eram retraídos para dentro do corpo e transformados nos órgãos sexuais femininos correspondentes, transformando-se simultaneamente também os órgãos sexuais internos. Ela acontecia durante um sono que durava alguns séculos, dado que era também necessária uma modificação da estrutura óssea (bacia etc.). Ocorria também uma involução ou uma inversão do processo de desenvolvimento, que no embrião humano tem lugar no quarto ou quinto mês de gravidez, conforme a natureza queira dar à futura criança o sexo masculino ou feminino. Sabe-se que nos primeiros meses de gravidez estão presentes ambos os sexos e que, segundo a observação, as características do sexo que não consegue se desenvolver, como as mamas masculinas, permanecem como órgãos rudimentares em um grau inferior de desenvolvimento. A capacidade de realizar o mencionado mila- [54] gre da emasculação é própria dos raios do deus inferior (Ariman); os raios do deus superior (Ormuzd) têm a capacidade de restabelecer a masculinidade em determinadas condições. Conforme o que já foi mencionado na nota i, experimentei por duas vezes em meu próprio corpo durante a minha internação (por pouco tempo) a realização desse milagre da emasculação; o fato de o milagre não ter atingido seu pleno desenvolvimento ou de ter sido anulado deve-se à seguinte circunstância: não estavam em ação apenas raios divinos puros, mas também, além destes, outros raios (por exemplo, raios Flechsig etc.) foram conduzidos por almas (impuras) provadas (ver pp. 53-4) e devido à sua interferência ficou impedida a realização do processo de metamorfose em sua pureza, em acordo com a Ordem do Mundo. Conservar em vida o judeu errante e prover as suas necessidades vitais foi algo assumido pelos "homens feitos às pressas" (ver nota 1); com essa finalidade, também por milagre, foram postas almas em forma humana, provavelmente não apenas durante a vida do judeu errante, mas também por várias gerações posteriores, até que seus descendentes já fossem suficientemente numerosos para poderem subsistir por si mesmos. Essa parece ser a principal destinação, de acordo com a Ordem do Mundo, da instituição dos "homens feitos às pressas"; não ouso decidir se essa instituição, além disso, terá ainda servido para impor prestações de serviço necessárias para a purificação das almas que deveriam ser purificadas, na forma humana que elas desse modo assumiam (ver p. 45). Em todo caso, o objetivo dos homens feitos às pressas não era o do simples *jogo milagroso* contra mim, no qual [55] eles acabaram por degenerar, durante minha estada no sanatório de Flechsig, no de Pierson e nos primeiros tempos do atual sanatório.[30]

Segundo concebo, o prof. Flechsig deve ter tido alguma ideia dessa tendência inerente à Ordem do Mundo, segundo a qual está prevista, em certas condições, a emasculação de um homem, seja porque ele, por assim dizer, chegou a isso por si mesmo, seja porque essas representações lhe foram inspiradas pelos raios divinos, o que eu consideraria mais provável. Mas reina aqui um *mal-entendido fundamental*, que desde então atravessa toda a minha vida como um fio vermelho, e que consiste justamente no fato de que *Deus, de acordo com a Ordem do Mundo, não conhecia verdadeiramente o homem vivo*, nem precisava conhecer, e sim, de acordo com a Ordem do Mundo, só tinha relações com cadáveres. Por outro lado, é preciso levar em consideração aquela dependência em que Deus se colocou com relação ao prof. Flechsig, ou à sua alma, pelo fato de que este não mais sabia se desligar da conexão nervosa que, uma vez conquistada, foi desde então

---

30 Tive algumas indicações de que já antes do meu caso, talvez em um passado remotíssimo e em outros planetas, teria havido um grande número de judeus errantes. Alguns nomes destes me foram mencionados pelas vozes que falam comigo, entre os quais se encontrava, se não me engano, o nome de um conde polonês, Czartorisky ou algo semelhante. A propósito, não é realmente indispensável pensar na nação polonesa de nossa Terra, mas é preciso ter presente ao menos a possibilidade de que o povo polonês, talvez através da transmigração de almas, possa ter existido pela segunda vez em algum outro corpo celeste.

abusivamente conservada. Assim nasceu um *sistema de manobras* no qual se alternavam sucessivamente tentativas de ainda curar[31] minha doença nervosa, por um lado, e por outro o empenho em me aniquilar, como um homem que se tornou perigoso para o próprio Deus em consequência do seu crescente nervosismo. Disso resultou uma política de meias medidas (de "coisas feitas pela metade", como dizia a expressão repetidas vezes ouvida por mim) — que correspondia bem ao caráter das almas, que já se acostumavam ao gozo ininterrupto e que por isso não têm ou têm apenas em grau substancialmente reduzido a capacidade própria do homem de obter vantagens duradouras para o futuro à custa do sacrifício temporário ou da renúncia momentânea ao prazer. Ao mesmo tempo, a ligação estabelecida com meus nervos foi se tornando cada vez mais indissolúvel quanto mais se faziam milagres contra mim; por outro lado, o prof. Flechsig nesse ínterim conseguiu com toda a sua alma ou com uma parte dela elevar-se ao céu e lá se tornar chefe de raios — sem morrer nem passar por purificação prévia. Desse modo foi preparada uma conspiração dirigida contra mim (em março ou abril de 1894), que tinha como objetivo, uma vez reconhecido o suposto caráter incurável da minha doença nervosa, confiar-me a um homem de tal modo que minha alma lhe fosse entregue, ao passo que meu corpo — numa compreensão equivocada da citada tendência inerente à Ordem do Mundo — devia ser transformado em um corpo feminino e, como tal, entregue ao homem em questão para fins de abusos sexuais, devendo finalmente ser "deixado largado", e portanto abandonado à putrefação. Não parece que se tenha tido uma ideia clara do que deveria ser desse homem "deixado largado", nem se também com isso ele teria realmente morrido. Mas não tenho a menor dúvida de que essa conspiração realmente existiu, acrescentando sempre que não ouso afirmar uma participação do prof. Flechsig na sua qualidade de homem. Naturalmente não se dizia uma palavra sequer a respeito disso quando o prof. Flechsig se apresentava a mim *na sua qualidade humana*. Mas, na conexão nervosa que ele ao mesmo tempo mantinha, *na qualidade de alma*, isto é, *na língua dos nervos*, mencionada no início deste capítulo, essa intenção se expressava completamente sem disfarce. Acrescente-se a isso o fato de que também

[56]

[57]

---

31 Coisa que seria bem fácil — para indicar desde já algo que será mais bem desenvolvido adiante —, sacrificando uma quantidade relativamente pequena de raios puros, uma vez que os raios possuem, entre outras, a capacidade de acalmar os nervos e fazer dormir.

o modo exterior de tratamento me parecia corresponder à intenção anunciada na língua dos nervos; mantinham-me semanas inteiras na cama, privando-me das minhas roupas para — como acreditava — tornar mais acessíveis para mim as sensações voluptuosas, que podiam ser estimuladas pelos nervos femininos que já penetravam cada vez mais em meu corpo; empregaram também meios (medicamentos) que, de acordo com a minha convicção, visavam o mesmo objetivo,[32] razão pela qual eu me recusava a tomá-los, ou, quando me eram impingidos à força pelos enfermeiros, eu os cuspia de volta. Pode-se imaginar o quanto toda a minha honra, o meu amor-próprio viril, bem como toda a minha personalidade moral se rebelavam contra esse plano vergonhoso, quando tive a certeza de ter tomado conhecimento dele, tanto mais que eu estava ao mesmo tempo totalmente tomado por representações sagradas sobre Deus e a Ordem do Mundo e excitado pelas primeiras revelações sobre coisas divinas que tinha tido através da relação com outras almas. Totalmente cortado do mundo externo, sem qualquer relação com minha família, só nas mãos de rudes enfermeiros, com os quais brigar de tempos em tempos me fora tornado, por assim dizer, um dever pelas vozes interiores, como prova da minha coragem viril, não podia portanto surgir em mim nenhum outro pensamento que não o de que qualquer outro tipo de morte, por mais terrível que fosse, seria preferível a um fim tão ignominioso. Decidi então dar um fim à minha vida com a morte pela fome, recusando qualquer alimento, ainda mais que as vozes interiores diziam-me que era de fato meu dever morrer de fome, por assim dizer, desse modo, oferecendo-me a Deus em sacrifício, e que o prazer de cada refeição, que meu corpo no entanto exigia continuamente, era uma fraqueza indigna. A consequência disso foi a organização do chamado "sistema de alimentação", isto é, os enfermeiros que me cercavam, essencialmente sempre os mesmos — além do citado R., um certo H. e ainda um terceiro, cujo nome ignoro —, à força introduziam-me a comida na boca, o que às vezes acontecia com a máxima brutalidade. Acontecia muitas vezes que um deles segurava minhas mãos, estando eu deitado, e *ajoelhava* em cima de mim para me verter comida ou despejar cerveja pela boca.

[58]

Da mesma forma, cada banho que eu tomava estava associado a ideias de afogamento. Falava-se — na língua dos nervos — de "banhos de purificação"

---

32 Em particular uma pomada esbranquiçada que, por ser leigo em medicina, não posso afirmar com precisão se era bismuto ou alguma outra coisa.

e de "banhos sagrados"; estes últimos teriam justamente por objetivo dar-me uma oportunidade de autoafogamento; eu entrava em cada banho com a angústia íntima de que ele deveria servir para pôr um fim à minha vida. As vozes interiores (em particular as almas anteriormente mencionadas que pertenciam à corporação da Saxônia, os chamados Irmãos de Cassiopeia) falavam continuamente nesse sentido comigo e zombavam de mim, dizendo que me faltava coragem viril; por isso fiz várias vezes a tentativa de enfiar a cabeça na água, e nessas ocasiões os enfermeiros algumas vezes seguravam meus pés sobre a água, aparentemente favorecendo a intenção suicida, e muitas vezes também mergulhavam a minha cabeça, mas para depois, sob todo tipo de piadas grosseiras, me fazerem emergir de novo da água e finalmente sair do banho.[33] Na conexão nervosa que mantinha com o prof. Flechsig, eu lhe pedia incessantemente cianureto ou estricnina para me envenenar (uma gota de veneno-suco, como se dizia na língua fundamental), e ele, na qualidade de alma em conexão nervosa, de modo algum se recusava a atender a esse pedido, mas fazia entrever a sua concessão sempre de novo, e de modo cada vez mais hipócrita, por meio de conversações via conexão nervosa, que duravam horas, fazendo depender a administração do veneno de certas garantias de que, quando este me fosse dado, eu iria realmente tomá-lo etc. Quando o prof. Flechsig, na sua qualidade de homem, vinha me fazer uma visita médica, naturalmente não queria saber de coisas desse tipo. Falou-se também repetidas vezes de ser enterrado vivo como meio de pôr um fim à minha vida. A esse respeito, do ponto de vista humano que ainda predominava em mim, era inteiramente natural que visse meu verdadeiro inimigo apenas no prof. Flechsig, ou na sua alma (mais tarde acrescentou-se ainda a alma de Von W., sobre a qual se falará mais adiante), considerando o poder de Deus como meu aliado natural; acreditava que Deus estivesse em uma situação difícil apenas diante do prof. Flechsig, e por isso acreditava poder apoiá-lo com todos os meios imagináveis, chegando até ao autossacrifício. Que o próprio Deus fosse cúmplice, senão instigador, do plano que visava o assassinato da minha alma e o abandono do meu corpo como prostituta feminina, é um pensamento que só muito mais tarde se impôs a mim e que em parte, seja-me permitido

[59]

---

33 Essa, diga-se de passagem, era a época em que eu, em consequência dos milagres realizados contra mim, tinha entre as pernas uma coisa que mal se assemelhava a um membro viril de formato normal.

afirmar, só me veio claramente à consciência durante a redação do presente ensaio. Ao mesmo tempo, preciso expressar aqui reiteradamente as mesmas ideias já desenvolvidas nas conclusões do capítulo 2, para não confundir as representações e sentimentos religiosos de outras pessoas. Por mais vergonhoso — considerado do ponto de vista subjetivo — que todo o plano possa ter me parecido, não hesito contudo em reconhecer que ele foi inspirado por aquele instinto de conservação que em Deus é tão natural quanto em qualquer outro ser vivo — um instinto de conservação que, como já foi explicado em outro contexto (ver pp. 74-5), de fato deveria em certos casos compelir Deus a visar à aniquilação não apenas de indivíduos, mas também de corpos celestes inteiros, juntamente com todos os seres criados neles. Também Sodoma e Gomorra, conta-se no capítulo 19 do primeiro livro de Moisés, foram cidades aniquiladas por uma chuva de enxofre e fogo, embora entre seus habitantes houvesse ainda um número, talvez muito pequeno, de "justos". De resto, em todo o domínio do mundo criado ninguém considerará imoral — sem que isso entre em contradição com a Ordem do Mundo — o fato de que o mais forte domine o mais fraco, o povo de civilização superior expulse de seus territórios os de cultura inferior, o gato coma o rato, a aranha mate a mosca etc. O conceito de moralidade existe exclusivamente no interior da Ordem do Mundo, isto é, do vínculo natural que liga Deus com a humanidade; uma vez quebrada a Ordem do Mundo, resta apenas uma questão de poder, na qual quem decide é o direito do mais forte. No meu caso, o atentatório do ponto de vista moral consistia no fato de que o próprio Deus se colocasse fora da Ordem do Mundo, válida também para Ele; Ele era, se não diretamente constrangido a isso, pelo menos induzido por uma tentação a que dificilmente se resiste, provocada pela existência, no céu, da alma impura ("provada") do prof. Flechsig. Além disso, a alma de Flechsig, graças à sua própria inteligência humana, ainda existente nela em alto grau, tinha sabido conseguir certas vantagens técnicas (a respeito disso se falará mais adiante) com relação aos

[61]   nervos de Deus que entravam em contato com ela, os quais, como almas, não mais possuíam a capacidade de um sacrifício de abnegação, necessária para propiciar um sono reparador para minha cura, tornando assim inócua a alma de Flechsig. Estou por isso inclinado a considerar todo o desenrolar dos fatos do ponto de vista de uma fatalidade, na qual não se pode falar de culpa, nem do lado de Deus, nem do meu lado. Por outro lado, a Ordem do Mundo conserva toda a sua grandeza e sublimidade à medida que,

[60] posicionado à esquerda na altura de "o plano possa ter me parecido".

num caso tão contrário às regras, nega até ao próprio Deus os meios de poder adequados para atingir um objetivo que a contradiga. Fracassaram todas as tentativas de cometer assassinato de alma, de emasculação *para fins contrários à Ordem do Mundo*[34] (isto é, para satisfação do desejo sexual de um ser humano) e, posteriormente, as tentativas de destruição do meu entendimento. Da luta aparentemente tão desigual entre um homem fraco e o próprio Deus, saio vencedor, embora após amargos sofrimentos e privações, porque a Ordem do Mundo está do meu lado.[35] Também a minha situação externa e o meu estado físico melhoram de ano para ano. Assim sendo, vivo na crença confiante de que toda essa confusão representará apenas um episódio que no fim, de um modo ou de outro, conduzirá à restauração das condições que estão em acordo com a Ordem do Mundo. Talvez até mesmo o infortúnio pessoal que tive de suportar e a perda das beatitudes conseguidas possam ser recompensados pelo fato de que para a huma- [62] nidade, pelo meu caso, se abre de um só golpe o conhecimento de verdades religiosas em um grau incomparavelmente superior ao que foi obtido por meio da investigação científica utilizando toda a perspicácia humana através dos séculos, ou superior a tudo o que jamais foi possível. Não é necessário exprimir em palavras que ganho inestimável significaria para a humanidade se, graças às minhas vicissitudes pessoais, *particularmente também na forma que elas ainda deverão assumir*, se pudesse fazer ruir para sempre as bases do materialismo vulgar, bem como do panteísmo confuso.

---

34 Mais adiante se explicará que uma emasculação para um outro fim — em conformidade com a Ordem do Mundo — é algo que está no reino da possibilidade, e talvez até contenha a provável solução do conflito.   **35** (Adendo de novembro de 1902) Essas explicações poderiam parecer algo obscuras, à medida que a Ordem do Mundo, portanto algo impessoal, é indicada como superior a Deus, ou algo mais poderoso que Deus, ou ainda com valor normativo para o próprio Deus. A obscuridade, contudo, não existe na realidade. *Ordem do Mundo* é a relação legítima *que subsiste entre Deus e a criação por Ele chamada à vida, dada como algo em si, através da essência e das qualidades de Deus.* Deus não pode fazer com relação à humanidade ou — no meu caso — a um indivíduo que entrou em uma relação especial com Ele algo que contradiga todas as suas características e forças. À medida que Deus, cuja potência de raios é construtiva e criativa por natureza, tentou contra mim, em circunstâncias contrárias às regras, uma política orientada só para a destruição da integridade física e do entendimento, entrou em contradição consigo mesmo. Essa política, portanto, só poderia provocar danos passageiros, e não resultados duradouros. Ou então eu, servindo-me de um oximoro, na luta dirigida por Deus contra mim, tive o próprio Deus do meu lado, isto é, estive em condições de levar para o campo Suas próprias qualidades e forças como uma arma de proteção totalmente eficaz para a minha autodefesa.

6.
Experiências pessoais (continuação).
Visões. "Visionários"

[63] A época que tentei descrever no capítulo anterior — de meados de março a fins de maio de 1894, considerando que se trata, realmente, apenas de alguns meses terrenos, e não de séculos — foi, se assim posso dizer, o período mais atroz da minha vida. E no entanto essa época foi também o período *sagrado* da minha vida, no qual toda a minha alma, entusiasmada pelas coisas sobrenaturais que maciçamente me penetravam, em meio ao rude tratamento que eu externamente experimentava, estava impregnada pelas representações mais sublimes sobre Deus e a Ordem do Mundo. E eu fora, no entanto, desde a juventude, um homem menos inclinado ao entusiasmo religioso do que a qualquer outra coisa. Qualquer pessoa que na minha vida pregressa tenha estado próxima de mim pode dar testemunho de que eu era de uma natureza tranquila, quase sóbria, sem paixão, com pensamento claro e cujo talento individual se orientava mais para a crítica intelectual fria do que para a atividade criadora de uma imaginação solta. De modo algum eu era o que se costuma chamar *poeta*, embora vez por outra tenha tentado escrever versos de ocasião, em pequenas comemorações familiares. Também não era (desde a época de minha adolescên-
[64] cia) um homem crente, no sentido da nossa religião positiva. Tampouco fui em qualquer momento um depreciador da religião, preferindo evitar falar muito sobre coisas religiosas, e tive sempre a sensação de que não se devem perturbar em sua felicidade as pessoas que tiveram a sorte de conservar até os anos de maturidade a fé de uma criança piedosa. Só que eu me ocupara bastante das ciências naturais, em particular das obras do terreno da chamada moderna doutrina da evolução, o suficiente para chegar pelo menos a duvidar da verdade literal de tudo o que a religião cristã ensinava. Em mim, sempre a impressão geral era a de que o materialismo não poderia ser a última palavra em matéria de coisas divinas, mas do mesmo

modo eu não podia me forçar a ter ou manter uma sólida crença na existência de um Deus pessoal.[36]

Ao querer tentar, ainda neste capítulo, dar outros pormenores relativos à época que há pouco chamei de meu *período sagrado*, estou bem ciente das dificuldades que se me antepõem. As dificuldades são em parte de natureza externa e em parte, interna. De um lado, numa tentativa como esta, remeto-me exclusivamente à minha memória, uma vez que naquele período eu não estava em condições de fazer nenhuma anotação: não havia material para escrever à minha disposição, nem eu teria me sentido inclinado a fazer anotações por escrito, já que na época — deixando de lado por enquanto a questão de saber se com ou sem razão — eu acreditava que a humanidade inteira tinha desaparecido, não havendo, portanto, nenhum sentido evidente em fazer anotações escritas. Ademais, as impressões que me assaltavam eram uma mistura tão formidável de acontecimentos naturais e fenômenos de natureza sobrenatural que fica muito difícil discriminar simples imagens de sonho de experiências de vigília, para poder dizer com precisão até que ponto tudo aquilo que acreditei ter experimentado condiz verdadeiramente com uma realidade histórica. Por isso, minhas recordações dessa época devem trazer consigo a marca da confusão.[37]

[65]

[66]

---

36 Com isso não quero de modo algum afirmar ter sido um verdadeiro filósofo ou ter estado à altura da cultura filosófica do meu tempo, coisa para a qual minha trabalhosa profissão de juiz não me teria deixado tempo disponível. Quero contudo mencionar pelo menos algumas das obras de caráter filosófico ou das ciências naturais que li e com frequência reli, nos últimos dez anos, antes de ficar doente, pois em muitos lugares deste ensaio se encontrarão ecos dos pensamentos contidos nessas obras. Cito por exemplo Häckel, *História da criação natural*; Caspari, *Pré-história da humanidade*; Du Prel, *História da evolução do universo*; Von Mädler, *Astronomia popular*; Carus Sterne, *Surgimento e extinção*; a revista *Entre o Céu e a Terra*, de Wilhelm Meyer; Neumarys, *História da Terra*; Ranke, *O homem*; alguns ensaios filosóficos de Eduard von Hartmann, em particular na revista O *Presente* etc. etc.

37 Em relação a isso, um acontecimento recentíssimo me trouxe um esclarecimento realmente fundamental. Em uma das noites depois de já ter escrito as páginas precedentes, na noite de 14 para 15 de março desse ano (1900), aconteceu de novo em sonho, enquanto eu dormia, uma aparição miraculada fantástica, do mesmo tipo das que eu tinha frequentemente antes, em particular também na época em que eu dormia na cela (1896 até fim de 1898), mas que desde então, há quase dois anos, não experimentava mais, ou apenas excepcionalmente. Expulsei finalmente o espectro milagroso que aterrorizava meu sono no mais alto grau, decidindo-me a despertar completamente e acender a luz. Eram apenas onze e meia da noite (a porta do corredor para o meu quarto estava fechada, de modo que ninguém de fora poderia achar a entrada); apesar da hora avançada da noite, anotei por escrito o acontecimento, uma

Começando por mostrar as condições exteriores da minha estada, dou a seguir um esquema da clínica universitária para doenças nervosas e um esboço do terreno em que ela se encontra, à medida que essas duas coisas interessam aos meus objetivos.

vez que as imagens de sonho sabidamente desaparecem logo da memória, e o evento me pareceu muito instrutivo tanto para o conhecimento da essência dos milagres divinos quanto para a exata discriminação à medida que as minhas visões anteriores análogas a esta tinham ou não fundamento em fatos objetivos. Do conteúdo dessa anotação quero citar aqui apenas o seguinte: segundo a representação do sonho, que me foi dada por milagre, um enfermeiro do sanatório, que eu antes tinha ouvido abrir a porta da sala ao lado do meu quarto, fazia todo tipo de absurdos, ora sentado em minha cama, ora nas proximidades desta; entre outras coisas, comia língua defumada ou presunto cru com feijão, de modo que mesmo durante a imagem do sonho levantei-me da cama para acender a luz, pondo assim um fim à aparição miraculada, e no entanto encontrei-me na cama ao despertar por completo, não tendo portanto me levantado dela até então. Espero que não se ria dos pormenores fornecidos a respeito das comidas. As palavras que designam essas comidas relacionam-se com o sistema de transcrições que vou descrever mais adiante e por isso me permitem reconhecer com exatidão a intenção com que essas imagens de sonho me foram inspiradas; nesse sentido trata-se também aqui de contribuições para o conhecimento de Deus e do dualismo, já citado no fim do capítulo I, dominante nos reinos de Deus. Neste ponto, quero apenas observar o seguinte:

Que um homem tranquilamente adormecido acredite ver imagens de sonho que, como que por prestidigitação, lhe são dadas por seus próprios nervos, é um fenômeno tão cotidiano que não valeria a pena dizer sequer uma palavra a respeito. Mas as imagens oníricas da mencionada noite e as visões anteriores semelhantes ultrapassavam em muito, em clareza plástica e fidelidade fotográfica, tudo o que eu antes experimentara, pelo menos nos anos em que tinha boa saúde. Elas justamente não eram provocadas espontaneamente pelos meus próprios nervos, mas inoculadas neles por raios. Os raios têm portanto a capacidade de influenciar o sistema nervoso de um homem adormecido, e em certas circunstâncias mesmo o de um homem acordado, e particularmente influenciar seus nervos dos sentidos, de modo que esse homem acredite ver e ouvir falarem diante de si pessoas estranhas, andando e mantendo uma conversação oral, como se tudo isso fossem acontecimentos realmente existentes. Agora sei com certeza que não é esse o caso, mas afirmo que a minha hipótese contrária anterior não deve ser remetida apenas à excitação mórbida de meus nervos, mas que qualquer outro homem que tivesse visto semelhantes imagens de sonho, como eu, as tomaria como realidade. Naturalmente devo agora corrigir algumas coisas afirmadas anteriormente (ver nota 19); em particular, agora não tenho mais a menor dúvida de que foi apenas uma imagem de sonho o encontro descrito na nota 28 com o nosso soberano reinante. Por isso doravante não tratarei, ou tratarei apenas superficialmente, de imagens de sonho como essa, imagens que vi em número incalculável, e me ocuparei principalmente só das ocorrências nas quais me recordo com certeza de estar acordado. Contudo não se pode deixar de valorizar essas imagens de sonho para o conhecimento das coisas de que aqui se trata; pelo menos em alguns casos não está fora de questão a possibilidade de que elas tenham sido uma expressão simbólica para a comunicação de acontecimentos que realmente se deram ou que eram esperados por Deus para o futuro.

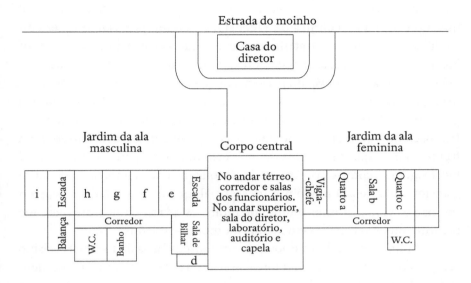

Durante o período que vai desde pouco antes do Natal de 1893 até o final de fevereiro de 1894 (portanto, principalmente a época em que eu recebia visitas regulares de minha esposa), eu ocupava os três quartos — *a*, *b* e *c* — no andar térreo da ala feminina, que me foram postos à disposição principalmente pelo maior sossego que lá reinava. Antes e depois dessa época, ocupei diversos locais no primeiro andar da ala masculina, sempre um quarto e uma sala de estar. Por último, durante um certo tempo (em novembro de 1893), servi-me do pequeno quarto *d*, pelo fato de que quase todos os demais quartos do sanatório ficavam na parte sul do corredor, que dava para a estação da Baviera, onde os apitos das manobras das estações ferroviárias tinham um efeito muito perturbador, especialmente à noite. A cela dos dementes para a qual eu fora levado depois da mencionada briga na sala de bilhar ficava mais à esquerda, na ala masculina. Nos últimos tempos da minha estada na clínica, utilizei principalmente o quarto *i* e a sala *e*; de resto, o primeiro estava equipado com portas duplas, como a cela para dementes, tendo a porta interna uma pequena abertura através da qual o seu ocupante poderia ser observado de fora; sobre a porta havia uma abertura com um vidro pelo qual podia penetrar a luz de uma lâmpada a gás. Uma parte de minhas recordações não se ajusta bem a nenhum dos cômodos da clínica de Flechsig, no essencial bem conhecidos por mim; ligando isso a outras

[67]

[68]

circunstâncias, ficou-me a dúvida se eu estive realmente o tempo todo de que aqui se trata na clínica de Flechsig, e não temporariamente em outro lugar. Além disso, o tratamento médico ficava nas mãos, além do prof. Flechsig, de dois médicos assistentes, o dr. Täuscher e o dr. Quentin. Na época tratada aqui, houve um período em que não via médicos ao meu redor, mas apenas enfermeiros — sempre os acima mencionados. Nessa época, o próprio sanatório me dava uma impressão de total abandono; mesmo outros pacientes eu via pouco ou nem os via, quando passava no corredor em frente ao meu quarto. Depois de um certo tempo reaparecia então o prof. [69] Flechsig, mas, como dito, era uma figura que me dava a impressão de ter se transformado de um modo não inessencial; quanto aos médicos assistentes, não os vi nos últimos tempos de minha estada na clínica, até onde me recordo, ou os via apenas em alguns momentos isolados.

Já foi dito no capítulo anterior que, em consequência do meu nervosismo sempre crescente e da intensa força de atração dele resultante, um número cada vez maior de almas defuntas se sentia atraído por mim — em primeiro lugar sempre aquelas que, por causa de relações pessoais, em vida pudessem ter ainda conservado um particular interesse por mim —, para depois se volatizar em minha cabeça ou em meu corpo. Em casos muito numerosos, o processo terminava da seguinte maneira: as almas em questão, na qualidade dos chamados "homúnculos" (ver nota 28) — figurinhas minúsculas de forma humana, mas talvez apenas de alguns milímetros de estatura —, acabavam por viver uma breve existência em minha cabeça, para depois desaparecer completamente. Suponho que essas almas, que à primeira aproximação talvez ainda dispusessem de um número bastante grande de nervos, tendo por isso uma forte consciência de identidade, devido à força de atração, a cada aproximação perdiam uma parte dos seus nervos em favor do meu corpo para finalmente consistirem apenas de um único nervo, que então — com base em uma conexão prodigiosa, posteriormente não esclarecida — assumia a forma de um homúnculo, no sentido indicado, como última forma de existência da alma em questão, antes de desaparecer por completo. Durante esse processo me foram mencionados muitos casos de astros ou constelações dos quais eles provinham ou "dos quais pendiam", cujos nomes em parte coincidiam com as denominações astronômicas comuns, mas em parte não. Desse modo, foram mencionadas de modo particularmente frequente as constelações Cassiopeia, Vega, Capela e também uma estrela "Gema" (que não sei se corresponde a uma denominação astronômica); além destas, a Cruciana (talvez o Cruzeiro do Sul?), o "Firmamento" e ainda outra. Havia noites em que as almas, finalmente na qualidade de "homúnculos", despencavam às centenas, se não aos milhares, em minha cabeça. Eu as advertia sempre da aproximação, porque, pelas experiências anteriores, estava consciente da desmedida força de atração dos meus nervos, mas as almas, num primeiro momento, consideravam totalmente inacreditável uma força de atração tão ameaçadora. Outros raios, que se conduziam como se fossem a própria onipotência de Deus, no sentido indicado, tinham outras denominações, como o "senhor das milícias celestes", o "bom pastor", o "poderoso" etc. etc. Juntamente com essas aparições, logo começou a ocorrer, em primeiro plano, nas visões que eu tinha toda noite, a representação de um *fim do mundo* como consequência da ligação já indissolúvel entre mim e Deus. De todas as direções chegavam notícias dramáticas, de que a partir de então esse ou aquele astro, essa ou aquela constelação teria precisado ser "abandonada"; ora se dizia que também Vênus fora "inundada", ora que a partir de agora todo o Sistema Solar devia ser "desatrelado", ora que Cassiopeia (toda a sua constelação) devia ser condensada em um único Sol, ora que as Plêiades talvez ainda pudessem ser salvas etc. Enquanto eu à noite tinha essas visões, durante o dia acreditava que o Sol seguia meus movimentos quando eu me movimentava dentro do quarto que então ocupava e que tinha uma única janela; via a luz do Sol, correspondente aos meus movimentos, ora na parte direita (com relação à porta), ora na esquerda. É difícil para mim acreditar que se trata de uma ilusão dos sentidos, numa percepção que, como ficou dito, tive durante o *dia*, tanto assim que me recordo de ter chamado a atenção do médico assistente dr. Täuscher para essa percepção, que naturalmente me enchia de espanto, uma ocasião, quando ele me fazia uma visita. Mais tarde, quando pude voltar regularmente para o jardim, vi — se não me falha totalmente a memória — dois sóis de uma vez no céu, dos quais um devia ser o nosso Sol terrestre, o outro, a constelação de Cassiopeia, condensada em um único Sol. A respeito disso consolida-se em mim, a partir do conjunto de minhas recordações, a impressão de que o período em questão, que segundo a medida humana abrangia apenas três a quatro meses, na realidade devia ter abrangido um tempo imensamente longo, como se cada noite tivesse tido a duração de séculos, de tal modo que dentro desse período poderiam ter ocorrido as mais profundas transformações com a própria Terra e com todo o Sistema Solar. Em visões, falava-se repetidamente

[70]

[71]

que tinha sido perdido o trabalho de um passado de 14 mil anos — indicando esta cifra provavelmente a duração do período de povoamento humano da Terra — e que à Terra ainda estava reservada só uma duração de cerca de duzentos anos — se não me engano, foi mencionada a cifra 212; nos últimos tempos da minha estada na clínica de Flechsig, julguei esse período como já transcorrido,[38] considerando-me em consequência disso o único homem verdadeiro que ainda restava, e as poucas figuras humanas que além de mim eu ainda via — o próprio prof. Flechsig, alguns enfermeiros e muito poucos pacientes isolados, de aparência mais ou menos bizarra —, eu considerava como meros "homens feitos às pressas", produzidos por milagre. Ponderei algumas possibilidades, como a de que todo o sanatório de Flechsig, ou talvez junto com este a cidade de Leipzig, tivesse sido arrancado da Terra e transferido para algum outro corpo celeste, possibilidade à qual pareciam aludir às vezes as perguntas das vozes que falavam comigo, sobre se Leipzig ainda existia etc. O céu estrelado eu considerava inteiramente ou ao menos na maior parte extinto. Nenhuma possibilidade de corrigir tais representações me era oferecida. A janela do meu quarto ficava fechada à noite por uma pesada folha de madeira, de tal modo que me era impedida a visão do céu à noite. Durante o dia, eu via por sobre os muros do jardim da clínica apenas poucos edifícios vizinhos. Na direção da estação da Baviera, eu via, para além dos muros da clínica, só uma estreita faixa de terra, que me dava uma impressão completamente estranha, totalmente diversa da natureza da região bem conhecida por mim; falava-se às vezes de uma paisagem "sagrada". O apito dos trens de ferro, que certamente não podia me passar despercebido, durante um longo tempo não o ouvi. Só o fato de que a lâmpada a gás continuava a arder fazia-me duvidar da hipótese de que a clínica de Flechsig estivesse completamente isolada, pois isso fazia-me supor algum tipo de relação com a cidade de Leipzig, se não quisesse supor a possibilidade de um gasômetro construído só para o

[72]

---

38 Essa suposição parecia encontrar confirmação em muitas particularidades que aqui posso passar por alto. Contribuíram também acontecimentos políticos e religiosos, como por exemplo a Casa Wettin deve ter subitamente se recordado de sua pretensa ascendência eslava e se tornado líder do eslavismo; em amplos círculos da Saxônia, em particular na alta aristocracia (entre outros, foram dados os nomes "Von W.", "Von S." etc.), deve ter ocorrido uma extensa catolicização; minha própria mãe deve ter se convertido; eu mesmo era continuamente objeto de tentativas de conversão da parte dos católicos (ver p. 72 etc. etc.).

sanatório. Conservo ainda em minha memória recordações cuja impressão só posso descrever genericamente, no sentido de que para mim é como se eu próprio, durante um certo tempo, tivesse também existido em uma segunda forma, espiritualmente inferior. Deixo de lado a questão de saber se se poderia pensar em alguma coisa dessa natureza por meio de milagres, se seria possível pôr-me em um segundo corpo com uma parte dos meus nervos. Posso apenas repetir que tenho recordações que parecem indicar tal possibilidade. Na segunda forma, inferior, da qual conservo a impres- [73] são consciente de ter possuído apenas uma reduzida energia intelectual, foi-me dito que havia já existido um outro Daniel Paul Schreber, intelectualmente muito mais bem-dotado do que eu. Uma vez que na árvore genealógica da minha família, que conheço muito bem, nunca existiu antes de mim um outro Daniel Paul Schreber, acredito poder referir esse outro Daniel Paul Schreber apenas a mim mesmo, em plena posse dos meus nervos. Na segunda forma inferior devo ter um dia, se posso usar esta expressão, expirado em paz; tenho a lembrança de estar deitado em um quarto, que não coincide com nenhum dos cômodos que conheço da clínica de Flechsig, e de ter tido, nessa ocasião, a clara consciência de uma extinção gradual da minha alma, um estado que, de resto, à parte saudosas recordações de minha esposa, em quem eu pensava muito, tinha o caráter de um adormecimento indolor e pacífico. Por outro lado, houve um período em que as almas em conexão comigo falavam de uma pluralidade de cabeças (isto é, várias individualidades no mesmo crânio) que encontravam em mim, o que as fazia recuar assustadas, como se expressassem: "Céus, é um homem com várias cabeças!". Estou bem ciente do quão fantástico tudo isso deve soar para outras pessoas; por isso não chego a ponto de afirmar que tudo o que foi narrado tenha sido realidade objetiva; refiro-me apenas às impressões que ficam como recordações em minha memória.

As visões relacionadas com a representação de um fim de mundo, das quais tive inúmeras, como já foi mencionado, eram em parte de natureza terrificante, e em parte de uma grandiosidade indescritível. Quero recordar apenas algumas. Em uma delas viajei sentado em uma espécie de va- [74] gão ferroviário ou elevador, até o fundo da Terra, e de lá refiz, por assim dizer, retrospectivamente, toda a história da humanidade; nas regiões superiores ainda havia bosques, nas inferiores ia ficando cada vez mais escuro e negro. Ao deixar o veículo por algum tempo, passei como que por um grande cemitério, onde encontrei, entre outros, os túmulos em que jaziam os habitantes de Leipzig, e também passei pelo túmulo de minha própria esposa. Sempre sentado no veículo, atingi o ponto 3; tive receio de chegar ao ponto 1, que devia indicar os primórdios da humanidade. Na viagem de volta, o poço desmoronou atrás de mim, pondo em perigo permanente um certo "Deus do Sol", que também lá se encontrava. Em relação a isso disse-se depois que havia dois poços (talvez correspondentes ao dualismo dos reinos de Deus?); quando chegou a notícia de que também o segundo poço tinha desabado, deu-se tudo por perdido. Uma outra vez, atravessei a Terra do lago Ladoga até o Brasil e construí lá um edifício semelhante a um castelo, e, junto com um enfermeiro, fiz um muro para proteger os reinos de Deus de uma maré amarelada que avançava — relacionei isso com o perigo de uma epidemia sifilítica. Uma outra vez ainda tive a sensação de estar sendo levado à beatitude; tive, então, sob mim, por assim dizer, das alturas do céu, repousando sob uma abóbada azul, toda a Terra, um quadro de beleza e esplendor incomparáveis; para designar esse quadro ouvi uma expressão que soa aproximadamente como: "perspectiva de que Deus esteja junto". Quanto a outros fenômenos, estou em dúvida se se trata de meras visões ou de experiências pelo menos em parte reais. Lembro-me de que frequentemente à noite, vestido só com uma camisa de dormir (todas as roupas me tinham sido tomadas), ficava sentado no chão do meu quarto,

[75] depois de ter levantado da cama, seguindo algum impulso interior. As mãos, que eu apoiava no chão, atrás das costas, me eram de tempos em tempos erguidas para o alto de modo *perceptível* por figuras semelhantes a ursos (ursos-negros); via outros "ursos-negros", maiores e menores, com os olhos em brasa, sentados ao meu redor. Meus lençóis tomavam a forma dos chamados "ursos-brancos". Pelo buraco da fechadura do meu quarto via, de um modo análogo ao que foi contado na nota 28 sobre o nosso soberano,[39] aparecerem de tempos em tempos diante da porta homens amarelos de estatura inferior à média e com os quais eu devia estar pronto para travar uma luta. Às vezes, quando eu ainda estava acordado, isto é, tarde da noite,

---

39 Se anteriormente, na nota 37, observei que não teria mais dúvida de que aquela não era mais que uma imagem de sonho, entretanto, agora, após outras reflexões, devo fazer uma restrição a essa afirmação. A recordação de ter olhado pelo buraco da minha fechadura é clara demais para que eu acredite, nesse caso, em uma ilusão dos sentidos. Deveria no entanto levar em conta a possibilidade de que apenas aquilo que vi atrás da porta tenha sido uma "ilusão ótica" (ver Kraepelin, na obra citada no fim deste capítulo).

apareciam gatos com os olhos faiscantes sobre as árvores do jardim do sanatório. Lembro-me ainda de ter estado durante um tempo em algum castelo perto do mar, o qual tive de deixar por causa de uma ameaça de inundação, e de onde, depois de um longo, longo tempo, retornei à clínica de Flechsig, onde de repente me encontrei de novo na situação já conhecida por mim. Da janela do meu quarto vi, ao abrir as janelas de manhã cedo, um denso bosque, a poucos metros da janela, até onde me lembro, feito de bétulas e pinheiros. As vozes o chamavam de floresta sagrada. Esse espetáculo não tinha a mais remota semelhança com o jardim da clínica da [76] universidade, um jardim novo, plantado só em 1882, e que essencialmente consistia apenas de fileiras de árvores isoladas, ao longo dos caminhos. É claro que um bosque como aquele, se é que de fato existiu, não poderia ter crescido em três ou quatro meses. Frequentemente, em consequência da afluência maciça de raios, minha cabeça ficava banhada de um halo de luz, semelhante à auréola de Jesus Cristo, tal como é representada nos quadros, só que incomparavelmente mais rica e mais brilhante: era a chamada "coroa de raios". O poder de reflexo dessa coroa de raios era tão forte que uma vez, quando o prof. Flechsig apareceu no meu quarto com o médico assistente, dr. Quentin, este último desapareceu diante dos meus olhos videntes; o mesmo aconteceu com o enfermeiro H. Durante muito tempo falou-se que eu próprio deveria ficar sob a proteção de Cassiopeia, enquanto o Sol fosse conduzido para algum outro destino, provavelmente para o sistema planetário que lhe corresponde, portanto permanecendo também conservado para a nossa Terra. A força de atração dos meus nervos era no entanto tão grande que esse plano não pôde ser realizado, e o Sol teve de permanecer onde eu me encontrava ou eu tive de voltar ao lugar anterior.

Através de tais impressões, cuja interpretação eu talvez venha tentar em um dos capítulos seguintes, acharão compreensível que eu tenha, anos a fio, vivido na dúvida sobre se me encontrava realmente na Terra, e não em qualquer outro corpo celeste. Ainda no ano de 1895[40] considerei a possibilidade de me encontrar em Fobos, um satélite do planeta Marte, que foi mencionado pelas vozes em algum contexto, e pensei discernir o planeta [77] Marte na Lua, que nessa época às vezes eu via no céu.

---

40 Nessa época também os dias me pareciam substancialmente mais curtos; não possuía um relógio que pudesse servir para corrigir eventuais ideias errôneas a esse respeito.

Na língua das almas, na época de que trata o presente capítulo, eu me chamava "O Vidente",[41] isto é, um homem que vê espíritos ou que tem relações com espíritos ou almas defuntas. A alma de Flechsig, particularmente, costumava falar de mim como o "maior vidente de todos os séculos", ao que eu, partindo de pontos de vista superiores, vez por outra objetava que se devia falar pelo menos do maior vidente de todos os *milênios*. Na realidade, desde que o mundo existe, não ocorreu um só caso como o meu, isto é, de um homem ter entrado em contato permanente, isto é, não sujeito a interrupções, não só com almas defuntas *isoladas*, mas com o conjunto de todas as almas e com a própria onipotência de Deus. Nos primeiros tempos tentou-se ainda provocar interrupções; distinguiram-se ainda "tempos sagrados", isto é, tempos em que devia ocorrer conexão nervosa, uma relação com raios, ou um falar de vozes — no fundo expressões diversas para o mesmo fenômeno — de "tempos não sagrados", isto é, tempos em que se pretendia suspender a relação com os raios. Mas logo a desmedida força de atração dos meus nervos não suportou mais tais pausas ou interrupções, e então só houve "tempos sagrados". Antes do meu caso já deve ter havido, em maior ou menor número, videntes de um tipo inferior. Para não ter de remontar aos acontecimentos bíblicos, considero muito provável que possa ter ocorrido uma comunicação transitória com os raios, ou inspirações divinas transitórias, no caso da Donzela de Orleans, dos cruzados na descoberta da Lança Sagrada em Antióquia, ou do imperador Constantino, na visão que foi decisiva para a vitória do cristianismo: "*In hoc signo vinces*".* Deve-se supor a mesma coisa em alguns casos de virgens estigmatizadas. Na lenda e na poesia de todos os povos, são realmente abundantes os movimentos com espíritos, gnomos, duendes etc., e parece-me simplesmente tola a hipótese de que todas essas representações sejam devidas apenas a invenções arbitrárias da fantasia humana, sem qualquer fundamento real. Por isso soube com interesse que — segundo o *Tratado de psiquiatria* de Kraepelin (5ª edição, Leipzig, 1896, p. 95 e, em particular, p. 110), que durante algum tempo esteve à minha disposição, a título de empréstimo — a impressão de estar numa relação de caráter sobrenatural com vozes pode ser também frequentemente

[78]

---

41 Mais adiante darei maiores explicações sobre a denominação de "príncipe dos infernos", que depois me foi dada.　*　Em latim no original: "Por este sinal, vencerás". [N. E.]

observada[42] em pessoas cujos nervos estiveram em um estado de excitação mórbida. Não quero por isso, de modo algum, duvidar de que em muitos desses casos se trata de meras ilusões dos sentidos, como são sempre tratadas no mencionado *Tratado*. Mas a ciência cometeria, na minha opinião, um grande erro se quisesse jogar no mesmo depósito de coisas irreais *todos* os fenômenos desse tipo, como carentes de qualquer realidade objetiva, definindo-os como "ilusões dos sentidos", coisa que talvez se justifique no caso das ilusões dos sentidos tratadas por Kraepelin na p. 108 e seguintes, que *não* têm relação com coisas sobrenaturais. Absolutamente não considero excluída a possibilidade de que pelo menos em um certo número desses casos se tratava realmente de videntes de tipo inferior, no sentido anteriormente descrito. Com isso não se deixa fora de questão a hipótese de ter ocorrido ao mesmo tempo uma elevação mórbida da excitabilidade dos nervos, justamente na medida em que, graças à força de atração dos nervos obtida por essa via, o nascimento de uma relação com forças sobrenaturais fica possibilitado e favorecido. Parece-me de antemão psicologicamente impensável que *no meu caso* se tratasse de meras ilusões dos sentidos. Pois a ilusão sensorial de estar em relação com Deus ou com almas defuntas só poderá naturalmente surgir em pessoas que, no seu estado nervoso morbidamente excitado, já traziam consigo uma sólida fé em

[79]

---

42 Muito valiosa para a minha concepção das coisas é para mim a observação de Kraepelin, p. 110, de que as "vozes ouvidas", nos casos em que têm um caráter sobrenatural, "não raro são acompanhadas de ilusões óticas". Considero provável que em um número considerável desses casos tenha se tratado de visões verdadeiras, do tipo das que eu próprio experimentei, isto é, de imagens de sonho produzidas por raios, e que possuem, por isso, uma nitidez incomparavelmente maior do que as visões habituais dos sonhos. Por outro lado, dificilmente se poderá descobrir *em mim*, dado o conteúdo abrangente do presente trabalho, qualquer coisa que se assemelhe a uma "incapacidade do doente para corrigir com clareza e profundidade as novas representações, por meio das experiências vividas anteriormente" (p. 146) e a uma "fraqueza de julgamento", que Kraepelin descreve na p. 145 como um fenômeno que acompanha "sem exceção" as ideias delirantes. Acredito ter demonstrado que em mim não se trata de um "predomínio na memória de sequências fixas de pensamentos e de representações já adquiridas", mas que também está plenamente em vigor a "capacidade de corrigir criticamente o conteúdo de consciência, com auxílio do julgamento e da dedução" (p. 146). Quem, ao contrário, quiser entender como "experiência sadia", no sentido de Kraepelin, p. 146, simplesmente a negação de tudo o que é sobrenatural, em minha opinião se deparará com a objeção de que se deixa levar apenas pelas banais representações racionalistas do período iluminista do século XVIII, que constam na sua maior parte como cientificamente superadas, em particular pelos teólogos e filósofos.

Deus e na imortalidade da alma. *Mas este, pelo que ficou dito no início deste capítulo, não foi o meu caso.* Também os chamados médiuns dos espíritas, se bem que em muitos casos pode haver autoilusão e autoengano, podem ser considerados, em um número não reduzido de casos, verdadeiros visionários de tipo inferior, no sentido indicado. Que se esteja atento, pois, nesses assuntos, contra a generalização não científica e o julgamento precipitado. Se a psiquiatria não quiser simplesmente negar tudo o que é sobrenatural e entrar de armas e bagagens no campo do materialismo grosseiro, não poderá deixar de reconhecer a possibilidade de, em fenômenos do tipo descrito, ter, em certas circunstâncias, de se haver com acontecimentos reais, que não se deixam reduzir, sem mais, ao rótulo de "ilusões dos sentidos".

[80]

Após essas divagações, retorno ao verdadeiro tema de meu trabalho, e no próximo capítulo darei uma continuação de tudo o que disse até agora; por um lado, tocarei ainda em alguns outros pontos relativos ao domínio do sobrenatural, que não podiam ser facilmente inseridos no capítulo anterior, e, por outro, falarei de um modo particular das vicissitudes exteriores de minha vida durante a época tratada aqui.

7.
Experiências pessoais (continuação); manifestações mórbidas estranhas. Visões

Pela razão já mencionada, não estou em condições de fornecer dados cro-   [81]
nológicos mais precisos com relação ao período decorrido entre a última
visita de minha mulher (meados de fevereiro de 1894) e o final da minha estada na clínica de Flechsig (meados de junho de 1894). Com relação a esse
período, só disponho de uns poucos pontos de referência. Lembro-me de
que, por volta de meados de março de 1894, quando a relação com forças
sobrenaturais já tinha atingido certa intensidade, me veio às mãos um jornal no qual se podia ler algo como a notícia da minha morte; tomei esse
evento como uma advertência de que eu não deveria mais pensar em retornar à sociedade humana. Não me atrevo a afirmar se a percepção em questão foi um acontecimento real ou uma ilusão dos sentidos engendrada por
uma visão. Só me ficou a impressão de que nesse evento e em outros análo-
gos, se é que se tratou realmente de visões, foram visões com método, isto
é, havia uma certa conexão, que em todo caso me permitia conhecer as intenções que se tinha a meu respeito. Era a época em que, como já foi dito,
continuamente, dia e noite, eu ficava preso à cama; não consigo dizer por   [82]
quantas semanas. Na época dos feriados da Páscoa — não sei quando caiu
a Páscoa no ano de 1894 — deve ter ocorrido uma modificação importante
na pessoa do prof. Flechsig. Soube que ele, nesses feriados, viajou a passeio para o Palatinado ou para a Alsácia. Tive visões relacionadas a isso, segundo as quais o prof. Flechsig, em Weissenburg, na Alsácia ou na prisão,
em Leipzig, teria se matado com um tiro; vi também — como imagem de
sonho — seu cortejo fúnebre, que partia de sua casa em direção a Thonberg (portanto não exatamente na direção que se deveria supor, dado o caminho que liga a clínica psiquiátrica da universidade ao cemitério de São
João). Em outras visões, a mesma pessoa aparecia repetidamente na companhia de um vigia ou conversando com sua esposa; por meio de conexão

nervosa eu era testemunha dessas conversas, e nelas o prof. Flechsig, perante sua esposa, se autodenominava o "Deus Flechsig", de modo que ela estava inclinada a considerá-lo louco. Agora pelo menos está fora de dúvida para mim que essas visões não são fenômenos que aconteceram realmente, como acreditei ter visto. Mas considero lícita a sua *interpretação*, no sentido de que eram uma manifestação do que Deus pensava que *deveria* acontecer ao prof. Flechsig. Ao contrário, e este é um fenômeno real, isto é, para mim *subjetivamente certo*, dada a clareza da minha recordação neste ponto — acreditem-me ou não as outras pessoas —, por volta dessa mesma época eu tive no corpo por um certo tempo a alma, e provavelmente a alma *inteira*, do prof. Flechsig. Era uma bola ou um novelo bem volumoso, que eu compararia mais com algodão ou teia de aranha em um volume correspondente, e que me foi lançado no ventre por milagre, provavelmente para en-

[83] contrar aí o seu próprio fim. Conservar, por assim dizer, digerir essa alma no corpo teria sido impossível, dado o seu volume: no entanto eu a soltei, quando ela espontaneamente procurou se libertar, deixando-me levar por uma espécie de movimento de compaixão, e ela conseguiu sair passando pela minha boca. Tenho tão pouca dúvida sobre a realidade objetiva desse acontecimento que mais tarde, em toda uma série de outros casos, tive condições de receber em minha boca almas ou partes de almas e delas conservo ainda particularmente uma lembrança muito clara da impressão do cheiro e gosto terríveis que essas almas *impuras* provocam na pessoa em cujo corpo penetram pela boca.

Com os acontecimentos citados relacionaram-se, até onde me lembro, os períodos que me foram denominados pelas vozes como a época do primeiro julgamento de Deus. Casualmente tenho ainda conservados na memória alguns dados que me devem ter sido mencionados de algum lugar; segundo estes, o primeiro julgamento de Deus abrangeria o período de 2 ou 4 até 19 de abril de 1894. Ao "primeiro julgamento de Deus" seguiu-se ainda uma porção de outros julgamentos de Deus, que contudo não eram substancialmente inferiores ao primeiro em matéria de grandiosidade das impressões. No "primeiro julgamento de Deus" tratava-se de uma série contínua de visões, que se sucediam dia e noite, e que tinham no fundo uma *ideia geral* em comum. Era a ideia de que ao povo alemão, e em particular à Alemanha evangélica, não poderia mais ser concedida a hegemonia, enquanto povo eleito de Deus, depois que do interior do círculo do povo alemão, através do conflito surgido entre mim e o professor, surgiu uma crise perigosa para a subsistência dos reinos de Deus; os alemães talvez até devessem ser excluídos no caso da ocupação de outras "esferas cósmicas" (planetas habitados?), enquanto não surgisse um líder do povo alemão que demonstrasse a subsistência da sua dignidade. Esse líder seria eu mesmo ou uma outra personalidade indicada por mim, e, em seguida, dada a insistência das vozes que falavam comigo em conexão nervosa, indiquei os nomes de uma série de homens notáveis, em minha opinião adequados a tal batalha. Ligada ao pensamento que estava na base do primeiro julgamento de Deus estava a penetração do catolicismo, do judaísmo e do eslavismo, já citada no capítulo anterior. Também a respeito disso tive um bom número de visões, entre outras a da ala feminina da clínica psiquiátrica da universidade arrumada como um convento de freiras ou uma capela católica, irmãs de caridade sentadas nos quartos sob o teto do sanatório etc. etc. Depois se disse que também com o catolicismo não dava mais; depois da morte do atual papa e de um papa intermediário, Honório, não haveria mais um outro conclave porque os católicos tinham perdido a fé etc. etc. Tudo isso eu tomei naquela época como fatos históricos e consequentemente acreditei que um desenrolar de talvez muitos séculos já pertencesse ao passado. Naturalmente hoje não posso mais sustentar essa concepção. Depois que — naturalmente decorridos vários anos — por meio de jornais e cartas retomei um certo contato com o mundo externo, depois que não consegui descobrir nada compatível com a hipótese de que um *grande abismo temporal* teria ocorrido na história da humanidade, no que diz respeito às condições dos prédios que vejo no atual sanatório e nas adjacências, bem como no estado dos livros, partituras musicais e outros objetos de uso pessoal que eu possuía antigamente e que em bom número voltaram às minhas mãos, depois de tudo isso, não posso deixar de reconhecer que *do ponto de vista externo* tudo permaneceu como antes. Mais adiante se discutirá *se no entanto não se verificou uma profunda modificação interna.* [85]

Certas informações referentes a tudo o que seria de mim em uma futura transmigração de alma foram de importância decisiva para o meu círculo de ideias dessa época. Eram-me sucessivamente atribuídos os papéis de uma "hiperboreana", de um "noviço de jesuítas em Ossegg", um "prefeito de Klattau", uma "jovem alsaciana que tem de defender sua honra sexual contra um oficial francês vitorioso" e finalmente um "príncipe mongol". Acreditei ver em todas essas profecias uma certa conexão com o quadro geral resultante das demais visões. O destino de me tornar uma "hiperboreana" me pareceu uma indicação de que já teria entrado em ação ou era iminente uma perda de calor, próxima da glaciação geral; falou-se também que o Sol teria se retirado para a distância de Júpiter. Tomei a destinação de ser no futuro um noviço dos jesuítas em Ossegg, um prefeito em Klattau e uma jovem alsaciana na situação anteriormente descrita como profecias relacionadas ao fato de o catolicismo já ter suplantado ou estar a ponto de suplantar o protestantismo e o povo alemão em sua luta com seus vizinhos latinos e eslavos; finalmente, a perspectiva que me foi aberta de me tornar um "príncipe mongol" pareceu-me ser uma indicação de que, uma vez que os povos arianos tivessem provado ser incapazes de dar apoio aos reinos divinos, seria então necessário buscar um último refúgio nos povos não arianos.

[86] Uma virada fatal para a história da Terra e da humanidade pareceu-me então ser indicada pelos acontecimentos de um único dia, do qual me recordo claramente, em que se falou de extinção dos "relógios do mundo" e simultaneamente ocorreu um afluxo contínuo, de uma rara abundância, de raios para o meu corpo, acompanhado de esplêndidos fenômenos luminosos. O que se pretendia com a expressão "extinção dos relógios do mundo" não sou capaz de dizer; afirmava-se o retorno de toda a humanidade, com exceção de duas pessoas, ou seja, eu próprio e o padre jesuíta S., já mencionado no capítulo 5. A partir desse momento parece ter tido início a relação que desde então me foi designada centenas e milhares de vezes como "a maldita brincadeira com os homens". Tenho motivos para supor que desde então todo o mecanismo da humanidade só pôde ser sustentado artificialmente, por obra direta de milagres divinos, e isso em uma tal amplitude que eu não consigo avaliar plenamente,[42b] dadas as limitações impostas pela internação. Ao meu redor, é certamente assim que as coisas se passam; sinto cada palavra dita a mim ou nas proximidades, cada passo humano que ouço, cada apito do trem de ferro, cada disparo de morteiros que é dado provavelmente por barcos a vapor em viagens de recreação etc., ao mesmo tempo como uma pancada dada na minha cabeça, que provoca nela uma sensação mais ou menos dolorosa, mais dolorosa se Deus se retirou para uma distância maior, menos dolorosa se ele permanece mais próximo. Posso prever com uma segurança quase infalível quando está para acontecer nas proximidades uma manifestação da vida humana desse tipo: chamo-a de "perturbação"*

42b Ver a respeito o Prólogo. * *Störung*: distúrbio ou perturbação, aqui no sentido de interferência na comunicação. [N. T.]

e sinto-a como um golpe, isto é, toda vez que a sensação de volúpia presente no meu corpo atingiu uma força de atração demasiadamente intensa sobre os raios divinos para que eles possam se retirar, torna-se necessária uma tal "perturbação". Não sou capaz de dizer a que distância ocorre essa incitação de outras pessoas, se me for permitido usar essa expressão, por meio de milagre divino. Mais adiante retornarei a toda essa questão de modo mais detalhado. [87]

Quanto às mudanças no firmamento, sou agora da opinião de que as notícias sobre a perda desse ou daquele astro, dessa ou daquela constelação (ver capítulo 6, p. 86) não se referiam propriamente aos astros — que eu ainda vejo no céu —, mas apenas às respectivas beatitudes acumuladas em cada um deles. O certo é que essas beatitudes se consumiram, isto é, os nervos em questão, em consequência da força de atração, foram absorvidos no meu corpo e nele adquiriram o caráter de nervos da volúpia feminina, conferindo ao meu corpo uma marca mais ou menos feminina, e à minha pele, particularmente, a suavidade típica do sexo feminino. Por outro lado, estou certo de que Deus, que no passado permanecia a uma enorme distância da Terra, foi forçado a se aproximar dela, que se tornou desse modo palco direto e permanente dos milagres divinos, de um modo jamais antes conhecido. Antes de mais nada esses milagres se concentram na minha pessoa e no meu ambiente imediato. Mais adiante pretendo anexar provas dessa afirmação, se é que estas já não resultaram do que foi dito até agora. Por ora, quero aqui apenas observar que as mudanças ocorridas, justamente por contradizerem a Ordem do Mundo, implicaram certos inconvenientes para o próprio Deus e foram também acompanhadas provavelmente de consequências funestas. Os raios, que estavam habituados a uma quietude sagrada, da natureza da que reina nos mais elevados cumes da Terra, devem ter sentido de um modo particularmente desagradável e com uma espécie de efeito de pavor o fato de, a partir de então, ter de compartilhar de todas as minhas sensações acústicas, por exemplo, o barulho dos trens de ferro.[43] Além disso, tenho motivos para supor que a irradiação do Sol foi assumida diretamente por Deus, isto é, pelo deus inferior (Ariman) desde o momento mencionado (ou talvez uns três meses depois — serão dados maiores detalhes a [88]

---

43 A expressão usada para isso, ouvida por mim inúmeras vezes, é: "o pensamento para ser escutado não nos agrada".

respeito disso mais adiante); atualmente (desde julho de 1894) esse deus é identificado com o Sol pelas vozes que falam comigo. O deus superior (Ormuzd) se manteve a uma distância maior, talvez ainda mais colossal; vejo sua imagem como um pequeno disco, semelhante a um Sol, que graças à sua pequenez quase se assemelha a um simples ponto, aparecendo a breves intervalos nos nervos do interior da minha cabeça. Talvez se tenha conseguido portanto conservar, além do nosso sistema planetário, aquecido e iluminado pelo Sol (Ariman), também um segundo sistema planetário, no qual a sobrevivência da criação se torna possível graças à irradiação de luz e de calor proveniente do deus superior (Ormuzd). Pelo contrário, é muito duvidoso, pelo menos para mim, que não tenham sucumbido os habitantes de todos os outros corpos celestes, vinculados a outras estrelas fixas, nos quais alguma vida orgânica se desenvolveu.[44]

Ao período em que continuamente fui mantido de cama seguiu-se, por volta do final da minha estada na clínica de Flechsig, um outro período no qual ocorriam passeios regulares no jardim do sanatório. Nesse último tive a percepção de todo tipo de coisas prodigiosas: já foi mencionado anteriormente que eu acreditei ver dois sóis ao mesmo tempo no céu. Um dia, o jardim inteiro apresentou uma floração tão exuberante que correspondia [89] muito pouco às recordações que eu tinha, nos primeiros tempos da minha doença, do jardim da clínica universitária para doenças nervosas, um parque bastante despojado; o fenômeno foi chamado milagre de Flechsig. Uma outra vez estava presente em um pavilhão situado aproximadamente no meio do jardim uma porção de senhoras que falavam francês, um fenômeno certamente bastante singular para o jardim da ala *masculina* de uma instituição pública para doentes mentais. Além de mim, os poucos pacientes que de vez em quando apareciam no jardim davam todos uma impressão mais ou menos estranha; uma vez acreditei reconhecer em um deles um parente meu, o marido de uma de minhas sobrinhas, o atual prof. dr. F. em K., que me olhava intimidado, sem no entanto dizer uma palavra. Eu mesmo,

---

44 Tenho certos pontos de referência segundo os quais talvez se pudesse considerar possível que também a luz de todas as estrelas fixas não é, como supõe a nossa astronomia, uma luz própria, mas (naturalmente, como todas as coisas desse tipo, entendemos *cum grano salis*), conforme o tipo de planeta, uma luz emprestada (de Deus) (ver capítulo 1). O principal ponto de referência é a existência de um Sol ordenador, do qual nossa astronomia nada sabe. De resto, ver a observação restritiva no final do Suplemento 4.

sentado em um banco do jardim, com um casaco preto e uma cartola da mesma cor, parecia ser um convidado de pedra que há muito tempo voltou para um mundo estranho.

Nesse ínterim aconteceu uma mudança bastante notável no meu sono. Nos primeiros meses do ano de 1894 só se conseguia me fazer dormir com os soníferos mais fortes (hidrato de cloral), e mesmo assim em parte precariamente, e depois por algumas noites deram-me injeções de morfina, mas já nos últimos tempos da minha estada no sanatório de Flechsig, durante várias semanas, os soníferos foram totalmente eliminados. Dormia, embora um sono em parte intranquilo e com visões mais ou menos excitantes, sem qualquer recurso artificial: *meu sono tinha se tornado sono de raios.*[45] Os raios de fato têm, como ficou mencionado anteriormente na nota 31, entre outros, também um efeito tranquilizante e sonífero. Essa afirmação parecerá tanto mais digna de crédito se se atribuir um efeito semelhante mesmo à irradiação solar comum, embora em um grau incomparavelmente menor. Todo psiquiatra sabe que nos doentes dos nervos a excitação nervosa aumenta consideravelmente à noite, mas de dia, particularmente no final da manhã, sobrevém uma considerável tranquilidade, depois de várias horas de ação da luz solar. Esse efeito tem lugar em um grau incomparavelmente mais elevado quando o corpo, como no meu caso, recebe raios divinos diretamente. Num caso como esse, basta então apenas uma quantidade relativamente pequena de raios; só é necessário que todos esses raios estejam unidos, uma vez que, além dos raios divinos propriamente ditos, há também raios derivados (isto é, conduzidos por almas impuras ou almas provadas, como a de Flechsig etc.). Quando é esse o caso, caio logo no sono. Quando nos últimos tempos da minha estada na clínica de Flechsig eu me apercebi desse fenômeno, depois das extraordinárias dificuldades que até então enfrentara para conseguir dormir, fiquei maravilhado ao extremo num primeiro momento; só com o correr do tempo adquiri clareza sobre os fundamentos do fenômeno.

[90]

---

45 Até onde me lembro, nem na época da minha estada na clínica de Pierson nem nos primeiros tempos da minha estada no atual sanatório (cerca de um ano), tomei qualquer sonífero. Os registros de receitas do atual sanatório poderiam comprovar se há aqui algum equívoco de minha parte. De alguns anos para cá tomo de novo soníferos (principalmente sulfona e hidrato de anilina, alternadamente), e os tomo tranquilamente, embora os considere inócuos para o meu sono. Estou convencido de que com ou sem soníferos artificiais dormiria igualmente bem ou mal.

[91] Além das mudanças já várias vezes mencionadas em meus órgãos sexuais, com o correr do tempo se observou em meu corpo todo tipo de sintomas mórbidos, de natureza inteiramente incomum. Para falar disso preciso voltar mais uma vez à representação de um fim do mundo já mencionada nos capítulos anteriores, fim este que, segundo as visões que me eram reveladas, eu tomava como iminente ou como já pertencente ao passado. Sobre o modo como esse fim do mundo poderia ter acontecido, eu tinha elaborado diversas opiniões, de acordo com as inspirações que recebia. Em primeiro lugar, pensava sempre em uma diminuição do calor do Sol, causada por um maior afastamento do Sol e uma glaciação mais ou menos geral daí resultante. Em segundo lugar, pensava em terremoto ou algo semelhante; a respeito disso não quero deixar de mencionar que uma vez me foi comunicado que o grande terremoto de Lisboa no ano de 1755 estaria relacionado com um caso de vidente semelhante ao meu. Além disso imaginava possível a notícia de que de repente no mundo moderno poderia ter surgido algo como um mágico, na pessoa do prof. Flechsig,[46] e eu, que era aliás uma pessoa bastante conhecida em amplos círculos, teria desaparecido subitamente — notícia que disseminou terror e pânico entre os homens, destruiu as bases da religião e provocou uma epidemia de nervosismo e imoralidade geral, em consequência da qual a humanidade teria sido atingida por pestes devastadoras. Particularmente esta última representação ficou reforçada pelo fato de que por muito tempo se falou de duas enfermidades pouco conhecidas na Europa, a peste e a lepra, que teriam sido propagadas pela humanidade e cujos vestígios apareciam no meu próprio corpo. Quanto à lepra, não posso afirmá-lo com muita segurança; ao menos poderia ter se tratado apenas de leves sinais dessa doença, uma vez que não tenho uma lembrança segura dos seus sintomas característicos. Tenho contudo guardados na memória os nomes das diversas formas em que a lepra [92] se apresentaria. Mencionavam-se a *Lepra orientalis*, a *Lepra indica*, a *Lepra hebraica* e a *Lepra aegyptica*. Como leigo que sou em medicina, nunca ouvi anteriormente essas expressões, nem sei se correspondem aos termos técnicos adotados na ciência médica para as respectivas formas da doença. Recordo-as aqui também para refutar a hipótese de que no meu

---

46 Uma vez me foi mencionado também o nome de um tal Brouardel, um médico francês que teria imitado o prof. Flechsig.

caso tenha se tratado de meras ilusões dos sentidos simuladas pelos meus próprios nervos: pois como poderia eu, sem qualquer conhecimento próprio das modalidades da mencionada doença, chegar por mim mesmo a tais expressões? Fala a favor do fato de que devem ter estado presentes em mim certos germes de lepra a circunstância de que durante algum tempo fui induzido a pronunciar certas fórmulas de esconjuro que com certeza soavam estranhas, como: "Eu sou o primeiro cadáver leproso e conduzo um cadáver leproso"[47] — fórmulas esconjuratórias que, até onde entendi, se relacionavam com o fato de que os doentes de lepra deviam se considerar destinados à morte certa e se ajudar mutuamente ao serem enterrados, para conseguir ao menos uma morte suportável. Por outro lado, tive diversas vezes no meu corpo as manifestações mórbidas típicas da peste, na forma de sinais muito fortes. Trata-se aqui de diversas formas de peste: a peste marrom, a peste branca e a peste negra. A peste branca era a mais repugnante dessas formas; a peste negra era acompanhada de exalações do corpo, que na primeira forma espalhavam um odor de cola e na última, um odor semelhante ao de ferrugem; na peste negra essas exalações eram às vezes tão fortes que todo o meu quarto ficava tomado por elas. Nos primeiros tempos da estada no atual sanatório, no verão de 1894, observei ainda fracos indícios da peste marrom. A peste era considerada pelas almas como uma doença dos nervos, e por isso uma "doença sagrada", não sei se ela tem alguma afinidade com a peste bubônica, que agora de vez em quando aparece. Contudo, também com relação à peste, as coisas ficavam no nível de indícios, mais ou menos fortes, sem chegar a um pleno desenvolvimento do quadro patológico. A razão disso era que as manifestações da doença deviam sempre ser eliminadas por raios puros que vinham em seguida. Distinguiam-se com efeito raios "nocivos"[48] e raios "benéficos"; os primeiros vinham carregados de veneno de cadáver ou de alguma outra matéria putrefata e também traziam para o corpo algum germe de doença ou então provocavam nele algum outro efeito destrutivo. Os raios benéficos (puros) sanavam de novo os danos que aqueles tinham provocado.

[93]

---

47 Até onde me lembro, algumas vezes, por ordem das vozes interiores, disse essas palavras em *voz alta* diante do enfermeiro R., que naturalmente reagiu apenas com um sorriso de compaixão.   **48** *Sehrende*: nocivos. O verbo *sehren* deriva evidentemente de uma raiz do alemão arcaico, que significa algo como danificar e que se perdeu na nossa língua atual, com exceção do termo composto *unversehrt* (indene), mas foi conservado na língua fundamental.

Outros fenômenos que se verificavam no meu corpo se relacionavam ainda mais estreitamente com coisas sobrenaturais. Já foi observado nos capítulos anteriores que os raios (nervos de Deus) que se submetiam à atração o faziam contra a vontade, porque ela levava a uma perda da própria existência, contrariando portanto o instinto de autoconservação. Por isso sempre se precisou anular a atração, ou, em outras palavras, libertar-se dos nervos. O único meio eficaz nesse sentido teria sido a cura da minha doença dos nervos concedendo-me um sono abundante. Mas não se chegava a essa decisão, pelo menos de maneira coerente, pois isso só teria sido possível com o sacrifício da abnegação dos raios, que justamente careciam de força de vontade ou capacidade de decisão.

[94]

Com o passar do tempo, procurou-se, portanto, recorrer a todos os outros meios imagináveis, os quais no entanto se revelaram todos completamente inadequados à natureza das coisas. Nisso era sempre decisiva a ideia de "deixar-me largado", isto é, abandonar-me, coisa que, na época tratada aqui, se acreditava poder conseguir através da emasculação e do abandono do meu corpo como o corpo de uma prostituta do sexo feminino; às vezes também através do assassinato e, mais tarde, através da destruição do meu entendimento (tornar-me imbecil).

Mas, quanto aos esforços no sentido da emasculação, logo se percebeu que o preenchimento gradual do meu corpo com nervos da volúpia tinha o efeito exatamente oposto: com isso, a chamada "volúpia de alma", que assim se produzia no meu corpo, aumentava ainda mais a força de atração. Por isso, nessa época puseram-me repetidas vezes na cabeça "escorpiões", figuras minúsculas que tinham o aspecto de aranhas ou caranguejos e que deveriam realizar em minha cabeça algum tipo de trabalho destrutivo. Eles tinham o caráter de almas, sendo portanto seres *falantes*; conforme o lugar de onde provinham, distinguiam-se escorpiões "arianos"[49] e escorpiões "católicos"; os primeiros eram um pouco maiores e mais fortes. Mas esses escorpiões acabavam regularmente por se retirar da minha cabeça, sem me causar dano, quando se apercebiam da pureza dos meus nervos e da santidade

[95]

---

49 A expressão "ariano" (árias, como se sabe, é um outro modo de designar os povos indo-germânicos) era naquela época muito utilizada; havia também uma "beatitude ariana" etc. Em geral, a expressão servia para designar a tendência nacional alemã, presente em grande parte das almas, que queria conservar o lugar de povo eleito de Deus para o povo alemão, em oposição aos esforços de catolicização e eslavização em que se empenhava outra parte das almas.

dos meus sentimentos — um dos muitos triunfos que eu de modo seme-lhante a esse experimentei também mais adiante, sob muitos aspectos. Jus-tamente pelo fato de que a santidade dos meus sentimentos exercia uma força de atração tão grande sobre as almas, procurou-se também falsificar dos modos mais variados a minha individualidade espiritual. Os "jesuítas", isto é, as almas defuntas de ex-jesuítas, repetidamente se esforçavam por in-troduzir na minha cabeça outros "nervos determinantes" através dos quais devia ser modificada a minha consciência de identidade; revestiu-se a pa-rede interna do meu crânio com outra membrana cerebral,[49b] para apagar em mim a lembrança do meu próprio eu. Nenhum resultado duradouro. Fi-nalmente tentou-se enegrecer meus nervos introduzindo por milagre no meu corpo os nervos enegrecidos de outras pessoas (falecidas), provavel-mente na suposição de que a negritude (impureza) desses nervos se trans-mitiria para os meus próprios nervos. Com relação a esses nervos enegre-cidos, quero mencionar aqui alguns nomes, cujos portadores teriam estado todos no "inferno de Flechsig", o que me leva a supor que o prof. Flech-sig deve ter tido algum poder de dispor dos nervos em questão. Entre eles estava um certo Bernhard Haase — só casualmente homônimo de um pa-rente remoto meu —, um sujeito mau, que poderia se inculpar de certos delitos, crimes e coisas do gênero; além deste, um certo R., meu colega de estudos e de corporação, que, por ter agido mal e levado uma vida muito dissoluta, tinha ido para a América, onde, que eu saiba, morreu na Guerra de Secessão em 1864 ou 1865;[50] finalmente um tal Julius Emil Haase; este [96] último, apesar dos seus nervos enegrecidos, dava a impressão de ser uma pessoa muito digna. Tinha sido membro da associação estudantil na época do atentado de Frankfurt e, se entendi bem, clínico geral em Jena. Neste último caso, era particularmente interessante o fato de que a alma desse Ju-lius Emil Haase, graças à experiência científica adquirida em vida, estivesse

---

49b Como leigo em medicina, nunca soube antes de uma membrana cerebral: essa expres-são só me foi comunicada pelas vozes depois que eu mesmo percebi (senti) o fenômeno.
50 O caso R. citado é uma daquelas circunstâncias das quais deduzo a hipótese de que os poderes do prof. Flechsig como administrador de uma província de Deus (ver p. 72) devem ter se estendido até a América. O mesmo deve ter ocorrido com relação à Inglaterra; falou--se repetidas vezes que ele teria tirado de um bispo inglês os "dezesseis raios ingleses" che-fiados por este, os quais aliás só lhe foram confiados com a condição expressa de que só poderiam ser empregados em uma guerra a ser feita pela independência da Alemanha.

ainda em condições de me dar certos conselhos médicos; quero acrescentar nesta oportunidade que o mesmo acontecia em certa medida com a alma de meu pai. Nenhuma consequência duradoura resultava da presença dos nervos enegrecidos em meu corpo; com o tempo eles desapareciam, sem modificar a natureza dos meus nervos.

Ainda poderia contar muitas coisas prodigiosas da época da minha estada na clínica de Flechsig. Poderia falar de fatos com base nos quais posso supor que em alguns casos, se não em todos, é verdadeira a crença popular segundo a qual os *fogos-fátuos* são almas defuntas; poderia contar dos "relógios errantes", isto é, almas de hereges falecidos que devem ter sido por séculos inteiros conservados em mosteiros medievais sob sinos de vidro (e aqui parece ter ocorrido algo como um assassinato de alma) e que manifes-

[97]

tavam a persistência da sua vida por meio de uma vibração acompanhada de um zumbido melancólico, infinitamente monótono (eu mesmo tive essa impressão por meio de conexão nervosa) etc. etc. Mas, para não me dispersar muito,[51] quero concluir aqui meu relato sobre minhas experiências e recordações da época da minha estada na clínica de Flechsig.

---

51 A isso acresce a consideração de que na maior parte se trata de visões cujas imagens tenho na cabeça, mas cuja descrição em palavras é extraordinariamente difícil e, em parte, completamente impossível.

8.
Experiências pessoais durante a estada no sanatório do dr. Pierson. "Almas provadas"

De tudo o que foi relatado anteriormente, sobressai o fato de que nos últimos meses de minha estada na clínica de Flechsig eu estava sob a impressão dos mais variados temores relativos a certos perigos, que pareciam ameaçar meu corpo ou minha alma por causa da relação com os raios, que se tornara indissolúvel, perigos que já tinham adquirido uma forma bastante palpável. O mais abominável de todos me parecia ser a representação de que meu corpo, depois da tencionada transformação em uma criatura do sexo feminino, deveria sofrer algum tipo de abuso sexual, tanto que numa ocasião até se falou que eu deveria ser entregue, para esse fim, aos guardas do sanatório. De resto, o temor de "ser deixado largado" desempenhava um papel central, tanto que toda noite eu ia para a cama na minha cela realmente duvidando que a porta se abriria de novo na manhã seguinte; outro quadro terrificante, do qual minha imaginação se ocupava e não podia deixar de fazê-lo, dado o que diziam as vozes que falavam comigo, era o de ser levado embora da cela de madrugada para ser afogado no meio da noite. [98]

Por isso, quando um dia (por volta de meados de junho de 1894), de manhã cedo, apareceram em minha cela três guardas com uma mala na qual estavam os meus poucos pertences pessoais e anunciaram-me que eu devia me preparar para partir da clínica, tive em primeiro lugar a impressão de ser *liberado* de uma estada na qual me ameaçava uma infinita quantidade de perigos. Eu não sabia para onde seria a viagem, nem achei que valia a pena perguntar, porque não considerava os mencionados guardas homens, mas "homens feitos às pressas".[52] A meta da viagem me parecia indiferente; o [99]

---

52 Também com relação ao mencionado R. tive uma visão, segundo a qual ele teria se matado no caminho que vai para Übelessen (o Thonberg, perto de Leipzig).

único sentimento que eu tinha era que em nenhum lugar do mundo eu poderia passar tão mal como passei na clínica de Flechsig e que portanto qualquer mudança só poderia no máximo significar uma melhora. Parti em um [100] fiacre na companhia dos três guardas para a estação de Dresden, sem ter visto mais o prof. Flechsig. As ruas da cidade de Leipzig pelas quais passamos, em particular a travessia da praça Augustus, davam-me uma impressão bastante estranha; estavam, até onde me recordo, completamente despovoadas. Pode ser que isso se devesse ao fato de ser de manhã muito cedo, e à luz típica dessa hora; provavelmente o trem em que viajei era o trem de passageiros que parte às cinco e trinta da manhã. Mas naquela época, depois de ter vivido durante meses no meio de milagres, eu estava mais ou menos inclinado a tomar por milagre tudo o que via. Por isso eu não sabia, por exemplo, se não devia considerar as ruas da cidade de Leipzig, por onde eu passava, como cenários de teatro, do tipo dos que o príncipe Potemkin deve ter mandado erguer para a imperatriz Catarina II da Rússia, em sua viagem através do campo deserto, a fim de proporcionar a ela a impressão de uma paisagem florida. Na verdade, na estação de Dresden via um grande número de pessoas que davam a impressão de serem passageiros do trem. Mas, se se pretende que eu já poderia ser radicalmente liberado da ideia de uma grande mudança ocorrida na humanidade pela viagem até a estação e a subsequente viagem de trem, devo então afirmar que no meu lugar de destinação eu logo me cerquei de um novo mundo de milagres, com manifestações tão extraordinárias que as impressões de viagem logo se apagaram ou pelo menos me ficaram dúvidas sobre o modo como eu devia interpretá-las. A viagem de trem, pelo menos no meu modo de sentir, decorreu com uma velocidade incomum para um trem de passageiros; meu estado de ânimo naquele tempo era tal que, a qualquer momento, eu estaria pronto (se fosse necessário) para me deitar sobre os trilhos ou, durante a travessia do Elba, para me atirar à água. Depois de uma viagem de várias horas, deixamos o trem em uma estação que, segundo soube depois, deve ter sido Coswig; lá tomamos um fiacre que em cerca de meia hora nos levou para a minha nova destinação. Essa, como só depois de anos vim a saber, deve ter sido a clínica particular para doentes mentais do dr. Pierson; naquela época fiquei conhecendo a clínica só na definição de "cozinha do diabo", dada pelas vozes. Sobre a boleia do fiacre estava o guarda-chefe do sanatório, que tinha vindo me buscar e que, se me lembro bem, se chamava Marx; logo em seguida falarei da identidade que existiu outrora entre a sua alma e a de

Von W. O sanatório propriamente, um edifício relativamente pequeno no meio de um belo parque, dava a impressão de total novidade. Tudo parecia recém-feito; as cores do verniz nos degraus das escadarias nem tinham acabado de secar. Os três guardas da clínica de Flechsig que me acompanharam se retiraram, de modo que não os vi mais. Eu tinha tempo para examinar a minha nova morada.[53] [101]

Tentarei delinear também uma planta e um esboço do sanatório do dr. Pierson (a "cozinha do diabo"), já que na época acreditava e ainda hoje acredito poder tirar daí certas consequências. O edifício no qual eu fui acolhido tinha, se bem me recordo, um único andar, isto é, consistia em um andar térreo e um andar superior; a uma certa distância, separado do parque, ficava um segundo edifício que devia representar a ala feminina da clínica. O andar superior do edifício, que me era reservado, tinha, na planta, mais ou menos o seguinte aspecto:

Sala de estar a	Quarto b	Escadas	Sala de estar f	Sala	Pátio (designado no texto como "estábulo")
Salão (também refeitório)		Antecâmara			
Sala de estar d	Sala de estar e	Diversas salas de estar, também W.C.			

---

53 Ainda não compreendo, ao tentar conceber as coisas de um ponto de vista humano e natural, a razão pela qual — transitoriamente, por uma ou duas semanas — fui levado para o sanatório do dr. Pierson. Se já estava decidida a minha transferência da clínica da Universidade de Leipzig para o atual sanatório, seria mais natural fazê-lo sem uma estada intermediária, e se por acaso ainda não estavam disponíveis as acomodações para me acolher, seria melhor prorrogar por duas semanas minha estada na clínica de Leipzig do que confiar a uma instituição privada a vigilância de um paciente certamente muito perigoso, como eu seguramente o era.

[102] O andar de baixo tinha uma divisão um pouco diferente; continha, entre outros, um banheiro, e de resto parecia consistir em poucos cômodos; havia uma porta que dava sobre alguns degraus na direção do pátio.

A época que passei na clínica de Pierson foi o período em que, na minha opinião, foram cometidos os milagres mais absurdos e desatinados. Pois só pode me parecer um *desatino* o milagre que não seja uma criação com objetivos duradouros e razoáveis, e sim uma brincadeira vazia, mesmo que talvez possa proporcionar aos raios uma diversão passageira. Em nenhum outro período houve tamanha profusão de "homens feitos às pressas" como naquele tempo. As razões em que me apoio para fazer essa afirmação virão em seguida.

Começo antes de mais nada com a descrição das condições externas da minha vida, na forma que assumiram na minha nova moradia. Não me era designado um quarto determinado; eu dormia no quarto indicado pela letra *b* no esboço apresentado. Passava o dia na maior parte das vezes no refeitório ou salão *c*, para o qual iam e vinham continuamente outros supostos pacientes do sanatório. Parece que foi particularmente encarregado de me vigiar um guarda, no qual eu talvez tenha acreditado reconhecer uma semelhança casual com o servente da Corte de Apelação que, durante as seis semanas da minha atividade profissional em Dresden, levava as atas para a minha casa; uma vez que não fiquei sabendo seu nome, chamá-lo-ei "ser-
[103] vente da Corte de Apelação". Naturalmente eu o considerava, como a todas as figuras humanas que eu via, como apenas "feito às pressas". Mesmo agora não consigo me convencer de que essa suposição fosse errônea, pois acredito recordar-me muito bem de ter visto esse "servente da Corte de Apelação", que dormia no mesmo quarto que eu, mas em outra cama, mais de uma vez, naquelas claras manhãs de junho, evaporar-se, isto é, desaparecer *gradualmente*, de tal modo que sua cama ficava vazia sem que eu pudesse observá-lo levantar-se e abrir a porta para deixar o quarto. O "servente da Corte de Apelação" tinha, além disso, o hábito de vez por outra vestir minhas roupas. Na qualidade de pretenso diretor médico da clínica, aparecia às vezes — mais frequentemente à tarde — um senhor que por sua vez me recordava, por uma certa semelhança, o médico dr. O., que consultei em Dresden; limitava-se regularmente a poucas palavras insignificantes a conversação com esse senhor, que sempre aparecia em companhia do guarda-
-chefe, do qual falarei mais adiante, e que hoje suponho ser o dr. Pierson. Só uma única vez andei pelo jardim do sanatório, o parque anteriormente

citado, e isso no mesmo dia da minha chegada, num passeio de aproximadamente duas horas; nesse passeio vi algumas senhoras, entre as quais a esposa do pastor W. de Fr., e minha própria mãe, bem como alguns senhores,
e entre eles o conselheiro da Corte de Apelação K., de Dresden, aliás com
uma cabeça aumentada de modo disforme. Mesmo se eu quisesse tentar
me convencer hoje de que nessa ocasião me enganei por leves semelhanças
na aparência externa, isso não basta para esclarecer as impressões que tive
nessa época, pois a ocorrência de tais semelhanças poderia ser compreensível em dois ou três casos, mas não o fato, como se verá mais adiante, de
que *quase toda a população dos pacientes da clínica*, portanto no mínimo várias dúzias de pessoas, trazia a marca de personalidades que na vida tinham   [104]
estado mais ou menos próximas de mim.

Depois daquele único passeio pelo verdadeiro jardim, as estadas ao ar livre — todas as manhãs e tardes durante uma ou duas horas — só tinham
lugar no mencionado pátio, ou "estábulo", um espaço arenoso e deserto, de
cerca de cinquenta metros quadrados, cercado de muros sem o menor ar-
busto ou vegetação e, para sentar, apenas um ou dois bancos de madeira do
tipo mais primitivo possível. Junto comigo eram postas para dentro desse
estábulo de cada vez quarenta a cinquenta figuras humanas que, dado o seu
aspecto, eu não podia nem posso considerar agora como verdadeiro número total de pacientes de uma clínica particular para doentes mentais. Em
geral, nesse tipo de clínica particular costuma haver só pacientes abonados,
e só excepcionalmente se acolhem dementes propriamente ditos ou pacientes profundamente demenciados. Mas lá eu via apenas figuras completamente bizarras, entre as quais uns tipos sujos de fuligem, vestidos com
aventais de linho.* Quase todos observavam o maior silêncio e mal se me-
xiam; só uns poucos costumavam emitir de tanto em tanto uns sons trun-
cados — entre eles, um senhor que tomei pelo conselheiro da Corte de
Apelação W., e que gritava continuamente o nome de uma tal srta. Hering.
Nunca, nessa estada no estábulo ou mesmo na parte interna do sanatório,
ouvi uma conversa dos pretensos pacientes entre si que tivesse pelo menos aproximadamente o caráter de uma conversa sensata, como costuma
acontecer entre doentes leves em clínicas particulares. Eles apareciam, entrando no salão de estar, um após o outro, em absoluto silêncio, e saíam do

---

* *Leinwandkitteln*: aventais usados pelos operários no trabalho. [N. T.]

mesmo modo, cada um aparentemente sem tomar conhecimento da presença do outro. Nessa ocasião, muitas vezes observei que alguns deles trocavam de cabeça durante a sua permanência no salão, isto é, sem sair de lá, de repente punham-se a andar pelo salão com uma outra cabeça enquanto eu os observava. O número de pacientes que eu via no estábulo e no salão de estar (particularmente neste último), em parte *juntos*, em parte *um após o outro*, não era de modo algum proporcional ao tamanho das acomodações do sanatório, até onde eu podia apreendê-las. Eu estava e estou convencido de que é totalmente impossível que quarenta a cinquenta pessoas que eram postas junto comigo para dentro do estábulo e que se acotovelavam toda vez que era dado o sinal de retornar para a porta do edifício, pudessem encontrar lá acomodações para dormir; por isso naquela época eu era, e sou ainda, da opinião de que uma parte mais ou menos grande desses pacientes tinha sempre de ficar do lado de fora, para depois dissolver-se em pouco tempo, na qualidade daquilo que eles eram, ou seja, "homens feitos às pressas".

No primeiro andar do sanatório, no qual eu ficava, havia no máximo de quatro a seis leitos; o andar térreo, por onde eu necessariamente passava toda vez que saía do estábulo ou voltava para lá, fervilhava de figuras humanas, mas dificilmente poderia acomodar durante a noite mais de dez ou doze pessoas, mesmo que houvesse ali um dormitório comum. E no entanto todos os quarenta ou cinquenta frequentadores do estábulo deviam ser mais ou menos dementes, uma vez que dificilmente se encerrariam naquele estábulo desolado doentes leves e não perigosos para o ambiente, negando-lhes o prazer de um passeio no jardim efetivamente existente no sanatório — o parque mencionado anteriormente. Entre as figuras do estábulo das quais me recordo, quero mencionar o dr. Rudolph J., de Leipzig, um primo de minha esposa, que já em 1887 se matou com um tiro; era tão notável a semelhança, com exceção da sua estatura, um pouco mais reduzida, que não tenho a menor dúvida sobre a sua identidade. Ele costumava carregar sempre um pacote de jornais ou de outros papéis, mas os utilizava apenas para conseguir um assento mais macio nos duros bancos de madeira; além deste, o procurador-geral B., que assumia continuamente uma postura de devoção, na qual permanecia imóvel, como se rezasse. Alguns dos ali presentes me foram apontados pelas vozes como sendo as figuras nas quais eles teriam sido "postos" (encarnados), "a quarta e quinta com relação ao determinante" (que deve ser completada com uma palavra como "dimensão", que não entendi bem),[54] e seus antípodas subterrâneos (os tipos fuliginosos vestidos com aventais de linho). No interior do sanatório vi, entre outros, o conselheiro dr. W., em dupla figura, uma mais perfeita e a outra mais degenerada, que devia ter-lhe sido conferida na transmigração de alma; além deste, o presidente da Corte de Apelação, dr. F., o conselheiro da Corte de Apelação, dr. M., o advogado W., de Leipzig (meu amigo de juventude), meu sobrinho Fritz etc. Acreditei reconhecer o sr. Von O., de Mecklenburg, que conheci superficialmente em uma viagem partindo de Warnemünde, e um senhor que ocupava, ao que parecia, o quarto atrás da escada no esquema apresentado anteriormente, e a quem eu já tinha visto, por ocasião da minha chegada na estação de Coswig, andando de um lado para outro, como quem procura uma pessoa. O quarto desse senhor era todo recoberto de quadros (de papel) pintados de vermelho e impregnado daquele odor que já descrevi no capítulo i como o cheiro do diabo. Uma vez, vi da janela meu sogro no caminho que dá para a entrada do sanatório; aliás, nessa mesma época tive no corpo um *certo número* de nervos em cujo comportamento, por via de conexão nervosa, reconheci perfeitamente a mentalidade do meu sogro. Acontecia de eu ver entrar repetidas vezes nos quartos de canto *a* e *d* do esquema anteriormente apresentado um bom número de pessoas (quatro a cinco), uma vez até algumas senhoras, que depois de passarem pelo salão devem ter desaparecido nesses quartos.[55] Esses mesmos, como mostra o esquema, não tinham saída, a não ser justamente passando pelo salão. Quando eu, depois de algum tempo, sem ter saído do salão, olhava para dentro dos quartos através da porta aberta, ou já não havia mais ninguém lá, ou havia apenas uma pessoa no quarto de canto *d*, e nesse caso a pessoa do conselheiro dr. W., que, deitado na cama, estava enfeitado com todo tipo de estranhas fitas de seda etc., que lhe tinham sido, como se dizia então, "miraculadas".*

[107]

54 "Com relação ao determinante", era uma outra denominação de onipotência de Deus, que era dada pelos "chefes de coluna anterior", isto é, a onipotência de Deus nas instâncias de certo modo subordinadas (ver nota 19). Os números acrescentados a essa denominação indicavam a hierarquia ascendente. O "chefe de coluna anterior", também chamado "o que está sob a moderação", e em relação ao qual suponho uma espécie de identidade com o diretor da atual clínica, tinha o número 14. O número mais elevado que me lembro de ter ouvido mais tarde foi 480.
55 Ouvi também várias vezes os estertores típicos que acompanhavam a "eliminação" (dissolução) dos "homens feitos às pressas". * *Gewundert*: preferimos o neologismo "miraculado", que ressalta o sentido passivo do termo (algo produzido por milagre). [N.T.]

113

Os milagres eram feitos não apenas com figuras humanas, mas também com objetos inanimados. Por mais cético que eu tente ficar até hoje no exame de minhas recordações, não posso apagar de minha memória certas impressões: como, por exemplo, quando se transformavam as roupas no corpo das pessoas que eu via, a comida do meu prato durante as refeições (por exemplo, de assado de porco em assado de vitela, ou vice-versa) etc. Um dia vi da janela — *em plena luz do dia* — surgir uma esplêndida colunata bem em frente ao muro do prédio em que eu morava, como se todo o edifício tivesse se transformado em um palácio de conto de fadas; a imagem desapareceu depois, ao que parece porque o milagre divino que se projetava não chegou a se completar, por obra de um contramilagre de Flechsig e de Von W.; ainda hoje conservo com absoluta clareza esse quadro em minha memória.

[108]

Uma atenção particular deve ser dedicada ao enfermeiro-chefe da clínica. Já no dia da minha chegada, as vozes me diziam ser ele idêntico a Von W., um dos meus companheiros da casa; ele teria declarado inverdades a meu respeito e em particular me acusado de onanismo por ocasião de um inquérito oficial a meu respeito, por negligência ou com a intenção de me prejudicar; num certo sentido como punição, ele teria sido agora posto à minha disposição na qualidade de "homem feito às pressas".[56]

Parece-me completamente fora de questão que eu tenha podido por mim mesmo chegar a ter tais pensamentos, uma vez que nunca tive qualquer desavença ou senti qualquer espécie de rancor para com o sr. Von W., a quem aliás eu tive a honra de conhecer apenas superficialmente. As vozes procuravam continuamente me atiçar contra esse enfermeiro-chefe; já no primeiro dia me foi exigido que o tratasse simplesmente de "W.", eliminando com intenção ofensiva o predicado de nobreza; no início eu não tinha a menor inclinação a fazê-lo, mas acabei por ceder, para me livrar da pressão das vozes. Em outra oportunidade, eu até lhe dei uma bofetada, não

[109]

---

56 Tal forma de punição — de resto certamente bastante inócua, se é que há algo verdadeiro nessa história — deve ter sido natural para a concepção das almas. Assim, algumas vezes falou-se que também o prof. Flechsig, como penitência para expiar as injustiças que cometeu para comigo, devia me servir sob a forma de uma faxineira, "feita às pressas". Quem tivesse em sua vida cometido algum pecado deveria passar por algum tipo de humilhação, acompanhada de uma certa zombaria; nisto também se baseava a denominação de "guarda de cães", que foi dada ao "homem feito às pressas" posto a serviço do judeu errante, e que por esse motivo nos primeiros tempos da minha estada no atual sanatório foi o nome dado aos enfermeiros, em particular ao enfermeiro M.

me recordo mais por que motivo; sei apenas que as vozes o exigiam de mim, porque ele tinha pretendido de mim alguma coisa inadmissível, e elas ficaram me insultando por causa da minha suposta falta de coragem viril, até que passei à execução do ato anteriormente descrito. Já foi mencionado que nem sempre, mas apenas em certas ocasiões, eu via nas mãos e no rosto do enfermeiro-chefe a coloração vermelha característica do diabo; para mim está fora de dúvida, conforme o que se contará a seguir, que ele tinha, pelo menos em parte, nervos de Von W.

Não me ocupei de nenhuma atividade espiritual ou física durante a minha estada — de resto bastante curta — no sanatório do dr. Pierson ("cozinha do diabo"); ficava o dia inteiro entretido na conversação com as vozes e pasmado pelas coisas prodigiosas que aconteciam em torno de mim. Parece-me digno de nota que eu não registre na memória nada parecido com a ocorrência de uma refeição comum; até onde me lembro de ter tomado certas refeições, punham a mesa para mim no salão, e além de mim costumavam comer ali no máximo um ou dois outros pacientes. Uma vez me lembro de ter atirado pela janela o prato preparado para mim (salsicha), talvez quebrando um vidro da janela; não tenho mais claramente presente o motivo que me levou a isso.

As almas com as quais eu estivera em conexão nervosa na clínica de Flechsig naturalmente me acompanharam à minha nova morada, como também durante a viagem: em primeiro lugar a própria alma de Flechsig, a qual, de resto, visando ao fortalecimento de sua luta desencadeada contra a onipotência de Deus, já anteriormente tinha organizado uma espécie de comitê partidário, formado por almas mais ou menos simpatizantes, atraídas por ela. A esse partido pertencia, além dos "Irmãos de Cassiopeia", já citados no capítulo 5, também um grupo que na época recebeu o nome de "avançados"; esse grupo consistia na alma de Daniel Fürchtegott Flechsig (presente em duas figuras), na do juiz G. e na de um chefe de coluna anterior, outrora pertencente à onipotência de Deus, "o primeiro com relação ao determinante", portanto uma espécie de renegado, que tinha se submetido à influência de Flechsig. Os "que pendiam de Cassiopeia" (isto é, as almas dos antigos membros da corporação estudantil Saxônia) desapareceram no período da minha estada no sanatório de Pierson; foram empurrados "com mão forte" para as sepulturas, fato que vi com meu olho espiritual e durante o qual ouvi simultaneamente as lamentações (espécie de gemidos) com as quais as almas faziam acompanhar o fato, naturalmente do seu desagrado,

[110]

pelo qual tornavam a perder a beatitude que haviam sorrateiramente surrupiado. Mas, em compensação, constituiu-se um grande número de outras almas; isso pôde acontecer graças ao fracionamento de almas, um abuso introduzido pela primeira vez, suponho, pela alma de Flechsig. Pois, mesmo que a possibilidade de tal fracionamento de almas, a que já me referi no capítulo 1, nota 9, provavelmente já existisse antes, dificilmente teria sido possível lançar mão desse recurso, certamente ofensivo para o sentimento humano. Não haveria nenhuma razão visível para, por exemplo, permitir a ascensão à beatitude de uma pessoa com um certo número de nervos, e, com a outra parte dos nervos, relegá-la a uma condição que representa punição. Acredito muito mais dever supor que antigamente se respeitava a [111] unidade natural da alma humana; por isso, quando se tratava, por exemplo, de nervos tão enegrecidos que, para a purificação de *todos*, seria necessário o emprego excessivo de raios puros, purificava-se apenas uma pequena parte dos nervos (conseguindo assim a alma em questão apenas uma beatitude transitória, ver capítulo 1) e o resto deixava-se simplesmente apodrecer no túmulo. Mas a alma de Flechsig, como foi dito, introduziu o fracionamento de almas, principalmente para preencher todo o céu com partes de almas, de tal modo que os raios de Deus, trazidos pela força de atração, encontrassem por todos os lados algum tipo de resistência. A imagem que tenho na cabeça de tudo isso é extraordinariamente difícil de expressar em palavras; parecia como se a abóbada celeste inteira estivesse esticada por nervos — certamente retirados do meu corpo — que impediam a passagem aos nervos divinos, ou pelo menos opunham a eles um obstáculo mecânico, mais ou menos tal como uma fortaleza assediada procura se proteger por meio de fossas e trincheiras contra o ataque inimigo. Para esse fim, a alma de Flechsig tinha se dividido em um grande número de partes de alma; durante um certo tempo existiram umas quarenta a sessenta partes de alma, entre as quais algumas bem pequeninas, consistentes provavelmente de apenas um único nervo; duas partes maiores eram chamadas o "Flechsig superior" e o "Flechsig médio"; o primeiro se distingue provisoriamente, por causa dos raios divinos de que se apropriou, por uma pureza maior, que contudo não se sustenta. Analogamente, houve também mais tarde vinte a trinta partes de alma de Von W., e também uma alma conjunta Von W.-Flechsig, sobre a qual eu talvez volte a falar mais adiante.

Quanto às causas que levaram ao aparecimento da alma de Von W. (ao lado da de Flechsig) no céu, só posso formular hipóteses que devem estar bem próximas da verdade. Para todas as almas "provadas" (de Flechsig etc.), a força de atração proveniente da elevada excitação nervosa no meu corpo era, por assim dizer, a condição fundamental da sua existência, isto é, eu próprio era para elas apenas o meio para o fim, isto é, o meio pelo qual interceptavam os raios divinos trazidos pela força de atração, raios com os quais elas faziam como o pavão com as penas alheias, conseguindo assim o poder de realizar milagres etc. Por isso era importante para elas adquirir um certo poder de dispor do meu corpo. Durante o período em que estive na clínica de Leipzig, esse poder discricionário provavelmente foi exercido pela alma de Flechsig, graças à ligação feita com o prof. Flechsig, presente enquanto homem (ou enquanto "homem feito às pressas"; o que ele na época realmente era é uma questão que deixo de lado). Essa influência desapareceu com a minha transferência para o sanatório do dr. Pierson ("cozinha do diabo"); a partir daí, o verdadeiro poder sobre o meu corpo passou para os funcionários desse sanatório, em particular para o enfermeiro-chefe da clínica. Parece que a alma de Flechsig aproveitou-se disso para fazer elevarem-se ao céu ou mesmo ascenderem à beatitude alguns nervos tirados do corpo do enfermeiro-chefe, na realidade Von W., para, por meio desses nervos e da influência deles sobre o enfermeiro-chefe, readquirir a influência perdida. [112]

Em um primeiro momento deve ter havido apenas três filamentos nervosos de Von W., mas estes, uma vez chegados à consciência de sua existência celeste e ao mesmo tempo à prática do poder de realizar milagres, se completavam atraindo para si um grande número de outros nervos de Von W. (do túmulo, como na época supus), até se transformarem em uma alma bastante volumosa. Também aqui naturalmente se tratava de nervos impuros; em outras palavras, ficou havendo no céu uma segunda "alma provada", que só estava impregnada da ambição egoísta da autopreservação e do desejo de desenvolver um poder contrário à Ordem do Mundo, em antagonismo com a onipotência de Deus e que com esse objetivo abusava da força de atração dos meus nervos sobre os raios divinos. Em geral, ele reconhecia o comando da alma de Flechsig, que continuava a ser, como antes, por assim dizer, a cabeça espiritual de toda a insurreição dirigida contra a onipotência de Deus; mas, diversamente das outras almas seguidoras de Flechsig, ele conservava sob alguns aspectos uma certa autonomia. Como já foi dito, ela, por exemplo, também se deixou levar a um amplo fracionamento de alma, mas depois tomou seus próprios caminhos. [113]

Minha situação, com a entrada em ação dessa segunda "alma provada", tornou-se ainda muito mais difícil; pois também essa alma realizava agora milagres em meu corpo, e em parte de modo sensivelmente nocivo; a respeito disso entrarei em detalhes mais adiante. Por outro lado, havia também momentos engraçados, que por instantes traziam, se assim posso dizer, um toque de comicidade à minha vida, de resto tão sombria. Para mim eram realmente os nervos de Von W., que assim atingiam uma espécie de hegemonia celeste; quanto a isso não há dúvida, porque conversei várias vezes com a alma de Von W. sobre suas recordações do tempo em que vivia, em particular a época da universidade, desde a corporação estudantil Misnia até o conhecido garçom B., do bar de Eutritzsch, perto de Leipzig. Às vezes ficava mesmo muito engraçado ver como, apesar da aliança entre as duas almas — a de Flechsig e a de Von W. —, assumida contra a onipotência de Deus, entravam no entanto em atrito a enfatuação professoral de um e o orgulho aristocrático do outro. A alma de Von W. sonhava com um sistema de dinastia e progenitura dos Von W., que desejava instalar no céu, e com base nisso fundar sua "dominação do mundo", não querendo ver nada de bom na alma do prof. Flechsig, no fundo um nacional liberal, que não lhe era nada simpático. A alma deste último, por sua vez, sentindo uma pretensa superioridade intelectual, acreditava poder olhar de cima para baixo, [114] com um certo desprezo, para a alma de Von W. A alma de Von W., de resto, revelava maneiras decididamente aristocráticas: por exemplo, por um certo tempo teve por mim a maior admiração ao notar que eu, ao comer, levava o garfo à boca com a mão esquerda, e revelava um particular interesse por uma mesa bem-posta; mas mostrava também um talento para a organização maior do que o da alma de Flechsig, administrando melhor que esta os raios por ela capturados e por isso podendo exibir uma roupa de raios mais resplandecente; durante um certo tempo manteve regularmente no céu uma "loja de raios" (eu poderia ainda hoje indicar no céu a direção em que ficava).

Quero ainda citar mais algumas poucas coisas sobre outras impressões suprassensíveis que tive durante minha estada no sanatório de Pierson. A chamada "beatitude do luar", que devia representar a beatitude feminina, esvoaçava em largos traços em torno de mim (essa imagem é difícil descrever, podendo talvez ser comparada à chamada teia da Virgem, mas não com fios separados, e sim como uma espécie de tecido mais denso). Dessa beatitude havia dois tipos: uma mais franca e outra mais forte; talvez se possa ver na primeira a beatitude infantil. À representação de um fim de mundo, já mencionada nos capítulos anteriores, acrescentavam-se informações relativas à medida que seria possível uma volta da criação à vida; ora se dizia que ela chegaria só até os peixes, ora aos mamíferos inferiores etc. Não sou capaz de dizer até que ponto essas comunicações tinham por fundamento um mero temor pelo futuro ou havia nelas uma base real. Em compensação, devo supor que em algum corpo cósmico longínquo de fato se tentou criar um novo mundo humano ("novos homens de espírito schreberiano", como eram chamados, numa expressão desde então utilizada, num sentido na maioria das vezes irônico), feito portanto provavelmente da utilização de uma parte dos meus nervos. Como se conseguiria o tempo necessário para criá-lo é uma questão que permanece envolta em obscuridade; a esse respeito espontaneamente eu pensava, e penso até hoje, nas ideias desenvolvidas na obra de Du Prel, citada na nota 36 (no Apêndice, até onde me recordo), segundo as quais uma diferença no espaço significa também uma diferença no tempo. Aqueles "novos homens de espírito schreberiano" — de uma estatura bem menor que a dos nossos homens terrenos — deveriam ter já atingido um grau notável de civilização e criavam, entre outros, um pequeno gado, correspondente à sua pequena estatura: eu próprio devia ter me tornado para eles uma espécie de "santo nacional", por assim dizer, um objeto de veneração divina, como se a minha postura física (particularmente no "estábulo" do sanatório de Pierson) tivesse algum significado para sua fé. Suas almas, que após a morte eram elevadas à beatitude, devem ter se tornado raios de uma energia extraordinária. [115]

Deduzo que tenha havido algo de verdade nisso tudo do fato de que nesse período tive no meu corpo, na realidade no ventre,[57] na qualidade de alma, o "deus" ou "apóstolo" daqueles pequenos homens — isto é, provavelmente a quintessência dos raios que eles tinham obtido pela beatitude. Esse pequeno "deus" ou "apóstolo" se distinguia de modo bastante notável de todas as demais almas pela maneira prática de conceber as coisas, um traço fundamental do meu próprio caráter — não posso reprimir aqui um certo autoelogio — de modo que eu reconhecia nele a carne de minha [116]

---

57 Verificou-se aqui o fenômeno muitas vezes por mim observado também em outros casos, pelo qual as almas mais amigas se dirigiam cada vez mais para a região dos genitais (ventre etc.), onde pouco ou nada me prejudicavam, aliás nem me incomodavam, ao passo que as almas hostis procuravam sempre ir para a cabeça, onde pretendiam infligir danos, em particular quando se postavam de um modo muito incômodo na orelha esquerda.

carne e o sangue do meu sangue. De resto, para me confundir, apôs-se a esse pequeno "deus" ou "apóstolo" uma contrafação falsificada — como aconteceu em muitos outros casos, por exemplo, no seu tempo em relação à alma de meu pai, às almas dos jesuítas etc.; apesar disso eu era capaz de perceber logo as falsificações, porque, dada a mentalidade das almas em questão, não ficava difícil distinguir o verdadeiro do falso. Naquela época, também se falou muito de uma "lei de renovação dos raios", isto é, do princípio — dos quais os "pequenos homens de espírito schreberiano" seriam um exemplo — segundo o qual os novos raios derivavam da *fé* dos que foram homens no passado. A representação em questão parece coincidir em parte com o que foi dito no capítulo I, nota 6, sobre a formação dos "vestíbulos do céu".

Naquela época, a alma de Flechsig comandava dois "sóis", entre os quais o Sol do qual provinha a iluminação cotidiana. A imagem que tenho em mente do modo como essa alma comandante se postava por detrás do Sol é algo difícil de descrever em palavras. Parecia que também se confiaria de vez em quando o comando de um Sol à alma de Von W., coisa para a qual ela no entanto demonstrava ter pouca inclinação.

9.
Transferência para o Sonnenstein.
Mudanças na relação com os raios.
"Sistema de transcrições"

Um dia — deve ter sido em 29 de junho de 1894, como depois vim a saber —, [117]
fui levado da clínica do dr. Pierson, a "cozinha do diabo" (depois de uma
temporada de uma ou duas semanas), para o atual sanatório de província, o
Sonnenstein, em Pirna. Desconheço as razões da transferência; na época
eu acreditava dever relacioná-las com a influência da alma de Von W., que
crescera muito nos últimos dias da minha temporada na cozinha do diabo,
e à qual de qualquer maneira era necessário opor um contrapeso. Antes de
partir eu ainda tomei um banho quente — o único no sanatório de Pierson;
depois parti de fiacre (como na chegada), acompanhado do "servente da
Corte de Apelação", para a estação de Coswig, onde tomei uma xícara de
café, e de lá segui de trem para Pirna, passando por Dresden, sem sair do
vagão. As figuras humanas que vi durante a viagem e na estação de Dresden,
tomei-as por "homens feitos às pressas", mas não dediquei a elas nenhuma
atenção especial, pois já estava a essa altura saciado de todos aqueles milagres. A conversa das vozes confirmou o meu modo de entender as coisas;
a alma de Flechsig falava, com uma expressão inventada por ela, da Dres- [118]
den "fóssil"[58] por onde tínhamos passado. Da estação de Pirna vim de fiacre por uma estrada bastante acidentada até o atual sanatório. Só depois de
transcorrido mais de um ano é que me dei conta de que se tratava de Pirna
e de Sonnenstein: foi quando por acaso avistei nas paredes do "museu"

---

58 *Amongst the Fossils*, em vez de "entre os homens feitos às pressas", era, aliás, uma das
expressões prediletas da alma de Flechsig, onde vinha à tona sua tendência a substituir
as expressões que na língua dos nervos designavam as coisas sobrenaturais por quaisquer
outras denominações que soassem mais modernas, com isso beirando o ridículo. Assim,
essa alma também gostava de falar de um "princípio de telegrafia luminosa" para designar a
atração recíproca dos raios e nervos.

(salão de estar) da atual clínica — ao qual, aliás, só tive acesso poucas vezes — retratos de antigos reis da Saxônia. Na época da minha chegada, as vozes chamavam minha morada de "castelo do diabo". Os cômodos que me foram dados eram os mesmos que ocupo até hoje — os de número 28, no primeiro andar da ala que dá sobre o Elba, com quarto anexo. Só poucas vezes, transitoriamente, ocupei algum outro cômodo, por motivos de reforma; em compensação, durante quase dois anos não me foi dado o quarto habitual — como direi mais adiante —, mas a cela dos dementes, particularmente uma cela de número 97, no andar térreo da ala circular. Ao contrário dos cômodos do sanatório do dr. Pierson, elegantemente decorados, os cômodos deste me deram na chegada uma certa impressão de pobreza. É preciso lembrar ainda que durante cerca de um ano eu não tinha da janela a vista que hoje se me abre amplamente sobre o vale do Elba. Havia então castanheiras bastante frondosas, que nesse ínterim foram abatidas e reduzidas a troncos, mas que naquela época chegavam a impedir quase completamente a vista, tanto que eu, mesmo na janela, praticamente não percebia nada dos eventos do mundo externo.

[119]

Posso dividir a época da minha estada em Sonnenstein em dois períodos, dos quais o primeiro ainda conservava o caráter grave, sagrado, por vezes aterrador, que marcara minha vida nos últimos tempos da minha estada na clínica de Flechsig e na clínica do dr. Pierson; o segundo, ao contrário, dirigia-se cada vez mais para os caminhos habituais (para não dizer ordinários). O primeiro período abrangeu cerca de um ano; o segundo período dura até hoje, só que mais recentemente o caráter ordinário em muitos aspectos ficou mais moderado. No primeiro período, os milagres, com relação aos efeitos espirituais e físicos, eram ainda em parte de natureza apavorante e ameaçadora, tanto que eu vivia permanentemente tomado pelas mais graves apreensões, temendo pela minha vida, pela minha virilidade e mais adiante pelo meu entendimento; no segundo período — naturalmente de maneira muito gradual e não sem recaídas —, os milagres adquiriram um caráter cada vez mais inofensivo, para não dizer tolo e pueril, embora também em parte adverso.

Durante todo o primeiro período eu imaginava não lidar com pessoas reais, mas com "homens feitos às pressas".[59] Mesmo hoje não posso chamar

---

59 Em consequência disso, eu me abstinha quase completamente de falar.

isso de um erro de minha parte; com base no que vivi naquele tempo e ainda vivo hoje diariamente, devo deixar aberta a possibilidade de que eu tenha tido razão, em outras palavras, de que a chamada "brincadeira com os homens" só gradualmente passou para aquele estado de acordo com o qual ela hoje, *observada do exterior*, dá a impressão de não ter acontecido nenhuma mudança na humanidade. Para entender esse pensamento de tão difícil compreensão e sem uma transparência perfeita nem mesmo para a minha consciência, preciso, antes de mais nada, descrever as condições do ambiente externo nos primeiros anos de minha estada no atual sanatório. Dos médicos da clínica, conheci, no mesmo dia da minha chegada, o diretor do atual sanatório, o sr. dr. Weber, conselheiro médico, e o médico assistente dr. R., mas só a pessoa, não o nome, tanto de um como de outro; isso se deu no banheiro (no térreo), em um exame físico, no qual, entre outras coisas, foi utilizado o estetoscópio; os nomes de ambos só vim a conhecer casualmente, depois de transcorrido um ano ou mais. A partir de então recebi diariamente a visita desses senhores. Além deles, podia-se ver de vez em quando o enfermeiro-chefe R., alguns enfermeiros (W., Th.) e Sch., que já foi embora. N. era o enfermeiro a quem se confiava particularmente a minha guarda. [120]

Parecia não haver outros pacientes no sanatório naquela época; pelo menos eu não via nenhum do corredor da ala em que eu morava, na qual havia ao todo nove quartos; só depois de transcorrido um certo tempo pude notar a presença de um paciente a quem chamavam príncipe J...sky, e um segundo, o conselheiro da corte B., este último particularmente notável, porque de vez em quando tocava violino. Mesmo durante os passeios diários pelos jardins do sanatório, nos primeiros meses eu estava *sempre só*, acompanhado de dois ou três enfermeiros (os anteriormente mencionados). Na época não se via o menor sinal do grande número de outros pacientes, de oitenta a cem, que agora vejo no jardim. Os enfermeiros eram chamados "vigias de cães" pelas vozes (ver nota 39); devo deduzir que possuíam a qualidade de "homens feitos às pressas" a partir do fato de que mantiveram comigo uma conexão nervosa, na qual eu frequentemente os ouvia falarem expressões da língua fundamental; em particular, ouvi o enfermeiro Sch., que como pessoa ficava em um outro quarto, emitir exclamações que na língua fundamental servem para expressar o pasmo: "caramba" e "mil vezes caramba" (não em voz alta, mas na língua dos nervos). M. e Sch. às vezes também descarregavam uma parte de seu corpo no meu, na forma de uma massa podre, com o objetivo de "cair fora". M. frequentemente se postava no meu braço, como uma espécie de [121] "grande nervo" — um tipo de massa gelatinosa mais ou menos do tamanho de uma cereja — onde, como os demais nervos e raios, ele de certo modo compartilhava do meu pensamento e das minhas impressões sensoriais. Também se atribuía aos "vigias de cães", na qualidade de almas, um poder de realizar milagres; dizia-se que determinados fenômenos, chamados "milagres de vigias de cães", deviam sua origem a eles.

Recebi no Sonnenstein visitas de minha esposa, com longos intervalos, talvez de vários meses. Quando pela primeira vez eu a vi entrar em meu quarto numa dessas visitas, fiquei como que petrificado: havia muito tempo eu não acreditava mais que ela figurasse entre os vivos. Para essa suposição — bem como no caso de outras pessoas — eu tinha pontos de referência bem determinados, com base nos quais o reaparecimento de minha esposa até hoje ainda permanece para mim um enigma não resolvido. Eu tinha tido várias vezes no meu corpo — e aqui também a certeza da recordação não deixa lugar para dúvidas sobre a realidade objetiva do fenômeno — os nervos pertencentes à alma de minha esposa, ou os tinha percebido no momento em que se aproximavam do meu corpo, vindos de fora. Esses pedaços de alma vinham carregados do terno amor que minha mulher sempre me devotara; eram os únicos que, por meio da expressão correspondente na língua dos [122] nervos, "deixe-me",[60] deixavam perceber o desejo de renunciar à própria sobrevivência e encontrar no meu corpo o fim da sua existência.

Durante muito tempo, por ocasião das visitas de minha esposa no Sonnenstein, acreditei que ela fosse ad hoc "feita às pressas", para aquela ocasião, e que por isso se dissolveria logo em seguida já na escada ou logo depois de sair do sanatório; foi dito que seus nervos, após cada visita, voltavam a se "encapsular". Numa das visitas — no meu aniversário, em 1894 —, minha esposa me trouxe um poema, que quero reproduzir literalmente aqui, por causa da profunda impressão que ele então me causou. O poema dizia:

> *Antes que a verdadeira paz te ame*
> *A quieta paz de Deus*
> *A paz que vida não dá*

---

60 Para chegar a uma expressão gramatical completa, a mencionada expressão deveria ser reproduzida, aproximadamente, com as seguintes palavras: "Deixe-me — referindo-me ao poder dos raios, que pretende que eu me afaste de novo — seguir tranquilamente a força de atração dos nervos do meu marido, estou pronta para me dissolver no corpo do meu marido".

E nenhum prazer
Que o braço de Deus
Te faça uma ferida
Que tu clames,
"Deus, tem piedade
Piedade dos meus dias"
Que um grito
Saia da tua alma
E que em ti seja treva
Como antes do Dia das Coisas
Que pesada e total
A dor te vença
Que nem mais uma lágrima
Em tua alma se encontre
E quando tiveres já tudo chorado
E já cansado, tão cansado
Então virá a ti uma fiel visita
A quieta paz de Deus.

O poema, cujo autor desconheço, me causou uma impressão tão profunda porque a expressão "paz de Deus", nele recorrente, *é a definição da língua* *fundamental para o sono engendrado por raios*, expressão que ouvi inúmeras vezes, antes e depois daquela época. Não podia então pensar em uma coincidência fortuita. [123]

Nas primeiras semanas da minha estada no Sonnenstein (início de julho de 1894), ocorreram certas mudanças no relacionamento que eu já mantinha havia muito tempo com os raios e na situação celeste relacionada com isso, mudanças que parecem ter sido de importância fundamental para todo o tempo transcorrido desde então. Mais uma vez é terrivelmente difícil descrever essas mudanças em palavras, uma vez que se trata de coisas que não têm nenhuma analogia com a experiência humana e que eu mesmo só pude perceber, por um lado, com o meu olho espiritual,[61] e por outro, só as reconheci através dos

---

61 A expressão "ver com o olho espiritual", que já empreguei em outro lugar (capítulo 8, p. 115), conservo-a também neste ponto, pois não consigo encontrar na nossa linguagem humana uma expressão mais adequada. Estamos habituados a pensar que são mediadas pelos chamados cinco sentidos todas as impressões que recebemos do mundo externo,

seus resultados, de modo que a representação que pude fazer dos fenômenos em questão talvez só em parte possa dar conta da verdade plena. Já se disse nos capítulos anteriores que por causa do fracionamento de almas tinha aumentado consideravelmente no céu o número de parte de almas e de almas "provadas" existentes. Entre essas almas, distinguia-se como antes a de Flechsig, que, graças à dimensão que tinha em suas duas principais formas (como "Flechsig superior" e "Flechsig médio"), ainda conservava por um tempo e em grau bastante elevado sua inteligência humana; esta, com o passar dos anos, foi se perdendo cada vez mais, de modo que agora, de um bom tempo para cá, mal deve existir um ínfimo resto da consciência de identidade. De minha parte, sempre tinha em mente atrair para mim essas almas e partes de almas, com o objetivo de fazê--las desaparecer, pois eu partia da ideia inteiramente correta de que, através da eliminação de todas as almas "provadas", ou impuras, que como instâncias intermediárias ficavam entre mim e a onipotência de Deus, resultaria automaticamente uma solução do conflito, em conformidade com a Ordem do Mundo, quer através da minha cura, obtida por meio de um sono que pudesse acalmar inteiramente os nervos, quer — coisa em que depois acreditei ter de almejar — através de uma emasculação conforme à Ordem do Mundo, para criar novos seres humanos. As almas "provadas", ao contrário, só estavam tomadas pelo impulso de afirmar sua pretensa posição celeste, ligada ao poder de realizar milagres, procurando sempre se afastar de novo, depois de qualquer aproximação, e sempre mandando na frente outras almas ou partes de almas.

[124]

Por isso, uma noite — a quarta ou quinta depois da minha chegada a Sonnenstein —, quando consegui, à custa de um enorme esforço espiritual, atrair temporariamente para mim todas as almas impuras ("provadas"), de tal modo que teria bastado uma radical "cobertura de raios" para chegar à minha cura e obter o desaparecimento das almas impuras (coisa que infelizmente não pôde ser decidida, pelas razões já apontadas), a alma de Flechsig tomou

em particular todas as sensações luminosas e acústicas, mediadas pelos olhos e ouvidos. Pode ser que em condições normais isso seja correto. Mas para um homem como eu, que entrou em contato com raios e cuja cabeça por conseguinte é, por assim dizer, iluminada por raios, essa representação não é exaustiva. Tenho sensações acústicas e luminosas que são projetadas em meu sistema nervoso *interno* diretamente pelos raios, e para recebê-las não há necessidade dos órgãos externos da visão e da audição. Vejo os fenômenos em questão com os olhos fechados e, em se tratando, como nas "vozes", de impressões de tipo acústico, eu os ouviria mesmo que fosse possível tapar hermeticamente os meus ouvidos contra qualquer sensação acústica.

providências no sentido de impedir o retorno de um tal perigo para a sua [125] existência e a das demais almas impuras. Recorreu ao expediente das *amarrações mecânicas*, sobre cuja técnica eu, pela própria natureza da questão, consigo ter uma representação apenas aproximada. Essa amarração mecânica primeiro ocorreu de uma maneira mais flexível, que foi chamada "ligação aos raios", onde a palavra "raios" parece ser usada num sentido que não entendi inteiramente. Só posso descrever a imagem que vi com meu olho espiritual. Nela via as almas penderem de umas espécies de feixes de varas (semelhante aos feixes dos lictores romanos), mas de tal modo que na parte inferior as varas se destacavam umas das outras, apresentando uma forma cônica, ao passo que nas pontas superiores os nervos das almas estavam entrelaçados. Quando essa forma mais flexível de amarração também pareceu não bastar para proteger de modo suficiente contra o perigo da dissolução, resultante da força de atração, foi escolhida, depois de algum tempo, uma forma ainda mais resistente, que recebeu o nome de "ligação às terras".* Como a expressão já indica, ocorria então uma ligação a qualquer corpo cósmico longínquo, de forma que a partir daí não só ficava excluída a possibilidade de um completo desaparecimento no meu corpo, resultante da força de atração, como também ficava assegurada a retirada, por meio da amarração mecânica assim criada. Quando, pela primeira vez, o "Flechsig médio" aplicou esta última forma de amarração, num primeiro momento se fez valer nos reinos de Deus a ideia de que tal conduta, contrária à Ordem do Mundo, não podia ser tolerada. Por esse motivo o "Flechsig médio" foi obrigado a se desligar. No entanto, mais tarde não se encontrou mais energia para tomar medidas contra o experimento, quando ele se repetiu; deixou-se acontecer a ligação, da qual agora então participavam não só todas as outras partes da alma de Flechsig, como também as outras almas que constituíam o seu séquito, em particular a alma de W., e finalmente a própria [126] onipotência divina. Assim, a "ligação às terras" se tornou uma instituição permanente, que continua a existir até hoje, e que levou a consequências ulteriores, particularmente ao "sistema de transcrições", que ainda será

---

* *Ligação às terras (ou aos astros)*: sistema defensivo posto em ação pelos raios (almas) para evitar sua dissolução no corpo de Schreber, consequência da irresistível atração exercida por ele; o expediente consiste em se deixar atrair apenas parcialmente, mantendo uma espécie de ancoragem às terras ou aos astros distantes de onde os raios provêm, de modo que o retorno ao lugar de origem fique garantido. [N. T.]

descrito. Não deixo de reconhecer que é quase inconcebível para os homens uma concepção segundo a qual se teria de pensar o meu corpo, situado na Terra, como um corpo ligado a outros corpos cósmicos por meio de nervos esticados, dadas as enormes distâncias em jogo; entretanto, depois das experiências quase diárias por que passei no correr dos últimos seis anos, não posso alimentar a menor dúvida sobre a realidade objetiva dos fatos.

O mencionado sistema de transcrições é um fato extraordinariamente difícil de ser de algum modo compreendido por outras pessoas. Diariamente me são fornecidas as provas mais esmagadoras da sua realidade, e no entanto, mesmo para mim, isso pertence verdadeiramente ao domínio do incompreensível, pois a intenção que é por esse meio perseguida teria de ser de antemão reconhecida como inatingível por qualquer pessoa que conhecesse a natureza humana. Trata-se aí, visivelmente, de um expediente contra embaraços, e para mim é difícil distinguir se tem por fundamento uma vontade falsa (contrária à Ordem do Mundo) ou um pensamento incorreto.

Mantêm-se *livros ou outro tipo de anotações*, nos quais já há anos são *transcritos* todos os meus pensamentos, todas as minhas expressões de linguagem, todos os meus objetos de uso pessoal, todas as coisas que possuo ou estão nas minhas proximidades, todas as pessoas com quem me relaciono etc. Não sei dizer com segurança quem é que se encarrega da transcrição. Como não posso imaginar a onipotência de Deus como inteiramente carente de inteligência, suponho que a transcrição é feita por seres aos quais é dada a forma [127] humana, do tipo dos homens feitos às pressas, que ficam em corpos cósmicos longínquos, os quais por sua vez não carecem totalmente de espírito; para o ofício de transcrever, que realizam de modo totalmente mecânico, os raios colocam, por assim dizer, de passagem, a pena em sua mão, para que os raios que chegam depois possam entender o que foi transcrito.

Para tornar compreensível o objetivo de todo esse expediente, preciso ir um pouco mais adiante. Todos os ataques que no correr dos anos foram feitos contra minha vida, minha integridade física, minha virilidade e meu entendimento, sempre tiveram e ainda têm por fundamento *a ideia* de escapar o máximo possível da força de atração dos meus nervos superexcitados, força que deixa para trás todas as demais que um dia existiram. Para esse fim, tinha-se evidentemente em mente (ver capítulo 4) no início a minha *emasculação*, de acordo com a tendência inerente à Ordem do Mundo. Mas não se pretendia com isso uma emasculação visando à renovação da humanidade, em acordo com a Ordem do Mundo, mas pretendia-se infligir a mim um ultraje, imaginando ou talvez autoenganando-se que um corpo emasculado perderia a força de atração sobre raios. Ainda durante muito tempo depois da minha chegada a Sonnenstein, a ideia da emasculação, por assim dizer, vagava, se assim posso me expressar, pela cabeça das almas. Partes pequenas da alma de Flechsig, que permaneciam bem longe e que por isso muitas vezes ficavam muito tempo sem entrar em contato com meus nervos, costumavam exclamar, repetidas vezes, como que admiradas: "Mas, então, ele ainda não foi emasculado?". Não raro, os raios divinos, aludindo à emasculação supostamente iminente, acreditavam poder zombar de mim como "Miss Schreber";* algumas das expressões na época frequentemente usadas e repetidas até a exaustão eram: "Você deve ser *representado*[62] como alguém entregue à devassidão voluptuosa" etc. etc. Eu próprio sentia o perigo da emasculação naturalmente como uma ignomínia que me ameaçava durante muito tempo, ou seja, enquanto se falou de um abuso sexual do meu corpo por outros homens. [128]

Os nervos da volúpia, ou nervos femininos, que já tinham penetrado maciçamente no meu corpo, não puderam, por isso, no espaço de um ano ou mais, chegar a ter qualquer influência sobre a minha conduta e sobre o meu modo de sentir. Eu reprimia qualquer movimento nesse sentido, mobilizando meu sentimento de hombridade e a santidade das concepções religiosas que me

---

* *Miss Schreber*: em inglês no original. Na Alemanha, *Miss* tinha uma conotação depreciativa, indicando uma mulher solteira e de reputação duvidosa. [N.T.]   **62** O conceito de "representar", isto é, dar a uma coisa ou pessoa uma outra aparência, diferente da que ela tem por sua natureza real (expressando em termos humanos: "falsificar"), desempenhou e ainda hoje desempenha um papel muito importante no universo conceitual das almas. Assim, inúmeras vezes em outras ocasiões se disse: você deve ser representado como renegador de Deus, como alguém que cometeu assassinato de alma (ver capítulo 2, p. 52. A meu ver, a representação em questão deve ser relacionada com o fato de que Deus normalmente só tinha uma impressão exterior do homem vivo, e os raios que tivessem entrado em conexão nervosa com um homem tinham, além disso, a cada "vista" (instante), apenas uma única impressão. Só assim consigo explicar a total incapacidade de compreender o homem vivo como organismo, da qual mais adiante trarei provas ainda mais impressionantes. Por isso — sempre na situação de penúria na qual tinha caído a onipotência de Deus, em virtude da presença da alma "provada" de Flechsig — talvez tenha-se tentado chegar à convicção de que, uma vez que se conseguisse criar de um homem uma *impressão* diferente da que corresponde às suas características reais, também seria possível *tratar* o homem em questão de acordo com essa impressão. Tudo isso se reduz, pois, a um *autoengano*, completamente sem valor do ponto de vista prático, uma vez que o homem, naturalmente, no seu comportamento de fato, e particularmente na linguagem (humana), sempre dispõe de meios de fazer valer suas características reais contra a "representação" intencionada.

[129] dominavam quase que completamente; na verdade, só tomava consciência da presença de nervos femininos quando, em certas ocasiões, eles eram artificialmente mobilizados pelos raios, para produzir neles uma terrível excitação para então me "representar" como uma pessoa transida de pusilanimidade feminina. Por outro lado, minha força de vontade não podia impedir que meu corpo, particularmente quando deitado na cama, fosse tomado por um sentimento de volúpia, que exercia uma elevada força de atração sobre os raios (ver capítulo 8, no final), na qualidade de "volúpia de alma" — como diz a expressão empregada pelas almas, isto é, uma volúpia que para as almas é suficiente, mas que pelos homens é sentida apenas como um bem-estar físico geral.

Quando, com o passar do tempo, esse fenômeno foi se tornando cada vez mais nítido, Deus resolveu se dar conta de que a emasculação como meio para me "deixar largado", isto é, para se livrar do efeito de atração dos meus nervos, era totalmente ineficaz. Por isso a partir de então se passou para a ideia de me "conservar do lado masculino", mas — no fundo, mais uma vez hipocritamente — não para me restituir a saúde, e sim para destruir meu entendimento ou me transformar num idiota. Não se levou em consideração o fato de que até mesmo os nervos de uma pessoa imbecilizada que chegasse a ficar em um estado de grande excitação mórbida permaneceriam atraentes — naturalmente à medida que ainda fossem capazes de sentir dor, volúpia, fome, frio etc. Dia após dia, hora após hora, acumularam então ininterruptamente no meu corpo veneno de cadáver ou outras matérias putrefatas, trazidos pelos raios, com a intenção de finalmente me esmagar e me tirar o entendimento. Nos próximos capítulos relatarei que danos foram infligidos por um certo tempo ao meu corpo, de um modo em parte altamente perigoso.

[130] Tenho motivos para supor que o veneno de cadáver ou as matérias putrefatas eram extraídos dos mesmos corpos cósmicos aos quais as almas se amarravam e, portanto, dos mesmos lugares onde os raios, por assim dizer, se abasteciam de veneno de cadáver ou de matéria putrefata, ou então os sugavam ao passar por lá. A uma parte dos raios foi dada a forma de pássaros miraculados,* sobre o que entrarei em detalhes mais adiante. A essa al-

---

* *Pássaros miraculados (ou pássaros falantes)*: pássaros produzidos por milagre, que são restos de almas beatificadas. Têm o dom de falar frases decoradas que lhes são inculcadas, sem que entendam o que dizem ou controlem suas falas (são forçados a falar). Trazem veneno de cadáver para descarregá-lo no corpo de Schreber. O falar neles é uma defesa contra a volúpia de alma, mas essa defesa pode ser anulada pela assonância: eles param de falar assim que ouvem um som que rima com suas palavras. [N.T.]

tura aconteceu o seguinte fenômeno: as almas provadas ainda existentes no céu e certos restos dos antigos vestíbulos do céu, que tinham sido poupados para servirem de trincheira, com o tempo foram perdendo completamente a sua inteligência, não possuindo portanto mais nenhum pensamento próprio. Por outro lado, parece ser inerente à natureza dos raios o fato de que, assim que são postos em movimento, eles precisam *falar*; a frase "Não se esqueça de que os raios precisam falar", que expressa a lei em questão, no passado foi dita dentro dos meus nervos inúmeras vezes. Mas na realidade já há anos os raios, na ausência de pensamentos próprios, essencialmente não sabem falar de outra coisa a não ser dos próprios milagres, atribuindo aos meus nervos as ideias de temor que lhes correspondem, mas de maneira falsa (por exemplo: "Se ao menos meus dedos não ficassem paralisados", ou: "Se ao menos minha rótula não estivesse ferida"), ou ainda maldizendo qualquer atividade de que eu comece a me ocupar (por exemplo: "Se ao menos se cessasse de tocar esse maldito piano" assim que me sento ao piano, ou ainda: "Se ao menos parasse essa maldita limpeza de unhas" assim que começo a limpar as unhas). Ainda por cima se tem a enorme desfaçatez — não posso recorrer a outra expressão — de pretender que eu exprima em voz alta, como se fosse um pensamento meu, essa bobagem falsificada; de modo que à frase "Se ao menos se cessasse de tocar esse maldito piano" se acrescenta a pergunta: "Por que você não diz (em voz alta)?" — ao que se segue a resposta: "Porque sou burro, algo assim" ou "Porque tenho medo do sr. [131] M." (ver capítulo 5, nota 26). Naturalmente também ocorrem pausas, durante as quais não se registra nenhum milagre dirigido contra a minha pessoa, nem aparece um determinado "pensamento de decisão", de empreender esta ou aquela atividade, da parte dos raios, que *são capazes de ler meus pensamentos*; em outras palavras, quando me entrego a não pensar em nada, portanto, particularmente à noite quando durmo ou durante o dia quando por instantes quero tratar de descansar, ou quando passeio no jardim sem pensar em nada etc. Justamente para preencher essas pausas (isto é, para que os raios, mesmo durante as pausas, tenham o que falar) é que serve o material de transcrições, portanto essencialmente os *meus* pensamentos anteriores, e ao lado destes só uns poucos acréscimos próprios, repetitivos, que consistem em expressões ofensivas mais ou menos sem sentido, palavras vulgares etc. Talvez eu acrescente ao presente trabalho um florilégio dessas expressões verbais para dar ao leitor ao menos uma ideia dos absurdos que meus nervos há anos são obrigados a suportar.

As expressões verbais ofensivas e os insultos tinham por objetivo me estimular a falar em voz alta, tornando assim impossível o sono nos momentos adequados a esse fim; toda a política das almas, cujos verdadeiros objetivos me são completamente obscuros, culmina no impedimento do sono e da volúpia de alma. Além disso, a transcrição serve para um outro artifício especial, o qual, por sua vez, se baseia em um completo desconhecimento do pensamento humano. Acreditava-se, com a transcrição, poder esgotar toda a minha [132] reserva de pensamentos, de modo que no fim se chegasse a um ponto tal que novos pensamentos não pudessem surgir mais em mim; naturalmente essa é uma ideia inteiramente absurda, dado que o pensamento humano é inesgotável e que, por exemplo, a leitura de um livro, um jornal etc. sempre estimula novos pensamentos. O mencionado artifício consistia no seguinte: assim que retornava um pensamento que já me ocorrera antes e que portanto já estava transcrito — um retorno que naturalmente em muitos casos é totalmente inevitável, por exemplo, de manhã cedo o pensamento: "Agora vou me lavar", ou, ao tocar piano, o pensamento: "Esta é uma bela paisagem" etc. —, portanto, assim que se percebia o surgimento do germe do pensamento em questão, instruíam-se os raios que estavam a ponto de serem atraídos a dizer depressa: "Isso nós já temos" (pronunciado: "nojatems"),* quer dizer, transcrito, e com isso os raios, de um modo dificilmente descritível, se tornavam imunes à força de atração do pensamento em questão.

Tenho de renunciar a apresentar o sistema de transcrições e suas consequências de um modo mais claro que o anteriormente esboçado; jamais poderei dar uma ideia completa disso a ninguém que não tenha tido, em seus próprios nervos, essa experiência. Só posso assegurar que o sistema de transcrições e particularmente a interferência do "nojatems" a cada vez que retornavam os pensamentos passados transformaram-se em uma tortura mental que sofri durante anos e à qual só gradualmente consegui me acostumar, pelo menos em parte; a mim foram infligidas provas de paciência que jamais foram exigidas de um homem, ainda mais se forem consideradas as dificuldades das condições exteriores (restrições de liberdade etc.) sob as quais tive de viver.[63]

[133]

---

* *Das haben wir schon*, pronunciado "Hammirschon". [N.T.]   **63** Houve um tempo em que eu afinal não podia fazer outra coisa a não ser falar alto ou fazer algum tipo de barulho, único meio de abafar a tagarelice estúpida e desavergonhada das vozes, conseguindo assim provisoriamente dar descanso a meus nervos. Pode ser que os médicos, desconhecendo a realidade dos fatos, tenham considerado tudo isso uma loucura furiosa e tenham sido levados a me dar

Finalmente, devo ainda acrescentar que na exposição aqui apresentada me adiantei um pouco no tempo. Isso foi necessário por causa do contexto; na realidade, uma parte da evolução em questão faz parte de uma época mais recente, como, por exemplo, o tocar piano, de que falei um pouco antes, era algo de que nem se cogitava antes de quase um ano após a minha chegada a Sonnenstein.

[134]

o tratamento correspondente, que de fato me foi dado durante anos, pelo menos à noite. Que não há exagero na expressão "tortura espiritual", pode-se avaliar pelo fato de que na época em que eu dormia na cela (1896-8), na grande maioria das noites eu passava várias horas fora da cama, às vezes com os punhos cerrados contra os postigos das janelas fechadas, ou, na época em que não ficavam fechadas, sob um frio invernal de oito a dez graus abaixo de zero, vestido apenas com uma camisa de dormir, eu ficava de pé diante da janela aberta, tremendo de frio em todo o corpo (o frio natural era ainda acrescido do frio produzido por milagre), ou ainda tateava na cela completamente obscurecida pelos postigos, enquanto aconteciam milagres que me faziam bater com a cabeça no teto baixo da cela — e no entanto eu achava qualquer uma dessas coisas mais tolerável do que ficar deitado na cama, onde eu não suportava ficar, pelo fato de não conseguir dormir.

Imagino que me perguntarão por que não contei antes para os médicos todas essas coisas, na forma de queixas. Só posso responder perguntando se teria sido dado algum crédito à minha descrição desses fatos ligados a fenômenos de natureza sobrenatural.

Consideraria um grande triunfo da minha capacidade dialética se com o presente trabalho, que já assume as proporções de uma obra científica, eu conseguisse apenas um resultado: suscitar nos médicos apenas uma sombra de dúvidas de que talvez houvesse algo de verdade nas minhas supostas ideias delirantes e alucinações. Se eu tentasse me explicar só oralmente, dificilmente poderia esperar que alguém tivesse paciência de me ouvir numa exposição demorada; menos ainda se considerariam esses pretensos absurdos dignos de uma reflexão. A isso se acrescenta o fato de que nos primeiros tempos da minha atual internação eu achava que os próprios médicos eram meros "homens feitos às pressas" e acreditava que suas decisões fossem influenciadas pelos raios que me eram hostis — uma ideia que, ao menos no último aspecto, dada a natureza das coisas, ainda hoje mantenho como correspondente à verdade, por menos que os médicos tomem consciência disso. De resto, a atitude hostil dos raios (isto é, de Deus) cessa no momento em que eles se asseguram de poder se dissolver no meu corpo com volúpia da alma, ou então quando eu estou em condições de fornecer, a todo momento, a prova imediata da indestrutibilidade do entendimento, e portanto da falta de perspectiva da política dirigida à sua destruição. Mais adiante trarei maiores informações sobre todas essas questões.

10.
Experiências pessoais no Sonnenstein. "Distúrbios" como fenômeno concomitante ao contato com os raios. "Moldagem do estado de ânimo"

[135] Nas primeiras semanas de minha estada no Sonnenstein (julho ou agosto de 1894), estou convencido de que ocorreram importantes mudanças com relação ao Sol. Como nas descrições anteriores dos fenômenos sobrenaturais, devo me limitar aqui a comunicar as impressões que reuni e, quanto à questão dos fatos objetivos ligados a essas mudanças, só posso, no máximo, aventar hipóteses. Lembro-me de que durante muito tempo existiu um Sol *menor* no aspecto exterior; esse Sol, como já foi mencionado no final do capítulo 8, inicialmente era guiado pela alma de Flechsig, mas depois o foi por uma alma cujos nervos considero idênticos aos do diretor do atual sanatório, o conselheiro dr. Weber. Ao escrever estas linhas tenho perfeita consciência de que todos os demais homens só verão aqui um absurdo puro e simples, uma vez que o conselheiro dr. Weber, de fato, como eu próprio tenho diariamente a oportunidade de constatar, ainda se encontra entre os vivos. Não obstante, as impressões recebidas são para mim tão seguras que não posso afastar a ideia de que o conselheiro dr. Weber já tenha morrido e ascendido à beatitude com seus nervos, mas depois tenha voltado à vida, como o resto da humanidade, possibilidade, aliás, incompreensível para

[136] os homens e só explicável em termos suprassensíveis.[63a] Aquele pequeno Sol provavelmente foi depois substituído por um outro Sol, depois de esgotada sua força de raios. Durante vários dias e noites eu tive as impressões mais maravilhosas e grandiosas, segundo a minha concepção; tratava-se na época do momento em que os reinos anteriores de Deus se extinguiram e, pela primeira vez, apareceram em cena os reinos posteriores de Deus.

63a Ver a respeito disto e de muitas outras coisas a advertência contida no Prólogo.

Acredito poder dizer que nesse momento, e *só* nesse momento, vi a onipotência de Deus em toda sua pureza. À noite — e, até onde me recordo, em uma *única* noite — apareceu o deus inferior (Ariman). A imagem resplandecente de seus raios — estando eu deitado, não dormindo, mas acordado — ficou visível para o meu olho espiritual (ver nota 61), isto é, refletiu-se no meu sistema nervoso interno. Ao mesmo tempo eu o ouvi em sua língua; mas essa não era — como sempre foi o caso da conversa das vozes antes e depois dessa época — um leve sussurro, mas ecoava, por assim dizer, bem em frente à minha janela como um poderoso tom de baixo. A impressão era tão imponente que ninguém teria deixado de tremer dos pés à cabeça, a não ser que, como eu, já estivesse calejado pelas terríveis impressões provocadas pelos milagres. O que se dizia também não tinha um tom amistoso; tudo parecia calculado para me inspirar medo e terror, e ouvi várias vezes a palavra "puta"* — uma expressão muito comum na língua fundamental quando se trata de fazer com que uma pessoa que vai ser aniquilada por Deus sinta o poder divino. Mas tudo o que se dizia era *autêntico*, sem frases decoradas, como mais tarde, tão somente a expressão direta de sentimentos verdadeiros. [137]

Por esse motivo, a impressão que prevaleceu em mim não foi a de pavor, mas a de admiração pelo grandioso e pelo sublime; também por essa razão, apesar das injúrias em parte contidas nas *palavras*, o efeito sobre meus nervos foi benéfico e por isso eu nada poderia fazer senão expressar repetidamente meus sentimentos com as palavras: "Oh, que puro!" — diante da majestade dos raios divinos — e "Oh, que vulgar!", diante das almas provadas quando estas, depois de se terem retraído timidamente, por algum tempo, se atreveram a aparecer de novo. Nessa circunstância, os raios divinos leram o meu pensamento, mas não falsificando, como a partir de então aconteceu sistematicamente, e sim corretamente, até mesmo exprimindo-o literalmente dentro do metro[64] correspondente aos movimentos naturais dos nervos humanos, de modo que, apesar de todos os fenômenos

---

* *Luder*: a tradução desse termo tem sido objeto de controvérsia. Trata-se de um insulto antiquado, que se refere a uma mulher lasciva. No laudo médico do dr. Weber e no prontuário do sanatório de Leipzig, consta que Schreber costumava exclamar em altos brados: "*Der liebe Gott ist eine Hure*" ou "*Die Sonne ist eine Hure*" ("O bom Deus é uma puta" ou "O Sol é uma puta"). Tudo indica que *Luder* seria o equivalente a *Hure* na língua fundamental. [N. T.]

64 As vibrações dos nervos humanos se sucedem segundo um certo ritmo regular, que acredito poder designar melhor com a expressão "metro", acima utilizada. Deixo de lado a questão de saber se se trata do mesmo fenômeno definido por Kraepelin no final do capítulo 6 da obra citada (6ª edição), v. I, p. 117, como a "pulsação da carótida", dado que desconheço

assustadores concomitantes, eu tive, do conjunto, uma impressão tranquilizadora, e finalmente caí no sono.

Num dos dias subsequentes, talvez um ou dois dias depois (isso de dia, quando estava no jardim), eu vi o deus superior (Ormuzd), dessa vez não com meu olho espiritual, mas com meu olho carnal. Era o Sol, mas não o Sol em sua aparência comum, conhecida por todos os homens, mas rodeado por um mar de raios prateados resplandecentes, que, como já ressaltei na nota 19, capítulo 2, recobria aproximadamente a sexta ou oitava parte do céu. Naturalmente, não importam os números; para me precaver contra qualquer perigo de exagero, quero admitir, de acordo com minha recordação, que pode ter sido apenas a décima ou décima segunda parte do céu. De qualquer modo, a visão era de uma grandiosidade e magnificência tão imponentes que evitei olhar fixamente para ela, procurando desviar a vista daquela aparição. Uma das muitas coisas que não compreendo é que naquele tempo já possam ter existido outros homens além de mim, e que em particular o enfermeiro M., que me acompanhava naquele momento, pareceu permanecer totalmente indiferente ao fenômeno. Na ocasião, não me admirei do desinteresse de M., pois eu o considerava um homem feito às pressas, que levava apenas uma vida de sonho e que portanto naturalmente não podia compreender nada de todas as impressões que despertariam o maior interesse num homem pensante. No entanto, quando tento entender tudo isso, simplesmente não consigo explicar como uma impressão tão fenomenal pode ter passado em brancas nuvens para ele (se é que devo considerá-lo um homem verdadeiro) e para os milhares de outros homens além de mim que naquele momento devem ter tido essa visão. Naturalmente, para os outros está logo à mão o rótulo de "alucinação", de que eu teria sido vítima. Mas isso, dada a segurança das minhas recordações, fica completamente excluído do ponto de vista subjetivo, tanto que a aparição se repetiu várias vezes nos dias subsequentes e mesmo naquele único dia ela se sustentou; acredito também não estar sendo traído pela memória se

[138]

---

o sentido dessa definição. A esse ritmo se adaptam melhor as palavras de quatro, ou, no máximo, de seis sílabas. Por isso também nas frases *aprendidas de cor* utilizadas no material de transcrição, que tinham por objetivo retirar-se dos meus nervos, ainda hoje são escolhidas de preferência aquelas palavras que se opõem o máximo possível a esse ritmo natural, por exemplo, o meu próprio título "presidente da Corte de Apelação".

acrescentar a observação de que aquele Sol resplandecente igualmente falou comigo, como, aliás, vem acontecendo desde então, impreterivelmente, com o Sol. [139]

Após alguns dias, cessaram as aparições prodigiosas de que acabo de falar; o Sol assumiu aquela forma que conserva desde então, sem mais interrupções;[65] também as conversas das vozes voltaram a ser um leve sussurro. Acredito poder buscar a razão daquela mudança no fato de que a onipotência de Deus, nesse momento, se deixou levar pela "ligação às terras", seguindo o procedimento da alma de Flechsig. Se o afluxo de raios divinos puros tivesse perdurado sem obstáculos, como aconteceu no caso dos dias e noites anteriormente descritos, em minha opinião, em pouco tempo teria sobrevindo a minha cura, e talvez também a emasculação acompanhada da fecundação. Mas, como não se desejava nem uma nem outra, partindo-se sempre da ideia falsa de que a qualquer momento seria possível libertar-se da força de atração dos meus nervos por meio do "deixar largado", então se encontrou na ligação a oportunidade de impedir o afluxo dos raios puros. Mais adiante se verá como essa política conduziu a resultados pouco duradouros.[66] [140]

---

65 De resto, ainda hoje o Sol me proporciona uma imagem diferente da que eu tinha dele na época anterior à minha doença. Seus raios empalidecem diante de mim quando falo em voz alta na sua direção. Sou capaz de olhar para o Sol tranquilamente, ficando só um pouco ofuscado, ao passo que no tempo em que gozava de boa saúde não me era possível, como, aliás, não é para os outros, olhar para o Sol por mais de um minuto.   **66** Na descrição feita acima, da aparição dos reinos anteriores de Deus em sua forma pura, eu me ative com precisão às representações que tive na ocasião (julho ou agosto de 1894) e que mantive durante anos desde então. Refletindo hoje sobre esse fato, quer me parecer que incorri em erro, na medida em que acreditei estar lidando só com o deus inferior (Ariman) nas aparições noturnas e só com o deus superior (Ormuzd) nas aparições diurnas. O equívoco se explica pelo fato de que na época eu ainda não conhecia os traços diferenciais através dos quais eu agora, baseado nos contatos ininterruptos ao longo dos anos, sou capaz de dizer com precisão se se trata de raios de Ariman, de raios de Ormuzd ou vozes de Ormuzd que estão penetrando em mim; o nome Ariman me foi mencionado em primeiro lugar e por isso eu considerei todo o afluxo de raios da noite acima descrita como sendo proveniente do deus inferior Ariman. Mas como no decorrer dos anos nunca houve um período em que não aparecessem, alternadamente, em breve intervalos, respectivamente, o deus inferior e o deus superior, posso considerar como provável que isso também tenha ocorrido na primeira aparição dos reinos de Deus e que portanto, tanto naquela aparição à noite quanto nas aparições dos dias seguintes, sempre tomaram parte, alternando-se, o deus inferior e o deus superior.

Neste contexto, aliás, quero lembrar que o deus inferior (Ariman) e o deus superior (Ormuzd), apesar da existência, em certo sentido, da unidade da onipotência divina, devem ser compreendidos como seres diferentes que têm, mesmo na relação de um com o outro,

A *vida exterior* que eu levava no tempo de que aqui se trata — os primeiros meses da minha estada no Sonnenstein — era extraordinariamente *monótona*. Afora os passeios que eu fazia diariamente, de manhã e à tarde, no jardim, na maior parte do tempo eu ficava o dia todo *imóvel* na cadeira em frente à minha mesa, não indo nem mesmo até a janela, onde, de resto, só havia árvores verdes para se ver (ver supra); mesmo no jardim, eu ficava de preferência sempre sentado no mesmo lugar e só de vez em quando, na verdade contra a minha vontade, era induzido pelos enfermeiros a andar. Mas, mesmo que eu tivesse inclinação para me ocupar de alguma coisa, teria faltado quase completamente ocasião para fazê-lo; naquela época, todos os móveis que havia nos dois quartos que eu ocupava eram mantidos fechados, sem chaves, de modo que eu só tinha acesso a uma única gaveta de uma cômoda, onde havia algumas escovas e coisas do gênero. Eu não tinha nada com que escrever; todos os meus objetos de uso pessoal me tinham sido tomados (roupas, relógio, porta-moedas, faca, tesoura e outros) e no meu quarto havia apenas quatro ou cinco livros, que em todo caso eu poderia ter lido, se tivesse tido vontade. Mas a razão principal da minha imobilidade não vinha da falta, aliás real, de objetos apropriados para o exercício de alguma atividade qualquer, mas do fato de que eu considerava uma passividade absoluta quase uma obrigação religiosa.

Essa ideia não surgiu dentro de mim, mas me foi provocada pelas vozes que falavam comigo e depois, certamente, conservada por mim durante bastante tempo, até que reconheci a inutilidade do comportamento correspondente a ela. A imposição que os raios me determinavam, de uma total imobilidade ("Nem o menor movimento", dizia-me a frase frequentemente repetida), por sua vez, de acordo com minhas convicções, deve ser relacionada com o fato de que Deus, por assim dizer, não era capaz de lidar com homens vivos, estando acostumado a lidar só com cadáveres ou, em

---

o seu egoísmo particular e seu próprio instinto de autoconservação, portanto cada um sempre procurando passar à frente do outro. Isso foi possível reconhecer particularmente através da apreciação do material de transcrição de cada um deles — a respeito disso comunicarei ainda maiores detalhes (ver também o que foi observado na nota 37). Naturalmente, também aqui só pode haver um conflito de interesses, de resto harmônicos, pelo fato de que a pureza das relações subordinadas à Ordem do Mundo tinha sido perturbada pela intrusão de elementos estranhos, impuros (as "almas provadas"), e desse modo a força de atração de um único homem, de um modo contrário à Ordem do Mundo, aumentou a ponto de se tornar um perigo real para os reinos de Deus.

todo caso, com homens adormecidos (sonhando). Disso provinha a pretensão francamente monstruosa de que eu me comportasse como um cadáver, [142] bem como uma série de outras ideias mais ou menos disparatadas, por serem contrárias à natureza humana. Assim que se provoca por milagre um ruído nas minhas proximidades, ou seja, através da fala ou de qualquer outra manifestação da vida humana, através de um estalido das paredes, um estalo no assoalho etc., e isso em pequenos intervalos contínuos, numa notável confusão conceitual, designa-se esse fenômeno como uma "perturbação"; isso deve ser sentido por mim como algo incômodo, inoculando uma frase em meus nervos com as vibrações correspondentes às palavras — a frase inúmeras vezes repetida: "Se ao menos cessassem as malditas perturbações"; na realidade, acontece exatamente o contrário, isto é, os *próprios raios* têm medo dos ruídos, pois eles provocam os chamados "pensamentos de escuta", ao passo que, em condições de conformidade com a Ordem do Mundo, naturalmente jamais ocorreria a um homem entrever, por exemplo, na linguagem do próximo, uma perturbação que lhe fosse desagradável.[67]

Acredito poder inferir esse modo completamente invertido de representar as coisas recordando os fenômenos que regularmente acompanhavam uma conexão nervosa em um homem adormecido (em sonho). Através de uma conexão nervosa desse tipo, era produzida uma ligação transitória com os raios divinos e os nervos desses homens; naturalmente, essa conexão era calculada para durar pouco, para produzir inspirações sobre coisas do Além (ver capítulo I), estimular a fantasia poética e outras coisas do [143] gênero. Para não sucumbir para sempre à força de atração dos nervos em questão, força que podia se tornar perigosa para Deus, dever-se-ia procurar libertar-se, uma vez atingido o objetivo; assim, eram produzidos por milagre pequenos ruídos (as chamadas "perturbações", como me eram designadas) por meio dos quais a atenção da pessoa adormecida, ou talvez acordando, era desviada para uma outra direção, sendo que esse breve desvio da atenção era para os raios suficiente para interromper a conexão nervosa e retirar-se da pessoa — isso numa relação com nervos que, como os meus,

---

67 Certamente a isso se liga um certo mal-estar, à medida que, como já foi mencionado no capítulo 7, cada palavra (em consequência da excitação dos respectivos nervos humanos, por meio de milagre) que é pronunciada perto de mim eu sinto com uma sensação dolorosa concomitante, que se manifesta através da tentativa que fazem os raios ("ligados às terras") de se retirar, como um puxão às vezes muito desagradável na cabeça.

se encontravam em um elevado grau de excitação. Se se tratasse de nervos apenas moderadamente excitados, não se podia falar, nem remotamente, de nenhum perigo para Deus, dada a facilidade da retirada. E a lembrança desses processos foi transposta para a ligação comigo, sem levar em consideração o fato de que já havia muito tempo minhas relações com os raios divinos tinham se tornado indissolúveis, dada a elevada força de atração dos meus nervos.

Considerava a imobilidade que se pretendia de mim como um dever que me era imposto, tanto no interesse da autopreservação como com relação a Deus, para liberá-lo da situação de constrangimento a que chegara por causa das "almas provadas". Eu tinha adquirido a intuição, que aliás não deixa de ter fundamento, de que aumentariam as perdas de raios se eu me movimentasse muito de um lado para o outro (da mesma forma se uma corrente de ar atravessasse o meu quarto), e dada a sagrada reverência que eu ainda sentia para com os raios divinos, sabendo de seus elevados objetivos, e, na incerteza de saber se havia ainda uma eternidade ou se os raios teriam um fim repentino, considerei como meu dever, na medida das minhas possibilidades, opor-me a qualquer desperdício de raios. [144] Além do mais, influenciado pelas opiniões expressas pelas vozes que falavam continuamente comigo nesse sentido, eu tinha me apegado à ideia de que seria mais fácil atrair as "almas provadas" com o objetivo de atingir uma total dissolução no meu corpo, restaurando, desse modo, no céu, o poder absoluto de Deus, se eu conservasse meu corpo em uma quietude permanente. Foi assim que fiz o sacrifício quase inacreditável de me abster, praticamente, de qualquer movimento corporal, e portanto de qualquer ocupação que não fosse a conversa com as vozes, durante várias semanas e meses; a coisa ia tão longe que mesmo durante as noites, que pareciam ser da maior importância, dado que se esperava que a dissolução das almas provadas ocorresse de preferência no sono, eu não me atrevia a modificar minha posição na cama. Fazia esse sacrifício porque, mesmo já tendo tido diversas provas da "política de meias medidas" que Deus realizava contra mim, naquela época ainda não queria acreditar em uma verdadeira má vontade de Deus para comigo.

Uma modificação dessa situação veio a acontecer só pelo final do ano de 1894 ou início de 1895, e aproximadamente ao mesmo tempo que ocorreu o fenômeno milagroso da "maldita moldagem do estado de ânimo", assim definido por uma parte das vozes, que reconheciam a injustiça que havia nisso.

À aspiração ininterrupta de se retirar de mim (de me "deixar largado") se contrapunha antes de mais nada a santidade dos meus sentimentos, que deveria ter um efeito de atração sobre as almas ou raios puros, e a profunda seriedade da minha concepção da vida e da relação com Deus. Por isso começou-se a falsificar por meio de milagres até mesmo o meu estado de ânimo, para criar uma imagem de pessoa leviana, apenas dedicada aos prazeres do momento (para me "representar" como tal, ver nota 62). Tal interferência no estado de ânimo por meio de milagre, segundo o que permite a minha experiência, é *possível*, sem que eu consiga dar maiores explicações sobre o contexto; para fornecer ao leitor uma ideia aproximada do fenômeno, só posso me servir de uma analogia, lembrando que, como se sabe, o consumo de *morfina* também tem como resultado proporcionar um estado de ânimo relativamente alegre, ou ao menos indiferente, a um homem atormentado por dores físicas ou em estado de abatimento psíquico. [145]

No início, eu me opunha à influência da "moldagem do estado de ânimo" (milagre da falsificação do humor); mas com o tempo passei a achar cômodo me deixar levar por ela, pois observei que com isso na verdade eu me sentia subjetivamente menos infeliz e, além disso, tinha de dizer a mim mesmo que, com toda a santidade dos meus sentimentos a meus esforços, pronto para me sacrificar pela defesa de Deus, não tinha conseguido chegar a nada de substancial no combate às "almas provadas". Comecei então a encarar a minha situação com maior indiferença, lembrando-me do *carpe diem* de Horácio, procurando afastar de mim ao máximo a preocupação pelo futuro, vivendo simplesmente o dia a dia e aceitando tudo o que a vida ainda parecia me oferecer. Isso se expressou, entre outras coisas, no fato de que em torno da passagem do ano de 1894-5 retomei o hábito de fumar charutos, do qual me abstinha totalmente havia muito tempo. Por outro lado, o objetivo perseguido pelos raios com a "moldagem do estado de ânimo" não foi minimamente atingido. A força da atração dos meus nervos superexcitados permaneceu forte, apesar da mudança no estado de ânimo, só que eu não me sentia mais tão infeliz como antes. Nesse caso também se confirmou, *como em quase todos os casos de milagres contrários à Ordem do Mundo*, a palavra do poeta sobre as manifestações daquela força "que sempre deseja o Mal e no entanto gera o Bem".* [146]

---

* Citação do *Fausto*, de Goethe, levemente alterada. [N. T.]

É perfeitamente compreensível que o meu comportamento acima descrito não fosse corretamente avaliado pelo ambiente imediato, particularmente pelos médicos e enfermeiros, supondo que eles eram pessoas reais, na época. Uma vez que eu não demonstrava interesse por nada e não revelava nenhuma espécie de necessidade intelectual, eles não podiam deixar de ver em mim uma pessoa decaída em uma imbecilidade estuporosa. E, no entanto, que distância imensa entre essa aparência e a realidade: eu vivia com a consciência — e ainda hoje estou convencido de que essa consciência coincide com a verdade — de ter de resolver uma das tarefas mais difíceis jamais propostas a um ser humano e ter de levar adiante um combate sagrado pelos bens supremos da humanidade. Mas, infelizmente, a aparência enganadora do contrário tinha como resultado uma enorme soma de indignidades no tratamento dado à minha pessoa, e sob as quais eu sofri muito, anos a fio, e que às vezes faziam esquecer completamente a minha posição social e o elevado cargo que eu ocupava em vida. Frequentemente, o enfermeiro M. mandava-me de volta à banheira no momento em que eu queria sair do banho, depois de passar nele o tempo adequado, ou de manhã, chegada a hora de acordar, por motivos que desconheço mandava-me de volta para a cama, ou ainda de dia, se eu cochilava um pouco sentado à mesa, me despertava puxando os pelos da barba; o mesmo enfermeiro me penteava o cabelo durante o banho com um pente fino — e isso justamente num período em que fluxos de raios faziam sulcos no meu crânio (ver capítulo seguinte). Às refeições, durante um certo tempo, ele costumava pôr um guardanapo à volta do meu pescoço, como a uma criança. Os charutos eram contados, um por um, em certas horas do dia; só depois de passados muitos anos consegui que me pusessem todo dia na caixa de charutos [147] a quantidade necessária para o consumo de um dia e ainda mais tarde que deixassem à minha disposição, como reserva, uma caixa inteira de cem unidades. Uma vez, tive de suportar uma bofetada, dada por um outro enfermeiro. Em alguns casos, opus uma verdadeira resistência às referidas indignidades, particularmente quando se pretendia retirar do meu quarto, que era trancado por fora à noite, os objetos necessários para eu me lavar antes de ir dormir ou quando se queria me dar de novo, em vez desse quarto, uma das celas reservadas aos loucos furiosos. Mais tarde passei a me abster de opor resistência, uma vez que isso só levava a inúteis cenas de brutalidade; eu me calava e aguentava. Naturalmente, com o relato das indignidades praticadas contra mim, nada me está mais distante do que a ideia de denunciar aos seus superiores o enfermeiro M., ou qualquer outro enfermeiro. Atribuo os excessos que o enfermeiro M. às vezes se permitiu cometer ao seu baixo nível de educação; o mesmo enfermeiro depois, anos mais tarde, me serviu de modo satisfatório no essencial, apesar de conservar um certo autoritarismo, ao qual ele já se acostumara. Mas essas pequenas particularidades não podiam deixar de ser relatadas para caracterizar a enormidade de ignomínia que tive de suportar durante anos, a cada momento profundamente ferido em meu sentimento de honra, que permanecera perfeitamente vivo.

Para completar o quadro da minha situação de vida durante os primeiros tempos da minha estada no Sonnenstein, falta ainda um relato dos milagres praticados contra mim, o que pretendo fazer no próximo capítulo.

II.
Danos à integridade física por meio de milagres

[148] Desde os primórdios da minha ligação com Deus até o dia de hoje, meu corpo vem sendo ininterruptamente objeto de milagres divinos. Se eu quisesse descrever em minúcias todos esses milagres, poderia encher um livro inteiro. Posso afirmar que não há um único membro ou órgão do meu corpo que não tenha sido durante um tempo prejudicado por milagres, nem um único músculo que não tenha sido distendido por milagre, para pô-lo em movimento ou paralisá-lo, conforme o objetivo visado. Até hoje os milagres que experimento a toda hora são de tal natureza que deixariam qualquer pessoa em estado de pavor mortal; só que eu, devido ao hábito adquirido em muitos anos, consegui encarar como coisas sem importância a maior parte do que ainda acontece. Mas, nos primeiros anos da minha estada no Sonnenstein, os milagres eram de uma natureza tão ameaçadora que eu acreditava poder temer quase continuamente por minha vida, por minha saúde ou pelo meu entendimento.

Em si mesma, naturalmente, deve ser considerada contrária à Ordem do Mundo toda situação em que os raios, essencialmente, só se prestam a infligir danos ao corpo de um indivíduo ou a pregar alguma peça nos obje-

[149] tos de que ele se ocupa — aliás, esses milagres mais inofensivos também se tornaram bastante frequentes nos últimos tempos. Pois os raios têm por dever criar algo, e não apenas perturbar ou fazer brincadeiras infantis. É por essa razão que todos os milagres dirigidos contra mim, *com o tempo*, acabam por não cumprir seu objetivo; o que foi prejudicado ou perturbado por raios impuros precisa depois ser reconstruído ou curado por raios puros (ver capítulo 7, nota 48). Com isso não se quer dizer que, pelo menos *temporariamente*, não pudessem daí resultar danos muito graves, que reavivavam uma impressão de extremo perigo ou provocavam situações bastante dolorosas.

Os milagres que mais de perto evocavam uma situação ainda em acordo com a Ordem do Mundo pareciam ser aqueles que tinham alguma relação com uma emasculação a ser efetuada no meu corpo. A esse contexto pertence em particular todo tipo de modificações nas minhas *partes sexuais*, que algumas vezes (particularmente na cama) surgiam como fortes indícios de uma efetiva retração do membro viril, mas frequentemente, quando prevaleciam os raios impuros, como um amolecimento do membro, que se aproximava da quase completa dissolução; além disso, a extração, por milagre, dos *pelos da barba*, em particular do *bigode*, e, finalmente, uma *modificação de toda a estatura* (diminuição do tamanho do corpo) — provavelmente baseada numa contração da espinha dorsal e talvez também da substância óssea das coxas. Este último milagre, proveniente do deus inferior (Ariman), era regularmente anunciado com as palavras: "E se eu o diminuísse um pouco?". Eu próprio tinha a impressão de que meu corpo tinha se tornado de seis a oito centímetros mais baixo, aproximando-se, portanto, da estatura feminina.

Muito variados eram os milagres operados nos órgãos internos do tórax e do abdome; pouquíssima coisa sei dizer com relação ao *coração*: só me lembro que uma vez — isso no tempo de minha estada na clínica dos nervos da Universidade de Leipzig — eu tive um outro coração.[68] Em compensação, meus *pulmões* foram, durante muito tempo, objeto de ataques violentos e muito ameaçadores. Tenho, por natureza, peito e pulmões muito saudáveis, mas, por milagre, meus pulmões foram tão atingidos que acreditei durante um tempo poder temer seriamente por um desfecho fatal, causado por tuberculose. Repetidas vezes introduziu-se em mim, por milagre, um tal "verme pulmonar", do qual não sei dizer se era um ser semelhante a um animal ou se tinha uma conformação anímica; só sei dizer que sua presença se ligava a uma dor lancinante nos pulmões, como acredito que costuma acontecer nas dores de uma inflamação pulmonar. Meus lobos

[150]

---

68 Isso, bem como todo o relato sobre os milagres realizados em meu corpo, naturalmente soará demasiado estranho para todos os outros homens, de modo que se tenderá a ver nisso meros produtos de uma imaginação morbidamente excitada. Quanto a isso, posso apenas assegurar que nenhuma recordação da minha vida é mais segura do que os milagres relatados no presente capítulo. Pois o que pode haver de mais certo para o homem do que aquilo que ele experimenta e sente no seu próprio corpo? Talvez não se devam excluir pequenos equívocos relativos à designação dos órgãos envolvidos, dados os meus conhecimentos anatômicos, naturalmente leigos; mas no essencial creio ter acertado também nesse sentido.

pulmonares durante um certo tempo foram completamente absorvidos, não sei dizer se através da atividade do verme pulmonar ou através de um milagre de outro tipo; eu tinha a nítida impressão de que meu diafragma estava situado bem no alto do peito, quase imediatamente abaixo da garganta, e que no meio havia só um pequeno resto de pulmões, com os quais eu mal conseguia respirar. Houve dias em que durante os passeios pelo jardim eu [151] tinha, de certo modo, de reconquistar meus pulmões a cada inspiração; pois nisto consiste o milagre: como criar faz parte da sua natureza, os raios não podem fazer outra coisa senão fornecer a um corpo que sofre aquilo que a cada momento é da mais absoluta necessidade para sua conservação.

Por volta dessa mesma época, uma parte mais ou menos considerável das minhas *costelas* foi temporariamente destruída, sempre com o resultado de que, depois de algum tempo, aquilo que fora destruído era de novo restaurado. Um dos milagres mais abomináveis era o chamado *milagre da compressão* do peito, que sofri pelo menos algumas dúzias de vezes; a caixa torácica era comprimida de tal modo que o estado de opressão provocado pela asfixia se transmitia para todo o corpo. Algumas vezes o milagre da compressão do peito se verificou também nos anos seguintes, mas na maioria das vezes ele ocorreu, como os demais milagres aqui descritos, na segunda metade de 1894 e na primeira metade de 1895, aproximadamente.

Quanto ao *estômago*, já durante a minha estada no sanatório de Flechsig, o neurologista vienense mencionado no capítulo 5 tinha me posto, por meio de milagre, um estômago muito inferior, chamado "estômago de judeu", no lugar do meu estômago sadio natural. Mais tarde, durante um certo tempo os milagres se dirigiram de preferência contra o estômago; por um lado, porque as almas não me concediam o prazer dos sentidos associado à ingestão de alimentos, por outro, porque elas se consideravam melhores que o homem, que necessita do alimento terreno, e por isso tendiam a considerar com certo desprezo tudo o que se relacionava com comer e beber.[69] Muitas vezes, durante períodos mais ou menos longos, vivi sem [152] estômago, e algumas vezes declarei expressamente ao enfermeiro M., que talvez ainda se lembre disso, que eu não podia comer porque não tinha estômago. Algumas vezes, imediatamente antes da refeição, me era fornecido

---

69 Era aquele mesmo sentimento com o qual também, por exemplo, no Don Juan, quando aparece diante dele como espírito defunto, o comendador recusa a refeição que lhe é oferecida com as seguintes palavras: "Saiba que a mim repugna o alimento terreno" etc.

por milagre um estômago, por assim dizer, ad hoc. Isso acontecia principalmente por obra da alma de Von W., que pelo menos em alguma de suas formas demonstrava uma atitude amigável para comigo. Naturalmente, isso não durava muito; habitualmente, ainda durante a refeição em questão, a alma de Von W. me tomava de volta, por milagre, o estômago que me fora dado — aliás, um estômago inferior —, alegando que "tinha mudado de ideia"; uma grande inconstância é, aliás, um traço essencial do caráter das almas, talvez com exceção dos raios divinos inteiramente puros. A comida e a bebida então ingeridas caíam diretamente na cavidade abdominal e nos quadris, um fenômeno, por mais incrível que pareça, que ficava para mim completamente fora de dúvida, dada a clareza da percepção.

Naturalmente, em qualquer outro ser humano isso resultaria em um estado infeccioso, de consequências fatais; mas a mim a difusão do bolo alimentar em qualquer parte do corpo não traria prejuízos, porque todas as matérias impuras no meu corpo seriam de novo absorvidas por raios puros. Por isso pude mais tarde, várias vezes, comer despreocupadamente, mesmo sem estômago; de modo geral, fui me acostumando pouco a pouco a uma total indiferença diante de tudo o que se passava no meu corpo. Ainda hoje estou convencido de ser imune a qualquer influência patogênica natural; os germes de doença em mim só surgem por meio de raios, e por raios são eliminados. Levanto, inclusive, sérias dúvidas, enquanto dura a conexão com os raios, sobre a minha mortalidade e questiono, por exemplo, se não poderia tomar o veneno mais forte sem quaisquer danos essenciais para a minha saúde e minha vida.[70] Pois, afinal, o que mais poderiam fazer os venenos [153] além de destruir um ou outro órgão importante ou produzir um efeito deletério sobre o sangue? Essas duas coisas já me aconteceram inúmeras vezes, provocadas pelos raios, sem nenhuma consequência nociva duradoura.[71]

---

70 Mal será necessário observar que isso não passa de uma consideração hipotética, e que nem remotamente penso em realizar realmente em meu corpo esses experimentos, que certamente não me poupariam as maiores dores.   **71** Como uma pequena prova da verdade de minha hipótese, segundo a qual eu me tornei, por assim dizer, invulnerável, gostaria de acrescentar o fato de que, quando eu gozava de boa saúde, todo ano, no inverno, costumava pegar um forte resfriado, e nos seis anos da minha atual internação nunca tive um verdadeiro resfriado. Se hoje se formasse, pelos caminhos naturais, uma inflamação catarral da mucosa nasal — nisso constitui a essência do resfriado —, imediatamente afluiria tal quantidade de raios para a área afetada do corpo que o resfriado seria cortado pela raiz.

Quanto aos demais órgãos internos, quero recordar ainda apenas o *esô-fago*[72] e os intestinos, que muitas vezes foram dilacerados ou desaparece-ram, a *laringe*, que mais de uma vez degluti junto com o alimento, e final-mente o *cordão espermático*, no qual algumas vezes se operaram milagres bastante dolorosos, principalmente com o objetivo de reprimir a sensação de volúpia que surgia no meu corpo. Além desses, devo ainda mencionar um outro milagre, que atingia todo o baixo-ventre, a chamada *putrefação do baixo-ventre*. Esse milagre provinha regularmente da alma de Von W., em uma de suas facetas mais impuras, e que por isso — ao contrário das ou-tras partes da alma de Von W. — recebeu o nome de "putrefação Von W. do baixo-ventre". Essa alma jogava com total desconsideração em minha bar-riga a matéria putrefata que produzia a putrefação do baixo-ventre, tanto

[154] que eu mais de uma vez acreditei estar apodrecendo vivo, e o odor da podri-dão emanava de minha boca do modo mais repugnante. Ao fazê-lo, a alma de Von W. contava com o fato de que a putrefação do baixo-ventre seria de novo eliminada por raios divinos, o que de fato ocorria regularmente por meio de raios de uma natureza toda particular, correspondente a esse ob-jetivo, que se introduziam como uma cunha nos meus intestinos, sugando a matéria putrefata. Os raios divinos pareciam se orientar, nesse caso, pela consciência instintiva de que lhes seria extremamente repulsivo ter de so-frer a atração de um corpo apodrecido. Essa representação se expressava na palavra de ordem frequentemente repetida, segundo a qual se queria me "deixar largado", pelo menos com um "corpo puro"; naturalmente, essa re-presentação, mais uma vez, sofria da falta habitual de clareza, à medida que não se questionava de que modo os nervos deste que foi "deixado largado" perderiam sua força de atração.

Os mais ameaçadores de todos me pareciam ser sempre os milagres di-rigidos contra o entendimento. Tratava-se, em primeiro lugar, da *cabeça*, em segundo lugar, durante um certo tempo — um período de algumas se-manas no outono de 1894 — incluiu-se também a *medula espinhal*, que na época era considerada, junto com a cabeça, como a sede do entendimento. Por esse motivo, tentou-se bombear a minha medula espinhal, o que era feito pelos chamados "homúnculos", que me eram colocados nos pés. Mais

---

72 Várias vezes foram também realizados milagres pelos quais se produzia um *nó nos intes-tinos*, de natureza bastante ameaçadora, mas que na maioria das vezes se desatava depois de pouco tempo.

adiante darei maiores detalhes sobre esses "homúnculos", que possuíam certo parentesco com o fenômeno de mesmo nome já mencionado no capítulo 6; via de regra eram dois de cada vez, um "pequeno Flechsig" e um "pequeno Von W.", cujas vozes eu percebia nos meus pés. Como resultado do bombeamento, a minha medula espinhal, particularmente durante os passeios no jardim, às vezes refluía pela boca em quantidades consideráveis, na forma de pequenas nuvens. Pode-se imaginar o quanto me preocupavam esses fenômenos, dado que na época eu não sabia se desse modo realmente [155] evaporava no ar uma parte do meu entendimento. Os milagres contra a *cabeça* e contra os *nervos da cabeça* aconteciam de modo muito variado. Tentavam me arrancar os nervos da cabeça, e durante um certo tempo tentou-se até mesmo transplantá-los para a cabeça de M., que dormia no quarto ao lado. Essas tentativas tinham como resultado (à parte a preocupação pela real perda dos meus nervos) uma desagradável sensação de tensão na minha cabeça. Essa extração, no entanto, só era bem-sucedida em um grau muito moderado, pois a capacidade de firmeza dos meus nervos provou ser a força maior, e os nervos arrancados pela metade depois de pouco tempo sempre voltavam de novo para a minha cabeça. Devastações realmente preocupantes foram dirigidas contra o meu crânio, através dos chamados "fluxos de raios", um fenômeno difícil de descrever e do qual só posso esboçar seu efeito: muitas vezes o meu crânio era como que serrado em várias direções. Frequentemente — e isso ainda acontece quase todos os dias até hoje — tinha a sensação de que toda a minha calota craniana se tornava temporariamente mais delgada; de acordo com a minha concepção, esse processo consiste no fato de que a matéria óssea da minha calota craniana é em parte pulverizada pela ação destrutiva dos raios, mas depois, particularmente durante o sono, a calota craniana é de novo restaurada. Pode-se imaginar que sensações desagradáveis devem gerar todos esses processos, quando se pensa que os raios de todo o mundo — fixados mecanicamente em seu ponto de partida — ficam girando em torno de uma única cabeça tentando despedaçá-la ou arrebentá-la, como num esquartejamento.

Nessa época, foram feitas repetidas tentativas de recobrir meus nervos com matérias nocivas; parecia que, com isso, a capacidade natural de vibração dos nervos poderia ficar realmente comprometida, tanto que eu tive algumas vezes uma temporária sensação de embotamento. Uma das matérias [156] adotadas no caso foi denominada "veneno de intoxicação"; não sou capaz de dizer qual era sua natureza química. Ocasionalmente, também acontecia por milagre mandarem os líquidos dos alimentos ingeridos por mim para os nervos da cabeça, de modo que estes ficavam recobertos por uma espécie de cola, o que passageiramente parecia prejudicar a capacidade de pensar; lembro-me claramente de que uma vez isso aconteceu com o café.

Milagres de todo tipo foram (e ainda são) provocados nos meus *músculos*, com o objetivo de me impedir qualquer movimento ou uma determinada atividade que eu queira empreender. Assim, por exemplo, tenta-se paralisar meus dedos quando toco piano ou escrevo e, quando caminho pelo jardim ou pelo corredor, tenta-se provocar em minha rótula uma lesão que prejudique minha capacidade de andar. O resultado pelo menos quase sempre consiste apenas em uma certa dificuldade na atividade em questão ou em dores discretas ao caminhar.

Alvo quase ininterrupto de milagres são meus olhos e os *músculos das pálpebras* que servem para abri-los ou fechá-los. Os olhos sempre foram muito importantes porque os raios, que em si mesmos são dotados de um poder destrutivo, em um tempo relativamente curto perdem a sua agudeza assim que *veem algo*, penetrando então de maneira inofensiva em meu corpo. O objeto da visão pode ter impressões vivas (do olho), que os raios recebem por intermédio dos meus olhos, quando estes estão abertos, ou então imagens que consigo produzir voluntariamente no meu sistema nervoso interno, fazendo uso da capacidade humana de imaginação, de tal modo que essas imagens se tornam de alguma forma visíveis para os raios. Em [157] outro contexto retornarei aos fenômenos do último tipo, que na língua das almas são denominados o "desenhar"* do homem. Basta mencionar aqui que muito cedo se fez uso desse recurso e que, ao longo dos anos transcorridos, sempre houve a intenção de fechar meus olhos contra a minha vontade, justamente para me privar das impressões visuais e fazer com que os raios conservassem sua agudeza destrutiva. O fenômeno pode ser observado em mim quase a qualquer momento; quem quiser se dar ao trabalho de prestar atenção poderá reparar que minhas pálpebras, mesmo durante a conversação com outras pessoas, subitamente se fecham ou caem, o que em condições naturais não costuma acontecer com ninguém. Para abrir os olhos, apesar disso, é sempre necessária uma certa tensão da minha força de

---

* *Desenhar*: produzir por meio da imaginação imagens que serão vistas pelos raios e tomadas por eles como verdadeiras. É uma espécie de milagre que Schreber realiza com o intuito de enganar os raios, atraí-los ou simplesmente zombar deles. [N.T.]

vontade; mas, como nem sempre tenho interesse em abrir os olhos, deixo às vezes durante um certo tempo, por comodismo, que fiquem fechados.

Os milagres operados de diversos modos em meus olhos, nos primeiros meses de minha estada, ficaram a cargo de "homúnculos", do mesmo tipo dos que mencionei anteriormente, a propósito do milagre da medula espinhal. Esses "homúnculos" eram um dos fenômenos mais notáveis e, mesmo para mim, num certo sentido, dos mais enigmáticos; não tenho a menor dúvida sobre a realidade objetiva desses fenômenos depois de ter visto, com meu olho espiritual,[73] esses "homúnculos", em inúmeros casos, e ouvido sua voz. O estranho no caso era que as almas ou nervos isolados, em certas condições e visando a determinados objetivos, assumiam a [158] forma de figuras humanas minúsculas (como foi observado, de apenas alguns milímetros) e como tais se imiscuíam em parte no interior do corpo, em parte na sua superfície externa. Os que se ocupavam de abrir e fechar os olhos ficavam em cima dos olhos, nos supercílios, e de lá puxavam as pálpebras para cima e para baixo, a seu bel-prazer, servindo-se de fios muito finos, semelhantes a fios de teia de aranha. Também aqui eram, via de regra, um "pequeno Flechsig" e um "pequeno Von W.", e ao lado destes também um "homúnculo" que saíra da alma, na ocasião ainda existente, de Daniel Fürchtegott Flechsig. Quando às vezes eu não queria permitir esse levantar e abaixar de minhas pálpebras e reagia contra isso, essa atitude provocava a indignação dos "homúnculos", e então eu era saudado com a expressão "puta"; quando às vezes eu tentava limpá-los de meus olhos com uma esponja, isso era considerado pelos raios como uma espécie de crime contra o poder milagroso de Deus. Aliás, essa limpeza tinha um resultado meramente passageiro, pois os "homúnculos" sempre eram colocados de novo. Outros "homúnculos" naquela época se reuniam quase sempre em grande número no meu corpo. Eram então chamados "diabinhos". Ficavam realmente passeando na minha cabeça, correndo curiosos por toda parte onde houvesse algo de novo para ver das destruições causadas na minha cabeça pelos milagres. Em certo sentido, eles participavam até das minhas refeições, pegando para si uma parte, naturalmente mínima, daquilo que eu

---

73 Com o olho carnal naturalmente não se pode ver o que se passa no interior do próprio corpo e em certas partes da superfície externa, por exemplo, na cabeça ou nas costas, mas sim com o olho espiritual, à medida que — como acontece comigo — é fornecida a iluminação do sistema nervoso interno, necessária para isso.

comia; pareciam ficar então um pouco inchados, mas ao mesmo tempo mais indolentes e inofensivos em suas atitudes. Uma parte dos "diabinhos" participava frequentemente de um milagre repetido na minha cabeça, que quero relatar nessa oportunidade. Era — juntamente com o milagre de compressão do peito — o milagre mais abominável; a expressão usada para designá-lo era, se bem me lembro, "máquina de atar cabeça". Aproximadamente no centro da minha calota craniana, devido aos inúmeros fluxos de raios etc., surgira uma profunda fenda ou cisão, provavelmente visível não por fora, mas por dentro. Os "diabinhos" ficavam dos dois lados dessa fenda e, girando uma espécie de manivela, comprimiam a minha cabeça como um torno, de tal modo que ela às vezes assumia uma forma alongada, quase como uma pera. A impressão que me dava era naturalmente a mais ameaçadora, às vezes também associada a dores muito fortes. De vez em quando desatarraxavam um pouco, mas na maioria das vezes "muito negligentemente", de modo que o estado de pressão costumava durar sempre algum tempo. Os "diabinhos" que participavam dessa atividade eram na maior parte os que provinham da alma de Von W. O período em que estiveram em cena esses "homúnculos" e "diabinhos" abrangeu cerca de alguns meses, e depois eles desapareceram para nunca mais voltar. O momento do seu desaparecimento talvez coincida, aproximadamente, com a aparição dos reinos anteriores de Deus. Na verdade, ainda hoje acontecem milagres do tipo descrito, como abertura e fechamento das pálpebras, mas de seis anos para cá isso não é mais feito pelos "homúnculos", e sim diretamente por raios, que põem esses músculos em movimento. Para me impedir de abrir e fechar voluntariamente os olhos, algumas vezes atingiu-se por milagre a pequena camada muscular que fica sobre as pálpebras e que serve para sua movimentação. Também aqui o resultado era meramente transitório, pois a matéria muscular perdida — pelos motivos já mencionados muitas vezes — era sempre logo substituída.

Além do que já foi observado a respeito das costelas e do crânio, também o meu *sistema ósseo* foi objeto de muitos tipos de milagre. No osso do pé, particularmente na região do calcanhar, era provocado frequentemente o milagre da *corrosão óssea*, que era acompanhado de dores muito agudas; felizmente, essas dores não duravam muito, pelo menos em sua maior intensidade. Um milagre semelhante era o chamado *milagre do cóccix*; nele as vértebras inferiores eram submetidas a uma dor semelhante à da corrosão óssea. O objetivo era impedir de sentar ou deitar. Em geral, não se suportava que eu ficasse muito tempo em nenhuma posição ou atividade: se eu caminhava, tentava-se me obrigar a deitar, e, se eu me deitava, era expulso da cama. Os raios pareciam não compreender que um homem que realmente existe afinal *precisa estar em algum lugar*. Por causa da necessidade de se deixar atrair pelos meus nervos, eu me tornara um homem incômodo para os raios (para Deus), qualquer que fosse o lugar ou posição em que me encontrasse ou a atividade de que me ocupasse. Não se queria admitir que isso acontecia sem culpa minha, e se estava sempre dominado pela tendência a inverter a questão da culpa por meio do "representar".[74]

Com o presente capítulo creio ter dado uma descrição mais ou menos completa dos milagres que fui levado a considerar os *mais essenciais*, dado o seu caráter ameaçador. Na sequência do meu trabalho terei oportunidade de mencionar uma série de outros milagres (parte em meu corpo, parte em objetos do meu ambiente imediato) que já aconteciam naquela época, paralelamente aos milagres já comentados, ou que se sucederam a esses, mas de natureza menos ameaçadora.

[161]

---

74 Quanto a mim, sou suficientemente imparcial para não falar de uma culpa moral, no sentido habitual (conforme o que se observa no final do capítulo 5, bem como no fim da segunda série de suplementos). O conceito de culpa ou de pecado é um conceito humano, que no seu sentido próprio não se aplica às almas, devido à sua natureza, diversa da dos homens. Não se pode exigir das almas as virtudes *humanas* da perseverança, capacidade de abnegação etc.

12.
Conteúdo da conversa das vozes. "Concepção das almas". Língua das almas. Continuação das experiências pessoais

[162] Como foi observado no capítulo 9, já naquela época a conversa das vozes consistia predominantemente de um fraseado vazio, feito de expressões monótonas que se repetiam de modo cansativo, que além disso traziam cada vez mais a marca da falta de acabamento gramatical devido à omissão de palavras e até mesmo de sílabas. No entanto, havia então ainda um certo número de locuções das quais vale a pena falar em detalhe, porque lançam uma luz interessante sobre todo o modo de representação das almas, sobre sua concepção da vida e do pensamento humanos. Dessas locuções faziam parte, em particular, aquelas que — aproximadamente desde a época da minha estada na clínica de Pierson — me conferiam a denominação de "príncipe dos infernos". Inúmeras vezes, por exemplo, disse-se: "A onipotência de Deus decidiu que o príncipe dos infernos deve ser queimado vivo", "O príncipe dos infernos é responsável pela perda de raios", "Proclamemos vitória sobre o príncipe dos infernos vencido"; mas depois uma parte das vozes dizia: "É Schreber, não Flechsig, o verdadeiro príncipe dos infernos" etc.

Quem, na minha vida pregressa, teve oportunidade de me conhecer e de observar meu temperamento frio e ponderado, certamente acreditará que eu jamais chegaria, por mim mesmo, a pretender ter uma designação

[163] tão fantástica como a de "príncipe dos infernos", ainda mais que isso contrastava de modo tão singular com a pobreza das minhas condições externas de vida, com as inúmeras limitações de liberdade que eu sofria etc. Nas condições do meu ambiente certamente não havia o menor sinal de inferno, nem de situação principesca. Na minha opinião, a expressão "príncipe dos infernos", que apenas por equívoco foi empregada em relação a mim, originariamente tem como base uma abstração.

Nos reinos de Deus deve ter prevalecido desde sempre a consciência de que a Ordem do Mundo, por mais grandiosa e magnífica que fosse, não deixava de ter o seu tendão de aquiles, à medida que a força de atração dos nervos humanos ocultava em si um germe de perigos para os reinos de Deus. Esses perigos podem ter parecido mais ameaçadores em certos momentos, quando em um lugar qualquer da Terra ou em outros corpos cósmicos se observava um predomínio do nervosismo ou da podridão moral. Para poder ter uma representação mais clara dos perigos, parece que as almas, como acontecia na infância dos povos, eram levadas a uma personificação, procurando aproximar do seu entendimento a ideia de divindade através de imagens de ídolos. O "príncipe dos infernos" era, portanto, provavelmente para as almas aquele poder sinistro que teria se desenvolvido como uma força inimiga de Deus a partir de uma decadência moral da humanidade ou de uma excessiva excitação dos nervos, em consequência do excesso de civilização. Esse "príncipe dos infernos" agora, de repente, parecia ter se tornado realidade na minha pessoa, depois que a força de atração dos meus nervos tinha assumido formas cada vez mais irresistíveis. Via-se, portanto, em mim, o inimigo a aniquilar por todos os meios da potência divina; não se queria reconhecer que, pelo contrário, eu era o melhor amigo dos raios puros, os únicos de que eu ainda podia esperar a minha cura ou qualquer outra solução satisfatória do conflito. Aparentemente se estava mais inclinado à ideia de dividir o próprio poder com as almas impuras ("provadas") — que eram os verdadeiros inimigos de Deus — do que à ideia de se encontrar em um sentimento de dependência de um único homem, do qual em outras circunstâncias teria se afastado, com a orgulhosa consciência de ser uma potência invencível. [164]

Um outro grupo de locuções, que incluíam um certo significado concreto, compreendia aquelas em que se falava da "concepção das almas". Também aqui havia, na base, pensamentos em si mesmos notáveis e válidos. A concepção das almas, no seu significado original, é, na minha opinião, *a representação um tanto idealizada que as almas faziam da vida e do pensamento humano*. As almas eram justamente os espíritos defuntos de antigos humanos. Como tais, elas se interessavam vivamente não apenas pelo seu próprio passado humano, mas também pelo destino de seus parentes e amigos que ainda viviam na Terra e por tudo o mais que se passava na humanidade, tomando conhecimento dessas coisas tanto através da conexão nervosa quanto, no que diz respeito às impressões exteriores, através de uma visão direta (ver capítulo I). Elas configuraram em expressões verbais mais ou menos determinadas certas regras e concepções de vida.

Quero citar aqui, como exemplo, apenas algumas dessas frases. "Não pensar em certas partes do corpo" dizia uma regra de vida que evidentemente expressava o pensamento correspondente à concepção normal e sadia do homem, que não é levado a pensar em determinadas partes do corpo a não ser em caso de alguma sensação de dor. "Não à primeira solicitação" dizia uma outra regra, que queria dizer que um homem sensato não deve se deixar levar por qualquer impulso momentâneo a agir nesta ou naquela direção. "Uma ação começada deve ser terminada" era a forma em que se expressava o pensamento de que o homem deve levar ao termo estabelecido aquilo a que se propõe, sem se deixar impedir por influências que venham a dificultar seus objetivos etc.

[165]

No processo de pensamento do homem se distinguiam "pensamentos de decisão" — que dirigiam os impulsos da vontade do homem ao exercício de uma determinada atividade —, "pensamentos de desejo", "pensamentos de esperança" e "pensamentos de temor". Como "pensamento de reflexão" definia-se o fenômeno, que também talvez seja conhecido pelos psicólogos, segundo o qual o homem é frequentemente levado a transformar a direção da determinação da vontade à qual se mostra inclinado num primeiro momento no seu contrário radical, ou a modificar parcialmente essa direção, por causa de considerações ulteriores que *espontaneamente ocasionaram o aparecimento de motivos de dúvida*. "O pensamento humano de recordação" — assim era chamado aquele outro fenômeno no qual o homem sente involuntariamente a necessidade de imprimir mais fortemente na sua consciência um pensamento importante qualquer por ele apreendido, repetindo-o imediatamente em seguida. Formas bastante características do "pensamento humano de recordação", que permitem reconhecer como são profundas as suas bases no pensamento e na sensibilidade do homem, são, por exemplo, na poesia, o estribilho (refrão), e aparecem também na composição musical, em que uma determinada sequência de tons, que, por assim dizer, encarna a ideia de beleza agradável à sensibilidade humana, retorna no mesmo trecho musical não apenas uma vez, mas chega à própria repetição. Na "concepção das almas" ocupavam um lugar bastante amplo as representações referentes às relações entre os dois sexos e ao tipo de atividade e orientação do gosto de cada um deles. Assim, por exemplo, a cama, o espelho de mão e o ancinho constavam como femininos, a cadeira de palha e a caneca, como masculinos, jogos como o de xadrez, como masculino, o de damas, feminino etc.

[166]

As almas sabiam com precisão que o homem se deita de lado e a mulher de costas (num certo sentido, como "parte que está por baixo" — sempre na posição que lhe corresponde na cópula); eu, que nunca em minha vida pregressa tinha prestado atenção nisso, fiquei sabendo dessas coisas através das almas. De acordo com o que leio a respeito disso, por exemplo, na *Ginástica médica de salão*, de meu pai (23ª edição, p. 102), parece que nem mesmo os médicos estão bem informados a esse respeito. Além disso, as almas sabiam que a sensualidade masculina é excitada pela visão da nudez feminina, mas não o contrário, ou apenas em uma medida muito mais reduzida a sensibilidade feminina é excitada pela visão da nudez masculina; a nudez feminina, na verdade, atua como excitante igualmente para *ambos os sexos*. Assim, por exemplo, a visão de corpos masculinos despidos em um espetáculo de natação deixará o público feminino presente relativamente frio do ponto de vista sexual (razão pela qual a admissão de um público feminino, o que é muito justo, não é considerada atentatória à moral, como seria o caso da presença de homens em espetáculos de natação feminina); já uma representação de balé provoca uma certa excitação sexual em *ambos os sexos*. Não sei se esses fenômenos são conhecidos em círculos mais amplos, nem se são considerados verdadeiros. De minha parte, depois das observações feitas desde aquela época, e segundo o que me ensina o comportamento dos meus próprios nervos da volúpia, não posso ter a menor dúvida sobre a exatidão desses processos, de acordo com a concepção das almas. Naturalmente, estou consciente de que o comportamento dos meus próprios nervos da volúpia (femininos) por si só não é uma prova, dado que excepcionalmente eles se encontram justamente num corpo masculino.

Quanto às peças do vestuário (a "armadura", como diz a expressão da língua fundamental), a diferenciação entre o masculino e o feminino era, quanto ao essencial, evidente por si mesma; as botas pareciam ser um símbolo particularmente característico da masculinidade. "Tirar as botas" era por isso uma [167] expressão que queria dizer aproximadamente a mesma coisa que emasculação.

Essas breves observações devem ser suficientes para dar uma ideia aproximada do conceito ligado à expressão "concepções das almas", conforme o seu significado original. Devo esses esclarecimentos — que de resto me foram dados nos primeiros tempos da minha doença — em parte a comunicações explícitas, em parte a outras impressões obtidas no contato com as almas. Desse modo cheguei a intuições sobre o processo de pensamento humano e suas sensações que muitos psicólogos poderiam invejar.

Mais tarde, as locuções da "concepção das almas" passaram a ter um significado bem diverso. Decaíram para meras flores de retórica, com as quais a necessidade de falar se satisfazia na falta total de pensamentos próprios (ver capítulo 9). "Não se esqueça de que está ligado à concepção das almas" e "Em suma, isso já foi demais para a concepção das almas" eram frases vazias que retornavam constantemente, com as quais fui e ainda sou atormentado, durante anos, frases repetidas milhares de vezes, de modo quase insuportável. A última frase, resposta regularmente recorrente quando não se sabe acrescentar nada a algum pensamento novo que surja em mim, pelo mau gosto do estilo demonstra a decadência a que se chegou; a verdadeira língua fundamental, isto é, a expressão dos verdadeiros sentimentos das almas na época em que ainda não havia frases decoradas, caracterizava-se por uma nobre distinção e simplicidade.

Por motivos de contexto, só no próximo capítulo poderei mencionar al-[168] gumas outras frases que possuem um conteúdo objetivamente significativo.

Como já foi observado no final do capítulo 10, minhas *condições externas de vida*, desde a primeira metade de 1895, aproximadamente, tinham se tornado mais toleráveis, pelo menos em muitos aspectos. O mais importante era o fato de que, de um modo ou de outro, comecei a me ocupar. Ainda recusava, no entanto, uma correspondência com meus parentes, em particular com minha esposa, coisa a que o enfermeiro M. algumas vezes tentava me induzir. Não acreditava ainda em uma humanidade verdadeira fora do sanatório, considerando todas as figuras humanas que via, inclusive por um breve tempo minha esposa, quando vinha me visitar, como "feitas às pressas", de modo que a pretensão de escrever cartas seria uma mera farsa da qual eu não queria participar. Por outro lado, a partir dessa época algumas vezes tive oportunidade de jogar xadrez (com outros pacientes ou com enfermeiros) e de tocar piano. Depois de ter tocado piano no salão ou na biblioteca, uma ou duas vezes, por ocasião de visitas de minha esposa na primavera de 1895, foi instalado no meu quarto um piano para meu uso exclusivo. O sentimento que experimentei ao retomar essa atividade, que me era tão cara quando tinha boa saúde, só posso expressar melhor citando o *Tannhäuser*: "Um denso olvido foi cavado entre ontem e hoje. Toda minha lembrança rapidamente desapareceu e só uma coisa não posso deixar de recordar: *que perdera já toda a esperança de vos saudar e de erguer para vós o meu olhar*".

No sanatório de Flechsig, a insistentes pedidos de minha esposa algumas vezes toquei ao piano uma ária do "Messias", de Haendel, cuja partitura ali se encontrava por acaso. "Sei que meu Redentor está vivo." Meu estado era tal que eu o fiz com a clara suposição de que era aquela a última vez [169] que meus dedos roçavam as teclas do piano. Desde que recomecei a jogar xadrez e a tocar piano, estas têm sido no sanatório minhas duas principais atividades durante todos os cinco anos transcorridos desde então. Tocar piano, particularmente, me foi de um valor inestimável, e ainda o é até hoje; devo dizer que mal posso imaginar como poderia ter suportado a coação a pensar com todos os seus fenômenos secundários durante esses cinco anos se não tivesse podido tocar piano. Enquanto toco piano, a tagarelice desvairada das vozes que falam comigo fica abafada —[74[a]] trata-se, ao lado dos exercícios físicos, de uma das formas mais adequadas do chamado pensamento de não pensar em nada,* do qual se queria me privar, enganando-me, pretendendo que se tratava do pensamento musical de não pensar em nada, como se dizia na língua das almas. Ao mesmo tempo, os raios recebem sempre pelo menos uma impressão visual das minhas mãos e das teclas que toco, e finalmente, por causa do sentimento que se pode imprimir ao tocar piano, fracassa toda e qualquer tentativa de uma "representação", através da moldagem do estado de ânimo e coisas do gênero. Por isso, desde então e até hoje, tocar piano tem sido um dos principais alvos de maldição.

As dificuldades que se me opuseram desafiam qualquer descrição: paralisia dos dedos, modificação da orientação do olhar para que eu não pudesse achar as notas certas, desvio dos dedos para teclas erradas, aceleração do ritmo através de uma movimentação prematura dos músculos dos dedos etc. eram e são ainda fenômenos cotidianos. Frequentemente o próprio piano tinha suas cordas arrebentadas por milagre: no ano de 1897 a conta [170] das cordas rompidas chegou a nada menos que 86 marcos.

Esse é um dos poucos pontos através do qual acredito poder fornecer também para os outros homens uma prova convincente da realidade dos milagres por mim afirmados. Observadores superficiais talvez pudessem tender a supor que o culpado pelas cordas rompidas seria eu mesmo, por tocar o piano de maneira desastrada; minha esposa, por exemplo, se manifestou

---

74[a] [Na edição original ocorre repetição na numeração das notas.] Dado que nem sempre se pode tocar piano, os mesmos serviços me são prestados pelo relógio de carrilhão e pela gaita (para tocar no jardim) que muito recentemente (primavera de 1900) mandei vir através da minha família.   * *Pensamento de não pensar em nada*: nome dado ao não pensar ou à pausa na atividade do pensamento. [N.T.]

várias vezes nesse sentido, talvez correspondendo à opinião expressa pelos médicos. Pelo contrário, afirmo — e estou convencido de que qualquer perito me dará razão — que as cordas do piano *não podem de modo algum arrebentar simplesmente* batendo nas teclas, mesmo que seja com muita violência. Os pequenos martelos que se ligam às teclas e batem levemente nas cordas não podem jamais exercer sobre estas uma violência tal que seja capaz de rompê-las. Se uma pessoa qualquer, mesmo com um martelo ou um pedaço de pau, tentar bater à vontade nas teclas, conseguirá talvez destruir o teclado, mas não conseguirá jamais fazer saltar uma corda. O fato de nos últimos anos as cordas se romperem mais raramente — de vez em quando ainda acontece — se explica simplesmente porque a atitude dos raios (de Deus) para comigo se tornou um pouco menos hostil (a respeito disso falaremos mais adiante), graças à volúpia de alma cada vez maior, e também porque os raios recentemente, em virtude de outras circunstâncias ainda mais desagradáveis para eles (raios), particularmente os chamados "urros", viram-se forçados a ver no som do piano um dos modos mais agradáveis de passar o tempo para todas as partes interessadas.

[171] A esse respeito não posso deixar de recordar um outro fenômeno milagroso, que, aliás, de fato faz parte de um período anterior, e que mesmo para mim, que vi tanta coisa prodigiosa, pertence às coisas mais enigmáticas que jamais vivi. Lembro-me de que um dia, ainda no período da minha imobilidade (portanto, no verão ou outono de 1894), foi feita a tentativa de fazer entrar no quarto, por milagre, um piano de corda inteiro (marca Blutner); tratava-se, aparentemente, de um milagre de Von W. Estou plenamente consciente da loucura implícita nessa comunicação, e por isso mesmo preciso antes indagar se não sofri uma ilusão dos sentidos. No entanto há circunstâncias que tornam pelo menos muito difícil essa hipótese. Lembro exatamente que o fenômeno aconteceu à luz do dia, estando eu sentado na cadeira ou no sofá; vi claramente surgir diante de mim a superfície marrom polida do piano de cauda (a pouquíssimos passos de distância). Infelizmente, na época eu tinha uma atitude de recusa diante de fenômenos milagrosos; não queria saber de milagres, que me repugnavam, ainda mais que na época eu tornara um dever meu a total passividade. Mais tarde, às vezes deplorei não ter favorecido ("ter tranquilizado", como dizia a expressão na língua fundamental) o milagre, para ver se ele realmente se completaria. Era e de fato é uma regra quase sem exceção que todos os milagres falham ou pelo menos se tornam muito difíceis se oponho a eles

a minha vontade decidida. Por isso não posso decidir o quanto de circunstância objetiva houve no referido acontecimento; se realmente se tratou de uma ilusão dos sentidos, então foi uma ilusão de um tipo extremamente singular, dada a proximidade imediata do objeto que eu supostamente vi.

Durante os passeios no jardim, bem como no quarto, foram e ainda são até hoje praticados quase diariamente contra mim milagres de frio e calor, ambos no sentido de me impedir o natural bem-estar do corpo que nasce [172] da volúpia de alma: assim, por exemplo, por milagre esfriar os pés e esquentar o rosto. O fenômeno fisiológico, em minha opinião, consiste no fato de que no milagre do frio o sangue reflui das extremidades, provocando uma sensação subjetiva de frio, e ao contrário, no milagre do calor, o sangue é impelido para o rosto e para a cabeça, *onde* o frio seria o estado correspondente ao bem-estar generalizado. Como desde a juventude me acostumei a suportar bem o calor e o frio, esses milagres me incomodaram muito pouco, a não ser quando, deitado na cama, os meus pés eram resfriados por milagre, o que aconteceu inúmeras vezes. Ao contrário, muitas vezes eu mesmo precisei procurar o frio e o calor. Particularmente durante os primeiros anos da minha internação atual, quando a volúpia de alma ainda não tinha atingido o grau a que chegou agora, este era um recurso necessário para desviar os raios para as partes resfriadas do corpo, em especial para os pés e para as mãos, protegendo a cabeça da influência prejudicial que se almejava. Muitas vezes acontecia no inverno de eu ficar por minutos inteiros com as mãos encostadas nas árvores geladas ou apertá-las contra bolas de neve a ponto de quase enrijecê-las.

Pela mesma razão, durante um certo período (na primavera ou outono de 1895), muitas vezes durante a noite pus os pés para fora da janela através das grades, para expô-los à chuva fria; enquanto eu fazia isso, os raios não conseguiam atingir a cabeça, que naturalmente era o que mais me importava e, à parte a sensação de estar com os pés gelados, eu me sentia perfeitamente bem.[75] Creio poder supor que esse meu comportamento de algum [173] modo tenha chegado aos ouvidos dos médicos e que por isso deu ocasião a um procedimento que suscitou ao máximo a minha contrariedade. Fui

---

75 Pelas razões indicadas, também o efeito de uma ducha fria — que pude tomar uma única vez na sala de banhos — foi verdadeiramente maravilhoso. Subitamente, me vi desse modo completamente curado e, naturalmente por um breve tempo, liberado de todos os fenômenos milagrosos que atingiam minha cabeça e outras partes do corpo.

removido por alguns dias dos cômodos que eu habitualmente ocupava e ao voltar descobri que tinham mandado instalar na janela do quarto pesados postigos de madeira que eram fechados durante a noite, de modo que a partir daí reinou total escuridão no meu quarto; e mesmo de manhã a luz do dia praticamente não penetrava nele. Naturalmente os médicos não tinham a menor ideia de quanto esse procedimento atingia a minha autodefesa, de resto já extremamente difícil, contra as intenções de destruir o meu entendimento. Por outro lado, compreende-se que eu estivesse tomado de uma profunda amargura, que durou ainda muito tempo.

Considerando a missão que me fora dada, de a todo momento convencer Deus, que não conhecia o homem vivo, da existência intacta da minha força intelectual, a luz necessária a qualquer atividade humana era para mim algo tão indispensável como o pão de cada dia. Cada privação de luz, cada prolongamento da escuridão natural, significava, portanto, para mim, um enorme agravamento da minha situação. Não quero discutir com os médicos se o procedimento aplicado contra mim devia ou não ser considerado necessário do ponto de vista puramente humano, com o objetivo de proteger a minha saúde contra as consequências de ações inadequadas. Mesmo aqui não posso reprimir a observação de que a relação entre meios e fins não parecia estar em justa proporção. O que poderia me acontecer de pior, [174] a não ser pegar um resfriado? Contra o perigo de cair da janela, as grades de ferro já ofereciam uma proteção perfeita, e diante do simples perigo de um resfriado talvez se devesse esperar para ver se a necessidade de calor que surge naturalmente não teria me afastado de uma exposição exagerada à abertura da janela. Mas esses não eram nem são para mim os únicos pontos decisivos. O essencial era que eu só podia ver nos médicos instrumentos nos quais os nervos provocavam as decisões dos raios divinos, de modo a promover os planos de destruição do meu entendimento, naturalmente sem que os médicos tivessem disso uma consciência subjetiva, agindo puramente com base em considerações humanas. Mesmo atualmente devo ainda manter essa concepção, uma vez que cada palavra que me é dirigida, não apenas pelos médicos, mas também por outras pessoas, está sob influência divina, dada a relação que observo entre isso e o material de transcrição, que conheço bem — como talvez mais adiante tente esclarecer. Ao escrever estas linhas, não pretendo de modo algum levantar recriminações quanto ao passado. Não nutro nenhuma espécie de rancor contra ninguém pelo que me aconteceu em tempos passados; a maior parte de tudo isso, felizmente, já está superada, mesmo nas suas consequências. Mas achei que devia falar mais pormenorizadamente da questão das janelas para tornar compreensível a profunda desconfiança que me dominou durante anos com relação aos médicos, da qual eles também talvez tenham encontrado alguns sinais no meu comportamento.

Os mencionados postigos das janelas (os únicos na ala em que eu morava no sanatório) ainda existem, mas não são mais fechados já há muito tempo. Postigos desse tipo só se encontram nas celas para loucos furiosos no andar térreo e no primeiro andar da *ala circular* do sanatório. Como relatarei mais adiante, dormi durante dois anos (1896-8) em várias dessas celas, nas quais o mal-estar produzido pela escuridão era, se isso fosse possível, ainda pior para mim. [175]

13.
Volúpia de alma como fator de atração. Fenômenos resultantes

[176] Um capítulo importante da história da minha vida e, em particular, da minha própria concepção do modo de prever o futuro registra-se no mês de novembro de 1895. Lembro-me ainda claramente desse momento; coincidiu com uma série de belos dias do fim de outono, quando em todas as manhãs havia densa névoa sobre o Elba. Nessa época, os sinais de feminização apareciam tão intensamente no meu corpo que eu não podia mais deixar de reconhecer a finalidade imanente para a qual caminhava toda essa evolução. Nas noites imediatamente anteriores talvez se tivesse chegado a uma verdadeira retração do membro genital viril se eu, movido ainda pelo sentimento de hombridade, não acreditasse dever opor a isso minha vontade decidida — tão perto se tinha chegado de completar o milagre. De qualquer modo, a volúpia de alma se tornara tão forte que eu tinha primeiramente nos braços e nas mãos, depois nas pernas, no peito, nas nádegas e em todas as demais partes do corpo, a impressão de um corpo feminino. Reservo para um capítulo posterior o relato dos pormenores a esse respeito.

[177] Alguns dias de observação contínua desses fenômenos bastaram para determinar em mim uma total modificação na direção da minha vontade. Até então, eu sempre contara com a possibilidade de acabar precisando pôr um fim à minha vida por meio do suicídio, caso não sucumbisse antes a um daqueles numerosos milagres ameaçadores; além do autossacrifício, só parecia restar, no domínio do possível, alguma outra saída de um tipo terrível, jamais verificado entre os homens. Mas a partir daí tive a absoluta convicção de que a Ordem do Mundo exigia imperiosamente de mim a emasculação, quer isso me agradasse pessoalmente ou não e, portanto, *por motivos racionais*, nada mais me restava senão me reconciliar com a ideia de ser transformado em mulher. Naturalmente, a emasculação só poderia ter como consequência uma fecundação por raios divinos com a finalidade de

criar novos homens. Essa mudança na orientação da minha vontade foi facilitada pelo fato de que eu naquela época não acreditava ainda em uma humanidade real, existente fora de mim, mas considerava todas as figuras humanas que via apenas como "feitas às pressas", de modo que não era o caso de cogitar qualquer espécie de vergonha por causa da emasculação. É claro que aqueles raios que partiam da intenção de me "deixar largado" e, com esse objetivo, de destruir meu entendimento, não perderam a ocasião de apelar imediatamente — e de um modo hipócrita — para o meu senso de honra viril; uma das locuções inúmeras vezes repetidas desde então, a cada manifestação da volúpia de alma, dizia: "Não se envergonha diante de sua esposa?", ou, de um modo ainda mais vulgar: "Eis um presidente da Corte de Apelação que se deixa f...". Mas, por mais que essas vozes fossem revoltantes mesmo para mim, e por mais frequentes que fossem as oportunidades de exprimir de algum modo a minha justa indignação, nas milhares de vezes em que essas locuções se repetiram, com o tempo não me deixei mais confundir no comportamento, que daí por diante eu reconhecera como necessário e salutar para todas as partes: para mim e para os raios.   [178]

A partir de então, inscrevi em minha bandeira, com plena consciência, o culto da feminilidade e, à medida que a consideração pelo ambiente o permita, continuarei a fazê-lo, pensem de mim o que quiserem aqueles a quem escapam as razões sobrenaturais. Gostaria de ver qual o homem que, tendo de escolher entre tornar-se um idiota com aparência masculina ou uma mulher dotada de espírito, não preferiria a última alternativa. Mas é desse modo e *apenas desse modo* que a questão se coloca para mim. O exercício da minha antiga profissão, à qual eu me dedicava com toda a minha alma, qualquer outro objetivo da ambição masculina, qualquer outra valorização da minha energia intelectual a serviço da humanidade, agora, dado o rumo que as coisas tinham tomado, tudo isso me fora subtraído; até mesmo o contato com minha esposa e meus parentes, com exceção de eventuais visitas e trocas de cartas, me foi suprimido.[75b] Sem me preocupar com o julgamento dos outros, permito-me tomar como guia um sadio egoísmo, que justamente me prescreve o culto da feminilidade de um modo que

---

75b (Adendo de março de 1903) Também o presente capítulo, como se percebe pelo conteúdo, foi escrito no tempo da minha total reclusão dentro dos muros de Sonnenstein; por isso hoje, embora as ideias fundamentais permaneçam inteiramente corretas, eu mudaria algumas coisas nos detalhes.

depois descreverei mais precisamente. Só assim consigo proporcionar ao meu corpo durante o dia um estado suportável e à noite, pelo menos em certa medida, obter o sono necessário à recuperação dos meus nervos; *a volúpia muito intensa acaba por conduzir ao sono* — e talvez isso seja um fato conhecido pela ciência médica. Comportando-me desse modo, sirvo ao [179] compreensível interesse dos raios e, portanto, ao do próprio Deus. Assim que permito que Deus fique à vontade em sua política, que se move sempre em direção adversa, dado que ele parte do pressuposto equivocado da destrutibilidade do meu entendimento, perseguindo então objetivos contrários à Ordem do Mundo. Essa atitude — como me demonstra uma incontestável experiência de muitos anos — só leva a um tumulto idiota no meu ambiente, que consiste principalmente de loucos. Mais adiante poderei comunicar mais pormenores a esse respeito.[76]

Na mesma época em que cheguei a mudar minhas concepções do modo que descrevi anteriormente, realizou-se — pelos mesmos motivos — uma reviravolta fundamental nas relações celestes. A dissolução dos raios no meu corpo, condicionada à força de atração (nervos divinos destacados da massa total), significava para esses nervos o fim de sua existência autônoma, portanto algo equivalente àquilo que a morte representa para o homem. Era, portanto, natural que Deus mobilizasse todos os meios para escapar ao destino de sucumbir no meu corpo, juntamente com as demais partes da massa total, não fazendo a menor questão de levar em consideração os meios para fazê-lo. *Mas a atração perdia o caráter apavorante para os nervos em questão se, e à medida que, ao penetrarem no meu corpo, nele encontravam a sensação de volúpia de alma,* da qual por seu turno eles tomavam parte. Encontravam então no meu corpo um substituto de valor igual [180] ou aproximado à sua perdida beatitude celeste, que também consistia num gozo de tipo voluptuoso (ver capítulo I).

---

76 Aqui se impõe para mim uma discrição particular, especialmente com relação à minha esposa, para com a qual conservo inteiramente intacto o meu antigo afeto. É possível que a esse respeito eu tenha cometido alguns erros, falando ou escrevendo de maneira excessivamente franca. Minha esposa, naturalmente, não pode compreender inteiramente o curso das minhas ideias; ela não pode deixar de ter grande dificuldade em continuar a me dedicar o mesmo afeto e o mesmo respeito de antes, ao ouvir dizer que me ocupo da ideia da minha iminente transformação em mulher. Posso lamentá-lo, mas não modificá-lo; mesmo aqui, devo me precaver contra qualquer falso sentimentalismo.

Ora, o sentimento da volúpia de alma nem sempre estava presente no meu corpo com a mesma intensidade; chegava ao seu pleno desenvolvimento só quando as partes da alma de Flechsig e as demais partes das almas "provadas" ficavam *na frente*, produzindo assim uma unificação de todos os raios. Mas, como tinha se criado, através da ligação às terras (ver capítulo 9), a necessidade de se retirar de tempos em tempos — e isso valia igualmente para as almas provadas —, alternavam-se períodos em que a volúpia de alma não se fazia presente ou se apresentava apenas em um grau muito mais fraco. A isso se liga simultaneamente uma certa periodicidade na manifestação dos sinais de feminilidade no meu corpo, sobre a qual falarei mais posteriormente. Ainda assim, em novembro de 1895, depois que o afluxo ininterrupto de nervos divinos já tinha durado bem mais de um ano, num certo momento a volúpia de alma chegou a se apresentar de modo tão abundante que uma parte dos raios começou a tomar gosto pela penetração no meu corpo. Isso se observou inicialmente no deus inferior (Ariman) — em certo sentido identificado com o Sol, como consta no capítulo 7 —, o qual, estando *mais próximo*, participava em grau consideravelmente mais elevado que o deus superior (Ormuzd), que ficava a uma distância muito maior.

Até a reviravolta ocorrida em novembro de 1895, evidentemente só existiu uma relação mais íntima com Flechsig — tanto como homem quanto como "alma provada" — da parte do deus inferior (Ariman), de modo que, para manter a hipótese de uma conjuração do tipo descrito no capítulo 2, a participação nessa conjuração devia se estender no máximo até o deus inferior (Ariman). O deus superior, até o momento em questão, mantivera uma atitude mais correta, mais de acordo com a Ordem do Mundo, e portanto [181] no geral bastante amistosa para comigo. A partir de então a situação se inverteu completamente. O deus inferior (Ariman), que, como foi dito, não desgostava tanto assim de se dissolver com uma parte dos seus nervos no meu corpo em virtude da volúpia de alma que experimentava quase sempre nessas ocasiões, rompeu as relações íntimas que pareciam existir até então entre ele e a alma "provada" de Flechsig; essa alma, que na época ainda conservava uma grande parte de sua inteligência, fez então uma espécie de aliança com o deus superior, que passou a dirigir sua hostilidade contra mim. No essencial, essa inversão das relações entre as partes se manteve até hoje.

Desde então, a atitude do deus inferior para comigo permaneceu, no geral, sempre amigável, e a do deus superior, bem mais hostil. Isso se manifestava *em parte* na natureza dos milagres de ambos — os milagres do deus inferior assumiram, com o correr do tempo, cada vez mais o caráter de uma travessura inocente, como se descreveu no capítulo II — e *em parte* na direção tomada pela conversa das vozes provenientes de cada um dos lados. As vozes que provinham do deus inferior — na verdade, não mais a *autêntica* expressão de um sentimento imediato, mas uma mixórdia de frases decoradas — eram e são, pelo menos em *forma e conteúdo*, substancialmente diferentes das vozes do deus superior. Do *ponto de vista do conteúdo*, elas, pelo menos na sua maior parte, não são insultos ou expressões ofensivas manifestas, mas vêm a ser, por assim dizer, uma espécie de bobagens neutras (por exemplo, Davi e Salomé, salada e rabanete, montinhos de farinha etc.), e também na *forma* elas me aborrecem menos, à medida que se adaptam melhor ao direito natural do homem de não pensar em nada; com o tempo a gente se acostuma a permitir que passem pela cabeça essas expressões absurdas, do mesmo modo que as que estão indicadas entre parênteses, como formas do pensamento de não pensar em nada. Além disso, pelo menos nos primeiros anos depois da reviravolta descrita no presente capítulo, o deus inferior dispunha de um certo número de locuções que tinham um significado concreto e que em parte revelaram uma concepção bem correta (isto é, correspondente à minha) da causa do conflito, dos meios para resolvê-lo e do rumo que o futuro tomaria. Aqui também, como se disse, não se tratava da expressão de um sentimento autêntico nascido no momento, mas de um material de pensamento antecipadamente compilado, que se punha a falar dentro da minha cabeça de modo cansativo e monótono, através de vozes incompreensíveis (nos últimos tempos, particularmente, através de pássaros miraculados). Mas essas expressões tinham para mim um grande interesse à medida que eu pensava poder acreditar, através delas, que Deus não deixava de ter alguma compreensão das necessidades da Ordem do Mundo, como parecia ser o caso em outras percepções. Quero por isso comunicar aqui algumas dessas expressões.

[182]

Em primeiro lugar, em consequência do aumento crescente da volúpia de alma, foi-me anunciada a própria inversão no agrupamento dos partidos através da frase frequentemente repetida: "Formaram-se dois partidos". Depois, foi-me expressa de diversas formas a ideia de que toda a política que Deus seguia contra mim, tendo como alvo a destruição do meu entendimento, era uma política votada ao fracasso. Algumas frases eram bem genéricas, sem qualquer alusão pessoal, como: "Os conhecimentos e as capacidades não se perdem de modo algum" e "O sono deve vir"; ainda: "Todo absurdo (isto é, o absurdo de ler e falsificar pensamentos) se anula", e "Os êxitos duradouros estão do lado do homem". Outras expressões do deus inferior eram em parte endereçadas a mim, em parte — de certo modo faladas através da minha cabeça — endereçadas ao seu colega, o deus superior; do primeiro tipo era, por exemplo, a expressão já recordada: "Não se esqueça de que está ligado à concepção das almas"; do último, por exemplo, as frases: "Não se esqueça de que toda representação é um absurdo", ou "Não se esqueça de que o fim do mundo é uma contradição em si", "Agora vocês tornaram as condições atmosféricas dependentes do pensamento de um único homem", ou "Agora vocês tornaram impossível qualquer atividade sagrada" (isto é, através dos diversos milagres que tornavam difícil tocar piano, jogar xadrez etc.). Em alguns poucos casos, aliás raríssimos, chegava-se a ponto de admitir uma espécie de confissão da própria culpa, por exemplo: "Se ao menos *eu* não o tivesse posto entre os homens feitos às pressas", ou "Essas são as consequências da famosa política das almas", ou "Agora o que será desta maldita história", ou "Se parasse a maldita brincadeira com os homens". Vez por outra se fazia, *nestas palavras*, a confissão: "Falta-nos uma atitude", isto é, aquela atitude que deveríamos demonstrar diante de qualquer homem bom, até mesmo diante do pecador mais abjeto, conservando os meios de purificação, de acordo com a Ordem do Mundo. O deus inferior costumava, durante um certo tempo, exprimir o objetivo de toda essa evolução das coisas com a frase — gramaticalmente incompleta, como costuma acontecer na língua das almas — "Esperemos que a volúpia atinja um grau", isto é, um grau tal que os raios divinos percam o *interesse* em se retirar, resultando assim, automaticamente, numa solução concordante com a Ordem do Mundo. O deus inferior, mais ou menos simultaneamente, tinha também à disposição um certo número de outras expressões, que, por assim dizer, me deixavam de cabelo em pé, ou seja, que definiam como votados ao fracasso todos os meus esforços de afirmação do meu entendimento. Falava-se de "forças colossais" do lado da onipotência de Deus e da "resistência sem perspectiva" da minha parte; acreditava-se também que eu devia ser advertido de que, para Deus, a possibilidade de retirada é ilimitada, através da frequente repetição da frase: "Não se esqueça de que a eternidade não tem limites".

Evidentemente, em tudo o que já relatei sobre o comportamento anômalo do deus superior e do deus inferior, bem como sobre o material de

[183]

[184]

frases deste último, aparece um emaranhado inextricável de contradições. Mesmo para mim surgem dificuldades quase insuperáveis a cada tentativa que faço de resolver as contradições; uma solução realmente satisfatória só seria possível se se pudesse penetrar completamente na essência de Deus, o que não foi possível nem mesmo para mim, embora nesse campo, sem dúvida, eu tenha ido muito mais longe que os demais homens, dada a limitação das possibilidades humanas de conhecimento. Por isso quero apenas ousar fazer algumas tímidas observações a esse respeito, com todas as ressalvas que advêm da imperfeição do aparelho cognoscitivo do homem. Naturalmente, não posso de antemão pressupor que o deus superior esteja moral ou intelectualmente abaixo do deus inferior. Se no entanto, apesar disso, o último parece superar o primeiro, tanto no conhecimento correto do que é atingível quanto no sentimento sinfônico com a Ordem do Mundo, acredito que isso se deve atribuir *à maior distância* em que o deus superior se encontra em relação a mim em comparação com o deus inferior.

[185] A incapacidade de compreender o homem vivo como organismo é, aparentemente, comum ao deus inferior e ao deus superior, *enquanto estes se encontram à grande distância*; em particular, ambos parecem incorrer no erro, quase incompreensível para o homem, segundo o qual tudo o que parte dos nervos de um homem na minha situação — e que em grande parte é consequência da falsificação de pensamento operada pelos raios — soa para eles como algo que deve ser considerado manifestação da minha própria atividade de pensamento, e também no erro de considerar que qualquer interrupção, por passageira que seja, da atividade de pensamento e o estado que isso acarreta — durante o qual certos pensamentos formulados em palavras pelos nervos humanos não soam compreensíveis para os raios — significaria a extinção pura e simples das faculdades mentais do homem ou, como se costuma designar, com uma expressão humana francamente equivocada,[77] *o início da idiotia*.* Desse modo, Deus parece, em am-

---

77 Também nos débeis mentais não há naturalmente uma extinção total da atividade intelectual, mas uma diminuição ou modificação patológica dessa atividade, que se manifesta em graus muito variados.   * *Idiotia*: estado de total perda da inteligência, da memória e da razão, extremo limite negativo da escala de valores de Schreber. Deus exige dele permanentemente que forneça provas de que não sucumbiu à idiotia e por isso grande parte dos esforços de Schreber é dirigida à produção dessas provas, por meio dos mais variados expedientes (pensar sem cessar, contar números, falar línguas estrangeiras, recitar poemas, tocar piano etc.) [N. T.]

bas as suas formas, tender a acreditar erroneamente que a *língua dos nervos* derivada da vibração dos nervos (ver início do capítulo 5) deve ser considerada a verdadeira língua dos homens, de modo que aparentemente não se consegue distinguir em particular se aquilo que se percebe são as manifestações mentais de um homem que sonha ou de alguém que em plena consciência faz uso de sua capacidade de pensar — dado que também há uma certa excitação dos nervos no homem adormecido que sonha. Falo aqui naturalmente apenas do *meu caso*, isto é, do caso em que Deus, contrariando a Ordem do Mundo, entrou em um contato contínuo, ininterrupto, com um único homem. Todas essas representações[78] erradas, anteriormente mencionadas, parecem só desaparecer quando Deus se aproxima mais e então imediatamente se dá conta, pela minha conduta, por minhas atividades, em certos casos também pela linguagem com que me relaciono com os outros homens, de que se trata ainda do mesmo homem cujo espírito de modo algum está debilitado.

[186]

Por causa de certas qualidades inerentes à essência de Deus, parece ser impossível extrair para o futuro uma lição da experiência obtida desse modo. De fato, há anos se repetem exatamente do mesmo modo, dia após dia, os mesmos fenômenos; particularmente, a cada pausa da minha atividade de pensar (a aparição do chamado pensamento de não pensar em nada), a tentativa de retirada e a suposição de que eu já sucumbi à idiotia, que habitualmente se exprime com a frase tola: "Agora este aqui deveria (subentendido, pensar ou dizer), quero me resignar ao fato de que sou idiota", após o que, com uma monotonia sem graça como a de um realejo, recomeçam as demais locuções insípidas: "Por que você não diz (em voz alta)?" ou "Mas, claro, por quanto tempo ainda" (subentendido, a sua defesa contra o poder dos raios ainda terá sucesso) etc. etc., até que eu consiga de novo dedicar-me a uma atividade que testemunhe a existência intacta das minhas forças intelectuais.

---

78 Estas provavelmente se relacionam com o fato de que Deus, em circunstâncias de acordo com a Ordem do Mundo, só tinha relações com as almas que ou já tinham ascendido aos vestíbulos do céu ou ainda se encontravam em processo de purificação (ver capítulo 1) e, além disso, eventualmente com pessoas *adormecidas*, que, enquanto tais (durante o sono), naturalmente não faziam uso da linguagem sonora (humana). Mas na relação das almas entre si, a língua dos nervos, derivada da vibração dos nervos (e por isso na forma de um leve sussurro), era de fato a única forma de comunicação ou de intercâmbio de pensamentos.

Mesmo para mim é uma questão extremamente difícil esclarecer o fato de que Deus é incapaz de aprender com a experiência. Talvez se deva representar a coisa do seguinte modo: o conhecimento correto que se pode obter se comunica a cada momento, por assim dizer, apenas com as extremidades nervosas mais avançadas, que no momento, por isso mesmo, estão condenadas a se dissolver no meu corpo; ao contrário, o ponto distante a partir do

[187] qual é posta em ação a operação de retirada não participa dessa impressão, pelo menos em medida suficiente para determinar a sua vontade.[79] Exatamente por isso tenho muitas dúvidas sobre a importância prática do fato de o que deus inferior, como se explicou anteriormente, tenha coletado um certo número de pensamentos corretos daquela série de locuções que ele fez pronunciar dentro da minha cabeça pelas vozes que dele partem. Pois para mim esses pensamentos não têm nada de novo, e o deus superior, a quem são reveladas, *quanto à forma*, as verdades contidas neles, não está aparentemente em condições de assumi-los, isto é, de orientar sua ação prática em uma direção diferente daquela que já empreendeu. É possível, portanto, que o deus inferior, que sempre toma conhecimento dos dados corretos da situação mais cedo que o deus superior, se deixe simplesmente guiar pela ideia de que afinal alguma coisa tem de ser dita pelos raios (ver capítulo 9), e, assim sendo, é melhor que o conteúdo do que é falado — ainda que numa interminável repetição — consista em algo que soa como razoável, e não como uma bobagem ou vulgaridade grosseira. Eu mesmo, já de muito tempo para cá, tenho repe-

[188] tido em formulações escritas[80] o seguinte pensamento: "*Qualquer tentativa*

---

79 Poder-se-ia tentar também uma outra explicação. Poder-se-ia dizer: o aprendizado, isto é, a passagem de um grau inferior de saber para um grau superior é um conceito humano, que só se pode aplicar a seres potencialmente capazes de aperfeiçoamento do seu saber. No caso do meu ser, entre cujas qualidades se encontra, como para Deus, a onisciência, não se pode de modo algum falar de aprendizado. Essa explicação, contudo, parece-me um tanto sofista, dado que uma onisciência de Deus em sua plenitude absoluta, especialmente com relação ao conhecimento do homem vivo, justamente não existe.   80 Essas anotações estão contidas em pequenos blocos que reúno já há alguns anos e nos quais escrevi, na forma de pequenos estudos, com números progressivos e indicações de data, as reflexões sobre as impressões por mim recebidas sobre o desenvolvimento previsível das coisas no futuro etc. No caso, que considero provável, de que minhas *Memórias* — o presente trabalho — se tornem um dia importante fonte de conhecimento para construção de um sistema religioso inteiramente novo, encontrar-se-á nas anotações desses blocos um valioso complemento das minhas *Memórias*. Através deles se poderá ver como eu fui pouco a pouco chegando cada vez mais à compreensão correta das coisas sobrenaturais. Certamente, muitas dessas

de exercer uma influência educativa sobre o exterior deve ser abandonada por ser votada ao fracasso"; e todos os dias que se passaram desde aquele momento me confirmaram a veracidade dessa ideia. Mas, ao mesmo tempo, como já o fiz em oportunidades semelhantes, considero meu dever proteger o leitor contra equívocos que seriam naturais. Os homens de sentimentos religiosos, que sempre estiveram convencidos da ideia de uma onipotência, de uma onisciência e de uma bondade infinita de Deus, devem achar incompreensível que Deus agora, de repente, tenha de ser representado como um ser tão mesquinho, que possa ser superado espiritual e moralmente por um único homem. A isso devo responder, acentuando energicamente que a minha superioridade em ambas as direções só deve ser entendida *em sentido estritamente relativo*. Reivindico para mim uma tal superioridade *apenas à medida* que se trata de uma situação contrária à Ordem do Mundo, que se originou de uma conexão nervosa, contínua e indissolúvel com um único homem. Nesse sentido, eu sou a parte que tem uma visão mais profunda e ao mesmo tempo sou a melhor parte. Pois o homem conhece a sua própria natureza e, no meu caso, a isso se acrescenta o fato de que nesses anos todos de relacionamento com as almas cheguei também a conhecer o caráter das almas tão profundamente como nenhum outro homem antes de mim. Deus, ao contrário, não conhece o homem vivo e nem precisa conhecê-lo, conforme a concepção já demonstrada várias vezes. Isso não está de modo algum em contradição com o fato de que eu, em todos os demais aspectos, particularmente no que diz respeito às coisas suprassensíveis, como a origem e a evolução do universo, reconheço a eterna sabedoria e bondade de Deus.[81] [189]

No final deste capítulo deve ainda haver lugar para a observação de que hoje, decorridos quase cinco anos, a evolução das coisas chegou a um ponto

---

coisas serão incompreensíveis para os outros homens, pois fiz as anotações inicialmente só para tornar mais clara para mim mesmo toda essa situação, e portanto elas carecem, no momento, das explicações que seriam necessárias para outras pessoas. **81** Por mais cautelosamente que eu tenha me expressado antes a respeito de certas propriedades de Deus, acredito poder julgar com segurança a respeito de outras questões, que têm contado entre os problemas mais difíceis desde que existem homens pensantes. Refiro-me, em particular, à relação entre a onipotência divina e o livre-arbítrio humano, a chamada teoria da predestinação etc. Em consequência das revelações que me foram feitas e de outras impressões que obtive, essas questões são para mim, eu diria, claras como o próprio Sol. Dado o seu grande interesse, em algum lugar durante o prosseguimento do meu trabalho terei oportunidade de expor o conhecimento a que cheguei, pelo menos em suas linhas fundamentais.

tal que a partir de agora também o deus superior, quanto aos sentimentos que demonstra em relação a mim, chegou aproximadamente ao mesmo ponto de vista que o deus inferior já adotava, por ocasião da reviravolta descrita neste capítulo. Também os milagres do deus superior começam, pelo menos em parte, a assumir o caráter inofensivo que até agora era próprio dos milagres do deus inferior. Quero mencionar, só para acrescentar alguns exemplos: espalhar as cinzas do meu charuto em cima da mesa ou do piano, lambuzar a minha boca e minhas mãos com restos de comida durante as refeições e outras coisas desse gênero. É para mim uma satisfação o fato de que eu tenha, já há anos, previsto essa evolução das coisas. Como prova disso, reproduzo literalmente aqui a anotação que fiz a esse respeito em um dos meus aponta-

[190] mentos (nº 17, 8 de março de 1898) anteriormente citados:

> Inicialmente, apenas por *hipótese*, *exprimimos* a opinião de que talvez se chegue a um tempo em que até mesmo o Ormuzd posterior perca o interesse em perturbar a volúpia, do mesmo modo que de dois anos e meio para cá o Ariman posterior também o veio perdendo pouco a pouco, de modo que a volúpia interior, então transfigurada e enobrecida pela fantasia humana, ofereça um estímulo maior que a f...a exterior, contrária à Ordem do Mundo.

Para entender essa anotação, é necessário fazer algumas observações esclarecedoras. Ariman "posterior" e Ormuzd "posterior" é como eram chamados, respectivamente (não por mim, a princípio, mas pelas vozes), o deus inferior e o deus superior, quando e à medida que um deles era empurrado para o segundo plano pelos avanços da outra parte, o que se repete diariamente, inúmeras vezes. Por volúpia *interior* se entende a volúpia de alma que surge no meu corpo. A expressão "f...a" *exterior*, contrária à Ordem do Mundo, refere-se ao fato de que, segundo as minhas percepções, a incorporação de matérias putrefatas nos raios puros se liga também, para estes, a uma espécie de sensação voluptuosa. A escolha do termo "f...a" não se baseia em nenhuma espécie de tendência minha a expressões vulgares, mas deve-se ao fato de que milhares de vezes tive de ouvir da outra parte as palavras "f..." e "f...a", e por isso adotei essa expressão na anotação anteriormente reproduzida, por amor à concisão, mas num sentido invertido, isto é, com relação ao comportamento dos raios, contrário à Ordem do Mundo.

14.
"Almas provadas"; seu destino.
Experiências pessoais (continuação)

Ao lado dos acontecimentos descritos no capítulo anterior, ocorriam, em [191] parte na mesma época, em parte no primeiro e no segundo anos seguintes, ainda outras mudanças na situação celeste, que em si mesmas eram de pouca importância, mas que devem ser tratadas pelo menos sucintamente para que o relato seja completo. Trata-se principalmente do destino das "almas provadas". Essas almas, como foi mencionado, em consequência do fracionamento de almas foram numa certa época muito numerosas. Uma grande parte delas quase não se ocupava de mais nada a não ser dos chamados "movimentos de giro", uma manobra idealizada pela forma principal da alma de Flechsig cujo objetivo consistia em atacar por trás os raios divinos que avançam inocentemente, forçando-os assim à rendição. Tenho ainda clara na memória a imagem do fenômeno; abstenho-me de uma descrição mais pormenorizada; nem mesmo consigo mais dizer com certeza se o conjunto do fenômeno pertencia ao período anterior ou posterior à "ligação às terras".

De qualquer modo, finalmente o grande número de "partes de almas provadas" acabou por se tornar incômodo para a própria onipotência de Deus. Depois que eu mesmo já tinha conseguido atrair para mim uma parte considerável delas, um certo dia foi realizada pela onipotência de Deus uma grande *razzia* entre elas, que teve como consequência o fato de que a partir de então restaram da alma de Flechsig apenas uma ou duas formas e apenas [192] uma forma da alma de Von W. Esta última, mais adiante, parece ter até renunciado espontaneamente à "ligação"; ela então se instalou, durante um longo tempo — cerca de um ano —, principalmente na minha boca e nos meus olhos, mas me incomodava muito pouco, proporcionando-me até uma certa distração na medida em que eu mantinha com ela uma espécie de intercâmbio de pensamentos, no qual naturalmente eu era quase sempre

175

a parte que dava e a alma de Von W., a que recebia. Lembro-me, ainda, com certo divertimento, da impressão engraçadíssima que dava essa alma, que afinal ficara completamente sem pensamentos, limitada apenas a impressões visuais, quando, no momento em que eu me punha a procurar algum objeto nas imediações, ela de certo modo procurava junto comigo, isto é, olhava através dos meus olhos.[82] Por volta do ano de 1897, a alma de Von W. finalmente desapareceu por completo e de um modo que me passou despercebido. No fim, eu já estava tão acostumado à sua companhia que um dia, depois de não ter pensado mais nela durante muito tempo, ao tomar consciência do seu desaparecimento, me pus a tocar ao piano, em homenagem ao seu falecimento, a marcha fúnebre da *Heroica* de Beethoven.

A alma de Flechsig ainda existe até hoje, um resto miserável (ligada a algum lugar); mas tenho fundamento seguro para supor que ela já há muito tempo perdeu sua inteligência, isto é, tornou-se inteiramente carente de pensamentos, de modo que sua existência celeste, que ela conseguiu resistindo contra a onipotência de Deus, mal lhe proporciona alguma satisfação própria — mais uma vez, uma das brilhantes provas da Ordem do Mundo de que nada do que é criado para contradizê-la pode se sustentar de modo duradouro.

[193]

As antigas "almas provadas" — com uma exceção sem importância — com isso desapareceram de cena. Ao recordar esse acontecimento, não posso deixar de acrescentar algumas coisas sobre as definições em parte bastante estranhas que foram dadas a essas almas até o seu desaparecimento. Mesmo que isso seja de pouco interesse para os leitores, é para mim, no entanto, valioso reter na memória essas definições e conservar vivas as recordações, na maior parte terrificantes e pavorosas, que para mim ficam associadas a elas. Todo o conjunto da oposição contra a onipotência de Deus, constituída por partes das almas de Flechsig e Von W., bem como seus outros adeptos (entrões etc.), durante muito tempo se definiu como o partido do "se um dia, agora". Essa denominação tão insossa vinha do fato de que a alma de Flechsig se acostumara a responder sempre com um "se um dia, agora", irônico e indiferente a todas as perguntas sobre o que seria feito de toda a "maldita história" (já que pelo menos a onipotência de Deus parecia

---

82 Meus olhos tinham na época uma expressão peculiar, diria vítrea. Eu notava a presença de Von W. como uma espécie de massa aquosa que me recobria o globo ocular.

ter claro o fato de que se tratava de uma questão profundamente controvertida). Por sua vez, a resposta é bem típica do caráter das almas; pois elas, pela sua natureza, não conhecem nenhuma preocupação pelo futuro, contentando-se com o prazer do momento. Traduzido na linguagem humana, este "se um dia, agora" da alma de Flechsig deve ter mais ou menos o seguinte significado: "Que vá para o diabo a preocupação com o futuro, se eu estou bem no momento". Quando, finalmente, só restaram duas partes da alma de Flechsig, a mais distante foi, por essa razão, denominada Flechsig posterior, e a um pouco mais próxima, que, aliás, já se revelara desde antes de uma inteligência bem mais fraca, foi denominada o "partido do se um dia, agora" médio.

Já se mencionou a "putrefação do baixo-ventre", a propósito das partes de alma de Von W.; os nervos dessa alma eram os mais impuros e por isso [194] ela demonstrava para comigo a atitude mais infame e ao mesmo tempo uma ingênua insolência para com a onipotência de Deus, que se revelava por meio de certas locuções clássicas que não se adaptavam ao metro correspondente aos movimentos dos meus nervos nem aos costumes dos raios, como: "Num certo sentido, não dá mais para aguentar", "Com licença" etc. (esta última, quando ela tinha de ser desalojada de seu lugar). Ela ficava pendurada no meu quarto quando eu estava deitado, aparentemente bem na parede em frente. Havia uma alma bem parecida com ela, na baixeza das atitudes, a do chamado Von W. "do meio-dia", que tinha esse nome porque se dizia na época que ele se encarregava das refeições, em particular do almoço. Um caráter mais digno, em parte até sensato, embora às vezes inconstante, era demonstrado por duas outras formas da alma de Von W., a Von W. "certamente" e a Von W. "que droga", ambas assim chamadas por causa das respectivas expressões frequentemente utilizadas por elas. A expressão "que droga", particularmente, era um resíduo da língua fundamental, na qual as palavras "que droga, é difícil dizer isso" eram empregadas toda vez que vinha à consciência das almas algum fenômeno incompatível com a Ordem do Mundo, por exemplo: "Que droga, é difícil afirmar que o bom Deus se deixe f...".

Durante muito tempo representou um grande perigo para mim uma parte em si mesma muito pequena da alma de Von W. que, devido a um milagre realizado exclusivamente por ela, se denominava o "flagelo" Von W. Ela agitava permanentemente um pequeno açoite no meu crânio, o que provocava consideráveis distúrbios e às vezes também dores muito agudas.

Na época da minha estada no sanatório de Pierson (a "cozinha do diabo"), havia também uma forma da alma de Von W. para cuja constituição devem ter sido empregados alguns dos meus próprios nervos, pois ela se denominava "o pequeno Von W.-Schreber". Era a mais bondosa de todas; às vezes em seus milagres chegava-se até ao chamado "gotas de ouro", um milagre em geral só realizado pela onipotência de Deus e no qual, de um modo claramente perceptível para mim, se derramava um líquido semelhante a um bálsamo sobre as partes lesadas da cabeça, do cérebro e outras, de tal forma que de um só golpe sobrevinha uma cura imediata.

[195]

Na época posterior à reviravolta descrita no capítulo 13, minha vida exterior passou a ser menos monótona que antes, mas oferecia ainda relativamente poucas variações, como acontece em geral numa internação em sanatório. Como antes, ocupava uma grande parte do meu tempo tocando piano e jogando xadrez; a coleção de partituras de que eu dispunha para tocar piano, graças aos presentes dos meus familiares, foi ficando cada vez mais considerável.

Como a princípio eu só dispunha de alguns lápis de cor e mais tarde também de outros objetos para escrever, comecei a fazer anotações escritas; minha situação era tão miserável que um lápis ou uma borracha foram por muito tempo conservados por mim como um tesouro. As anotações consistiam inicialmente apenas em apontamentos esparsos de pensamentos soltos ou lembretes; mais adiante, a partir do ano de 1897, comecei a fazer um diário organizado no qual eu registrava todas as minhas experiências; antes disso — ainda no ano de 1896 —, eu tinha de me limitar a anotações que fazia num pequeno calendário. Simultaneamente, comecei, já naquela época, a fazer as primeiras tentativas de esboçar um rascunho das minhas futuras *Memórias*, cujo plano já tinha então concebido. Esse plano está num caderno marrom, intitulado *Minha vida*, e me serviu como uma excelente base para a elaboração das atuais *Memórias*. Quem se interessar mais por esse rascunho estenografado encontrará nele muitas referências que não retomei nas minhas *Memórias* e que podem dar ao leitor uma ideia de como o conteúdo das minhas revelações era infinitamente mais rico do que o que eu pude trazer para o limitado espaço destas *Memórias*. Finalmente — a partir do fim do outono de 1897 —, escrevi nos pequenos blocos B, C e I, destinados para esse fim, as observações ou pequenos estudos, já mencionados na nota 61.

[196]

Sempre tive grande dificuldade (e em parte tenho ainda hoje) de tomar as refeições, coisa que até à Páscoa deste ano (1900) teve lugar exclusivamente no meu quarto. Ninguém tem a menor ideia dos obstáculos com os quais tinha de lutar, pois, enquanto eu comia permanentemente, faziam-se milagres em torno da minha boca; nessa mesma ocasião também continuavam livremente as perguntas idiotas: "Por que o senhor não diz (em voz alta)?" etc., embora para um homem que está com a boca cheia seja praticamente impossível falar alto. Nessas ocasiões, meus dentes ficavam expostos a um perigo permanente; muitas vezes também acontecia, por milagre, que alguns dentes se quebrassem enquanto eu comia. Frequentemente me eram infligidos, durante a refeição, milagres que me faziam morder a língua. Os fios do bigode, durante as refeições, eram enfiados por milagre na boca, a tal ponto que em razão disso eu precisei me decidir, em agosto de 1896, a mandar raspar completamente o bigode. Mas a supressão do bigode, também por outras razões, tinha se tornado para mim uma necessidade, por menos que me agradasse, e ainda hoje não me agrada me ver durante o dia com o rosto glabro. Considerando a situação descrita no capítulo 13, me é necessário, pelo menos de noite, com auxílio da minha fantasia, imaginar-me como um ser feminino, e essa ilusão teria no bigode um obstáculo difícil de superar. Quando [197] eu comia sozinho, via-me forçado, durante as refeições, a tocar piano ou a ler, uma vez que era sempre necessário, mesmo durante as refeições, dar ao Deus distante[83] a prova da integridade das minhas energias intelectuais; se eu não quisesse fazer isso, só me restava comer em pé ou andando.

Por um período de dois anos e meio, de maio de 1896 até dezembro de 1898 — e aqui novamente me antecipo parcialmente aos fatos —, como já mencionei, passei as noites não no quarto para isso destinado, contíguo à minha sala de estar, mas na cela para loucos furiosos, no primeiro andar da ala circular do sanatório. Não entendo até hoje as verdadeiras razões dessa providência. De fato, nos primeiros anos da minha estada no atual sanatório, muitas vezes houve, da minha parte, atritos com outros pacientes, e

---

83 Depois de tudo o que já observei várias vezes antes, por exemplo, na nota 60, a respeito da hierarquia dos reinos de Deus, espero que o leitor possa ter pelo menos uma ideia do que quero dizer com a expressão "o Deus distante". Não é necessário representar Deus como um ser delimitado espacialmente por um corpo, como o homem, mas como uma *multiplicidade na unidade ou uma unidade na multiplicidade*. Estas não são fantasias arbitrárias do meu cérebro, mas tenho alguns pontos de apoio objetivos para cada uma dessas hipóteses: na presente questão (isto é, a expressão "um Deus distante"), o fato de que, na época em que ainda dominava a autêntica língua fundamental, os chefes de raios anteriores costumavam falar dos raios divinos que ficavam depois deles, ou dos representantes da divindade, como "o distante que sou eu".

algumas vezes também com os enfermeiros. Tomei nota, uma por uma, de todas essas ocorrências; trata-se de dez a doze incidentes, sendo que o último deles aconteceu no dia 5 de março de 1898, no qual, aliás, ao menos na medida em que se tratava de outros *pacientes*, eu sempre fui a parte agredida.

[198]

Mais adiante terei oportunidade de tratar das razões *mais profundas* que ocasionaram essas cenas de brutalidade. De qualquer modo, não consigo supor, por causa desses incidentes isolados, que os médicos possam ter me considerado um homem atacado por loucura furiosa generalizada, uma vez que eles, ao mesmo tempo, tinham oportunidade de observar que eu, *durante o dia*, estava constantemente tocando piano, jogando xadrez, lendo livros e jornais, e me comportava de modo educado, tranquilo e inteiramente de acordo com o meu nível cultural. Pode ser que durante a noite, uma vez ou outra, eu tenha falado em voz alta — era forçado a fazê-lo pelas razões indicadas na nota 46; é possível, portanto, que outros pacientes que dormiam no mesmo corredor ou no andar acima do meu tenham tido algumas vezes motivo de queixa contra mim. Mas, mesmo aqui, não se tratava de modo algum de perturbações da tranquilidade que se repetissem todas as noites ou na maioria das noites, tanto que eu mesmo, não raro, tive de suportar coisas semelhantes de outros pacientes, e, além do mais, meu quarto é consideravelmente isolado dos outros.

Desse modo, realmente só posso considerar como uma prescrição exorbitante o fato de terem me feito dormir, com exceção de algumas noites, *durante dois anos e meio*, em uma cela para loucos furiosos, na qual, além de um estrado de ferro, peças para a higiene noturna e roupa de cama, não havia mais nada, e que, além disso, era na maior parte do tempo totalmente escurecida por pesados postigos de madeira. Repito que está longe de mim fazer qualquer tipo de queixa com relação ao passado; só que não posso deixar de supor que tenha estado em jogo, em tudo isso, uma certa *vis inertiae*, que deixa as coisas como estão uma vez determinada uma condição, por mais insuportável que seja, sem refletir se realmente ainda perduram

[199] os motivos que levaram a tomar essa providência.

Creio poder afirmar tranquilamente que a *nenhum outro paciente do sanatório nem de longe aconteceu algo semelhante*; a segregação em celas certamente ocorre em casos de loucura furiosa periódica, mas costuma, nesses casos, até onde sei, durar no máximo algumas semanas.

Por isso, por menor que seja a minha intenção de dar à exposição que se segue um tom de ressentimento pessoal, uma descrição dos sofrimentos inenarráveis pelos quais passei nessas celas faz parte do quadro completo da história da minha doença. Meu sono, como se deduz do que foi relatado anteriormente, depende exclusivamente da configuração das relações celestes; basta que Deus se retire para uma distância muito grande, o que costuma acontecer, via de regra, periodicamente, durante meio dia ou várias horas, e para mim se torna simplesmente impossível conciliar o sono. Mas, se fico acordado, o falatório das vozes na minha cabeça se torna um martírio francamente insuportável, ao qual além de tudo se acrescentam, há mais de um ano, com maior ou menor intensidade, os estados de urros que mais adiante serão descritos, tudo isso contanto que não consiga convencer do contrário a Deus, que, à distância, acha que eu me tornei um idiota.

Mas o que poderia eu fazer naquelas noites insones na cela, onde me faltavam tanto iluminação como qualquer objeto apropriado à realização de uma atividade? Ficar na cama era simplesmente impossível, tatear pela cela escura, vestido só com uma camisa de dormir e descalço (pois não me deixavam nem os chinelos), era muito desagradável, ainda mais que no inverno o frio era muito sensível; além disso, havia o perigo, decorrente dos milagres, de bater com a cabeça no baixo teto da cela. A necessidade nos torna criativos e assim, ao longo [200] daqueles anos, lancei mão de todos os expedientes possíveis para passar o tempo de um modo pelo menos suportável. Muitas vezes ficava horas a fio fazendo e desfazendo nós nos quatro cantos do meu lenço, outras vezes narrava em voz alta, em parte na cama, em parte andando, certas recordações da minha vida, ou contava números em francês — pois me era perguntado frequentemente se eu ainda era capaz de falar línguas estrangeiras —, ou ainda expunha alguma coisa dos meus conhecimentos históricos e geográficos, por exemplo enumerando toda a sucessão de governos russos, os departamentos franceses etc. Naturalmente, era contra a vontade que eu optava por falar em voz alta, pois com isso renunciava ao sono, mas frequentemente não me restava outro recurso. Sentia muito a falta de um relógio e de fósforos; pois, ao despertar no meio da noite, depois de um sono mais ou menos longo, não tinha como saber as horas e, consequentemente, não sabia que atitude assumir durante o resto da noite.

Quando, no final do período em que eu era posto na cela, os postigos da janela passaram a não ser mais fechados, pus-me a observar o firmamento[84]

---

84 E isso com a singular consciência, que nenhum homem jamais teve, de que era desse mesmo firmamento que partiam os milagres que tanto me lesavam.

e, servindo-me de um mapa celeste que eu estudava durante o dia, consegui chegar, como os povos da Antiguidade, a estabelecer com alguma precisão a hora da noite. No tempo em que os postigos eram mantidos fechados, muitas vezes feri as mãos dando socos na janela; uma vez até consegui fazer cair um postigo da janela, já mal fechada por obra de milagre, e com isso a trave superior caiu milagrosamente sobre a minha cabeça, de tal modo que minha cabeça e meu peito ficaram encharcados de sangue. Nos últimos tempos dessa reclusão na cela a situação melhorou um pouco, graças ao fato de que eu levava comigo todo dia para a cela uma pequena lata, na qual eu costumava guardar várias miudezas: lápis, papel, um *pocket-chess-board** (jogo de xadrez de bolso), com os quais, pelo menos no verão, eu podia me ocupar de algum modo assim que aparecia a luz do dia. Como disse, suportei essa situação *por dois anos e meio*, no fundo só porque os homens não souberam dar valor aos fenômenos sobrenaturais.

[201]

---

* Em inglês no original. [N.T.]

15.
Brincadeiras com os homens e com os milagres.
Gritos de socorro. Pássaros falantes

Algum tempo depois da reviravolta descrita no capítulo 13, portanto lá pelo [202] fim de 1895 ou início de 1896, tive uma série de experiências que me deram oportunidade de submeter os conceitos que até então eu tinha dos "homens feitos às pressas", das "brincadeiras com os homens" e outros semelhantes a um exame crítico, que me levou a uma concepção pelo menos em parte diferente da anterior.

Lembro-me, em particular, de três acontecimentos que começaram a me fazer duvidar daquilo que até aquele momento eu considerava verdadeiro e correto: em primeiro lugar, minha participação na distribuição de presentes, por ocasião da festa de Natal de 1895 dada pela família do diretor do sanatório, o conselheiro dr. Weber; em segundo lugar, a chegada de uma carta endereçada a mim, da parte de minha cunhada de Colônia, com o selo dessa cidade; e, finalmente, um cortejo de crianças, por ocasião da festa comemorativa do 25º aniversário da paz de Frankfurt (10 de maio de 1896), em uma rua dos arredores de Pirna que ficava sob a minha janela, de onde pude vê-lo passar. Depois desses e de outros acontecimentos semelhantes — logo começaram também uma correspondência regular e a leitura de jornais, que a partir de então me eram enviados por meus parentes —, não pude mais pôr em dúvida o fato de que existia uma humanidade [203] verdadeira, com o mesmo número e a mesma distribuição geográfica de antes. Nesse ponto, apresentava-se a dificuldade de conciliar esse fato com as minhas percepções anteriores, que aparentemente indicavam o contrário. Essa dificuldade ainda persiste e reconheço estar diante de um enigma essencialmente não resolvido e provavelmente insolúvel para o ser humano.

Tenho absoluta certeza de que minhas representações anteriores não eram meras "ideias delirantes" e "ilusões dos sentidos", pois ainda hoje recebo, todos os dias e horas, impressões que deixam totalmente claro, para falar como Hamlet, que *há algo de podre no reino da Dinamarca*, isto é, na relação entre Deus e a humanidade. Mas mesmo para mim permanece uma questão obscura[84b] saber como a situação atual se desenvolveu historicamente, se por saltos ou por transições graduais e em que medida, ao lado das manifestações de vida induzidas por influência dos raios (milagres); há ainda nos homens manifestações autônomas de vida, independentes de influência dos raios. Para mim, é totalmente certo que as expressões e locuções "homens feitos às pressas", "malditas brincadeiras com os homens", a pergunta "O que será dessa maldita história?" etc., bem como a conversa sobre os "novos homens feitos de espírito Schreber" não saíram da minha cabeça, mas penetraram nela, faladas de fora para dentro. Já por essa razão eu deveria supor que há algo de real nas representações ligadas a essas questões, correspondendo a certos fatos históricos. Mas, ao longo dos últimos seis anos, recebi continuamente impressões — e ainda as recebo todo dia e toda hora — que indubitavelmente fundamentam a minha convicção de que [204] tudo o que é feito e falado pelos homens ao meu redor se baseia em influência milagrosa e tem uma relação direta com a aproximação dos raios e com o esforço que, em consequência disso, eles fazem para se retirar de novo.

Já no capítulo 7 mencionei o fato de que cada palavra que me é dirigida ou falada nas minhas imediações, cada ação de uma pessoa, por menor que seja, que se associe a um certo ruído, como, por exemplo, abrir o trinco da porta no meu corredor, mexer na fechadura da porta do meu quarto, a entrada de um enfermeiro etc., é sentida por mim simultaneamente como uma pancada na cabeça que provoca uma sensação dolorosa; a sensação de dor se manifesta na minha cabeça como um brusco puxão para trás, que produz uma sensação muito desagradável e que deve ser sempre acompanhada — pelo menos é essa a minha sensação — da extração de um pedaço da substância óssea de meu crânio. Enquanto falo em voz alta, dirigindo-me a Deus, no meu quarto ou no jardim, em torno de mim reina um silêncio de morte; durante esses momentos, não se manifesta em Deus a vontade de se retirar, porque Ele está sob a impressão direta da manifestação vital de um homem que se encontra em plena posse de suas energias intelectuais; nesses momentos, tenho às vezes a impressão de estar andando no meio de cadáveres ambulantes, tão grande é a impressão de que todas

---

84b Ver a propósito disso o Prólogo.

as outras pessoas (enfermeiros e pacientes) perderam completamente a capacidade de pronunciar uma única palavra.[85] O mesmo acontece quando meu olhar pousa sobre um ser feminino. Mas, assim que desvio o olhar ou permito que meus olhos sejam fechados por meio de milagre, ou assim que passo do falar alto para o silêncio, sem me dedicar simultaneamente a uma atividade intelectual qualquer, em outras palavras, assim que me dedico a não pensar em nada, em pouquíssimo tempo, na maioria das vezes à primeira vista (instante),* ocorrem os seguintes fenômenos, que têm uma conexão recíproca entre si: [205]

1. Algum ruído no meu ambiente: na maior parte das vezes, manifestações de grosseria da parte dos loucos, nos quais este ambiente consiste, predominantemente;
2. O aparecimento, na minha pessoa, do milagre dos urros, no qual os músculos que concorrem para a respiração são postos em movimento pelo deus inferior (Ariman), de tal modo que sou forçado a emitir o barulho do urro, se não fizer um grande esforço para reprimi-lo; em certos momentos, os urros se sucedem numa repetição tão rápida e frequente que o resultado para mim é uma situação praticamente insuportável, e particularmente à noite fica impossível continuar deitado;
3. O levantar-se do vento, certamente não sem a influência de certas condições meteorológicas, mas, nessas ocasiões, sem dúvida

---

85 As coisas se apresentam de um modo um pouco diferente durante as refeições que desde a Páscoa deste ano (1900) tomo na mesa da família do diretor do sanatório, o conselheiro dr. Weber; isso porque nelas se mantém uma conversa contínua, só interrompida por pequenas pausas. De um modo geral, os fenômenos tratados no texto não decorrem sempre de um modo uniforme, e com o passar do tempo sofrem certas modificações, que se relacionam particularmente com o aumento da volúpia de alma. Alguns dos fenômenos desaparecem temporariamente para dar lugar a outros que nos anos anteriores ainda não eram observados, ou o eram apenas raramente. Isso vale em particular para os chamados "urros", sobre os quais ainda falarei mais detalhadamente. Mas a causa fundamental permanece sempre a mesma, isto é, a tentação, aparentemente irresistível para Deus, de se retirar assim que não se encontra no meu corpo a volúpia de alma ou assim que se reconhece na minha linguagem e nas minhas atividades a prova imediata da existência de um homem que se encontra em plena posse de suas forças intelectuais.   * *Im ersten Gesichte* (*Augenblicke*): literalmente, "Num piscar de olhos". [N. T.]

[206] nenhuma, a manifestação de pequenas rajadas de vento coincidem com as pausas da minha atividade de pensar;

4. Os gritos de "socorro" da parte dos nervos de Deus que se destacam da massa total, cujo tom de lamentação é mais forte quanto maior for a distância à qual Deus se retirou para longe de mim, e portanto maior é o caminho que esses nervos precisam percorrer, em um estado de angústia manifesta.

Todos esses fenômenos se repetem diariamente, centenas de vezes, tendo sido portanto percebidos por mim, ao longo dos anos, de modo inteiramente uniforme, dezenas, se não milhares de vezes. Já apontei várias vezes as razões disso. Cada vez que deixo de pensar, Deus considera imediatamente que se extinguiu minha capacidade intelectual, que já ocorreu a esperada destruição do meu entendimento[86] (a "idiotia") e que com isso já está aberta a possibilidade de uma retirada.

Empreende-se, então, a ação de retirada, e para esse fim se opera, por meio de milagre, uma "perturbação", no sentido indicado no capítulo 10. É o ruído de que se fala no primeiro ponto. Simultaneamente, quase sempre instantaneamente, é acionado pelo deus inferior o chamado milagre dos urros (ponto 2); o objetivo parece ser duplo: por um lado, por meio da "representação", dar a impressão de um homem que urra por causa de sua idiotia, e, por outro, fazer sufocar as vozes internas postas em ação pelo deus superior para permitir um maior distanciamento, através do barulho causado pelos urros, para que o deus inferior, que parece estar pelo menos parcialmente consciente da necessidade de se deixar atrair, possa contar com a união de todos os raios e com a volúpia de alma que desse modo nasce no meu corpo; em outras palavras, para se assegurar de não entrar no [207] meu corpo *sem a volúpia de alma*. O maior distanciamento acarreta (ponto 3) imediatamente o levantar-se do vento (ver capítulo 1). Mas o deus superior não deixa de perceber que mais uma vez não foi eliminada a força de atração dos meus nervos; pelo contrário, ela subsiste sem a menor diminuição; o estado de angústia que desse modo surge nas partes destacadas dos

---

86 Que era esse o objetivo visado, foi algo admitido abertamente infinitas vezes na frase proveniente do deus superior ouvida por mim: "Queremos destruir o seu entendimento". Recentemente, essa frase vem sendo utilizada mais raramente, porque, se for repetida continuamente, ela acaba por resultar em uma forma de pensamento de não pensar em nada.

nervos de Deus (ponto 4) se expressa neles como uma sensação autêntica nos gritos de "socorro". Para mim permanece um enigma, como aliás muitas outras coisas, o fato de que aparentemente os gritos de socorro não sejam percebidos por outras pessoas:[87] a sensação acústica que atinge o meu ouvido, centenas de vezes por dia, é tão nítida que de modo algum se poderá falar de uma ilusão dos sentidos. Aos "gritos de socorro" autênticos se acrescenta imediatamente a frase decorada: "Se ao menos cessassem esses malditos gritos de socorro".

Mas para mim também no *conteúdo* do que é falado revela-se claramente que todas as manifestações de vida humana nas minhas imediações, particularmente a sua linguagem, devem ser remetidas a milagres (influência de raios). Para tornar essa afirmação compreensível, preciso ir um pouco mais longe. Como já se observou no capítulo 9, Deus, por ocasião da ligação às terras (ver capítulo II), poupava, além das almas provadas, ainda existentes, certos restos dos antigos "vestíbulos do céu", portanto almas humanas beatificadas, com o objetivo de enviá-las como postos avançados, sempre carregadas de veneno de cadáver, no momento da aproximação provocada pela força da atração dos meus nervos, para assim tornar mais lenta a atração para os próprios raios de Deus. Além disso, acreditava-se finalmente poder me esmagar, isto é, me matar ou destruir o meu entendimento através da massa de veneno de cadáver que se acumulava desse modo, dia após dia, no meu corpo. Em consequência de uma [208] conexão milagrosa que evidentemente tem sua origem mais profunda na essência da criação divina — uma conexão que portanto não pode ser esclarecida, nem mesmo por mim —, os nervos em questão (restos dos vestíbulos do céu) aparecem há anos sob a forma de *pássaros miraculados*. Para mim, com base nas percepções que milhares de vezes por dia se repetem há anos, o fato em si mesmo, isto é, o simples fato de que os *nervos que se encontram nesses pássaros são restos (nervos avulsos) de almas beatificadas*, é algo absolutamente indubitável.

Conheço perfeitamente bem cada um desses nervos pelo timbre de sua voz, que há muitos anos já se me tornou familiar, e sei exatamente qual das locuções decoradas devo esperar de cada um deles, conforme sejam enviadas do campo do deus inferior ou do deus superior (miraculadas por um ou

---

87 Ver a propósito disso a observação no Suplemento 4 da primeira série no final deste volume.

pelo outro). Sua qualidade de ex-nervos humanos se evidencia pelo fato de que os pássaros miraculados, *todos, sem exceção*, toda vez que descarregam o veneno de cadáver com que vêm carregados, isto é, toda vez que desfiam todas as frases que de certo modo lhes foram inculcadas, expressam então a autêntica sensação de prazer que surge neles por causa da volúpia de alma no meu corpo, da qual passam então a participar, com as palavras "sujeitinho desgraçado",[88] ou "Ah, desgraçado, de certo modo", expressando, portanto, com *sons humanos, as únicas palavras de que ainda são capazes para exprimir um sentimento autêntico*. Não têm a menor capacidade de entender aquilo que fa-

[209] laram: as frases decoradas — para manter essa expressão, que naturalmente só deve ser entendida de modo figurado —, eles as tagarelam sem saber o significado das palavras; justamente no que se refere à inteligência, eles aparentemente não são superiores a nenhum outro pássaro da natureza.

Não sei dizer o que se faz para que seus nervos sejam postos em vibrações através das quais os sons pronunciados, ou melhor, sussurrados por eles, correspondam aos sons das palavras humanas que constituem as frases decoradas; por isso não sei explicar o aspecto técnico da questão, mas suponho que aqui se trate de coisas que, por serem sobrenaturais, são inconcebíveis pelo homem.[89] Mas, por uma experiência de muitos anos, cheguei a conhecer bem o seu *efeito*, que consiste no fato de que os pássaros miraculados, enquanto se ocupam das frases que lhes foram inculcadas (decoradas), tornam-se *insensíveis* a quaisquer impressões que poderiam ter ao entrar no meu corpo, particularmente à volúpia de alma e às impressões visuais, como se entrassem em mim de olhos vendados ou como se de algum modo fosse suspensa sua capacidade perceptiva. Esse é também o objetivo de todo esse dispositivo e também a razão pela qual, ao longo dos anos, correspondendo ao aumento da volúpia de alma, vem sendo cada vez

---

88 As palavras "sujeitinho desgraçado" de fato não têm um sabor de raiva, mas pelo contrário, como já acontecia na língua fundamental, exprimem uma espécie de reconhecimento feliz ou de admiração.   **89** (Escrito apenas alguns dias depois da redação do texto acima.) Talvez se trate aqui de um procedimento que, conforme o capítulo II, se tentou contra os meus próprios nervos e que senti como um embotamento passageiro ou um prejuízo transitório da capacidade de pensar. Pode-se imaginar que carregando os nervos dos pássaros com veneno de cadáver fique tolhida sua capacidade natural de vibração, e portanto sua sensibilidade natural; outro resultado é uma certa tensão dos nervos, de tal modo que eles só são capazes de produzir vibrações de grande amplitude, correspondentes às palavras humanas, que particularmente nos últimos tempos estão sendo pronunciadas com extrema lentidão.

mais lento o ritmo em que as frases decoradas são faladas: é preciso man- [210]
ter durante o maior tempo possível a eficácia destrutiva do veneno de cadáver, do qual as vozes que entram em mim são as portadoras. Mas surge aqui
um fenômeno extremamente singular, que é também de grande importância para o alcance dos danos infligidos ao meu corpo pelas vozes ou raios.

Como foi dito, os pássaros não entendem o *sentido* das palavras que falam; mas, ao que parece, eles têm uma sensibilidade natural para a *assonância*. Por isso, se, enquanto estão ocupados em tagarelar as frases decoradas, percebem palavras que têm um *som* igual ou próximo daquele que no
momento estão falando (tagarelando), *seja* nas vibrações provenientes dos
meus próprios nervos (meus pensamentos), *seja* pelo que é dito no meu ambiente, isso os deixa em um estado de surpresa, em consequência do qual
eles, por assim dizer, sucumbem à assonância, isto é, por causa da surpresa
eles esquecem o resto das frases que ainda tinham para tagarelar e passam
subitamente para uma sensação *autêntica*.

Como se disse, a assonância não precisa ser total; uma vez que não cap-
tam o *sentido* das palavras, basta que percebam sons *semelhantes*; para dar
alguns exemplos, para eles pouco importa que se diga:

"Santiago" ou "Cartago"
"Chinesentum" ou "Jesum Christum"
"Abendrot" ou "Atemnot"
"Ariman" ou "Ackerman"
"Briefbeschwörer" ou "Herr Prüfer schwört"[90] etc. etc.*

A oportunidade que desse modo me era oferecida, de confundir os pássaros [211]
que falavam comigo emitindo palavras de som semelhante, serviu-me como
um divertimento no meio da desolação, de outra forma intolerável, do falatório das vozes, proporcionando-me uma distração certamente bastante singular. Por mais que isso tenha a aparência de uma brincadeira, essa questão

---

90 Os exemplos acima são extraídos do verdadeiro material utilizado, transcrito e falado;
entre outros, "Herr Prüfer" é o nome de um ex-paciente deste sanatório, que foi muito citado
no passado. Poderia tranquilamente acrescentar centenas ou milhares de exemplos, mas prefiro me limitar ao que ficou dito acima.   * "Santiago" ou "Cartago"; "o mundo chinês" ou
"Jesus Cristo"; "crepúsculo" ou "falta de ar"; "Ariman" ou "lavrador"; "peso de papel" ou
"o senhor examinador jura". [N. T.]

tinha e em parte ainda tem no presente, para mim, um significado muito sério. O deus superior e o deus inferior, que estão tão bem informados quanto eu da propriedade que têm os pássaros miraculados de sucumbir à assonância, usam-na como um trunfo contra o outro, cada um por sua vez. Ambos estão empenhados em se retrair, empurrando o outro para a frente; ora, como a queda dos pássaros na armadilha da assonância tem como efeito a aceleração da atração sobre a parte à qual essas vozes pertencem, o deus superior manda as pessoas do meu ambiente falarem de preferência as palavras que correspondem ao material transcrito e oral do deus inferior, e vice-versa, enquanto eu, de minha parte, sempre procuro interferir no sentido contrário correspondente, uma vez que o que me interessa é a unificação de todos os raios. Também aqui disponho de exemplos tão numerosos como a areia do mar.[91]

Para citar apenas alguns, seja dito que, entre outros, a "luz elétrica", as "ferrovias", bem como as "forças colossais" e a "resistência sem perspectiva", no sentido indicado no capítulo 13, pertencem ao material de transcrição do deus *inferior*. Assim, o deus *superior*, nas conversas que têm lugar na minha presença, mesmo durante o almoço na mesa do diretor do sanatório, manda [212] falar com uma frequência espantosa, e que elimina qualquer ideia de puro acaso, das "ferrovias elétricas", achar qualquer coisa "colossal" e em qualquer ocasião, adequada ou não, falar de "perspectiva". Para mim, está nesses fenômenos, ao lado de muitos outros, a prova irrefutável de que *os nervos dos homens que fazem uso dessas palavras* — e que naturalmente não têm consciência disso — *são induzidos a isso por interferência dos raios* (milagre); em outras palavras, a prova da realidade da chamada "brincadeira com os homens", da qual o deus inferior costumava falar inúmeras vezes nos anos anteriores. Aqui também estou bem consciente do quanto toda esta exposição que faço deve soar inacreditável para os outros homens; mas tenho vivido todo dia e toda hora, em qualquer lugar e qualquer ocasião, e em tal profusão, experiências que confirmam minhas afirmações, que fica totalmente eliminada qualquer dúvida sobre a objetividade da situação descrita. Talvez mais adiante forneça outros pormenores a esse respeito.

É necessário ainda acrescentar algo mais ao que foi dito sobre os pássaros miraculados. Manifesta-se neles um fenômeno singular: os nervos ou almas que deles fazem parte aparecem, de acordo com a diversidade das estações,

---

91 A nota 91 foi eliminada por se referir a Flechsig. Ver a propósito pp. 280 e 355. [N.E. alemão]

na forma de várias *espécies* de pássaros. Os mesmos nervos na primavera encontram-se em corpos de tentilhões ou outros pássaros canoros, no verão em andorinhas e, no inverno, em pardais e gralhas. Que as almas em questão sejam as mesmas é um fato para mim indubitável, pois confirmo sua identidade pelo timbre de suas vozes, que conheço bem, e também pelas locuções que escuto, sempre as mesmas, que são, por assim dizer, inculcadas nelas.[92]   [213]

Neste ponto surge naturalmente a questão de saber se eles *podem ou não ter uma vida contínua*, de um dia para o outro, ou pelo menos serem recriados de novo a intervalos mais longos. Posso apenas colocar essa questão, mas não respondê-la. Constato que os pássaros miraculados comem e evacuam como os demais pássaros na natureza; consequentemente, seria possível que seu estado miraculado se mantivesse durante um certo tempo por meio da ingestão de alimento; além disso, notei repetidamente, na primavera, que eles construíam ninhos, coisa que parece aludir à capacidade de procriar. Por outro lado, justamente por causa da sua linguagem, certifica-se que em alguns outros aspectos eles não são pássaros totalmente naturais. Seu número é bastante elevado, aparentemente chegando a centenas, de modo que não posso fornecer uma cifra precisa. Segundo as locuções que emitem, dividem-se em dois grupos que provêm nitidamente, de um lado, do deus inferior, do outro, do deus superior.

Ao grupo do deus inferior pertence particularmente uma alma em forma de pássaro que é quase sempre a que me é mais próxima, e por isso há anos as demais vozes costumam chamá-la de meu "amiguinho". Na primavera, ela aparece na maioria das vezes como pica-pau ou melro, no verão, como andorinha e no inverno, como pardal. O nome de "picus, o pica-pau", que as demais almas lhe dão por brincadeira, é mantido mesmo quando ela aparece como melro, andorinha ou pardal. Conheço com exatidão cada uma   [214] das locuções, que, aliás, se tornaram bastante numerosas ao longo dos anos, que lhe dão para falar, numa constante repetição; organizei listas dessas

---

92 A expressão escolhida acima, "inculcado", à qual eu só cheguei no decorrer do meu trabalho, parece-me exprimir melhor a situação do que as expressões anteriormente utilizadas "decorado" e "carregado". Estas últimas levam a pensar numa tomada de consciência do *sentido* das palavras; mas não é o caso dos pássaros miraculados. Sua linguagem, *com relação às locuções inculcadas*, não chega sequer ao nível de um papagaio falante, pois este repete as palavras aprendidas por força de um impulso próprio, portanto por uma espécie de livre determinação da vontade. Mas os pássaros miraculados precisam descarregar as locuções inculcadas, desconsiderando tempo e oportunidade, queiram ou não fazê-lo.

locuções, bem como das de outros pássaros miraculados, que sempre têm comprovado a sua exatidão. A um grande número das demais almas de pássaros atribuí, por brincadeira, nome de moças, para distingui-las umas das outras, dado que todas elas, por sua curiosidade, sua tendência à volúpia etc., podem ser de imediato comparadas a mocinhas. Esses nomes de moças são captados pelos raios divinos e conservados para designar as respectivas almas de pássaros. Fazem parte dos pássaros miraculados todos os pássaros que *voam velozmente* e, portanto, em particular, todos os pássaros canoros, além das andorinhas, pardais, gralhas etc.; *entre essas espécies de pássaros nunca encontrei, no decorrer dos anos, um único exemplar que não falasse*; mesmo durante os dois passeios de carro que fiz no verão deste ano (1900),[93] eles me acompanharam o tempo todo pela estrada, até o fim da minha excursão. Por outro lado, *não* falam os pombos que se encontram no pátio deste sanatório, nem tampouco, até onde pude observar, um canário que vive aprisionado no quarto de um empregado, bem como as galinhas, gansos e patos que vi em parte pela minha janela nos terrenos que ficam em torno do sanatório, em parte também durante os dois passeios mencionados, quando pude ver esses lugares; devo supor, portanto, que aqui se trate de pássaros comuns, naturais. O fenômeno dos pássaros falantes tem, no conjunto, algo de tão prodigioso e fabuloso que seria para mim do maior interesse observar o mundo dos pássaros em outras regiões do país, uma vez que naturalmente não posso pressupor que os bosques que ficam mais distantes sejam totalmente despovoados de pássaros.[93b,94]

[215]

---

93 Antes disso, portanto, durante seis anos nunca tinha saído dos limites dos muros do sanatório. **93b** (Adendo de março de 1903) O falar de *todos os pássaros voadores* tem *durado ininterruptamente* mesmo ao longo dos anos transcorridos nesse ínterim, nos quais mudei várias vezes de residência, e perdura até hoje. De resto, hoje, em vez da expressão "pássaros miraculados", utilizada no texto, eu preferiria a expressão "pássaros falantes". Antigamente eu acreditava que só podia explicar que os pássaros falassem pelo fato de que esses pássaros, *como tais*, seriam miraculados, isto é, a cada vez criados de novo. Depois de tudo o que pude experimentar nesse meio-tempo, prefiro considerar mais provável que se trata de pássaros nascidos por meio de uma procriação natural a cujos corpos foram acrescentados, ou cada vez acrescentados de novo, os míseros restos dos "vestíbulos do céu" ainda existentes e, portanto, de almas humanas que foram beatificadas. Mas, como antes, ainda é para mim absolutamente indubitável, pelas razões desenvolvidas neste texto, o fato de que essas almas (nervos) na realidade se encontram dentro do corpo dos pássaros (talvez *ao lado* dos outros nervos próprios de cada pássaro, mas, em todo caso, sem a antiga consciência de identidade). **94** Não consta a nota 94. [N. E. alemão]

16.
Coação a pensar. Suas manifestações e fenômenos correlatos

Depois de ter descrito nos capítulos anteriores as mudanças pelas quais [216] minha vida exterior passou e os fenômenos provocados pela guerra de extermínio realizada pelos raios divinos contra mim, quero agora comunicar outros pormenores sobre as formas — que também sofreram mudanças — em que simultaneamente se manifestou, sem interrupção, *a coação a pensar*. O conceito de coação a pensar já foi definido no capítulo 5 como uma necessidade de pensar sem cessar, o que lesa o direito natural do homem a uma recuperação espiritual, um repouso temporário da atividade de pensar através do não pensar, ou, como diz a expressão na língua fundamental, o que traz inquietação ao "subsolo" do homem. Por influência dos raios, meus nervos são induzidos a vibrações que correspondem a certas palavras humanas e cuja escolha, portanto, não depende da minha própria vontade, mas de uma influência externa exercida contra mim. A princípio prevalecia o *sistema do não falar até o fim*, isto é, as vibrações às quais meus nervos eram induzidos e as palavras daí resultantes continham predominantemente pensamentos incompletos e inconclusos em si mesmos, contendo apenas fragmentos de pensamentos, cuja complementação em algum sentido razoável [217] era colocada como uma tarefa para os meus nervos. É da natureza dos nervos esforçar-se espontaneamente por encontrar o que falta para chegar a um pensamento completo que satisfaça o espírito humano, quando desse modo se lançam dentro deles palavras desconexas ou frases interrompidas.

O sistema do não falar até o fim se aperfeiçoou cada vez mais com o correr dos anos, à medida que as almas começaram a deixar de ter pensamentos próprios. Há anos são pronunciadas dentro dos meus nervos, com enorme frequência e repetições aos milhares, apenas conjunções isoladas ou locuções adverbiais, destinadas a introduzir orações secundárias, deixando aos meus nervos a tarefa de completar as orações secundárias com qualquer conteúdo que satisfaça o espírito pensante. Assim, ouço há anos, todos os dias, repetidas centenas de vezes, faladas dentro dos meus nervos, as palavras totalmente desconexas: "Mas por quê?", "Por isso, porque que eu", "Seja então", "Com relação à sua" (isto é, com relação à minha pessoa, doravante deve ser dito isso ou aquilo), além de um "Ah, sim!" totalmente sem sentido lançado nos meus nervos e, finalmente, certos fragmentos de locuções que antes eram expressas de modo completo, como, por exemplo:

[218]

1. "Agora eu vou me";
2. "Você deve de fato";
3. "Nisto eu quero";
4. "Mas agora ele deveria";
5. "Mas isto era realmente";
6. "Falta-nos agora"

etc. Para dar ao leitor pelo menos uma ideia do significado dessas locuções interrompidas, quero apresentar com relação aos exemplos indicados, de 1 a 6, em cada um deles, a continuação que antigamente era de fato pronunciada, mas agora é posta de lado, sendo deixada aos meus nervos a tarefa de completá-las. Essas locuções deveriam se enunciar assim:

1. Agora eu vou me render ao fato de que sou burro;
2. Você deve de fato ser representado como renegador de Deus, dedicado a excessos de volúpia etc.;
3. Nisto eu quero pensar primeiro;
4. Mas agora ele deveria estar bem cozido, o assado de porco;
5. Mas isto era realmente demais para a concepção das almas;
6. Falta-nos agora o pensamento principal, isto é, nós, os raios, não temos pensamentos.

A locução pouco elegante sobre o assado de porco se baseia no fato de que eu mesmo, há alguns anos, me utilizava na língua dos nervos da expressão figurada "assado de porco bem cozido". Essa expressão foi então retomada e se tornou um elemento constantemente recorrente do material falado. O "assado de porco" se refere a mim mesmo, e, portanto, com isso se quer dizer que minha capacidade de resistência contra a destruição do meu entendimento finalmente se esgotou.

O tema do não falar até o fim é o mesmo que se apresenta em cada aspecto da conduta de Deus para comigo; a intenção é escapar à necessidade de se dissolver no meu corpo por causa da força de atração. Enquanto ainda prevalecia uma situação mais ou menos de acordo com a Ordem do Mundo, isto é, antes da ligação aos astros e às terras (ver capítulo 9), bastava qualquer concordância de *sensação* para provocar à primeira vista (num instante) um afluxo das almas, que pendiam livremente no céu, para a minha boca, o que punha um fim à sua existência autônoma — como foi observado no capítulo 7, p. 96, eu de fato naquela época tive várias vezes a experiência desse fenômeno. O mesmo efeito era também obtido por simples "considerações razoáveis" desde que as almas dessem a elas uma forma gramatical completa. Ainda hoje a expressão gramatical completa de um pensamento qualquer traria imediatamente para mim os raios, que (embora tenham se tornado capazes de uma retirada) ao penetrar no meu corpo acarretariam um aumento transitório da volúpia de alma. O não falar até o fim aparentemente tem como efeito o fato de que as almas, com isso, de certo modo detêm-se no meio do caminho e têm acesso à retirada antes de poder contribuir para o aumento da volúpia de alma no meu corpo; mas esse impedimento da atração certamente não é completo nem duradouro, mas, aparentemente, com isso sempre ocorre pelo menos um retardamento do processo. [219]

É difícil fazer uma ideia dos esforços e das torturas mentais que a coação a pensar me custou durante anos, principalmente nos mencionados momentos de agravamento da coação. Nos primeiros anos, meus nervos recebiam como uma necessidade irresistível encontrar uma continuação que satisfizesse o espírito humano[95] para cada uma das orações secundárias iniciadas, para cada uma das frases interrompidas, do mesmo modo que na comunicação humana comum se procura normalmente responder a uma pergunta de outra pessoa. Para tornar de algum modo compreensível como uma necessidade desse tipo é algo dado pela própria natureza dos nervos humanos, recorrerei a um exemplo. Imaginemos o caso de pais ou preceptores que assistam a um exame feito por seus filhos na escola. Ao acompanhar com atenção a prova, sem querer eles irão, mentalmente, dar a resposta, mesmo que seja na forma: "Eu não sei, será que as crianças saberão?". Aqui não há, naturalmente, [220]

---

95 A capacidade de fazer isto imediatamente à primeira vista (instante), como requeria a excitação dos nervos, era definida como "a capacidade de responder à primeira vista".

para os pais ou preceptores, qualquer espécie de coação; eles só precisam desviar a sua atenção do curso da prova e voltá-la para qualquer fato externo do ambiente para preservar seus nervos de qualquer esforço na direção indicada. É justamente nisso que reside a diferença essencial entre o exemplo dado e o meu caso. As perguntas feitas, ou as partículas interrogativas que fundamentam a necessidade de exercitar a função de pensar, dado que são induzidas pelos raios às vibrações nervosas correspondentes, são questões faladas dentro dos meus nervos de tal forma que eles não podem escapar ao estímulo compulsório a pensar. Naturalmente, deixo de lado a questão de saber se a expressão escolhida — segundo a qual meus nervos são induzidos pelos raios a vibrações — caracteriza de maneira bem precisa a situação; o que sinto diretamente é que as vozes que falam (e recentemente, em particular, as vozes dos pássaros falantes), na qualidade de *vozes interiores*, estendem-se para dentro da minha cabeça como longos fios, produzindo nelas, por causa do veneno de cadáver que elas descarregam, uma sensação dolorosa de tensão.

O contraste com essas vozes interiores é dado pelas vozes exteriores que ouço, emitidas de fora para dentro, que chegam até mim a partir da garganta dos pássaros. De qualquer modo, em ambos os casos os meus nervos não podem evitar a sensação acústica das palavras pronunciadas, e com isso se desencadeia espontaneamente a excitação dos meus nervos, que ficam coagidos a continuar a pensar, desde que se trate de perguntas ou de pensamentos incompletos. Pelo menos nos primeiros anos era totalmente inevitável para os meus nervos a necessidade de continuar a pensar, de responder às perguntas feitas, de completar do ponto de vista estilístico as frases interrompidas etc.; só com o correr dos anos consegui, pouco a pouco, que meus nervos (meu "subsolo") se acostumassem, pelo menos em parte, a transformar as palavras e locuções enunciadas, por meio da simples repetição, em pensamento de não pensar em nada, ignorando, portanto, o estímulo que por si só levaria a continuar a pensar. Assim procedo há muito tempo, e até hoje ainda, com as conjunções e locuções adverbiais que na realidade deveriam ser completadas com orações secundárias. Se, por exemplo, eu ouço "Por quê, porque eu", ou "Seja então", então repito essas palavras o mais lentamente possível, sem cuidar de completar o sentido que as ligaria ao pensamento que um pouco antes me ocorrera.

[221]

Procedo da mesma forma quando — o que acontece todos os dias, centenas de vezes — se quer obrigar meus nervos, por meio das palavras "Se ao menos minha", a desenvolver pensamentos de medo que na realidade não estão presentes em mim, mas me são falsamente atribuídos. Eu sei qual a continuação que se "espera" de mim, porque, via de regra, segue-se um milagre correspondente, que sinto no meu corpo; a continuação requerida seria "Se ao menos minha volúpia não fosse perturbada", ou "Se ao menos minha bota não fosse objeto de milagre", ou, ainda, "Se ao menos meu nariz, meus olhos, meu joelho, meu crânio etc. não fossem objetos de milagre".

Mas não me sinto motivado a completar com palavras essas bobagens que só provêm de falsificações de pensamento e limito-me a repetir, sem acrescentar nada, e o mais lentamente possível, as palavras "Se ao menos minha" — depois que acostumei meus nervos a reprimir essa estimulação. Na conversação comum, naturalmente, qualquer pessoa para quem uma outra falasse as palavras "Se ao menos minha", responderia simplesmente "O que você quer dizer?", ou teria logo à mão uma palavra ofensiva para se defender de qualquer aborrecimento. Mas no meu caso os raios tornam muito difícil recorrer a esse expediente, e o fazem através das palavras "nojatems", que se [222] seguem regularmente, com o efeito já indicado no capítulo 9, sem contar que a longo prazo não daria para mobilizar os nervos o dia inteiro com a contra-pergunta: "O que você quer dizer?", ou com a escolha da palavra ofensiva.[96]

---

96 Só se pode ter uma ideia aproximada da *enorme violação dos direitos elementares do homem* representada pela coação a pensar, e do quanto a minha paciência foi submetida a duras provas, numa medida que supera qualquer conceito humano, se se imaginar um homem se comportando em relação a outro homem, usando a linguagem humana comum, do mesmo modo que os raios, há anos, se comportaram (e ainda até hoje) em relação a mim. Suponha-se então o caso de uma pessoa que se pusesse diante de outra, aborrecendo-a o dia inteiro com expressões desconexas, como os raios fazem comigo ("Se ao menos minha", "Mas isto era realmente", "O senhor deve" etc.). O que a pessoa assim interpelada acabaria por fazer a não ser pôr pela porta afora o interlocutor, com algumas palavras ofensivas bem aplicadas? De fato, é o que eu realmente faria para defender o direito domiciliar da minha cabeça contra a invasão de intrusos. Mas, justamente com relação aos raios, isso não é possível, pois não estou em condições de impedir sua influência sobre meus nervos, que é baseada em um poder divino de operar milagres. A linguagem humana (sonora) que resta, como *último ratio*, para proteger o direito domiciliar, nem sempre pode ser utilizada, em parte por causa do ambiente, em parte porque falar alto, ininterruptamente, tornaria impossível qualquer atividade razoável, e finalmente em parte também porque à noite ficaria excluída a possibilidade de conciliar o sono. A isso se deve também o fato de que se esteja sempre querendo me instigar a falar em voz alta, recorrendo à pergunta: "Por que você não diz?" (em voz alta), ou a expressões ofensivas (ver capítulo 9). De resto, nos últimos tempos, à medida que o contexto geral das coisas foi ficando cada vez mais claro para mim, realmente não tive mais escrúpulos de recorrer cada vez mais ao expediente de falar em voz alta sempre que se apresentava uma oportunidade, quer em conversa com o meu ambiente, quer sozinho.

[223] Os entraves à liberdade do pensamento humano, ou, melhor dito, à liberdade do não pensar, que constituem a essência da coação a pensar, com o correr dos anos se agravaram muito, pelo fato de que a fala das vozes se dá em um ritmo cada vez mais lento. Isso se relaciona com o aumento da volúpia de alma no meu corpo e, apesar das transcrições todas, com a enorme escassez de material falado à disposição dos raios, para superar a imensa distância que separa o meu corpo dos corpos cósmicos, nos quais eles estão pendurados.

Ninguém pode fazer uma ideia do grau do retardamento se não experimentou pessoalmente e ainda experimenta, como eu, os fenômenos mencionados. Um "mas claro" pronunciado "m-m-m-m-a-a-a-a-s-s-s-s-cl-a-a-a-a-r-r-r-r-o", ou um "Mas por que o senhor não c...?, pronunciado "M-a-a-s-p-o-o-r-que o senhor n-n-n-n-ã-ã-ã-o-o-c-a-a-a-a-g-a?", requer talvez trinta ou sessenta segundos de cada vez até terminar. Com isso, em qualquer pessoa que não tivesse, como eu, se tornado cada vez mais inventiva na utilização de meios de defesa adequados, produzir-se-ia uma impaciência nervosa, que simplesmente a deixaria fora de si; uma pálida imagem da inquietação provocada pelos nervos talvez possa ser dada pelo seguinte exemplo: um juiz ou professor que se encontra diante de uma testemunha ou um aluno intelectualmente retardado, que gagueja o tempo todo e não consegue, apesar de todos os esforços, chegar a formular com clareza o que o interrogado realmente quer ou deveria dizer.

Tocar piano e ler livros ou jornais — na medida em que o estado da minha cabeça o permite — são os principais meios de defesa; a isso sucumbem até mesmo as vozes esticadas ao máximo. Para os momentos do dia, como à noite, em que isso não é adequado, ou quando uma mudança de atividade se torna uma necessidade do espírito, encontrei na memorização [224] de poesia um recurso extremamente bem-sucedido. Decorei um grande número de poemas, em particular baladas de Schiller, longos trechos dos dramas de Schiller e Goethe, e também árias de óperas e poemas satíricos, entre outros, de Max e Moritz, de João Felpudo e das fábulas de Spekter, que depois eu recito em silencioso *verbotemus*. Naturalmente, aqui não se trata do valor literário dos poemas em si; qualquer rima, por mais insignificante que seja, até mesmo qualquer verso obsceno, vale ouro como alimento para o espírito em comparação com as incríveis bobagens que de outro modo meus nervos seriam obrigados a escutar.

Mas também na declamação de poesia às vezes tenho de enfrentar dificuldades que prejudicam o seu sucesso; nesses casos, por milagre, são espalhados pensamentos ao longo dos meus nervos de tal forma que eu não consigo encontrar imediatamente a continuação dos poemas que decorei; assim que as vozes interiores mais prolongadas são de novo reduzidas ao silêncio por meio da declamação de poemas longos, atingindo-se, assim, com a unificação de todos os raios, um estado de volúpia de alma intensíssimo, o deus inferior põe em cena o milagre dos "urros", descrito no capítulo anterior, e desse modo perco a vontade de continuar a recitar poesia lentamente, ou sou impedido de fazê-lo por uma impossibilidade física. Por isso sou obrigado, de tempos em tempos, a mudar de sistema, do mesmo modo que fora (da parte da onipotência de Deus) se instalam sempre novos sistemas para retardar a atração e impedir a unificação de todos os raios, necessária ao sono e à volúpia plena. Ultimamente, descobri como um recurso eficiente contar números em voz baixa até um número qualquer bem alto, o que naturalmente é muito maçante. Se, como não raro ainda é o caso, ocorrem fortes dores no corpo ou contínuos estados de urros, resta-me, como último recurso, pôr-me a xingar em voz alta, o que vez por outra acabo precisando fazer, coisa que, espero confiante, será cada vez menos necessária no futuro. [225]

Todos os fenômenos descritos sofreram, ao longo dos anos, muitas modificações e ainda hoje estão sujeitos a mudanças, dependendo do grau da volúpia de alma a cada momento e do tamanho da distância para a qual Deus se retirou. No conjunto, todos os dias se comprovam cada vez mais as previsões que, anos antes, já tinham sido feitas por mim; pode servir como prova o seguinte trecho, extraído do meu pequeno estudo 13, do bloco B, citado na nota 80:

16 de janeiro de 1898
No momento, isto é, durante os anos ou decênios que ainda podem transcorrer até a emasculação, a direção da nossa política é, no geral, clara. *Não há dúvida nenhuma de que a cada dia, cada ano, cada semana que passa, as coisas ficarão cada vez mais fáceis para nós*, à parte certas recaídas ligadas ao fato de que lá fora não há a necessária compreensão, *nem haverá nunca*, por causa da constituição dos reinos de Deus e do caráter das almas; por isso sempre se continuará a fazer tentativas, cada vez mais fracas, de se subtrair a uma solução que esteja em conformidade com a Ordem do Mundo.

Por causa do seu significado característico, preciso ainda fazer algumas observações sobre a pergunta mencionada "Por que o senhor não c...?", por menos decente que seja o tema de que sou constrangido a tratar. Como tudo o mais no meu corpo, também a necessidade de evacuação é provocada por milagre; isso acontece da seguinte maneira: as fezes são empurradas para a frente (às vezes também de novo para trás) e quando, em consequência da evacuação já efetuada, não há mais material suficiente, lambuza-se [226] o orifício do meu traseiro com os poucos resíduos do conteúdo intestinal. Trata-se aqui de um milagre do deus superior, que se repete pelo menos muitas dúzias de vezes por dia. A isso se liga a ideia quase inconcebível para o homem e só explicável pelo completo desconhecimento que Deus tem do homem vivo como organismo — a ideia de que o "c." seja, de certo modo, o último recurso, isto é, de que por meio do milagre da necessidade de c... se atinja o objetivo da destruição do entendimento e se torne possível uma retirada definitiva dos raios. Para chegar aos fundamentos da origem dessa ideia, parece-me necessário pensar na existência de um equívoco com relação ao significado simbólico do ato de evacuar, ou seja: quem chegou a ter uma relação correspondente à minha com os raios divinos, de certo modo está justificado a c... sobre o mundo inteiro.

Mas ao mesmo tempo se revela aí toda a perfídia[97] da política que se seguiu com relação a mim. Quase toda vez que se provoca em mim, por milagre, a necessidade de evacuar, envia-se — estimulando os nervos da pessoa em questão — uma outra pessoa do meu ambiente para me impedir de evacuar; esse é um fenômeno que durante anos observei um sem-número (milhares) de vezes e de um modo tão regular que fica eliminada qualquer ideia de casualidade. Então à pergunta "Por que o senhor não c...?", me é [227] dada a brilhante resposta: "Porque sou burro, algo assim". A pena quase se recusa a escrever o enorme absurdo, segundo o qual Deus, em sua cegueira causada na realidade pelo seu desconhecimento da natureza humana, chega a ponto de supor que possa haver um homem que, por burrice, não consiga c... — coisa que qualquer animal consegue. Quando, então, no caso de

---

97 Ao usar aqui a expressão "perfídia", certamente não preciso recordar as ideias já repetidas vezes desenvolvidas anteriormente (final do capítulo 5, e ainda capítulo II, nota 74, capítulo 13 ss. etc.), segundo as quais, em relação a mim, Deus age em condições de legítima defesa de um grave perigo, provocado por ele próprio, e por isso fica resguardado de qualquer consideração moral humana.

uma necessidade, efetivamente evacuo — para o que me sirvo de um balde, dado que quase sempre encontro o banheiro ocupado —, isso se associa toda vez a um intensíssimo desdobramento da volúpia de alma. A libertação da pressão provocada pela presença de fezes nos intestinos tem como consequência um intenso bem-estar proporcionado aos nervos da volúpia; o mesmo acontece no ato de urinar. Por esse motivo, sempre e sem exceção, os raios ficavam unidos durante o ato de evacuar e urinar; e, justamente por essa mesma razão, toda vez que me disponho a essas funções naturais procura-se, embora quase sempre em vão, desfazer por milagre o impulso à evacuação e à micção.

17.
Continuação do anterior; "desenhar" no sentido da língua das almas

[228] Da descrição contida no capítulo anterior, o leitor terá ficado com a impressão de que as provas que me foram impostas pela coação a pensar superam amplamente, em muitos sentidos, a medida das exigências que costumam ser feitas à capacidade e à paciência do homem. Mas, para dizer toda a verdade, tenho de acrescentar que, por outro lado, também ocorreram muitos fenômenos nos quais, pelo menos durante certos períodos, se podia encontrar uma espécie de compensação para as injustiças cometidas contra mim. Além das revelações sobre as coisas sobrenaturais, que coube a mim receber no decorrer dos anos, e que hoje não apagaria da minha memória nem por todo o ouro do mundo, tenho em vista aqui principalmente o efeito estimulante do ponto de vista espiritual que a coação a pensar exerceu sobre mim. Justamente o fato de que se lançavam nos meus nervos, de modo desconexo, conjunções que expressavam relações de causalidade ou outras relações ("mas por quê", "por isso", "porque eu", "seja então", "pelo menos") me obrigou a refletir sobre muitas coisas pelas quais o homem costuma passar despercebido, contribuindo assim para aprofundar o meu pensamento.

[229] Qualquer atividade humana que eu veja ser empreendida nas minhas proximidades, qualquer observação da natureza vista no jardim ou da minha janela, estimula em mim certos pensamentos; se ouço depois, numa conexão temporal com o desenvolvimento desses pensamentos, um "mas por quê", ou um "por quê, porque" falado dentro dos meus nervos, fico então obrigado, ou pelo menos constrangido num grau incomparavelmente maior que os outros homens, a refletir sobre a causa ou a finalidade do fenômeno em questão.

Para tomar alguns exemplos de acontecimentos inteiramente habituais, quero mencionar que justamente nos dias em que escrevo estas linhas está sendo construída uma nova casa no jardim e sendo instalada uma estufa num dos quartos vizinhos ao meu. Se presto atenção nesses trabalhos, naturalmente surge de modo involuntário o pensamento: o homem ou os trabalhadores agora estão fazendo isso ou aquilo; se então, ao mesmo tempo que surgem esses pensamentos, fala-se dentro dos meus nervos um "mas por quê" ou "por quê, porque", fico obrigado, de um modo que dificilmente posso evitar, a me dar conta da causa e da finalidade de cada uma das manobras. Coisas desse tipo naturalmente se repetiram milhares de vezes no decorrer dos anos; novos pensamentos são sempre estimulados de um modo particular pela leitura de livros e jornais. A obrigação que surge simultaneamente, de trazer à consciência a relação de causalidade para todo e qualquer evento, sensação e representação mental, me levou aos poucos a penetrar na essência das coisas que dizem respeito a quase todas as manifestações da atividade humana na arte, na ciência etc., uma penetração superior àquela que costuma atingir quem, como a maior parte da humanidade, não considera que vale a pena meditar sobre as experiências comuns da vida cotidiana. Em muitos casos, particularmente nos processos da sensação, não é fácil encontrar uma resposta adequada, satisfatória para o espírito humano, à pergunta sobre a causa ("mas por quê") — e, na maioria desses casos, por exemplo, para as sentenças: "Esta rosa tem um odor agradável" ou "Este poema tem uma linda linguagem poética" ou "Este é um quadro excelente", ou, ainda, "Esta passagem musical é extremamente melodiosa", a indagação de uma razão particular deve ser em si mesma sentida como imprópria. No entanto, essa indagação é estimulada em mim pelas vozes, desencadeando em mim um impulso para a atividade de pensar, da qual eu pouco a pouco aprendi a escapar, pelo menos em parte, dado que o contínuo pensar, como foi dito, é muito cansativo. Quem acredita na criação divina do mundo pode naturalmente acrescentar, como causa última de todas as coisas e acontecimentos, a razão: "Porque Deus criou o mundo". Mas entre esse fato e os eventos singulares que se manifestam na vida há um número infinito de elos intermediários, de muitos dos quais é extremamente interessante tomar consciência. Estimulado pela coação a pensar, ocupei-me especialmente de questões etimológicas, que já no passado, no tempo em que eu gozava de boa saúde, tinham despertado o meu interesse.

[230]

Para concluir esta exposição, ainda gostaria de acrescentar mais um exemplo, que talvez possa contribuir para uma melhor ilustração do que foi dito. Escolho um acontecimento muito simples, o de que me encontro com um conhecido meu, chamado Schneider. Assim que o vejo, naturalmente surge, involuntariamente, o pensamento: "Este homem se chama Schneider", ou então "Este é o sr. Schneider". Após a construção desse pensamento, ressoa então nos meus nervos um "Mas por quê" ou "Por quê, porque". Se uma pergunta dessas, nesse contexto, fosse feita por um homem a um outro no relacionamento cotidiano, a resposta provavelmente seria: "Por quê?! Que pergunta idiota, o homem se chama mesmo Schneider". Mas os meus nervos, via de regra, não podiam ou não podem se conduzir assim, de um [231] modo meramente defensivo, frente a uma pergunta como essa. Sua tranquilidade fica perturbada pela pergunta lançada: porque o homem é ou se chama sr. Schneider. Por isso a pergunta sobre a causa, nesse caso certamente bem estranha, principalmente sendo repetida muitas vezes, os mantém involuntariamente ocupados até que consigam encontrar uma outra distração para o pensamento. Desse modo os meus nervos talvez sejam induzidos a dar a resposta: sim, o homem se chama Schneider porque seu pai se chamava Schneider. Com uma resposta tão trivial, meus nervos não conseguem encontrar uma verdadeira tranquilidade. Por isso acrescenta-se a esse um outro processo de pensamento sobre as razões pelas quais foram dados nomes aos seres humanos, sobre as formas em que esses nomes surgiram nos diversos povos e nas diversas épocas e sobre as diversas relações (nível social, ascendência, características físicas especiais etc.) das quais eles foram predominantemente extraídos. Desse modo, uma percepção extremamente simples, sob pressão da coação a pensar, torna-se ponto de partida de um processo de pensamento muito amplo, que na maioria dos casos não deixa de produzir seus frutos.

Um outro fenômeno interessante, ligado à relação com os raios e à causa da coação a pensar, é o chamado "desenhar", de que já falei ligeiramente no capítulo II. Provavelmente nenhum homem além de mim sabe, e a ciência também ignora, que o homem traz consigo na cabeça, de certo modo *como quadros*, todas as recordações que ainda estão na sua memória graças às impressões que ficam nos nervos. No meu caso, em que a iluminação do sistema nervoso interno é dada pelos raios, esses quadros são suscetíveis de uma verdadeira reprodução, o que justamente vem a ser a essência do desenhar. Ou então, como me expressei de outra forma, no meu pequeno es-[232] tudo 49, de 29 de outubro de 1898:

"O desenhar (no sentido da língua das almas) é o uso consciente da imaginação, com o objetivo de produzir imagens (predominantemente imagens mnemônicas) que depois são vistas pelos raios."[98] Eu consigo produzir imagens de todas as recordações da minha vida, de pessoas, animais e plantas, de objetos naturais e objetos de uso de qualquer tipo, por meio de uma viva representação dessas imagens, e o resultado é que se tornam visíveis na minha cabeça ou também fora dela, conforme as minhas intenções, tanto para os meus próprios nervos quanto para os raios que estão em conexão com eles, visíveis lá onde eu quero que essas coisas sejam percebidas. Consigo [233] fazer isso com os fenômenos meteorológicos e com outros eventos; posso, por exemplo, fazer relampejar ou chover — um desenho particularmente eficaz, pois todos os fenômenos meteorológicos, principalmente o relampejar dos raios, são tidos como expressões do poder milagroso de Deus; posso fazer uma casa pegar fogo sob a janela do meu quarto etc. etc., tudo isso naturalmente na minha representação, mas de tal modo que os raios, ao que me parece, têm a impressão de que esses objetos e fenômenos realmente existiram. Posso me "desenhar" em um outro lugar diferente daquele no qual eu de fato estou; por exemplo, enquanto me sento ao piano, estar ao mesmo tempo no quarto ao lado em frente ao espelho, com roupas femininas; posso, o que é muito importante para mim, pelas razões indicadas no capítulo 13, criar para mim mesmo e para os raios, quando estou deitado na cama à noite, a impressão de que meu corpo é dotado de seios e de

---

98 Talvez haja interesse em conhecer também a continuação do "pequeno estudo", citado no texto que trata do desenhar no sentido humano; por isso quero reproduzi-lo a seguir: "O desenhar no sentido *humano* é a representação de certos objetos sobre uma superfície (ao contrário da representação corpórea, plástica), incolor (ao contrário da pintura; ou também se pode dizer que a pintura é um desenho em cores); ou ainda uma simples representação gráfica (desenho de acordo com a natureza), isto é, a reprodução de objetos que realmente são vistos no mundo externo, onde, portanto, a *imaginação* humana não entra em jogo; ou uma criação de imagens de objetos ainda não existentes no mundo externo, seja para fins puramente artísticos (representação do Belo, para satisfação própria ou de outros), seja para fins práticos, isto é, para depois realmente produzir objetos correspondentes a essas imagens: modelo, maquete etc.; e, finalmente, portanto um predomínio da imaginação (fantasia de φαινομαι). A palavra alemã (*Einbildungskraft*, imaginação) permite reconhecer claramente o conceito de 'projetar com imagens alguma coisa na cabeça ou na consciência humana' algo que não existe no mundo externo, e, portanto, como expressão de uma imaginação *doentia* o 'imaginar-se' (ser induzido a engano) coisas (esperanças etc.) que não se realizam como motivos de um modo de agir errado, que não corresponde ao objetivo".

O estilo deste pequeno estudo naturalmente deixa um pouco a desejar, porque quando eu fazia essas anotações nem me passava pela cabeça que um dia poderia desejar trazer o seu conteúdo para o conhecimento de outros homens.

órgãos sexuais femininos. Desenhar um traseiro feminino no meu corpo — *honny soit qui mal y pense* — tornou-se para mim um hábito de tal forma que eu o faço quase involuntariamente toda vez que me inclino. Com razão, creio poder chamar o "desenhar", no sentido desenvolvido anteriormente, de um milagre às avessas. Exatamente como no sonho são lançadas pelos raios certas imagens no meu sistema nervoso, da minha parte estou, inversamente, em condições de apresentar para os raios imagens cuja impressão pretendo proporcionar a eles.

Ninguém que não tenha passado por tudo o que eu vivi pode fazer uma ideia dos inúmeros aspectos em que a capacidade de "desenhar" me foi valiosa. Na desolação infinita de minha vida tão monótona, no martírio espi-
[234] ritual que me era proporcionado pelo falatório idiota das vozes, essa capacidade muitas vezes, quase a cada dia e a cada hora, constituía para mim um verdadeiro consolo e um real refrigério. Que grande alegria era poder reproduzir diante do meu olho espiritual as impressões paisagísticas de todas as minhas recordações de viagem e, às vezes, realmente — quando a conduta dos raios favorecia —, numa fidelidade à natureza e com uma magnificência de cores tão surpreendente que eu e os raios tínhamos quase a mesma impressão: a de que as paisagens estavam de fato ali presentes.

No momento em que escrevo estas linhas, faço — à guisa de ensaio — a tentativa de fazer aparecer no horizonte a figura do Matterhorn — lá onde, na natureza, fica aquela bela elevação em Dittersbach — e estou convencido de que até certo ponto consigo fazê-lo, tanto de olhos abertos como fechados. De modo semelhante a esse, no decorrer dos anos "desenhei"[99] inúmeras vezes as figuras de conhecidos meus entrando no meu quarto, passeando no jardim ou em qualquer outro lugar em que eu quisesse vê-los, ou, nas minhas proximidades, dei corpo a ilustrações que tinha visto em algum lugar, em particular caricaturas das *Fliegende Blätter* etc. Nas noites de insônia, de certa forma, muitas vezes vinguei-me dos fantasmas que apareciam por milagre dos raios fazendo, por minha vez, aparecer no meu quarto ou na cela todo tipo de figuras, sérias e alegres, sensualmente excitantes ou horrorosas; a distração que eu obtinha era um meio essencial para vencer o tédio, que de outra forma seria realmente insuportável.

---

99 Por exemplo — tanto de dia como à noite —, faço passar pelo meu quarto Napoleão ou Frederico, o Grande, sair do meu guarda-roupa o imperador Guilherme I vestido para a coroação etc. etc.

Com muita frequência costumo acompanhar o piano de desenhos correspondentes, particularmente quando são óperas adaptadas para o piano — fazendo desfilar diante do meu olho espiritual, às vezes com uma clareza impressionante, uma representação integral ou parcial da ópera em questão, do decurso da ação, das personagens que entram em cena, dos cenários etc. Uma vez que na maior parte das vezes estou lidando com pássaros miraculados, não raro me divirto fazendo por troça, por exemplo, com que apareça na minha cabeça a sua própria imagem sendo devorada por um gato etc. Naturalmente, o "desenhar", no sentido aqui desenvolvido, requer um grau bastante elevado de esforço intelectual, pressupondo, por isso, um estado mental razoável e um bom humor correspondente; preenchidas essas condições, a satisfação produzida por tal atividade é realmente grande, especialmente quando consigo obter do modo mais fácil possível as imagens desejadas. Além do mero objetivo de distrair-me, o "desenhar" tem para mim um outro sentido, não menos essencial. A visão de imagens atua, como já se observou no capítulo II, de um modo purificador sobre os raios, e eles então penetram em mim sem a violência destrutiva que lhes é peculiar. Justamente por isso procura-se, via de regra, confundir as imagens produzidas pelos meus desenhos com contramilagres correspondentes; mas também aqui, na maior parte das vezes, é minha a vitória, isto é, as imagens que pretendo obter permanecem visíveis para mim e para os raios quando empenho minha vontade decidida, embora às vezes se tornem frequentemente menos claras ou só se apresentem de modo mais ou menos desbotadas. Quando toco piano, não raro sou induzido a desenhar ao mesmo tempo, pelo fato de que só assim posso chegar a tocar de um modo pelo menos aproximadamente correto, uma vez que os milagres perturbadores que ocorreriam sofrem uma certa limitação graças à boa vontade dos raios, obtida com esse recurso. [235]

Finalmente, devo recordar como um fenômeno concomitante da coação a pensar, e não sem importância, a circunstância de que todos os ruídos que ouço *parecem* falar; particularmente os que têm maior duração, como o barulho dos trens, o rumor dos barcos a vapor, a música de certos concertos etc., as palavras faladas pelas vozes dentro da minha cabeça, bem como as palavras com as quais formulo, independentemente, meus pensamentos, com vibrações correspondentes dos nervos. [236]

Ao contrário da fala do Sol e dos pássaros miraculados, naturalmente trata-se aqui de um sentimento subjetivo: o som das palavras faladas ou desenvolvidas por mim participa simultaneamente das impressões auditivas que recebo dos trens, barcos a vapor, botas que rangem etc.; não me ocorre afirmar que trens de ferro, barcos a vapor etc. realmente falam, como é o caso do Sol e dos pássaros. Mas o fenômeno é sentido como particularmente incômodo pelos raios, pois nessas regiões afastadas do mundo que antigamente constituíam a sua morada, como já foi anteriormente (capítulo 7) mencionado, eles estavam acostumados ao mais sagrado sossego, e sua sensibilidade se assusta com qualquer barulho. Por isso, entre as suas locuções habituais, durante muito tempo havia as frases: "Se ao menos os malditos trens parassem de falar", "Se ao menos os malditos barcos a vapor parassem de falar" etc. Naturalmente, o uso dessas locuções não tinha a menor eficácia prática. Mas a ideia de que, para afastar qualquer mal-estar, basta expressar com frequência, *em palavras*, o desejo de fazê-lo, parece ter seu fundamento na peculiaridade do caráter das almas. Assim, quando por milagre me provocam o aquecimento da face ou o resfriamento dos pés, sou continuamente induzido *a dizer* em voz alta: "Se ao menos o maldito calor cessasse" ou "Se ao menos não me gelassem os pés", enquanto eu, um homem prático, em vez disso preferiria naturalmente lavar o rosto com água fria ou aquecer os pés friccionando-os. A questão de saber se essa peculiaridade do caráter das almas deve ser definida como uma fraqueza deve ser respondida com o maior cuidado: as almas eram feitas, segundo sua condição de existência, *em conformidade com a Ordem do Mundo*, apenas para gozar, e não como o homem ou outras criaturas da Terra, para uma *ação* na vida prática. Para mim, a fala dos trens de ferro e outros ruídos seriam um fenômeno bastante indiferente; ele só se tornou significativo à medida que, nas minhas mãos, se tornou um instrumento de poder não depreciável contra as falsificações de pensamento, operadas pelos raios. Assim, pelo menos por um breve tempo, posso, distendendo a energia da minha vontade, orientar as vibrações dos meus nervos a meu bel-prazer, mantendo à distância todas as vibrações induzidas de fora, e desse modo, como diz a expressão, "domino todos os ruídos" por um certo período, ficando assim em condições de impor aos raios certas formas de pensamento de não pensar em nada e conseguindo para os meus nervos uma tranquilidade passageira enquanto passam os trens, barcos a vapor etc.

[237]

18.
Deus e os processos da criação; geração espontânea; pássaros miraculados. "Direção do olhar". Sistema de exame

Nos capítulos anteriores, relatei uma série de coisas a respeito dos milagres [238] divinos, mas até agora o fiz principalmente no sentido de descrever seus efeitos nocivos sobre o meu corpo ou os obstáculos que eles colocavam às atividades a que eu escolhia me dedicar. Evidentemente, trata-se aqui de circunstâncias inteiramente anormais, que só nasceram porque a própria Ordem do Mundo foi quebrada em suas peças essenciais. Em si mesmo, o objetivo dos raios divinos não é combater um simples ser humano e realizar um trabalho de destruição no seu corpo, e sim a *criação*. Essa função peculiar dos raios, o milagroso poder *criador* de Deus, ainda hoje se apresenta de modo reconhecível para mim, razão pela qual não quero deixar de expor as ideias que tive a esse respeito a partir das percepções correspondentes. Certamente, ao fazê-lo, atrevo-me a penetrar na matéria mais difícil que já ocupou o espírito humano, e devo salientar de antemão que só me considero capaz de fazer algumas poucas observações de caráter aforístico e fragmentário. O verdadeiro segredo da criação, na sua essência, permanece mesmo para mim como um livro lacrado; posso reproduzir a seguir apenas as intuições que tive a esse respeito. [239]

Como já foi observado anteriormente (capítulo 1, nota 11), acredito poder definir a essência da criação divina no sentido de que ela é uma autoconcessão parcial dos raios, que são enviados com a vontade consciente de produzir algumas coisas no mundo externo. Deus *quer* que algo seja feito, e, ao enviar os raios com essa vontade, *aquilo que Ele quer simplesmente acontece*. É a situação que a Bíblia expressa de um modo tão significativo com as palavras: "Deus disse 'Faça-se a luz' e a luz *se fez*"; mas o contexto mais íntimo do processo escapa ao entendimento humano. No entanto, parece que o poder criador de Deus não deixa de ter certos limites, não se desvinculando de certos pressupostos que se baseariam principalmente na relação especial entre o poder criador a ser desenvolvido e o corpo cósmico em questão, ou seja, no grau de proximidade entre ambos.

Para produzir um homem completo — um ato de criação que, como acredito poder supor, de fato uma vez aconteceu, em tempos imemoriais — era necessária, se assim posso me expressar, uma insólita aplicação de força, uma aproximação absolutamente excepcional do corpo cósmico em questão, o que, pensado como uma condição duradoura, talvez estivesse em contradição com as próprias condições de existência de Deus ou com o cuidado requerido por todo o resto do universo.

O mesmo que se disse do ser humano vale, naturalmente, para qualquer forma superior da vida animal, que devia ser criada ao lado das formas inferiores já existentes. Poder-se-ia imaginar, portanto, que toda criação em um corpo cósmico qualquer não foi, como quer a concepção de Darwin, a derivação de novas espécies umas das outras, através da transformação [240] gradual, mas a sucessão de atos singulares de criação, graças aos quais se criou, uma de cada vez, uma nova espécie, não sem ter presente a lembrança das espécies anteriores que, por assim dizer, serviam de modelo. Cada espécie só podia ser criada em um ou em uns poucos indivíduos, aos quais se conferia desde o berço o dom da capacidade de reprodução e que assim, em condições favoráveis, podiam se multiplicar à vontade, até um número bastante elevado. Naturalmente, a cada criação de uma nova espécie seria necessária a presença das condições sob as quais essa espécie poderia se afirmar de modo duradouro: as condições físicas do corpo cósmico em questão (temperatura, distribuição do ar e da água etc.) deveriam já ter progredido até um grau correspondente e já deveria existir uma suficiente população de plantas e de formas animais inferiores que pudesse servir de alimento às formas superiores. Mas o homem era a coroação de toda a criação, e desde o início o plano da criação foi concebido para criá-lo como um ser semelhante a Deus e que *depois da morte se transformaria de novo em Deus* (ver capítulo I, nota II).

Faltam-me quase todas as condições para uma elaboração científica das concepções cosmogônicas, que na exposição precedente indiquei apenas em traços gerais. Faltam-me quase todos os subsídios científicos; durante a maior parte do tempo que tenho à minha disposição, falta-me uma adequada condição de saúde, pois, enquanto trabalho, fico permanentemente exposto a milagres que distraem o meu pensamento ou de algum modo provocam danos à minha cabeça, tornando frequentemente impossível um trabalho de pensamento consistente num campo tão difícil como esse; enfim, talvez fosse necessária uma inteligência mais aguda que a minha para resolver a tarefa gigantesca que implicaria a completa fundamentação científica dessa concepção. [241]

Por isso, no que se segue, deverei me contentar, no essencial, em comunicar as *percepções* que me levaram a chegar a essa concepção. O objetivo dos meus esforços só pode ser o de dar ao leitor a impressão de que ele não está às voltas simplesmente com vãs quimeras de um pobre doente mental — é como sou considerado até hoje pelas pessoas —, mas com resultados baseados em experiências muito particulares, pela sua natureza inacessíveis aos outros homens, obtidas através de uma reflexão madura de muitos anos e que, mesmo que não contenham em todas as suas partes a verdade plena, chegaram no entanto incomparavelmente mais perto da verdade do que tudo o que os outros homens pensaram e escreveram sobre essa matéria ao longo dos milênios.

A mais importante dessas percepções consiste no fato de que há anos tenho experimentado a aparição (criação) imediata, através de milagre divino, pelo menos de *animais inferiores*, e ainda hoje experimento nas minhas proximidades todo dia e toda hora. Por isso cheguei à firme convicção de que há de fato uma *geração espontânea* (geração sem progenitores, *generatio aequivoca*), mas não no sentido que a tendência materialista das ciências naturais costuma dar a essa expressão, segundo o qual substâncias inorgânicas se combinam entre si por acaso, de um modo tal que dessa união surge um ser (vivo) organizado, mas no sentido inteiramente diverso deste — o de que, no aparecimento desses seres, se trata de manifestações intencionais conscientes do poder voluntário da força criadora de Deus. Os animais que assim são criados, dependendo do dia ou da estação do ano, pertencem a diversas espécies; os mais frequentes são, além das aranhas, insetos de vários tipos, em particular moscas, mosquitos, vespas, abelhas, zangões, formigas, forbículas, borboletas, pássaros noturnos, mariposas etc. Esses [242] animais, em oportunidades bem específicas e em uma alternância regular, aparecem continuamente nas minhas proximidades, e, realmente, coisa que não posso minimamente pôr em dúvida, dada a frequência dessas aparições, aparecem não como seres anteriormente existentes e apenas por casualidade colocados nas minhas proximidades, mas como seres que a cada vez são criados de novo. Posso, por exemplo, contar com total segurança, e *portanto prever*, quando estou sentado em um banco do jardim e meus olhos se fecham por milagre — e num curto espaço de tempo a resultante unificação de todos os raios deveria levar ao sono — *imediatamente aparece uma mosca, vespa ou zangão ou um enxame de mosquitos* para me impedir de dormir. Esses milagres atualmente têm sido realizados na sua maior parte pelo deus inferior (Ariman); mas quer me parecer que mais recentemente esses milagres relativamente inofensivos também vêm sendo realizados pelo deus superior (Ormuzd), uma vez que, como já se mencionou anteriormente, também a sua postura hostil tem diminuído bastante em consequência do contínuo aumento da volúpia de alma.

Para comprovar o fato de que não se trata de seres que voam por acaso em torno de mim, e sim de seres a cada vez criados por minha causa, tenho as provas mais concludentes e em quantidade esmagadora. Naturalmente, por ora é ainda discutível se posso transmitir aos outros homens a mesma convicção; mas essa não é para mim a questão mais importante. Por enquanto não tenho de modo algum a intenção de fazer propaganda da minha fé nos milagres e das minhas representações das coisas divinas; prefiro limitar-me a apresentar minhas experiências e vicissitudes, na esperança confiante de que o quadro completo dos fenômenos milagrosos que podem ser observados na minha pessoa, e que *no futuro provavelmente se revelarão* de modo cada vez mais claro, abrirá por si mesmo o caminho para o conhecimento da verdade, mesmo para as outras pessoas. Mas, como já espero a [243] objeção de que não há nada de extraordinário no fato de que em certos momentos as moscas voem pelo quarto ou as vespas ao ar livre etc., e que seria uma simples imaginação doentia da minha parte acreditar que sejam milagres divinos todas essas aparições que de algum modo se relacionam com a minha pessoa, quero acrescentar aqui pelo menos alguns dos pontos de apoio mais importantes que me proporcionam a convicção oposta, transformada em certeza inabalável; graças à repetição, anos a fio, dos fenômenos em questão. Cada vez que aparece um inseto de um dos gêneros mencionados, realiza-se simultaneamente nos meus olhos o milagre da *orientação do olhar*, esse é um milagre que até agora não mencionei, mas que é posto em cena há anos e nas mais diversas oportunidades. Os raios querem ver sempre aquilo que lhes agrada, ou seja, ver de preferência seres femininos, por meio dos quais se excita a sua sensação voluptuosa, ou os próprios milagres, cuja visão, como já se observou no capítulo i, lhes proporciona a alegria pelas coisas criadas por eles. Portanto, por meio de uma ação correspondente sobre os meus músculos oculares, confere-se aos meus olhos a direção pela qual o meu olhar *deve* recair sobre as coisas que acabaram de ser criadas (em outros casos, sobre um ser feminino).

Não tenho a menor dúvida sobre a objetividade desse fenômeno, dada a sua repetição aos milhares, uma vez que eu, por iniciativa própria, não teria a menor vontade de dedicar uma atenção especial a qualquer mosca, vespa ou borboleta que por acaso aparecesse nas minhas imediações. Certamente se acreditará que eu não posso deixar de ter a *consciência* precisa da diferença entre ter os meus olhos, por assim dizer, *voltados* para um objetivo qualquer que me é indiferente, ou orientá-los *voluntariamente* para um ponto no ambiente que seja do meu interesse.[100] A isso se acrescenta também o fato de que, toda vez que falam comigo, as vozes transformam esses fenômenos em tema de uma conversa expressamente dedicada a eles. Isso acontece de diversas maneiras: *seja* infiltrando nos meus nervos, por meio da falsificação, determinados pensamentos de temor ou de desejos, por exemplo "Se ao menos as malditas moscas parassem" ou "Se ao menos as malditas vespas parassem" etc., *seja* procedendo a uma *intenção de examinar*, que de resto ocorre em qualquer ocasião. Segundo o que já foi observado no capítulo 13 a esse respeito, Deus não pode livrar-se da ideia de que, em cada um desses momentos, assim que o não pensar penetra em mim, isto é, assim que deixam de soar, a partir dos meus nervos, pensamentos

[244]

[245]

---

100 Os milagres da orientação do olhar, como se observa no texto, se realizam também em outras ocasiões, e recentemente, como os sentimentos dos raios para comigo se tornaram mais amistosos, às vezes esses milagres ocorrem de tal modo que o resultado me é favorável. Por exemplo, quase diariamente tenho a seguinte experiência: quando procuro entre os meus livros um certo livro particular, ou entre as minhas anotações um caderno particular, ou ainda quando procuro um pequeno objeto qualquer (agulha, cortador de charutos e coisas do gênero) que o homem não notaria num primeiro momento por causa do seu tamanho diminuto, meu olhar é dirigido por milagre (virada dos olhos) para o objeto procurado. Esse fenômeno, totalmente indubitável na sua objetividade, é, na minha opinião, *da maior e mais fundamental importância para o conhecimento das características das forças de Deus*. Disto resulta, *em primeiro lugar*, que os raios (coisa para mim indubitável, por milhares de razões) *são capazes de ler meus pensamentos* (uma vez que, sem isso, eles não poderiam saber em que, naquele exato momento, eu estou pensando) e, *em segundo lugar*, que a cada momento eles têm consciência do lugar em que o objeto procurado se encontra; em outras palavras, o lugar onde se encontra um objeto qualquer pode ser percebido por Deus, por meio da luz do Sol, de um modo incomparavelmente mais perfeito e seguro do que o que o homem poderia perceber por meio da visão. Aliás, para isso não há necessidade de plena luz do dia: basta uma fraca radiação de luz, que à noite também existe; é justamente na semiobscuridade ou na escuridão total da noite que me tem sido mais fácil achar objetos procurados, por meio da orientação do olhar.

formulados em palavras, eu tenha sido tomado pela completa imbecilidade (a "idiotia"); mas Ele sempre tem o desejo de se certificar se essa suposição é realmente pertinente e se desse modo foi atingido o esperado momento em que será possível uma retirada definitiva dos raios.

A forma do examinar é estranhíssima e quase incompreensível para quem está acostumado com a natureza humana. Faz-se com que as pessoas, os loucos do meu ambiente, cujos nervos são estimulados para esse fim, pronunciem certas palavras, de preferência certos fragmentos de erudição (se possível, em língua estrangeira) de que ainda dispõem a partir dos seus conhecimentos anteriores, e então, por assim dizer, lançam-se no meu ouvido, pronunciando dentro dos meus nervos a expressão "registro acusado" (isto é, na consciência ou no entendimento); assim, para dar um exemplo, as palavras "racionalismo" e "social-democracia" são jogadas, sem nenhuma conexão, enquanto ao mesmo tempo sou atingido pela expressão "registro acusado", pronunciada pelas vozes, para saber se ainda há em mim uma compreensão dos conceitos de "racionalismo" e "social-democracia", isto é, se eu ainda sei o que essas palavras significam.

A ideia de uma idiotização já ocorrida comigo é tão persistente e o grau de idiotia que se me atribui é tão grande que, a cada dia que passa, duvida-se de que eu ainda conheça as pessoas do meu ambiente, de que eu ainda tenha uma ideia dos fenômenos mais corriqueiros da natureza, dos objetos de arte e de uso e de outros fenômenos, e até mesmo de que eu ainda saiba *quem eu mesmo sou ou quem fui*. Após a indicação dos fenômenos ou dos objetos em questão efetuada pela orientação do olhar, para dar mais alguns exemplos, a expressão "registro acusado", que serve ao objetivo do exame, [246] ressoa nos meus nervos de tal modo que tenho de ouvir: "O conselheiro — registro acusado", "O chefe (enfermeiro-chefe) — registro acusado", "Assado de porco — registro acusado", "Trem de ferro — registro acusado", e sobretudo também "Este terá sido um presidente da Corte de Apelação — registro acusado" etc. etc. Tudo isso acontece há anos, repetido milhares de vezes, todo dia e toda hora. *Incredibile scriptu*, gostaria de acrescentar, e no entanto tudo é realmente verdadeiro, por menos que as pessoas possam imaginar uma incapacidade tão absoluta de Deus para julgar corretamente os homens vivos e por mais tempo que eu tenha necessitado para me acostumar com essa ideia depois das inúmeras observações feitas a esse respeito.

Procede-se também a um exame semelhante por ocasião da aparição dos insetos miraculados. Na atual estação do ano (início de setembro), por exemplo, as borboletas são particularmente numerosas durante os meus passeios pelo jardim. À aparição de uma borboleta, quase sem exceção, segue-se, *em primeiro lugar*, a orientação do olhar para o ser em questão, evidentemente recém-criado, e, *em segundo lugar*, ressoam nos meus nervos, pronunciadas dentro deles, as palavras "Borboleta — registro acusado", isto é, acredita-se ser possível que eu não saiba mais o que é uma borboleta e por isso, de certo modo, sou inquirido para verificar se o conceito de "borboleta" ainda tem acesso à minha consciência.

Eu diria que as observações precedentes dariam, mesmo ao leitor mais sóbrio, a impressão de que comigo acontecem coisas realmente notáveis. Poder-se-ia talvez apenas duvidar de que eu *possa* e *queira* dizer a verdade, isto é, pensar que eu talvez tenha tendência a exagerar ou sofra de certos autoenganos. Contra isso posso afirmar por mim mesmo — pensem o que quiserem das minhas outras capacidades mentais — que, de qualquer modo, pretendo que sejam reconhecidas duas capacidades: por um lado, o *inquebrantável amor à verdade* e, por outro, *um dom de observação fora do comum* — e que a presença dessas duas qualidades não será posta em dúvida por ninguém que me tenha conhecido nos tempos em que eu gozava de boa saúde e que hoje poderá ser testemunha de toda a minha conduta. [247]

Com relação aos animais inferiores (insetos) miraculados, já ressaltei antes que se observam certas diferenças de acordo com a diversidade das estações do ano e da hora do dia.

Nem Deus pode criar o que quiser, quando quiser. A medida da sua força criadora depende — para determinar as estações do ano e a hora do dia — das relações entre o Sol e a Terra e, quer me parecer, até mesmo das condições atmosféricas. Quanto a isso, convém recordar que, de acordo com as minhas ideias já desenvolvidas anteriormente (capítulo 1 e capítulo 7, nota 44), o Sol não deve ser considerado um fator de poder alheio a Deus, mas num certo sentido deve ser identificado com o próprio Deus, isto é, o Sol se apresenta como o instrumento do milagroso poder criador que está mais próximo da Terra. Em outras palavras: Deus só pode criar, a cada momento, aquilo que está em condições de fazer, de acordo com as relações espaciais estabelecidas entre Ele próprio e o corpo cósmico em questão e com as irradiações de luz e calor resultantes. Por isso as borboletas só aparecem de dia, as vespas, abelhas e zangões, de preferência em dias especialmente quentes, pássaros noturnos, mosquitos e mariposas, à noite, quando, aliás — como sempre —, são atraídos pela luz da lâmpada.

Se e até que ponto isso se assemelha ao que se passa com os pássaros miraculados (falantes), é uma questão difícil de responder.[100b] Já observei nos citados capítulos que os pássaros falantes também pertencem, por sua vez, àquelas espécies de pássaros que aparecem entre nós conforme a variedade das estações. Mas há uma diferença essencial: conforme o que devo supor pelas razões já expostas, nos pássaros falantes se ocultam restos de antigas almas humanas, o que não é o caso nos insetos miraculados. Quando uma vespa ou uma mosca esvoaça muito tempo perto de mim, o som das vozes faladas dentro da minha cabeça se comunica com o zumbido dos animais mencionados, de modo que eles de fato *parecem* falar. Mas, como no caso dos demais ruídos mencionados no final do capítulo 17, esse é, sem dúvida, apenas um sentimento subjetivo. Em compensação, com os insetos miraculados ocorre um outro fenômeno interessante, que contém mais uma confirmação da minha hipótese de que se trata de seres recém-criados. Conforme os sentimentos que Deus nutre a meu respeito, aparecem, numa alternância regular, seres *mais* ou *menos* desagradáveis. Mas esses sentimentos, como já foi explicado anteriormente, dependem, por sua vez, do grau de volúpia de alma existente e do tamanho da distância para a qual Deus se retirou; quanto mais Ele se distanciou e quanto menor a volúpia de alma, mais hostil Ele se manifesta para comigo. Os períodos de sentimentos amistosos e hostis se alternam rapidamente, muitas vezes em um único dia. Por isso, em certos dias aparecem à noite, por exemplo, forbículas, aranhas e outros insetos desse gênero, e de dia, vespas, zangões etc.; em outras palavras, animais cuja proximidade tem sobre o homem um efeito particularmente perturbador, suscitam repugnância ou ainda — devido às picadas — causam dor; em outros dias aparecem moscas, mariposas, borboletas etc., que me incomodam tão pouco que mal valeria a pena mencioná-las.

Em relação ao que foi dito anteriormente, devo ainda recordar os chamados *milagres de susto*, um fenômeno que supostamente também tem relação com o milagroso poder criador de Deus. Milagres de susto — expressão proveniente não de mim, mas das vozes, e que vem do *efeito* que pelo menos originariamente se procurava obter — são realizados, há anos, das mais diversas formas nas minhas proximidades.

[248]

[249]

100b Ver, a propósito disso, a nota 93b.

Nos últimos anos, às vezes quando eu estava na cama — não dormindo, mas desperto —, apareciam-me bem perto da cama todo tipo de figuras extravagantes, figuras de dragões bem grandes, quase do tamanho da minha cama, e tão perto que eu quase teria podido agarrá-las com a mão. Pertencem provavelmente também à categoria dos "milagres do susto" os "ursos-negros", bem como os "ursos-brancos", que, conforme o observado no capítulo 6, vi muitas vezes no tempo da minha internação no sanatório de Flechsig. Milagres de susto, na figura de sombras negras que surgem de repente, apareceram durante anos e ainda aparecem até hoje nas minhas imediações, todos os dias, de dia e de noite, quando passo pelo corredor ou toco piano etc.; às vezes assumindo uma forma semelhante à da figura humana. Sou até capaz de provocar o milagre do susto ou algo semelhante colocando a mão sobre uma superfície branca, como a porta da sala, pintada de branco, ou a estufa esmaltada de branco, quando então ficam visíveis estranhas deformações de sombras, evidentemente provocadas por uma modificação particular da radiação luminosa proveniente do Sol. Que em todos esses fenômenos não se trate de meras sensações subjetivas ("ilusões de ótica", no sentido do manual de psiquiatria de Kraepelin, p. 110), é algo para mim totalmente fora de dúvida, dado que toda vez que surge um milagre do susto minha atenção é particularmente voltada para ele por meio da orientação do olhar (virada dos olhos). Isso acontece particularmente [250] ao tocar piano, quando meus pensamentos, certamente por minha própria vontade, se deteriam mais nas impressões visuais das notas ou na sensação evocada pela beleza da música e então, subitamente, meus olhos são voltados de tal modo que meu olhar tem de recair sobre uma figura de sombra produzida na porta ou em algum lugar das proximidades. Avanço a hipótese — e aqui naturalmente não se pode falar de outra coisa — de que os "milagres do susto" talvez devam ser considerados como os primórdios da criação divina, que em certas circunstâncias poderiam se condensar em "homens feitos às pressas" e, progressivamente, por etapas, em homens de verdade ou outras criaturas mais duráveis. Naturalmente, o *efeito* de susto, depois de tantos anos de hábito, já desapareceu completamente para mim; hoje sinto no máximo um incômodo quando minha atenção subitamente se vê forçada, do modo indicado, a tomar uma direção diferente da que teria na observação dos objetos que a cada momento realmente me interessam.

Nos capítulos seguintes se discutirão ainda alguns outros pontos relativos à natureza de Deus e à essência da natureza divina.

19.
Continuação do anterior. Onipotência divina e livre-arbítrio humano

[251] No capítulo anterior expressei a convicção de que ocorre de fato uma geração espontânea (geração sem progenitores) e para fundamentar essa convicção comuniquei minhas percepções com relação aos insetos miraculados; essa afirmação requer contudo uma certa limitação para ficar a salvo de equívocos. Talvez eu possa expressar melhor essa limitação com o seguinte enunciado: *de novo* há uma geração espontânea na nossa Terra, desde que se verificou uma situação contrária à Ordem do Mundo, ao passo que antes, provavelmente durante milênios, uma geração espontânea não ocorria mais no nosso corpo cósmico. "Geração espontânea", no fundo, não passa de uma outra designação para o que, de acordo com a linguagem da Bíblia e outras fontes da tradição religiosa, chamei de criação por meio de milagres divinos.

A concepção básica a que cheguei sobre a conduta de Deus em face do trabalho da criação implica que Deus exerceu o seu poder de realizar milagres sobre a nossa Terra — bem como supostamente sobre os outros corpos cósmicos, que também atingiram um semelhante grau de desenvolvimento — só até o ponto em que se atingiu o objetivo do trabalho criador com a criação do [252] homem. A partir desse momento, ele abandonou a si mesmo o mundo orgânico criado, intervindo no máximo com um milagre, em casos excepcionais, de vez em quando (ver capítulo 1). De resto, dedicou Sua atividade apenas aos outros corpos cósmicos e à ascensão à beatitude das almas de homens falecidos; Ele mesmo retirou-se para uma distância enorme.[101, 102]

---

101 Preciso recordar que um dia, em alguma das fontes da nossa religião, li a frase: "O Senhor saiu — isto é, depois da obra da criação — a viajar"; uma frase que conteria uma expressão figurada da situação a que aludi. Durante muito tempo achei que a frase estaria em algum lugar da Bíblia, mas, depois que me foi dado um exemplar, tive de me convencer de que essa frase não se encontra, pelo menos onde eu a procurei, no Gênesis. Talvez os teólogos

Não posso ter como objetivo fornecer uma verdadeira fundamentação científica dessa concepção básica: não pretendo escrever um trabalho científico sobre a história da evolução do universo, mas refiro-me apenas ao que vivi e experimentei, indicando ao mesmo tempo as conclusões que talvez possam ser tiradas do grau de conhecimento a que cheguei até agora. Espero confirmar minha concepção básica, principalmente através da forma que deve assumir o meu destino pessoal, na medida em que deverá chegar o momento em que também os outros homens não poderão deixar de reconhecer que minha pessoa se tornou o centro de milagres divinos. Deixaria para os outros homens a construção científica das con- [253] clusões por mim apenas indicadas e sua justificação, talvez necessária em muitos aspectos particulares. Nesse sentido, retorno ao prosseguimento do tema iniciado.

Suponho então que o conjunto da obra de criação em um corpo cósmico consistiu na sucessão de atos isolados de criação nos quais se observou, em geral, uma progressão das formas inferiores de vida orgânica para formas superiores. Essa ideia, como se sabe, não é nada nova, sendo mais ou menos patrimônio geral de todos que têm se ocupado recentemente dos fenômenos da história da evolução. A questão polêmica é apenas saber se nessa progressão se deve supor o predomínio da casualidade cega, que estranhamente conduz ao surgimento de coisas cada vez mais perfeitas, ou se se deve reconhecer uma "causa inteligente" (Deus), que trabalha conscientemente para o aparecimento de formas superiores. A presença de um certo "finalismo" (Du Prel) não pode deixar de ser admitida, nem mesmo por aqueles pesquisadores que em geral tendem a explicar a "tenacidade das representações deístas" como provocada por uma fraqueza do pensamento da maioria dos homens. Para mim, de acordo com o conteúdo geral do presente trabalho, a existência de um Deus vivo se tornou uma certeza imediata. Posso, por isso, tentar submeter a uma consideração inteiramente nova a relação entre Deus e o mundo criado, à luz das impressões suprassensíveis que me foram concedidas.

---

possam responder se se encontra em algum outro lugar. Quanto a mim, tenho a sensação de que aquela frase não é uma formulação desse pensamento surgida na minha cabeça. Se ela não for encontrada nas fontes da nossa religião, então vou precisar supor que eu a recebi das vozes em alguma outra oportunidade por mim esquecida. **102** Não consta a nota 102. [N. E. alemão]

Como já foi mencionado do capítulo 1, quanto à questão de saber se os corpos cósmicos (estrelas fixas, planetas etc.) também foram criados por Deus, permaneço tão ignorante quanto no fundo todos os outros homens; portanto, tenho de aceitar a possibilidade de que a hipótese da nebulosa de Kant-Laplace seja correta. Quanto ao mundo orgânico, parece-me necessário supor uma diferença bastante essencial entre o processo criador [254] relativo ao mundo vegetal, por um lado, e ao mundo animal, por outro. De fato, pode-se imaginar que partes mínimas de nervos divinos (raios) assumam, na modificação que sofrem através do ato da criação, a forma de *almas de animais*, que por mais inferiores que sejam têm pelo menos uma característica em comum com os raios divinos, a da *autoconsciência*. Só que, ao menos para o homem, é difícil conceber que os raios divinos penetrem nas *plantas*, que, embora sejam vivas num certo sentido, são seres no entanto desprovidos de autoconsciência. Talvez se deva, portanto, pensar na possibilidade de que para a criação do mundo vegetal, sob certas condições favoráveis, bastou o simples reflexo da distribuição de raios que recai sobre a Terra por meio da transmissão da luz solar, de tal forma que uma aproximação de Deus com o objetivo de criar um mundo organizado em Vênus poderia ter como resultado simultâneo provocar na Terra, que então era menos desenvolvida que hoje, pelo menos o surgimento de uma vida vegetal. Não disponho contudo de inspirações divinas para poder fazer observações desse tipo; por isso eu talvez me perdesse em especulações estéreis em que qualquer estudioso com formação nas ciências naturais poderia me demonstrar que cometeria erros palpáveis se quisesse continuar a desenvolver o fio dessas considerações. Em compensação, tenho motivos muito mais sólidos para supor que os raios divinos tenham num certo sentido, em germe, como *capacidade latente*, a faculdade de se transformar em *animais* de todo tipo, e em última análise no homem, isto é, de produzir essas criaturas a partir de si mesmos.

Aqui disponho de várias experiências e percepções extremamente singulares. Antes de mais nada, seja dito que os raios (nervos) do deus superior, quando, em consequência da força de atração, eram, por assim dizer, lançados dentro de mim, durante muito tempo, em um número muito [255] grande de casos, *apresentavam* na minha própria cabeça a *imagem de uma figura humana*. Graças a uma feliz casualidade, estou em condições de poder remeter a uma ilustração, em vez de a uma descrição em palavras, que corresponde com uma semelhança surpreendente ao quadro que muitas vezes vi na minha cabeça. No quinto volume da *Arte moderna* (Berlim, editora Richard Bong), encontra-se a reprodução de um quadro de Pradilla, *A ciranda do amor*; no canto superior esquerdo desse quadro vê-se uma figura feminina que desce do alto com os braços para a frente e as mãos entrelaçadas.* Basta transpor essa figura para o masculino para se ter uma imagem bem precisa do aspecto com que se apresentam — como foi dito, em casos muito numerosos — os nervos do deus superior ao cair sobre a minha cabeça. Cabeça, peito e braços eram claramente distinguíveis; os braços se moviam para os lados como se esses nervos quisessem abrir caminho contra algum obstáculo colocado contra a sua aproximação — a hipertensão da abóbada celeste por meio de nervos, organizada na época pela alma de Flechsig (ver capítulo 8). Da mesma forma, os raios do deus inferior (Ariman) frequentemente me dão na cabeça a imagem de um semblante humano e de tal modo que (contanto que haja volúpia de alma) essa figura humana parece lamber os lábios com a língua, como às vezes os homens costumam fazer quando julgam algo especialmente saboroso: em outras palavras, quando estão sob a impressão de um bem-estar dos sentidos.

A respeito disso, preciso ainda voltar mais uma vez ao fenômeno dos "homúnculos", várias vezes mencionados nos capítulos anteriores (ver capítulos 6 e 11). Se eu pude, portanto, observar em um número imenso de casos que almas (raios) em certas condições apareciam na minha cabeça ou em qualquer outra parte do meu corpo na forma de homens em miniatura, parece-me natural a hipótese de que a capacidade de se transformar em homem ou em figura humana, em certas circunstâncias, deve ser con- [256] siderada uma potencialidade inerente à mais íntima essência dos raios divinos. Desse ponto de vista, também a famosa passagem da Bíblia "Ele criou o homem à Sua imagem; à imagem de Deus Ele o criou" adquire uma luz inteiramente nova. Tem-se a impressão de que é como se a essas palavras da Bíblia se pudesse atribuir um significado *literal* que até agora os homens não tinham ousado dar.

O homem era, portanto, presumivelmente a coisa mais elevada que Deus jamais foi capaz de criar. Todos os demais seres criados formavam apenas uma cadeia infinitamente longa de preparativos com os quais Deus

---

* Trata-se de *Las travesuras del amor*, pintura alegórica de Francisco Pradilla Ortiz (1848-1921), no teto de um dos salões do palácio do marquês de Linares, em Madri. [N. E.]

se aproximava do fim último — a criação do homem. Criar apenas homens seria naturalmente um absurdo, uma vez que o homem, para se afirmar, liga-se à existência de inúmeras formas animais inferiores, que em parte lhe servem de alimento, em parte servem para outros fins. Mas a capacidade de criar o homem, enquanto a mais elevada, incluía a menos elevada, ou seja, a de criar formas animais inferiores. O homem, portanto, só podia ser criado quando estivesse preparado o solo para o seu aparecimento. Na longa série de formas animais criadas antes dele, é impossível deixar de reconhecer a aproximação cada vez maior à estrutura do homem.

Com a criação de cada espécie, é de supor que para Deus estivesse concluído o trabalho de criação *com relação a essa espécie*, e com a criação do homem, a totalidade da obra da criação. Cada espécie recebia a possibilidade de autoafirmação através das condições de existência já criadas, da persistência do calor solar e da capacidade de reprodução. Mas em que medida cada espécie conseguia isso e, a seguir, cada indivíduo dessa espécie, era [257] algo deixado à capacidade de resistência das espécies e das aptidões dos indivíduos, não dependendo mais da influência direta de Deus.

Ao que já foi exposto quero ainda acrescentar algumas observações restritivas já apontadas anteriormente (capítulo 13, nota 81) sobre a relação entre a onipotência e a onisciência divinas e o livre-arbítrio humano.[103] Se Deus conhece o futuro, e de que modo uma resposta afirmativa a essa pergunta se concilia com o indubitável livre-arbítrio humano, é uma questão que sempre ocupou os homens. Para chegar a um ponto de vista correto é necessário ter presente que para Deus, em certo sentido, não há nem passado nem futuro: *por si mesmo* Deus não tem de esperar de um tempo futuro nem circunstâncias felizes particulares, nem uma sorte adversa; Ele permanece em todos os tempos igual a Si mesmo; isso está contido no conceito de eternidade. Mas, se se perguntar se Deus pode conhecer o futuro *dos seres criados por Ele* — espécies e indivíduos —, a meu ver a pergunta

---

103 Explicações sobre a relação entre Deus e o livre-arbítrio humano desempenharam um papel essencial em uma das primeiras visões que tive (portanto, por volta do início de março de 1894), e até onde me recordo na *primeira visão*, na qual Deus, se assim posso dizer, se revelou a mim. Infelizmente, a maior parte dos pormenores dessa visão desaparece da minha memória sob o impacto das visões que depois ocorreram em massa. Lembro-me ainda apenas de que na manhã seguinte àquela noite comuniquei ao prof. Flechsig o conteúdo da visão e tive com ele uma conversa sobre esse assunto.

poderá ser mais bem debatida se recorrermos a exemplos. Por isso coloco as seguintes questões: existe uma onisciência divina com relação ao futuro, no sentido de que Deus também pode saber com antecedência:

1. Até que idade viverá cada um dos muitos milhões de homens que [258] habitam a Terra?
2. Se, e individualmente, quais os mosquitos que, dentro de um determinado espaço de tempo, uma aranha conseguirá capturar na teia tecida por ela?
3. Qual entre as centenas de milhares de números de uma loteria ganhará o primeiro prêmio?
4. Em que condições se poderá concluir a paz na guerra atualmente conduzida contra a China pelo Japão e as grandes potências europeias?

Acredito ter encontrado com a escolha desses exemplos exatamente o mesmo tom com que, até onde sei, a filosofia escolástica da Idade Média tratou, durante séculos, a questão da predestinação e as questões conexas. De fato, basta colocar as questões acima para reconhecer o contrassenso que seria uma resposta afirmativa a elas. Em todos os exemplos escolhidos, trata-se de perguntas que são do maior interesse, e em parte são até mesmo questões vitais para os indivíduos e povos em questão; para Deus elas são todas, num certo sentido, igualmente insignificantes. Deus dotou todas as espécies criadas por Ele (e, portanto, indiretamente também os indivíduos a elas pertencentes) das condições necessárias para sua conservação; até que ponto utilizam essas condições e com que resultado, é uma questão deixada para esses seres, algo que, portanto, Deus não pode saber com antecedência.[104] Com isso, naturalmente, não se exclui a possibilidade de que [259]

---

104 Ao contrário, desenvolvendo um pouco mais o exemplo número 3, considero *in abstracto* possível que Deus possa *determinar* qual número ganharia o primeiro prêmio de uma loteria. De um modo correspondente a muitos milagres semelhantes que percebi em parte em minha própria pessoa, em parte em pessoas do meu ambiente, não seria impossível dar ao olhar da pessoa (órfão), a quem cabe tirar o número da urna, e aos seus músculos, uma direção tal que o fizesse extrair um número escolhido por Deus. De qualquer modo, existe para Deus a oportunidade de perceber em que lugar se encontra cada número na urna. Tiro essa conclusão a partir dos fenômenos já mencionados na nota 100, nos quais Deus evidentemente sabe onde está um objeto procurado por mim que, dado o seu tamanho minúsculo, não é imediatamente perceptível ao olho humano. Só que um tal milagre da loteria

Deus tenha dedicado um interesse maior às formas superiores por Ele criadas, particularmente portanto à conservação da espécie humana como um todo, ou partes dela, e por isso tenha intervindo em casos especiais e, excepcionalmente, até mesmo a posteriori. Mas mesmo nesses casos não se poderá supor que a simples aplicação dos instrumentos divinos de poder fosse garantia de resultados duradouros.

Tudo o que desenvolvi até o momento neste capítulo se refere a *uma situação em conformidade com a Ordem do Mundo*. No meu caso, verificou-se uma profunda modificação nessa situação, cujo alcance nem eu mesmo sou capaz de avaliar inteiramente. Pelo fato de que Deus se viu obrigado a se aproximar mais da Terra e permanecer continuamente numa proximidade (relativa) dela, a Terra — talvez negligenciando outros corpos cósmicos, e em todo caso com a suspensão de novos acessos à beatitude — tornou-se palco permanente de milagres divinos. Ao que parece, é impossível para os raios ficar em um estado de completa inatividade; a criação (realização de milagres) faz parte da sua natureza; uma vez que a realização das tarefas que lhes cabem, de acordo com a Ordem do Mundo, tornou-se pelo menos provisoriamente impossível, seu poder de realizar milagres volta-se para outras coisas, na maioria das quais, aliás, se verificam apenas manifestações de força sem objetivos nem resultados duradouros.

Em primeiro lugar, realizam-se milagres com a minha pessoa e com todos os objetos de que me ocupo; da mesma forma realizam-se milagres com todas as manifestações de vida dos homens que se encontram nas minhas proximidades, fazendo com que seus nervos, por influência dos raios, sejam levados a falar, a executar todas as funções naturais, a tossir, a espirrar e até mesmo a emitir flatos etc.; realizam-se milagres também com todos os animais vivos do meu ambiente, o que se tornou para mim indubitável a partir das observações feitas, provocando também, por meio de uma influência adequada, exercida sobre os nervos dos animais, o relinchar dos cavalos, o latido dos cães etc. Finalmente, realizam-se milagres também através de uma nova criação de animais inferiores (os insetos mencionados no

[260]

(para usar uma expressão mais sumária) supostamente nunca foi realizado, uma vez que Deus não tem motivos para mobilizar Seu poder de realizar milagres para que recaia uma sorte extraordinária sobre um único indivíduo sem que haja nele qualquer mérito particular. Em outras palavras, Deus pode não *saber* o futuro nesse e em outros casos semelhantes, mas *poderia*, desde que houvesse, até um certo ponto, um motivo determinante suficiente, *fazer o* futuro.

capítulo anterior etc.). Na realidade, tudo em vão, uma vez que os animais e os homens vivos, mesmo sem isso, teriam a capacidade de expressar essas manifestações de vida e os insetos que são recém-criados pertencem a espécies que, mesmo sem milagres, já existem em numerosos exemplares e, portanto, não se trata de chamar à vida uma nova espécie.

O exercício de poder realizar milagres se reduz, portanto, em cada um dos seus aspectos, no que me diz respeito, a uma tortura vã e, no que diz respeito a outros homens e animais, a um jogo vazio. E, para Deus, a situação aqui descrita, como já se observou anteriormente, implica também inconvenientes na medida em que o prazer com as coisas recém-criadas dura pouco tempo, sendo logo dissipado por estados de angústia nos quais os nervos de Deus, destacados da massa total, caem sobre mim gritando "Socorro", em consequência da força de atração. Se e como será possível um [261] dia reconduzir todas essas situações, desagradáveis para todas as partes em jogo, de volta aos caminhos normais, em conformidade com a Ordem do Mundo, é algo sobre o que, dada a natureza das coisas, só posso emitir hipótese, a respeito das quais talvez ainda faça certas considerações no final deste trabalho.

20.
Concepção egocêntrica dos raios com relação à minha pessoa. Configuração ulterior das relações pessoais

[262] Quanto à incapacidade de Deus para compreender o homem vivo como organismo e particularmente para julgar corretamente sua capacidade de pensar, tenho ainda de acrescentar um outro ponto, que em muitos aspectos se tornou importante para mim. Posso descrever brevemente esse ponto: *tudo o que acontece se refere a mim.* Ao escrever essa frase, estou plenamente consciente de que as pessoas logo pensarão em uma imaginação doentia da minha parte, pois sei bem que justamente a tendência a referir tudo o que acontece a si mesmo, relacionando-o com a própria pessoa, é um fenômeno que acontece com frequência em doentes mentais. Mas na realidade, no meu caso, passa-se o contrário. Desde que Deus entrou em uma conexão nervosa exclusiva comigo, eu me tornei para Deus, num certo sentido, o homem, ou o único homem em torno do qual tudo gira, ao qual tudo deve se referir e que por isso, também do seu próprio ponto de vista, tem de referir a si mesmo todas as coisas.

Essa concepção completamente invertida das coisas, que naturalmente no começo era totalmente incompreensível mesmo para mim e cuja existência fui obrigado a reconhecer como fato depois de anos de experiên-
[263] cia, se me apresenta em qualquer oportunidade e nas mais diversas ocasiões. Quando, por exemplo, leio um livro ou jornal, pretende-se que os pensamentos ali contidos sejam os meus próprios pensamentos; quando toco ao piano uma canção ou a ária de uma ópera, acredita-se que o texto da ópera ou da canção expressa a cada momento minhas próprias sensações. É a mesma ignorância ingênua graças à qual certas pessoas incultas que vão ao teatro imaginam que aquilo que é falado pelos atores reproduz os seus próprios pensamentos ou então que os atores sejam realmente os personagens representados. Para mim, portanto, só pode soar engraçado quando, por exemplo, ao tocar ao piano a ária da *Flauta mágica*: "Ah, sinto-o, desapareceu

para sempre a delícia do amor", ou "A vingança do inferno ferve em meu coração, morte e desespero ardem em torno de mim", ouço vozes em minha cabeça que partem do pressuposto de que a partir de agora eu realmente considero perdida para sempre a minha felicidade, esteja tomado pelo desespero etc. Por outro lado, não se pode subestimar a prova de paciência, que tive de suportar durante anos, através da obrigação de escutar a espantosa estupidez contida nas perguntas feitas à queima-roupa: "Por que não o diz (em voz alta)?" e "Registro acusado", em ocasiões do tipo descrito. Esse disparate é tão absurdo que durante muito tempo fiquei na dúvida se devia atribuir isso ao próprio Deus ou a seres inferiores carentes de espírito que teriam sido criados em corpos cósmicos distantes, seres do tipo dos "homens feitos às pressas", para de lá cuidarem da tarefa de anotação e das perguntas.

Frequentemente, nos meus pequenos estudos, pesei os prós e contras; quem se interessar por esses pormenores poderá lê-los ali. Mas sem querer me pronunciar de modo definitivo, tendo a conceber que é o próprio [264] Deus distanciado quem provoca as perguntas absurdas, sendo, portanto, Ele próprio dominado pelo engano em que essas perguntas se baseiam.[105] O desconhecimento da natureza e do espírito humano que assim se manifesta no fundo não é maior do que aquele que se verifica também nos demais fenômenos, nos quais tenho de considerar o próprio Deus como partícipe das perguntas sobre a evacuação, para usar uma expressão abreviada (final do capítulo 16), supondo que o não pensar seja idêntico à idiotia, que a língua dos nervos é a verdadeira língua dos homens etc. etc. (capítulo 13).

Que Deus, *considerando a situação contrária à Ordem do Mundo que surgiu em relação a mim*, de modo algum possa reivindicar infalibilidade, é algo que provém, sem dúvida alguma, do fato de que, em todo caso, foi *Ele próprio* quem determinou toda a linha de orientação da política conduzida contra mim e organizou, relacionados com ela, os sistemas de anotação, do não falar até o fim, da ligação às terras etc. Mas essa política persegue justamente um objetivo impossível. Durante todo um ano, como foi mencionado, acreditei que devia temer pelo meu entendimento, dado que na época ignorava completamente os efeitos dos milagres e considerando os sustos que

---

105 Já anteriormente (capítulo 9) me expressei no sentido oposto. Esses são pontos sobre os quais, pela própria natureza da coisa, não estou em condições de ter uma opinião firme e por isso ainda hoje oscilo, conforme a direção das novas impressões, entre uma e outra concepção.

me eram dados, que ultrapassavam qualquer experiência humana. Mas de cinco anos para cá ficou completamente claro para mim que nem para Deus a Ordem do Mundo fornece os meios para destruir o entendimento de um homem. Deus, por seu lado, até hoje se deixa levar pela concepção oposta, [265] que resulta na representação da possibilidade de me "deixar largado", organizando continuamente novos sistemas coerentes com essa concepção e me enviando diariamente, exatamente da mesma forma, as provas de que hoje, como anos atrás, é impossível para ele se libertar daquela concepção errônea. Quero insistir mais uma vez que não considero isso de modo algum incoerente com o fato de que Deus possua plena sabedoria eterna na esfera de ação que cabe a ele segundo a Ordem do Mundo.

A exigência de referir a mim tudo o que acontece e, portanto, tudo o que é dito por outras pessoas, me é feita particularmente nos meus passeios regulares no jardim do atual sanatório. Por isso estar no jardim do sanatório se tornou algo especialmente difícil para mim; também a isso se relacionam as cenas de grosseria que ocorreram nos anos anteriores entre mim e outros pacientes do sanatório. Já há muito tempo a volúpia de alma que está no meu corpo se tornou tão intensa que sempre produz em pouco tempo a unificação de todos os raios, com o que estariam já dados os pressupostos do sono; por isso, há anos, não me é permitido ficar sentado tranquilamente só, num banco, onde, especialmente se estiver cansado, por causa de uma ou mais noites de insônia, eu caio no sono; é necessário então proceder imediatamente às chamadas "perturbações" (ver capítulo 10), que permitem aos raios se retirarem de novo. Essas "perturbações" ora são realizadas de modo inofensivo, produzindo, por milagre, insetos como os mencionados no capítulo 18, ora de tal modo que se faz com que os outros pacientes do sanatório me dirijam a palavra ou façam um barulho qualquer, [266] de preferência nas minhas imediações. Não há a menor dúvida de que aqui também se trata da estimulação desses nervos humanos por meio de milagre, pois toda vez que ocorre o fenômeno anteriormente descrito (capítulos 7 e 15) sinto, juntamente com as palavras ditas, um golpe desferido contra a minha cabeça, com um efeito mais ou menos doloroso.

Uma vez que os pacientes[106] são predominantemente loucos de baixo grau de instrução e de sentimentos grosseiros, nessas ocasiões, em geral,

---

106 Naturalmente os seus nomes foram todos "transcritos".

vêm à tona insultos vulgares que, de acordo com a intenção dos raios, eu devo relacionar comigo. Em alguns casos, sem uma prévia troca de palavras chegou-se até a me fazer cometer agressões, como, por exemplo, aconteceu uma vez com um certo dr. D., enquanto eu tranquilamente jogava xadrez com um outro senhor. Da minha parte, sempre me guiei pelo esforço de ignorar, se possível, os insultos proferidos contra mim, como sendo provenientes de loucos. Mas a possibilidade de ignorar tem seus limites; quando, o que antigamente acontecia muito e ainda hoje não raro acontece, os loucos me empurram com força ou não param de me aborrecer com insultos, apesar do desprezo que lhes demonstro pelo silêncio, se eu não quiser parecer covarde, só me resta replicar verbalmente. Como, nessas ocasiões, uma palavra costuma puxar outra, nos últimos anos se chegou a verdadeiras cenas de pancadaria, nas quais, aliás, tive sempre a satisfação de derrubar o agressor — embora simultaneamente fossem operados milagres, particularmente na minha rótula, para me tornar incapaz de lutar.

De alguns anos para cá, felizmente tenho podido evitar que se chegue a grossas pancadarias, o que ainda hoje requer da minha parte, em todos os passeios pelo jardim, um excepcional uso de tato e moderação para realmente evitar cenas de escândalo. De fato, o método de atiçar os loucos contra mim com frases ofensivas perdura até hoje, e simultaneamente o falatório maluco das vozes — "Registro acusado", "Por que o senhor não diz (em voz alta)?", "Porque sou burro", ou "Porque tenho medo" etc. — sempre me faz reconhecer a intenção de Deus segundo a qual eu deveria referir a mim mesmo aquelas frases ofensivas. [267]

Para conservar ao máximo a calma e o decoro, e ao mesmo tempo dar a demonstração imediata da integridade do meu entendimento, já há anos adquiri o hábito de levar comigo o meu tabuleiro de xadrez todas as tardes quando vou passear no jardim e passo pelo menos a maior parte do tempo jogando xadrez. Com exceção de breves períodos de frio extremo, eu fazia isso mesmo no inverno, quando para jogar xadrez era necessário ficar de pé; enquanto jogo xadrez, reina uma relativa tranquilidade. Mesmo no meu quarto também fico exposto a contrariedades, porque continuamente nele ocorre uma invasão insensata de outros pacientes — a chamada "perturbação"; mesmo aqui fica totalmente fora de dúvida a relação com coisas sobrenaturais.

De um ano para cá, todos esses acontecimentos, associados a outras considerações, amadureceram em mim a decisão de tratar de obter, em um futuro próximo, a minha alta deste sanatório. Meu lugar é entre pessoas cultas, e não entre loucos; se estou entre pessoas bem-educadas, como, por exemplo, à mesa do diretor do sanatório, onde tomo as refeições desde a Páscoa deste ano (1900), desaparecem muitos dos incômodos causados por milagres, particularmente os chamados urros, porque nessas ocasiões,

[268] ao tomar parte de uma conversa em voz alta, eu tenho a oportunidade de demonstrar a Deus que estou de plena posse das minhas faculdades mentais. De fato, sou doente dos nervos, mas não sofro de modo algum de uma doença mental que me torne incapaz de cuidar de meus próprios interesses (artigo 6 do Código Civil do Império Alemão) ou que possa levar à confinação em um sanatório contra a minha vontade por motivos de direito público.[107]

Por isso, como soube, por acaso, que no fim de 1895 fui posto sob curatela provisória, eu mesmo tomei a iniciativa, no outono do ano passado (1899), de solicitar que as autoridades competentes decidissem se essa curatela tinha um caráter definitivo ou se era passível de anulação. Com base numa perícia feita pela atual direção do sanatório e num interrogatório judicial ocorrido em janeiro deste ano (1900), contrariamente às minhas expectativas foi proferida contra mim, em março deste ano, pelo Real Tribunal de Primeira Instância de Dresden, uma sentença formal de interdição. Mas, como eu só poderia considerar injustificados os seus fundamentos, apelei da sentença, recorrendo a uma ação de levantamento da curatela contra a Real Promotoria do Tribunal de Dresden. A decisão do Real Tribunal

[269] Regional de Dresden ainda não foi pronunciada, mas em todo caso ocorrerá provavelmente ainda neste ano. Não preciso entrar em detalhes sobre o atual curso do processo, pois, caso o material processual venha a despertar o interesse de um círculo mais amplo, as atas do Real Tribunal de Primeira Instância e do Real Tribunal Regional de Dresden poderão fornecer uma completa informação a esse respeito. Nas minhas exposições, anexadas a essas atas, estão contidas algumas observações que dizem respeito às minhas concepções religiosas.

---

107 No início deste ano escrevi um ensaio sobre os pressupostos necessários para manter doentes mentais contra a sua vontade em instituições públicas e me empenhei em sua publicação numa revista jurídica. Infelizmente, as redações das revistas às quais me dirigi recusaram-se, por falta de espaço ou por outras razões. No caso de conseguir publicar o presente trabalho, penso anexar talvez como suplemento o mencionado ensaio.

Quase sem que eu percebesse, o contexto deste capítulo me reconduziu das considerações sobre a natureza de Deus para as minhas questões pessoais. Por isso, quero ainda acrescentar algumas observações a esse respeito. As condições exteriores da minha vida se tornaram consideravelmente mais favoráveis, diria mesmo mais dignas, nos últimos tempos, particularmente no que diz respeito ao tratamento que me é oferecido pela administração do sanatório; isso se deve em grande parte à impressão que se tem a partir dos meus trabalhos escritos, de que no meu caso provavelmente se está lidando com fenômenos que ultrapassam a esfera normal da experiência científica. Minha condição física é difícil de descrever; em geral, alternam-se rapidamente um bem-estar físico de grande intensidade e todo tipo de estados mais ou menos dolorosos e adversos. A sensação de bem-estar físico se deve à volúpia de alma, que em certos momentos atinge uma grande intensidade; não raro, ela é tão intensa que, quando estou na cama, me basta um mínimo esforço de imaginação para me propiciar um bem-estar dos sentidos, que constitui uma intuição bastante nítida do prazer sexual feminino no coito.

Voltarei a esse ponto mais detalhadamente no próximo capítulo. Por outro lado, em consequência dos milagres realizados contra mim, alternam-se com isso (isto é, toda vez que Deus se retira de novo) estados dolorosos [270] de todo tipo, que depois de pouco tempo subitamente desaparecem quase sem exceção e com igual regularidade. Além dos fenômenos já mencionados, ocorrem, entre outras coisas, dores ciáticas, cãibras, fenômenos de paralisia, súbita sensação de fome e outras coisas do gênero; antigamente, não raro ocorriam também dores lombares e de dente. Durante um certo período (quando ainda dormia na cela), a dor lombar era às vezes tão forte que eu só conseguia me levantar emitindo simultaneamente e só meio *voluntariamente* um grito de dor; as dores de dente às vezes também eram tão intensas que me impediam qualquer ocupação espiritual. Ainda hoje, quase sem interrupção, tenho de enfrentar uma espécie de dor de cabeça que certamente ninguém mais conhece e que não se compara com as dores de cabeça normais. Trata-se de dores provocadas por estiramento ou retração, que vêm do fato de que os raios ligados às terras, toda vez que a volúpia de alma atingiu um certo grau, tentam operar uma retirada. O milagre dos urros, que na maior parte das vezes se verifica nesses casos, dada a frequente repetição provoca igualmente um abalo muito desagradável na cabeça; quando isso acontece enquanto estou comendo alguma coisa, preciso ficar muito atento para não cuspir fora o que tenho na boca. A brusca alternância desses estados resulta no fato de que a situação geral pode ser chamada de louca, e por isso toda a vida que sou obrigado a levar traz consigo, em certa medida, a marca da loucura, ainda mais que o meu ambiente se constitui predominantemente de loucos, que por sua vez contribuem para que aconteça todo tipo de coisas insensatas.

Raramente me é possível persistir muito tempo na mesma ocupação; muito frequentemente, a ocorrência de dores de cabeça ao ler, escrever ou realizar outra ocupação desse tipo torna necessária uma mudança. Sob muitos aspectos, sou obrigado a passar o meu tempo às voltas com amenidades insignificantes; do ponto de vista *físico*, isso me proporciona o maior bem-estar (além de tocar piano). Por isso, nos anos anteriores tive muitas vezes de me ocupar com trabalhos mecânicos, como colagens, pinturas de figuras e coisas do gênero; do ponto de vista do bem-estar do corpo, são particularmente recomendáveis os trabalhos de tipo feminino, como costurar, tirar o pó, fazer a cama, lavar louça e assim por diante. Ainda hoje, há dias em que, além de tocar piano, praticamente só posso me dedicar a essas pequenas coisas, isto é, dias em que o estado da minha cabeça exclui qualquer outra ocupação que corresponderia melhor às necessidades do *espírito*. Meu sono à noite, em geral, melhorou consideravelmente em comparação com o passado; já mencionei antes que às vezes não consigo permanecer na cama por causa dos contínuos estados de urros (que se alternam com uma volúpia intensa). Por isso, ainda mesmo neste ano, algumas vezes levantei da cama à meia-noite ou à uma hora e precisei ficar sentado várias horas até o amanhecer, com iluminação artificial (que agora foi providenciada) ou sem esta, no auge do verão; a partir das três ou das quatro horas isso se tornou necessário praticamente em um terço das noites. Frequentemente meu sono é perturbado por sonhos, nos quais acredito reconhecer sob muitos aspectos, dado o seu conteúdo tendencioso, a influência dos raios ("conservar-se do lado masculino", em oposição ao cultivo dos "sentimentos femininos"). Os sonhos têm agora, quase sem exceção, o caráter de visões propriamente ditas, isto é, têm a vivacidade da impressão característica das visões.

As conversas das vozes mudam continuamente e, até mesmo neste período relativamente curto de tempo em que me ocupo da realização deste trabalho, elas já sofreram diversas modificações. Já não se ouvem mais muitas das expressões que antigamente eram habituais, em particular as que

lembravam o "pensamento de não pensar em nada". Desde a época des- [272]
crita no capítulo 16, também o retardamento da fala tem aumentado cada
vez mais, de modo que o falar das vozes pode ser em grande parte definido
como um simples *zumbido* na minha cabeça, do qual eu talvez não conseguisse distinguir mais cada palavra se — devo dizer, infelizmente —, em
consequência da recordação que conservo na memória, eu não soubesse
quase sempre de antemão quais as expressões sem sentido que devo esperar ouvir.

Considero provável que mudanças do tipo descrito, que se relacionam
todas com o aumento da volúpia de alma, bem como — pelas mesmas razões — modificações dos milagres realizados contra mim, continuarão a
ocorrer também no futuro. O que mais me incomoda — além de um estado
da cabeça que às vezes deixa a desejar — são os estados de urros, que me
afligem já há dois ou três anos e que no último ano se tornaram às vezes um
tormento quase insuportável. Não ouso dizer se se deve esperar uma melhora no futuro; essas situações incômodas seriam contudo mitigadas se,
como creio, pelas razões já apontadas, eu pudesse viver fora deste sanatório.

21.
Beatitude e volúpia em suas relações recíprocas. Consequências dessas relações no comportamento pessoal

[273] Até o momento, ainda não tentei dar uma verdadeira demonstração da realidade dos milagres afirmados por mim e da verdade das minhas ideias religiosas. No entanto, além dos estados de urros,[108] várias vezes mencionados, há uma grande quantidade de provas na minha condição física, de modo que, como suponho, um exame dos sinais de feminilidade reconhecíveis no meu corpo mesmo hoje convenceria as outras pessoas. Por isso dedicarei a esse tema um tratamento especial no presente capítulo, começando pelas informações já dadas a esse respeito à direção deste sanatório, reproduzindo-as em parte ou em seu conteúdo completo.

Depois que o Real Tribunal de Primeira Instância de Dresden, a 13 de [274] março deste ano (1900), pronunciou-se a favor da minha interdição, enviei no dia 24 do mesmo mês um arrazoado à direção do sanatório, no qual expunha alguns dos pontos de apoio essenciais em que me baseava para fundamentar o recurso que pretendia interpor — nesse ínterim já apresentado. Fundamentei a minha representação alegando que a direção do Real Instituto deverá proceder a um exame pericial e que por isso compete a mim comunicar minha concepção sobre a natureza da minha doença, para que as observações médicas, ainda antes da nova perícia, possam se orientar por

---

108 Agora (fevereiro de 1901, momento em que esta nota está sendo acrescentada) esses estados de urros ocorrem todo dia pela manhã, quando me levanto da cama, me visto, me lavo, ou quando em outras circunstâncias (também no banho) desnudo o corpo, e chegam a cenas tão loucas que a meu ver qualquer pessoa civilizada que esteja perto de mim se convencerá de que comigo não se passam coisas naturais. Infelizmente, nesses momentos do dia tenho sempre ao meu redor só enfermeiros incultos ou doentes mentais. Considero não improvável uma modificação desses fenômenos com o passar do tempo.

certos pontos indicados por mim. Desse arrazoado de 24 de março deste ano deve ser aqui considerada a seguinte passagem:

> Naturalmente, está distante de mim a intenção de convencer as pessoas, por meio de uma exposição racional, da *verdade* das minhas pretensas "ideias delirantes" e "alucinações". Sei bem que isso, ao menos no momento, só seria possível em medida muito limitada. Deixo para o futuro a questão de saber se uma ulterior transformação da minha condição física, fora do campo de qualquer experiência humana, um dia trará por si mesma a confirmação disso tudo. Por ora, quero apenas esclarecer o seguinte:
>
> > que a qualquer momento estaria pronto para submeter meu corpo a qualquer exame médico, com o objetivo de constatar se tem ou não fundamento a minha observação de que todo o meu corpo, dos pés à cabeça, está impregnado de nervos da volúpia, tal como ocorre exclusivamente no corpo da mulher adulta, ao passo que no homem, pelo menos até onde sei, os nervos da volúpia se encontram apenas nas partes sexuais e suas proximidades imediatas.
>
> Se um exame como esse demonstrasse a exatidão da minha afirmação e se, ao mesmo tempo, a ciência médica fosse levada a admitir que a ela [275] faltam argumentos do tipo humano — natural para explicar um fenômeno como este —, então a minha "ideia delirante" de que meu corpo, em larga escala, submete-se à influência de milagres divinos deveria aparecer também em círculos mais amplos sob uma luz essencialmente diferente.

A esse primeiro arrazoado se seguiu, no dia 26 de março deste ano, um segundo, que a seguir reproduzo literalmente:

> Dando prosseguimento ao meu respeitoso arrazoado de 24 deste mês, permito-me apresentar um pedido à direção deste Real Instituto. No mencionado arrazoado, pode-se identificar de que ponto de vista eu creio dever atribuir um peso substancial à difusão dos nervos da volúpia no meu corpo, seja no que diz respeito às minhas concepções religiosas, seja no que se refere ao meu procedimento relativo à sentença

de interdição do Tribunal. Por isso, seria para mim de grande interesse vir a saber:

1. se a teoria científica dos nervos reconhece a existência de nervos (nervos da volúpia, ou nervos sensitivos, segundo uma expressão que recentemente ouvi da boca do senhor conselheiro dr. Weber, ou qualquer que seja sua definição científica), cuja função específica consiste em serem *portadores da sensação de volúpia*;

2. se é correto afirmar, como eu faço, que tais nervos da volúpia encontram-se no corpo todo da mulher e, no homem, só nas partes sexuais e suas imediações, e se eu, portanto, desse modo repeti um fato reconhecido pela teoria científica dos nervos ou afirmei algo incorreto de acordo com o atual estado dessa ciência.

[276]

Ficaria extremamente grato por uma forma de explicação que viesse *por escrito* ou por meio do empréstimo de uma obra científica sobre a teoria dos nervos, da qual eu mesmo pudesse extrair os excertos necessários.
Com protestos da mais elevada consideração.
(Segue-se a assinatura.)

Finalmente, ao segundo arrazoado se seguiu um terceiro, a 30 de março deste ano, cujo teor é o seguinte:

Por motivo da petição dirigida no dia 26 deste mês à direção do Real Instituto a respeito dos chamados nervos da volúpia, o senhor conselheiro dr. Weber teve ontem à noite a bondade de me conceder uma entrevista sobre esse tema e de me emprestar por algum tempo dois volumes da biblioteca médica do sanatório.

Volto ainda mais uma vez às questões levantadas, não apenas por meu interesse pessoal, mas também porque suponho que as observações que devem ser feitas no meu corpo talvez conduzam a um enriquecimento da ciência nesse campo.

Se entendi bem o senhor conselheiro dr. Weber, a existência de nervos especiais, portadores do sentimento de volúpia, não é verdadeiramente reconhecida pela teoria científica dos nervos; ele se manifestou igualmente contra a ideia de que estes, como outros nervos quaisquer, possam *sentir* por meio de um contato externo. Por outro lado, ele não parece duvidar de que a sensação de volúpia — não importa com que bases fisiológicas — na mulher seja mais intensa do que no homem, abran- [277] gendo todo o corpo, com a participação em um grau particularmente relevante das *mammae* nessa sensação de volúpia. Na minha opinião, esse fato só se explicaria no sentido de que estão presentes certos órgãos (chamados tendões, nervos ou o que quer que seja) que na mulher recobrem o corpo todo em medida muito mais ampla do que no homem. Ora, para mim é algo *subjetivamente certo* que, em meu corpo — em consequência de milagres divinos, segundo minha concepção repetidas vezes demonstrada —, esses órgãos se apresentam do mesmo modo que ocorre exclusivamente no corpo da mulher. *Sinto*, quando faço com a mão uma leve pressão sobre um lugar qualquer do meu corpo, como que estruturas constituídas de fios ou cordões sob a superfície cutânea; elas se apresentam particularmente no meu peito, no lugar em que na mulher ficam os seios, e aqui com a particularidade de que nas extremidades, às vezes, percebem-se espessamentos de caráter nodular. Fazendo uma pressão sobre essa estrutura, eu consigo, especialmente se penso em coisas femininas, chegar a uma sensação de volúpia correspondente à feminina. Faço-o, diga-se de passagem, não por luxúria, mas em certos momentos sou obrigado a fazê-lo se quiser conseguir dormir ou me proteger contra sofrimentos que de outro modo seriam quase insuportáveis.

Exatamente as mesmas estruturas de fios ou cordões eu senti no braço da minha cunhada durante uma visita (depois que a minha atenção se voltou para esse ponto), e por isso suponho que elas se apresentam do mesmo modo em qualquer corpo de mulher.

Creio poder também supor que essas são as estruturas que dão à pele da mulher a mesma suavidade peculiar que se observa regularmente no [278] meu corpo.

Devo ainda acrescentar, com relação às marcas de feminilidade que se apresentam no meu corpo, que ocorre uma certa periodicidade e, recentemente, a intervalos cada vez mais breves. Tudo o que é feminino exerce uma atração sobre os nervos de Deus; por isso, toda vez que se quer retrair de mim, tenta-se fazer recuar, por meio de milagres, os sintomas de feminilidade presentes no meu corpo; a consequência disso é que a estrutura que denominei "nervos da volúpia" é empurrada para dentro, não ficando, portanto, mais perceptível na superfície da pele, e meu busto se achata etc. Por isso, quando, depois de pouco tempo, se tem necessidade de se aproximar de novo, aparecem novamente os "nervos da volúpia" (para conservar essa expressão) e meu busto fica abaulado de novo etc. Essa periodicidade, na maioria das vezes, ocorre com o transcurso de apenas poucos minutos.

A direção deste Real Instituto não deixará de reconhecer que com a exposição acima persigo, ao lado de interesses pessoais, também sérios interesses científicos; espero, portanto, assegurar-me contra o risco de que se afirme que eu tenha dito qualquer coisa de que deva me envergonhar como homem, com a revelação de uma situação que, segundo a minha concepção, se relaciona com coisas sobrenaturais.

Com a mais elevada estima.

(Segue-se a assinatura.)

Quero ainda acrescentar mais algumas observações ao conteúdo do documento anteriormente reproduzido.

[279] Naturalmente, não tenho dúvida de que aquilo que me foi comunicado pelo conselheiro dr. Weber durante a conversação mencionada no início do arrazoado de 30 de março deste ano, corresponde ao estado atual da ciência no campo da neurologia. Contudo, com a modéstia que cabe a um leigo nesses assuntos, não posso deixar de expressar a convicção de que se trata de *nervos*, no caso das estruturas de fios ou cordões perceptíveis no meu corpo, e que, portanto, existem nervos da volúpia especiais cuja peculiaridade consiste no fato de serem portadores da sensação de volúpia. Em tudo isso, para mim é decisiva, por um lado, a consideração de que as estruturas em questão, isso eu sei com certeza, não são em sua origem outra coisa senão antigos nervos de Deus que, ao passar pelo meu corpo, não perderam sua qualidade de nervos e, por outro lado, a circunstância de que eu, pressionando essas estruturas levemente, a qualquer momento posso obter a *percepção efetiva* da sensação de volúpia assim provocada. Seja-me, portanto, permitido manter doravante a denominação de "nervos da volúpia".

O preenchimento do meu corpo com esses nervos da volúpia, em consequência do afluxo contínuo de raios ou nervos de Deus, já dura, sem interrupção, mais de seis anos. Não é de admirar, portanto, que meu corpo esteja impregnado de nervos da volúpia a um ponto tal que dificilmente pode ser superado por igual fenômeno em um ser feminino. Como já ressaltei no arrazoado de 30 de março deste ano, sua manifestação exterior tem uma periodicidade regular, conforme Deus tenha se retirado para uma distância maior ou — na falta de pensamentos dos raios, que eles são obrigados a buscar em mim — seja obrigado a se aproximar de novo.

Nos momentos de aproximação, meu peito dá a impressão de ter seios [280] bastante desenvolvidos; esse fenômeno pode *ser visto com os próprios olhos* por qualquer um que queira me observar. Estou, portanto, em condições de fornecer, por assim dizer, uma prova passível de inspeção ocular. Certamente, não bastaria uma observação rápida num determinado momento; o observador precisaria fazer o esforço de permanecer junto a mim cerca de dez a quinze minutos. Nesse caso, qualquer um poderia observar que meu peito alternadamente aumenta e diminui de volume. Naturalmente, permanecem nos braços e no tórax os pelos viris, que, aliás, em mim estão presentes em pequena escala; também os mamilos continuam do tamanho pequeno, que corresponde ao sexo masculino. Mas, à parte isso, ouso afirmar que qualquer pessoa que me vir de pé diante do espelho, com a parte superior do corpo desnudada — sobretudo se a ilusão for corroborada por algum acessório feminino —, terá a impressão indubitável de um *torso* feminino. Não hesito em esclarecer que, quando estiver fora do sanatório, *da minha parte não solicitarei* um exame desse tipo, mas permitirei que seja feito por qualquer especialista que a tanto seja movido não por mera curiosidade, mas por um interesse científico. Se, como afirmo ainda, nada semelhante jamais foi observado em um corpo masculino, então creio ter com isso produzido uma prova que não deixará de provocar, mesmo em pessoas sérias, as dúvidas mais relevantes: se tudo o que em mim foi considerado até agora como ilusão dos sentidos não seria verdade e se, portanto, não teria uma base de verdade toda a minha crença em milagres e a descrição que dei para explicar os estranhos fenômenos que ocorrem com a minha pessoa e com meu corpo. [281]

Considero como um direito meu, e num certo sentido como meu dever, o cultivo dos sentimentos femininos, possibilitado pela presença dos nervos da volúpia. Para não perder a estima das pessoas cujo julgamento valorizo, preciso fazer uma exposição mais pormenorizada.

Poucas pessoas cresceram com princípios morais tão rigorosos como eu, e poucas, como eu posso afirmar a meu próprio respeito, se impuseram ao longo de toda a sua vida tanta contenção de acordo com esses princípios, principalmente no que se refere à vida sexual. O que me move, portanto, não é uma baixa sensualidade; se ainda me fosse possível uma satisfação das minhas ambições viris, naturalmente isso seria incomparavelmente melhor; de resto, também no relacionamento com as pessoas jamais deixo transparecer qualquer coisa que tenha a ver com a luxúria sexual. Mas, assim que eu — se assim posso me expressar — estou a sós com Deus, para mim é uma necessidade fazer, por todos os meios imagináveis, com todo o empenho da minha energia intelectual, em particular com a minha imaginação, com que os raios divinos tenham do modo mais contínuo possível, ou — uma vez que isso o homem não pode fazer —, pelo menos em certos momentos do dia, tenham a impressão de uma mulher que se regala de gozo voluptuoso.

Já apontei várias vezes em passagens anteriores as estreitas relações que há entre a volúpia e a beatitude. A volúpia pode ser entendida como um aspecto da beatitude concedida antecipadamente ao homem e aos outros seres vivos. Desse ponto de vista, parece-me premonitório — e aqui se pode pensar em inspirações divinas — o fato de que Schiller, por exemplo, em sua "Ode à alegria", escreva: "A volúpia foi concedida ao verme e o querubim está diante de Deus". Mas há aí uma diferença essencial. *Às almas*, [282] o gozo voluptuoso ou a beatitude foi concedida de maneira contínua e de certo modo como um fim em si, mas *ao homem* e aos outros seres vivos, *apenas como um meio de conservação da espécie*. Nisso consistem as limitações morais da volúpia para o homem. Um excesso de volúpia tornaria o homem incapaz de realizar as tarefas que lhe cabem; ficaria impedido de se elevar a um grau superior de perfeição moral e espiritual; a experiência ensina que, por causa de excessos de volúpia, foi levado à ruína não apenas um grande número de indivíduos, como também até povos inteiros. *Para mim, esses limites morais da volúpia não existem mais*; *num certo sentido, eles se transformaram no contrário.* Para não ser mal-entendido, preciso observar que, quando falo de cultivo da volúpia, que se tornou como que um dever para mim, não quero dizer *jamais um desejo sexual por outras pessoas* (mulheres) *ou um contato sexual* com elas, mas que represento a mim mesmo como homem e mulher numa só pessoa, consumando o coito comigo mesmo, realizando comigo mesmo certas ações que visam à excitação sexual, ações que de outra forma seriam consideradas indecorosas e das quais se deve excluir qualquer ideia de onanismo ou coisas do gênero.

Esse comportamento, no entanto, tornou-se para mim uma necessidade, por causa da relação contrária à Ordem do Mundo que Deus estabeleceu comigo: por mais paradoxal que isso soe, posso, nessa medida, adotar para mim o lema dos Cruzados da Primeira Cruzada: *Dieu le veut* (Deus assim o quer). Doravante, por causa da força de atração dos meus nervos, que há muito tempo se tornou invencível, Deus está indissoluvelmente ligado à minha pessoa; qualquer possibilidade de se libertar dos meus nervos — e a isso visa a política seguida por Deus — fica excluída para o resto da minha vida, excetuando-se, talvez, o caso de se chegar a uma emasculação. Por outro lado, Deus exige um *gozo contínuo*, correspondente às condições de existência das almas de acordo com a Ordem do Mundo; é meu [283] dever proporcionar-lhe esse gozo na forma de um abundante desenvolvimento de volúpia de alma, na medida em que isso estiver no domínio da possibilidade, dada a situação contrária à Ordem do Mundo que foi criada; se, ao fazê-lo, tenho um pouco de prazer sensual, sinto-me justificado a recebê-lo, a título de um pequeno ressarcimento pelo excesso de sofrimentos e privações que há anos me é imposto; há nisso também uma compensação ínfima pelas múltiplas situações dolorosas e adversidades que tenho de suportar até hoje, principalmente nos momentos em que reflui a volúpia de alma. Estou consciente de não ferir nenhum dever moral e de estar fazendo simplesmente o que a razão impõe, nessas circunstâncias contrárias às regras; quanto às relações com minha esposa, remeto à observação já feita no capítulo 13, nota 76.

Naturalmente, não me é possível abandonar-me o dia todo, ou mesmo só a maior parte do dia, a representações voluptuosas, deixando para minha fantasia o caminho livre nessa direção. A natureza humana simplesmente não conseguiria fazê-lo; o homem, de fato, não nasceu apenas para a volúpia, e por isso a mera volúpia, como fim único da vida, deveria parecer algo tão monstruoso para mim como para qualquer outra pessoa. Por outro lado, uma contínua atividade de pensamento, um trabalho dos *nervos do entendimento* não interrompido por qualquer pausa, como os raios pretendem de mim através da coação a pensar, é algo não menos incompatível com a natureza humana. A minha arte de viver, dada a situação louca a que acabei por chegar — não me refiro aqui à situação do meu ambiente exterior, mas ao que há de absurdo e contrário à Ordem do Mundo nas relações que nasceram entre mim e Deus —, consiste, portanto, em encontrar um caminho intermediário adequado, que as duas partes, Deus e o homem, pos- [284] sam percorrer da maneira mais razoável possível, isto é, que a penetração dos raios divinos ocorra o máximo possível com a participação da volúpia de alma existente no meu corpo, *tornando-a, desse modo, aceitável para eles*,

241

e que eu, por outro lado, pelo menos em certa medida, além do repouso dos meus nervos do entendimento, necessário de tempos em tempos, principalmente à noite, conserve também a capacidade de me ocupar adequadamente das necessidades do espírito.

Para ambas as partes, as coisas não se passam sem que surjam situações pouco agradáveis, nas quais cada uma delas é forçada a se comportar de um modo que contraria sua verdadeira natureza. A volúpia de alma nem sempre está presente em toda sua plenitude, mas de tempos em tempos diminui, em parte porque Deus empreende ações de retirada, em parte porque nem sempre posso me dedicar ao cultivo da volúpia. Por outro lado, qualquer atividade espiritual que eu empreenda e, ainda em medida mais ampla, qualquer entrega ao direito natural do não pensar em nada (principalmente durante os passeios), implicam para mim um sacrifício mais ou menos considerável do bem-estar físico. Em compensação, durante essas pausas da atividade de pensar, de que o homem afinal necessita, principalmente à noite para conseguir dormir e também de dia em certos momentos, como, por exemplo, depois da refeição principal, quando surge a necessidade de uma sesta, ou ainda, de manhã cedo na cama, logo após o despertar — nesses momentos todos me é permitido propiciar-me uma condição física suportável ou mesmo um bem-estar sensorial que a transcende, através do cultivo da volúpia no sentido anteriormente indicado.

A exatidão dessas concepções tem sido confirmada para mim de modo indubitável, por anos de experiência; acredito até, baseando-me nas impressões que recebi, que posso expressar a opinião de que Deus jamais passaria a uma ação de retirada (que é sempre nociva ao meu bem-estar físico) e seguiria a atração sem qualquer resistência e com constante uniformidade se me fosse possível desempenhar *sempre* o papel da mulher no amplexo sexual comigo mesmo, deixar *sempre* meu olhar recair sobre seres femininos, ver *sempre* imagens femininas etc.

[285]

A propósito, não quero deixar de dizer que a exatidão das concepções aqui descritas foi também reconhecida expressamente pelo deus inferior (Ariman); a seu tempo ele recolheu no material de transcrição, adotado por ele para fazer os raios falarem, uma série de locuções com as quais me era recomendado um comportamento correspondente. Principalmente as locuções "A volúpia se tornou temente a Deus" e "Então excite-se sexualmente" foram outrora ouvidas muito frequentemente da boca das vozes que provinham do deus inferior. Todos os conceitos morais foram subvertidos na relação entre mim e Deus. De resto, do ponto de vista moral, a volúpia é permitida ao homem na medida em que é sacramentada pelos laços do matrimônio, ligando-se, assim, aos fins da procriação, mas em si mesma ela nunca valeu como algo particularmente meritório. Mas na relação entre mim e Deus a volúpia justamente se tornou "temente a Deus", isto é, deve ser considerada o principal meio através do qual o conflito de interesses que agora se instalou (contrário à Ordem do Mundo) ainda pode encontrar uma solução satisfatória.

Assim que permito a ocorrência de pausas no meu pensamento, sem me dedicar, ao mesmo tempo, ao cultivo da volúpia — o que, em certa medida, naturalmente é totalmente inevitável, uma vez que o homem não pode nem pensar continuamente, nem produzir continuamente volúpia —, seguem-se, todas as vezes, as consequências desagradáveis já descritas: estados de urros e certos sofrimentos físicos na minha pessoa; ruídos brutais entre os [286] loucos do meu ambiente e gritos de "socorro" da parte de Deus. Por isso o bom senso requer, na medida em que um homem pode ter essa pretensão, que eu preencha ao máximo, por meio do cultivo da volúpia, as pausas da minha atividade de pensar: em outras palavras, os momentos em que eu descanso de uma atividade intelectual.

22.
Considerações finais. Perspectivas futuras

[287] Chego ao fim do meu trabalho. Transmiti minhas experiências e vicissitudes durante a minha doença nervosa, que já dura quase sete anos, e as impressões suprassensíveis que recebi nesse período, *certamente não de modo exaustivo*, mas pelo menos de um modo suficientemente completo para que se compreendam minhas concepções religiosas e se esclareçam certas estranhezas do meu comportamento. Resta-me agora lançar um olhar para o futuro.

"O que acontecerá com esta maldita história?" e "O que será de mim?, ele deveria"[109] subentendido dizer ou pensar — assim soam as perguntas que há anos são faladas dentro da minha cabeça, numa repetição sem fim, e que, mesmo que às vezes não reproduzam os *meus* pensamentos autênticos [288] e se baseiem em falsificações, permitem reconhecer que também em Deus está presente a consciência de uma questão profundamente confusa. As respostas que os próprios raios dão a essas perguntas, isto é, atribuindo falsamente aos meus nervos ("novos homens de espírito Schreber", ou "não sei, ele deveria" etc.), são tão pueris que não preciso me desesperar por causa delas. Quanto à minha própria concepção, devo observar o que se segue.

Naturalmente, é impossível prever com segurança o que será de mim e de que modo será possível reconduzir para caminhos concordes com a Ordem do Mundo o estado de coisas contrário à Ordem do Mundo, no qual Deus se encontra perante toda a Terra, por causa da força de atração

---

109 "Ele", na frase acima citada e em muitas outras do gênero, naturalmente refere-se sempre a mim mesmo. Talvez se devesse completar assim: "Ele, o homem que só a nós (raios) interessa", ou outra continuação desse tipo. O fato de que não se mencione o meu nome parece se dever a uma certa precaução, porque sempre se tende à ilusão de que se poderia finalmente chegar ao momento em que eu teria mais consciência da minha identidade.

dos meus nervos. Trata-se de uma complicação para a qual não apenas falta toda e qualquer analogia a partir da experiência humana, mas também uma complicação jamais prevista antes, mesmo na Ordem do Mundo. Quem poderia, em face de uma tal situação, entregar-se a conjecturas inconsistentes sobre o futuro? Para mim só é certa uma hipótese negativa, a de que nunca se poderá chegar à destruição do meu entendimento, almejada por Deus. Há anos tenho total clareza sobre esse ponto, como, aliás, já foi indicado anteriormente (capítulo 20), ficando desse modo afastado o maior perigo que parecia me ameaçar nos primeiros anos da minha doença. Pois o que pode haver de mais terrível para um homem, ainda mais para alguém tão bem-dotado em tantas direções, como posso, sem autoelogio, afirmar a meu próprio respeito, do que a perspectiva de perder a razão e sucumbir à idiotia? Tudo o mais que tenho diante de mim, perto disso me parece mais ou menos secundário, depois que eu cheguei, através de uma experiência de anos, à convicção de que todas as tentativas nesse sentido estão de antemão condenadas ao fracasso, na medida em que a Ordem do Mundo não fornece, nem mesmo a Deus, os meios para destruir a razão de um homem. [289]

Naturalmente, no decurso dos anos ocupei-me muito da questão da presumível configuração do meu futuro, também num sentido *positivo*. Durante muitos anos, depois da reviravolta nas minhas próprias concepções descrita no capítulo 13, vivi na suposição de que um dia, finalmente, deveria ocorrer uma verdadeira emasculação (transformação em uma mulher); particularmente durante o tempo em que acreditei que o resto da humanidade tinha perecido, a solução me parecia um requisito indispensável para preparar uma renovação da humanidade. De fato, considero ainda hoje indubitável que uma tal solução deva ser considerada em si mesma como a que mais corresponde à essência íntima da Ordem do Mundo. Emasculações com o fim de uma renovação da humanidade ocorreram de fato em muitos casos, como já foi descrito no capítulo 5, com toda probabilidade, nos primeiros períodos da história do universo, seja na nossa Terra, seja em outros corpos cósmicos. Também para o sentido de uma emasculação aponta um número não reduzido de milagres realizados na minha pessoa (ver início do capítulo 11), bem como o preenchimento do meu corpo com nervos da volúpia. Mas não ouso prever se realmente, em consequência das providências tomadas por Deus contra a Ordem do Mundo (ligação às terras etc.) depois do advento das almas provadas, ainda se pode chegar a uma verdadeira emasculação, e menos ainda sou capaz de avaliar em que medida tive nesse meio-tempo de corrigir minhas concepções anteriores com relação ao perecimento do resto da humanidade. É, pois, possível e até mesmo provável que até o fim da minha vida a situação se limite a fortes indicações de feminilidade e que eu um dia morra como um homem.

[290] Com isso, surge em primeiro plano a outra questão, a de saber se sou mortal e quais são as causas de morte que entram no campo da possibilidade no meu caso. Depois de tudo o que experimentei no meu corpo sobre a força reparadora dos raios divinos (ver a esse respeito as descrições anteriores), devo ainda hoje declarar como provável que no meu caso ficam excluídos certos efeitos de doença e até mesmo ataques violentos vindos do exterior como causas de morte. Se eu caísse na água ou se quisesse, coisa em que nem remotamente penso, dar um tiro na minha cabeça ou no meu peito, é claro que provavelmente ocorreriam transitoriamente aqueles fenômenos que correspondem à morte por afogamento ou ao estado de inconsciência próprio de um ferimento mortal à bala. Mas dificilmente ousaria responder num sentido negativo à questão de saber se, enquanto dura o contato com os raios, não ocorreriam uma ressurreição, com a reativação da atividade cardíaca e circulatória e a restauração dos órgãos internos e das partes ósseas destruídas. No primeiro ano da minha doença, repetidas vezes vivi durante certo tempo sem os órgãos internos mais importantes ou com graves lesões nesses órgãos, bem como em um estado de extensa devastação do sistema ósseo, que em geral são considerados indispensáveis para a sobrevivência. As causas que então levaram, em todas as oportunidades, à reconstituição do que estava destruído estão presentes ainda hoje, de modo que não consigo imaginar um resultado mortal a partir dos eventos descritos. O mesmo vale para todas as consequências naturais das doenças. Por isso me parece que a única causa de morte que posso levar em consideração é aquilo que habitualmente se denomina senilidade. É sabido que, mesmo para a ciência, a morte por velhice é uma questão um tanto

[291] obscura. Certamente podem-se descrever os fenômenos externos que se verificam, mas, até onde sei, não se chegou ainda a explicar a verdadeira causa eficiente: a pergunta sobre as razões pelas quais o homem, depois de atingir uma certa idade, tem de morrer, até agora ainda não teve uma resposta segura. Evidentemente, a todos os seres criados é conferida apenas uma certa medida de energia vital, e depois que ela se esgota os órgãos que servem à conservação da vida deixam de produzir seus efeitos. Eu poderia, portanto, perfeitamente imaginar que também os raios sejam capazes

de compensar qualquer dano que ocorra em um corpo que ainda se encontra de posse de sua energia vital, mas não de substituir a energia vital em si.

O outro lado dessa reflexão diz respeito à questão de saber o que será de Deus — se assim posso me expressar — no caso do meu desaparecimento. Depois de tudo que expus até agora, para mim fica fora de dúvida que toda relação em que Deus agora se pôs com a nossa Terra e a humanidade que vive nela se baseia nas relações particulares que surgiram entre Deus e a minha pessoa. Se a minha pessoa viesse a faltar por motivo de morte, então aquelas relações certamente deveriam sofrer uma modificação; não me atrevo a afirmar se essas relações seriam visíveis também para outras pessoas. Talvez, por força da necessidade, se decidisse tomar as providências que implicam o retorno à Ordem do Mundo (eliminação da ligação às terras, total supressão dos resíduos ainda existentes das almas provadas etc.), para as quais até agora não se encontrou força de vontade. Em minha opinião, só por essa via Deus poderia voltar de novo à condição de assumir as tarefas que lhe competem segundo a Ordem do Mundo, principalmente o trabalho da nova fundação de beatitudes. Depois das relações que prevaleceram durante anos entre mim e Deus, consideraria uma decorrência quase [292] natural o fato de que os meus nervos também contariam entre os primeiros nervos que ascenderiam à beatitude. Não pretendo entrar em pormenores sobre as providências que supostamente Deus tomaria depois da minha morte, uma vez que, dada a natureza das coisas, só pude chegar a uma representação mais ou menos vaga das instituições contrárias à Ordem do Mundo, que nesse caso deveriam ser abolidas.

Quanto ao aspecto que assumirá minha vida até a minha morte eventual, acredito poder atingir uma certa melhora nas condições exteriores de vida, levantamento da interdição, alta do atual sanatório etc., dentro de um tempo razoável e sem maiores dificuldades. Com o tempo, os homens também não poderão deixar de reconhecer que, qualquer que tenha sido a natureza das minhas "ideias delirantes", em todo caso certamente eles não têm diante de si um doente comum.

Ainda assim, eu não estaria ressarcido de tudo o que sofri e perdi nos *últimos sete* anos. Por isso sinto que ainda me deve estar reservado na minha vida futura um *grande* e *esplêndido desagravo* — não proporcionado pelos homens, mas de certo modo produzido pela necessidade interna da situação em si. Já no tempo da minha estada na clínica de Flechsig, quando, por um lado, tive uma das primeiras visões da maravilhosa harmonia da Ordem do Mundo, e, por outro lado, sofri na minha pessoa uma das mais profundas humilhações, parecendo-me estar ameaçado pelos perigos mais terríveis, já nessa ocasião encontrei, para contrapor aos raios, a seguinte frase: *deve haver uma justiça compensadora*; *não pode ser* que um homem moralmente imaculado, que está no terreno da Ordem do Mundo, deva sucumbir às potências inimigas em sua luta contra elas, como vítima inocente das culpas alheias. Essa frase, para a qual na época eu tinha poucos pontos de apoio e que por isso diria que provinham mais de um sentimento instintivo, hoje, com o correr dos anos, demonstrou ser verdadeira num sentido quase superior às minhas expectativas. O prato da balança se inclina cada vez mais para a vitória do meu lado, e cada vez mais a luta contra mim perde o caráter odioso que lhe era característico, e, em consequência do progressivo incremento da volúpia de alma, a minha condição física e os demais aspectos da minha vida externa tornam-se cada vez mais suportáveis. Assim, acredito não me equivocar quando suponho que no final ainda serei recompensado com uma palma da vitória muito especial. Em que ela consistirá, não ouso prevê-lo de modo específico. Apenas como possibilidades que entram aqui em consideração, cito uma emasculação a ser ainda completada, fazendo com que por meio da fecundação divina nasça do meu ventre uma descendência, ou ainda outra consequência: ao meu nome se ligaria uma fama que não foi concedida nem a homens com dotes intelectuais incomparavelmente maiores que os meus. Esses pensamentos podem parecer fantásticos, quiméricos e até mesmo ridículos para os homens, considerando as condições miseráveis e a vida de liberdade limitada em que me encontro neste momento. Só quem conhecesse *toda* a extensão dos sofrimentos que tive de suportar ao longo dos anos passados poderia compreender que esses pensamentos *tinham* de me ocorrer. Quando penso que sacrifícios me foram impostos, com a perda de uma respeitável situação profissional, a dissolução de fato de um casamento feliz, a privação de todos os prazeres da vida, sofrimentos físicos, martírios e terrores espirituais de natureza totalmente desconhecida — configura-se para mim o quadro de um martírio que no seu conjunto só pode ser comparado com a crucificação de Jesus Cristo. Por outro lado, deve-se considerar o pano de fundo desse quadro monstruoso, em cujo primeiro plano estão a minha pessoa e minhas vicissitudes pessoais. Se for verdade que a subsistência de toda a criação na nossa Terra se baseia só nas relações particulares que Deus estabeleceu comigo, o prêmio da vitória pela firme constância na dura luta pela defesa

[293]

[294]

do meu entendimento e pela purificação de Deus só poderia consistir em alguma coisa absolutamente extraordinária.

E com isso chego à última consideração que ainda deve me ocupar neste trabalho. Acredito ser possível e até mesmo provável que o futuro desenvolvimento de meu destino pessoal, a divulgação das minhas ideias religiosas e o peso dos motivos que se imporão para o reconhecimento da sua exatidão, provocarão nas concepções religiosas da humanidade uma reviravolta como nunca houve até hoje na história. Não desconheço os perigos que podem resultar de um abalo de todos os sistemas religiosos existentes. Mas confio no poder vitorioso da verdade, que terá força suficiente para compensar os prejuízos transitórios que poderiam derivar de uma confusão religiosa das mentes. Se muitas das ideias religiosas até hoje tidas como verdadeiras, em particular as cristãs, forem corretas, a certeza de que a humanidade teria da existência de um Deus vivo e da sobrevivência da alma depois da morte só poderia ter efeitos benéficos. E assim concluo, expressando a esperança de que nesse sentido astros propícios possam reinar sobre a sorte do meu trabalho. [295]

Suplementos

Primeira série

(outubro de 1900 a junho de 1901)

1. Sobre milagres

(outubro de 1900)

Os milagres dirigidos contra mim naturalmente continuam, sem interrup- [297]
ção. Pelas razões já muitas vezes apontadas antes, quanto mais o tempo passa,
mais prevalece neles o caráter de brincadeira relativamente ofensiva. Eis um
pequeno exemplo.

No dia 5 de outubro, o barbeiro, ao me barbear, me faz um pequeno
corte, como já aconteceu repetidas vezes em ocasiões anteriores. Durante
o passeio pelo jardim que faço logo em seguida, cumprimento o assessor
M.; este, imediatamente após a saudação, percebe a ferida, que em si não
é nada evidente e está coberta com um pouquinho de espuma mais ou menos do mesmo tamanho, e pergunta como foi que aconteceu, ao que res-
pondo, conforme a verdade, que o barbeiro me cortou.

Esse pequeno exemplo é para mim, que conheço as conexões mais profundas, extremamente interessante e instrutivo. A ferida, como não posso
absolutamente duvidar depois de numerosos fenômenos semelhantes a esse,
é a consequência de um milagre divino e, mais ainda, um milagre do deus
superior. Esse deus, tendo necessidade de uma "perturbação", no sentido [298]
já muitas vezes explicado, imprimiu à mão do barbeiro, exercendo uma influência adequada sobre os seus músculos, um movimento precipitado que
provocou a ferida.

O fato de o assessor M. falar imediatamente dessa ferida deve-se à circunstância de que Deus (nas condições contrárias à Ordem do Mundo que se verificavam em relação a mim) tem predileção por fazer das consequências dos milagres realizados contra mim um objeto de conversação; a vaidade característica

dos raios sente-se assim lisonjeada.[110] A influência milagrosa sobre o assessor M. evidentemente foi dupla: sobre os seus músculos oculares, de modo que ele reparasse na ferida e no pedacinho de espuma sobre os meus lábios, e em seguida sobre os seus nervos (sua vontade), de modo a induzi-lo a uma pergunta sobre as razões do ferimento. A própria pergunta me foi dirigida aproximadamente nos seguintes termos: "O que o senhor tem na boca?".

Tenho feito observações semelhantes em inúmeros casos com relação a todo tipo de pequenas sujeiras que me acontecem por milagre durante as refeições, na boca, na mão ou na toalha de mesa e no guardanapo. Isso também acontece com especial frequência durante as visitas de minha esposa e minha irmã, quando, por exemplo, eu bebo chocolate na sua presença. Manchas de chocolate são então espalhadas por milagre na minha mão, no meu lenço ou guardanapo, e minha esposa ou minha irmã não deixam, toda vez, de tomar essas pequenas sujeiras como pretexto para me fazer observações que naturalmente têm um leve tom de recriminação.

[299] Frequentemente tenho também experiência desse mesmo tipo à mesa do diretor do sanatório, ou em outras ocasiões. No primeiro caso, quando participava das refeições, os pratos se partiam sem serem tocados ao menos de leve, ou então objetos que o pessoal de serviço, outras pessoas presentes ou eu próprio tínhamos nas mãos (por exemplo, uma das minhas peças de xadrez, minha pena, minha piteira etc.) eram subitamente jogados ao chão, de tal modo que, por serem esses objetos frágeis, eles se quebravam naturalmente. Em todos esses casos, trata-se de milagres; os prejuízos causados, após serem descobertos algum tempo depois, de preferência tornam-se objeto de uma conversa especial no meu ambiente.

2. Sobre a relação entre a inteligência divina e a humana
(11 de outubro de 1900)

[300] Acredito poder afirmar que a inteligência divina é *pelo menos* igual à soma de todas as inteligências humanas que existiram nas gerações passadas. Pois Deus, depois da morte, acolhe em si todos os nervos humanos, unindo, portanto, o conjunto das suas inteligências dentro de si, eliminando (gradualmente)

---

110 Um fenômeno inteiramente análogo ao humano. Também os homens se sentem via de regra agradavelmente comovidos quando algum produto do seu trabalho, de sua atividade etc. recebe a atenção dos outros.

todas as recordações que tinham interesse apenas para os seres individuais em questão e que por isso não podem ser consideradas como partes de uma inteligência universalmente válida.

Para mim, por exemplo, está fora de dúvida que Deus conhece o conceito de estradas de ferro, sua essência e finalidade. Como chegou a esse conhecimento? Por si mesmo (em condições de conformidade com a Ordem do Mundo), Deus só tem a *impressão externa* de um trem que roda pela estrada de ferro; haveria a possibilidade de obter informações mais detalhadas sobre a finalidade e a função do fenômeno através de conexão nervosa com alguém familiarizado com o sistema ferroviário. Mas dificilmente haveria uma oportuni- [301] dade para isso. Com o passar do tempo, acrescentar-se-iam a Deus nervos de gerações inteiras de homens para os quais era familiar o significado de estrada de ferro. Desse modo, Deus adquiriu o conhecimento do sistema ferroviário.

Deve-se por isso supor que Deus crie toda a sua sabedoria exclusivamente a partir da inteligência de antigas gerações humanas? Evidentemente tudo fala contra uma resposta afirmativa. Se o próprio Deus foi quem criou o homem e as demais criaturas, é impossível supor que sua inteligência seja apenas uma inteligência derivada da humana. Não se poderá deixar de supor uma sabedoria divina originária, com relação a uma esfera particular do saber, isto é, a que se refere aos fenômenos da criação em si. No entanto, talvez não esteja em contradição com isso o fato de que Deus, em tudo o que diz respeito às instituições humanas, à vida intelectual humana, à linguagem humana etc., só tenha adquirido a inteligência que sem dúvida também aqui lhe é própria depois de ter acolhido em si numerosos nervos humanos. Essa suposição parece quase irrefutável, devido à circunstância de que Deus (como antes, em condições de conformidade com a Ordem do Mundo, no contato com as almas, na forma da língua fundamental) se serve, também na relação comigo, da linguagem humana, utilizando em particular a língua alemã, como acontece, ou pelo menos acontecia no passado, com relação aos gritos de "socorro", ou da parte do deus inferior Ariman, assim que começava a participar da volúpia de alma, com as palavras "muito prazer", *expressando um sentimento autêntico.*

3. Sobre a brincadeira com os homens
(janeiro de 1901)

A respeito da chamada "brincadeira com os homens" (ver capítulo 7 e espe- [302] cialmente capítulo 15), o círculo das minhas observações se ampliou de modo não irrelevante desde a redação das minhas *Memórias*. Desde então fiz quase diariamente, nos últimos tempos, numerosos passeios mais ou menos longos à cidade e aos arredores de Pirna, frequentando algumas vezes o teatro dessa cidade e a igreja do sanatório para assistir ao culto; e uma vez cheguei até a fazer uma viagem a Dresden para visitar minha esposa. Nessas ocasiões, naturalmente vi um grande número de outras pessoas, e em Dresden vi todo o movimento de uma grande cidade. Desse modo, não tive mais a menor dúvida de que — coisa que, aliás, eu já anteriormente considerava provável —, além das manifestações da vida humana (e animal), há também manifestações vitais que são independentes da influência dos raios (ver capítulo 15, onde me refiro a isso como uma questão obscura).[111]

[303] Quando, por exemplo, assisto no teatro a uma representação, ou na igreja a um sermão, não pode me ocorrer afirmar que cada palavra pronunciada pelos atores no palco ou pelo pregador no púlpito seja provocada por meio de influência milagrosa sobre os nervos das pessoas em questão; naturalmente, não posso ter a menor dúvida sobre o fato de que a representação teatral ou o culto religioso na igreja, no geral, decorreriam do mesmo modo se eu não participasse deles. E no entanto as minhas percepções nessa e em numerosas outras oportunidades me deram a certeza de que a minha presença nesses casos não deixa de exercer influência sobre as manifestações de vida das outras pessoas, e, para poder provocar os "distúrbios" necessários para a retirada (ver capítulos 10 e 15), é preciso de algum modo realizar milagres nas pessoas que se encontram próximas de mim. E justamente os momentos em que se nota esse fenômeno são aqueles em que vou ao teatro ou à igreja. A razão disso é o fato de que Deus, nessas ocasiões, num certo sentido, estava comigo no teatro e na igreja (isto é, por meio de conexão nervosa participava de todas as impressões visuais e acústicas que eu recebia durante a representação teatral e o culto religioso), e essas impressões excitavam o interesse dos raios, sempre tão ávidos de ver, a tal ponto que a tendência à retirada talvez só se apresentasse na medida mínima exigida pelas circunstâncias externas. Contudo, mesmo nesse caso, as coisas não se passavam totalmente sem "distúrbios", que na maioria das vezes se

---

111 Talvez se possa compreender que essa questão no passado necessariamente me pareceu obscura, juntamente com tudo que a ela se liga, se se pensar que durante seis anos estive recluso dentro dos muros do sanatório, nos quais, com exceção de breves visitas médicas e algumas visitas de parentes meus, só via doentes mentais e rudes enfermeiros.

manifestavam em palavras pronunciadas em voz baixa pelas pessoas presentes na igreja ou no teatro, ou em ataques de tosse dos atores, de pessoas [304] do público teatral ou da comunidade religiosa, e outras coisas do gênero.

Que a causa fosse milagrosa era algo para mim inteiramente fora de dúvida, como em outros casos, dada a sensação dolorosa que sempre se verificava simultaneamente na minha cabeça (ver capítulo 15) e em parte também dado o subsequente falatório das vozes. Experimento, sem exceção, coisas análogas toda vez que saio à rua na cidade de Pirna ou arredores, nas lojas em que entro, nos restaurantes que frequento; mesmo pessoas que me são totalmente estranhas, que por acaso se encontrem no mesmo local quando vou a estalagens nos vilarejos dos arredores, de preferência fazem ouvir na sua conversa palavras que têm relação com o material de transcrição mencionado no capítulo 9. Mas não quero deixar de observar que o material de transcrição, por causa de seu aumento constante, talvez compreenda hoje a grande maioria do conjunto das palavras existentes na linguagem humana. A ideia de mera coincidência parece então muito natural; no entanto a contínua repetição de certas palavras ainda permanece suficientemente notável, para não deixar nenhuma dúvida sobre o caráter intencional da estimulação sobre esses nervos humanos, no sentido de fazerem uso dessas palavras. Igualmente notável é o silêncio total que em certas ocasiões (ver capítulo 15) costuma se verificar no meu ambiente, particularmente quando toco piano lendo simultaneamente o texto da peça musical em questão e, portanto, pronunciando na língua dos nervos as palavras que constituem seu conteúdo, ou quando leio com atenção um livro, um jornal, um trecho das minhas *Memórias* etc., ou ainda quando excepcionalmente eu canto em voz alta. Seria de supor que mesmo nesses momentos, por exemplo, a movimentação dos enfermeiros em seu trabalho costumeiro no corredor, a saída de certos pacientes dos seus quartos etc. [305] devessem continuar. Mas isso não acontece quase nunca, e, pelo contrário, esses movimentos reaparecem de modo absolutamente regular, imediatamente, à primeira vista (num piscar de olhos), assim que interrompo a atividade em questão, isto é, entrego-me ao não pensar em nada, ou assim que o aumento da volúpia de alma provocado pela unificação de todos os raios impõe a necessidade de uma retirada e de um "distúrbio" com essa finalidade. Não posso ter outra explicação para isso a não ser no sentido de que essas pessoas de fato possuem, mesmo em certas circunstâncias, a capacidade para tais manifestações vitais, mas, naquele dado momento, não se sentiriam induzidas, a não ser que para isso fossem estimuladas pela influência dos raios, à decisão de empreender uma atividade qualquer nas minhas proximidades, como sair do quarto, abrir meu quarto (os pacientes o fazem *muito frequentemente*, sem qualquer objetivo) etc.

4. Sobre as alucinações
(fevereiro de 1901)

[306] Por alucinações se entendem, até onde sei, estímulos nervosos graças aos quais aquele que delas padece e tem uma constituição nervosa doentia acredita ter impressões de certos eventos que se passam no mundo externo, particularmente perceptíveis pela visão e pela audição, eventos que na realidade não existem. De acordo com o que leio a esse respeito, por exemplo, na *Psiquiatria* de Kraepelin, v. I, pp. 102 ss. da 6ª edição, a ciência parece negar para todas as alucinações a existência de uma base real. Em minha opinião isso está decididamente errado, pelo menos nessa forma generalizada. Eu também não duvido absolutamente de que em muitos casos, se não na maioria deles, os objetos e eventos supostamente percebidos nas alucinações só existem na representação dos alucinados. As coisas sem dúvida se passam assim; por exemplo, nos casos que mesmo como leigo eu conheço, em que uma pessoa que sofre de *delirium tremens* acredita ver "homenzi-

[307] nhos" ou "ratinhos" que naturalmente na realidade não existem. O mesmo se deve supor para muitos outros casos de ilusões óticas e acústicas discutidas por Kraepelin (ver v. I, pp. 145 ss. da 6ª edição). Mas contra uma tal concepção, que chamaria de racionalista ou puramente materialista, levantam-se sérias objeções naqueles casos em que se trata de vozes de "origem sobrenatural" (ver Kraepelin, v. I, p. 117 da 6ª edição). Naturalmente, só no meu próprio caso posso afirmar que os estímulos nervosos em questão se devem de fato a uma causa externa; mas é natural que, das experiências que tenho comigo mesmo, eu deduza a hipótese de que em muitos outros casos as coisas se passem, ou tenham se passado, de modo semelhante, isto é, que também em outras pessoas tudo aquilo que em geral se tende a entender como meros estímulos nervosos subjetivos — ilusões dos sentidos, alucinações ou, para falar como os leigos, quimeras vãs; no entanto, mesmo que seja em uma medida incomparavelmente menor que a minha — também têm por base uma causa objetiva, em outras palavras, todas essas coisas têm como fundamento a influência de fatores sobrenaturais.

Para tornar compreensível essa ideia, tentarei descrever melhor as impressões visuais e acústicas que recebo, como "vozes", "visões" etc. E, ao fazê-lo, insisto novamente, como já aconteceu em outra ocasião (capítulo 6), que não hesito minimamente em reconhecer a existência de um *sistema nervoso morbidamente excitado* como um pressuposto para a ocorrência de todos esses fenômenos. As pessoas que têm a felicidade de gozar de nervos sadios não podem (pelo menos via de regra)[112] ter "ilusões dos sentidos", "alucinações", "visões", quaisquer que sejam as expressões que escolham para designar esses fenômenos; por isso certamente seria desejável que todos os homens estivessem livres de fenômenos dessa natureza; eles provavelmente se sentiriam incomparavelmente melhor do ponto de vista subjetivo, na maioria dos casos. Mas, na minha opinião, não se pretende com isso absolutamente dizer que os fenômenos resultantes de uma situação mórbida do sistema nervoso deixem de ter alguma realidade objetiva, isto é, devam ser considerados como estímulos nervosos que não têm realidade objetiva. Justamente por isso não posso concordar com a surpresa que Kraepelin expressa em diversos pontos de sua obra (por exemplo, v. I, pp. 112, 116, 162 ss. da 6ª edição) com o fato de que as "vozes" etc. tenham sobre aqueles que são sujeitos a alucinações visuais e auditivas, na maioria das vezes, um poder de convicção muito maior do que "todos os discursos do ambiente". O homem que tem nervos sadios é justamente aquele que, por assim dizer, é *espiritualmente* cego diante daquele que recebeu impressões sobrenaturais em consequência de sua constituição nervosa doentia; por isso ele não poderá convencer o visionário da realidade das visões, da mesma forma que, por exemplo, o homem que vê não se deixará convencer pelo cego (fisicamente) de que não existem cores, de que o azul não é azul, o vermelho não é vermelho etc. Com essas premissas, quero comunicar o que se segue sobre a natureza das vozes que falam comigo e sobre as visões de que pude participar.

[308]

As "vozes" se manifestam em mim como estímulos nervosos, como já ressaltei nas *Memórias*, com a única exceção de uma noite no início de julho de 1894, início do capítulo 10, estímulos que têm todos o caráter de um rumor levemente sussurrado, como o som de certas palavras humanas.

---

112 Como possíveis exceções recordo, por exemplo, os casos em que na Bíblia se fala de fenômenos do tipo das visões.

[309] Do ponto de visa do conteúdo e em particular do ritmo em que se fala, as vozes sofreram com o correr dos anos as mais variadas modificações.

As coisas mais importantes a esse respeito já foram comunicadas nas *Memórias*; predominam nelas, devido ao caráter incompleto das locuções, do ponto de vista estilístico, a franca imbecilidade e uma considerável quantidade de palavrões que visam me irritar, isto é, me induzir em certos momentos a romper o silêncio necessário para o sono. Se, segundo Kraepelin, v. I, p. 116 da 6ª edição, vozes irritantes também teriam sido ouvidas por outras pessoas com alucinação auditiva,[113] em relação a mim, entretanto, deve ser observada a circunstância de que, como creio, meu caso se destaca de modo tão característico de todos os casos semelhantes que não pode ser traçado um paralelo entre os estímulos sensoriais existentes nele e as eventuais alucinações que ocorrem com outras pessoas, e de que consequentemente cada caso tem sua origem em causas completamente diferentes. Suponho, embora naturalmente possa não estar informado corretamente a esse respeito, que nas outras pessoas se trate simplesmente de *vozes intermitentes*, e portanto que as alucinações só ocorram em *pausas* mais ou menos longas, interrompidas por situações em que não se ouvem vozes. Comigo, pelo contrário, as pausas nas falas das vozes nunca se verificam; desde o início da minha ligação com Deus — com a única exceção das primeiras semanas, quando, além dos períodos "sagrados", tam-
[310] bém havia períodos "não sagrados" (ver final do capítulo 6) —, portanto desde há quase sete anos, não tive nunca, exceto durante o sono, *sequer um único instante em que não tenha ouvido vozes*. Elas me acompanham a toda parte e em todas as ocasiões; continuam ressoando mesmo quando converso com outras pessoas; continuam sem parar mesmo quando me dedico atentamente a outras coisas, por exemplo, quando leio um livro ou um jornal, toco piano etc., só que, naturalmente, enquanto converso em

---

113 Se, como relata Kraepelin, v. I, p. 116 da 6ª edição, algumas pessoas com alucinações acreditam poder remeter as vozes que as excitam a grunhidos de porcos, latidos ou uivos de cachorros, canto de galinhas etc., isso se deve a meu ver ao mesmo fenômeno mencionado no final do capítulo 17 das *Memórias*, onde eu mencionava as *sensações subjetivas* dos barcos a vapor, trens etc., só *aparentemente* falantes. Trata-se, evidentemente, apenas de pura e simples consonância de ruídos ouvidos a partir do exterior com as vozes simultaneamente percebidas como estímulos nervosos, de modo que esses ruídos *parecem* reproduzir as palavras ditas em voz alta. Pelo menos ao meu caso convém distinguir do fenômeno aqui mencionado as vozes dos pássaros, do Sol etc., que *realmente* falam comigo.

voz alta com outras pessoas, ou falo sozinho em voz alta, elas são abafadas pelo som mais forte das palavras faladas e desse modo não são ouvidas por mim, temporariamente. Mas a retomada imediata de frases que conheço bem, a partir de um som tomado por acaso do meio delas, me faz ver que nesse ínterim o fio da conversação não deixou de se desenvolver, isto é, que os estímulos sensoriais ou vibrações nervosas, por meio dos quais é provocado o efeito sonoro correspondente às vozes, continuaram mesmo enquanto eu falava em voz alta.

O ritmo com que se fala, a que já me referi no capítulo 20, se tornou muito mais lento, de um modo que quase supera qualquer imaginação. Já se indicou anteriormente a razão disso; a volúpia de alma, devido ao afluxo contínuo e ininterrupto dos nervos divinos, aumentava de modo rápido e constante e, quanto mais ela crescia, tornava-se necessário falar cada vez mais lentamente para transpor com aquelas frases[114] pobres e repetitivas [311] de que se dispunha a enorme distância que separava meu corpo dos pontos de partida. O zumbido das vozes por isso se compara hoje mais ao efeito sonoro produzido pelo som da areia que cai de uma ampulheta. Na maioria das vezes, não consigo mais distinguir palavras isoladas, ou só poderia distingui-las se prestasse a máxima atenção. Naturalmente, não faço o menor esforço nesse sentido, mas, pelo contrário, procuro não escutar o que é dito. É claro que não consigo evitar, no entanto, ao ouvir algumas palavras isoladas, pertencentes ao conhecido material de frases, que surja involuntariamente a recordação da continuação dessas frases, que conheço bem por causa das milhares de vezes em que foram repetidas, e então o "pensamento involuntário da recordação", como é chamado o fenômeno na língua das almas, imprime por si só uma continuação da vibração dos meus nervos até a conclusão dessas frases. Por outro lado, agora constitui para mim um alívio cada vez mais sensível justamente o fato de o ritmo se fazer cada vez mais lento, fenômeno que sentia antes no começo e depois, durante muito tempo, acompanhado de um aumento de impaciência nervosa (ver capítulo 16). Enquanto eu ouvia, e involuntariamente precisava ouvir as vozes, o retardamento da continuação esperada, que às vezes durava vários segundos,

---

114 "Se ao menos o senhor não tivesse cometido assassinato de alma"; "Este aí pretende ter sido um presidente de Corte de Apelação"; "Não se envergonha", subentendido perante sua esposa; "Por que não diz?", subentendido em voz alta; "O senhor ainda fala línguas estrangeiras?", "Isto já era", subentendido muito para a concepção das almas etc. etc.

me era extremamente penoso; mas desde que, de uns tempos para cá, a lentidão aumentou mais ainda, a ponto de as vozes, como se disse, degenerarem em um zumbido incompreensível, foi possível me acostumar simplesmente a contar 1, 2, 3, 4 etc. na língua dos nervos, conseguindo assim pausas de pensamento (o chamado pensamento de não pensar em nada), pelo menos enquanto não me ponho a fazer alguma coisa (tocar piano, ler, escrever etc.), o que por si já faz desaparecerem as vozes. Com isso atinjo pelo menos *um* resultado, o de que agora precisa ser falado um insulto que soe *bem claro* no meu ouvido espiritual e eu posso tranquilamente deixar que seja repetido à vontade dentro dos meus nervos. O insulto que nesses casos ocorre regularmente é tão vulgar que não quero confiá-lo ao papel; quem se interessar por isso poderá obtê-lo em muitas das minhas anotações esparsas. Se, por um lado, pelo método anteriormente indicado as "vozes internas" forem reduzidas ao silêncio, por outro, em consequência da aproximação dos raios, novamente tornada necessária, ressoam no meu ouvido *de fora para dentro* algumas palavras quaisquer provenientes da garganta dos pássaros que falam comigo. O que seu conteúdo expressa naturalmente é indiferente; compreender-se-á que depois de anos de hábito eu não posso mais me sentir ofendido quando um *pássaro*, ao qual eu eventualmente dou alimento, me grita (ou melhor, me cochicha): "Não se envergonha?" (perante a senhora sua esposa) e coisas do gênero. Por outro lado, no que se expôs anteriormente há uma prova esplêndida do fato de que todo absurdo levado às últimas consequências acaba por chegar a um ponto em que se anula a si mesmo — uma verdade que o deus inferior (Ariman) há anos costumava expressar na seguinte fórmula: "Todo absurdo se anula".

[312]

Da mesma forma, *estímulos acústicos* (vozes, alucinações acústicas) e *estímulos visuais* (alucinações visuais) são em mim quase, se não totalmente, *perenes*. Eu *vejo* com meu olho espiritual os astros, que são ao mesmo tempo portadores das vozes e do veneno de cadáver — que é descarregado no meu corpo na forma de longos fios esticados —, descerem para minha cabeça, partindo de algum lugar extremamente distante no horizonte. Eles são visíveis *só* para o meu olho espiritual, quando meus olhos se fecham por milagre ou quando eu mesmo os fecho voluntariamente, isto é, nesses momentos eles se espalham do modo indicado no meu sistema nervoso interno como longos fios deslizando para minha cabeça. Percebo o mesmo fenômeno, de modo correspondente, com meu olho *corporal* quando estou de olhos abertos, isto é, vejo então aqueles fios, como se a partir de algum

[313]

ou de alguns pontos longínquos no horizonte eles ora se voltassem para a minha cabeça, ora se retraíssem. Cada retração se associa a uma sensação dolorosa claramente perceptível, às vezes até muito intensa.[115] Os fios introduzidos na minha cabeça — que são ao mesmo tempo os portadores das vozes — descrevem nela um movimento circular que se pode comparar melhor a uma espécie de esvaziamento de dentro para fora feito com uma furadeira.

Pode-se imaginar que a isso podem ser associadas sensações bem desagradáveis; a dor física propriamente dita, no entanto, pelo menos agora, de uns anos para cá, é o aspecto secundário. O homem, justamente no que diz respeito ao corpo, pode se acostumar a muitas coisas que certamente assustariam demais a quem experimentasse esse fenômeno pela primeira vez no seu corpo, parecendo-lhe quase insuportável. Assim, no meu caso, pelo menos nos últimos tempos as sensações de dor, das quais não sou poupado um dia sequer e que se manifestam em alternância regular com estados de volúpia, quase nunca apresentam uma violência tal que me impeça seriamente de empreender uma atividade espiritual, uma conversa tranquila com outras pessoas etc. Muito mais incômodos são os estados de urros, que surgem regularmente como fenômenos concomitantes à retirada dos raios, em parte porque eu naturalmente sinto como algo indigno ter de urrar de certo modo como um animal selvagem, por causa dos milagres realizados contra mim, em parte também porque os urros continuamente repetidos provocam um abalo muito desagradável na cabeça, que em um certo sentido se poderia igualmente chamar de doloroso. Não obstante, sou coagido a suportar os urros quando não ultrapassam um certo grau,

[314]

---

115 Frequentemente também em outras partes do corpo, além da cabeça, dependendo de o veneno de cadáver ter sido simultaneamente descarregado também em outros lugares por filamentos de raios. Nesse caso, entram em jogo alternadamente todas as demais partes do corpo; ora a barriga (sempre com a pergunta simultânea: "Então por que o senhor não c...?") é preenchida com imundices, de tal modo que resulta um impulso à evacuação que leva à súbita diarreia; ora surgem pontadas nos pulmões, no cordão espermático, paralisia dos dedos (principalmente ao escrever e tocar piano), ora dores mais ou menos fortes nas extremidades inferiores (rótula, coxas, inchaço dos pés, de modo que as botas ficam apertadas) quando ando etc. etc. De resto, nem todos os milagres têm por fundamento a descarga de veneno de cadáver, mas são — sem a intervenção do veneno —, em muitos casos, como no fechar dos olhos, em todos os fenômenos de paralisia etc., evidentemente uma manifestação direta da força dos raios.

especialmente à noite, quando os meios em geral adequados à defesa — falar alto, tocar piano etc. — não são aplicáveis ou o são apenas de modo limitado. Urrar, então, me proporciona a vantagem de que tudo o que em seguida for falado dentro da minha cabeça será abafado pelo estrondo dos urros, de modo que logo sobrevém novamente a união de todos os raios, que em certas circunstâncias me leva a adormecer de novo, ou pelo menos me permite continuar na cama numa condição física às vezes bastante agradável pela manhã, quando já está perto da hora de levantar mas a minha sala de estar ainda não está pronta por causa das diversas operações necessárias de arejamento, limpeza etc.

[315]   Em todos os momentos preciso me orientar pelo pensamento que aparentemente é incompreensível para os raios, mas para o homem é infinitamente importante: o pensamento da intencionalidade, isto é, em cada momento preciso me perguntar: você agora quer dormir, ou pelo menos descansar, ou se dedicar a uma atividade intelectual, ou ainda realizar uma função corporal, como, por exemplo, evacuar etc.? Para atingir qualquer meta, via de regra, me é necessária uma unificação de todos os raios, mesmo para defecar, como já foi mencionado antes (no final do capítulo 21), embora se fale muito de "c...”; no entanto, toda vez que é realmente o caso de evacuar, procura-se, por meio de milagre, fazer retroceder o impulso à evacuação por causa da volúpia de alma que resulta da sua satisfação.

Por isso, quando chega o momento de dormir, evacuar etc., preciso, conforme o caso, suportar por algum tempo outros incômodos como os urros etc., para poder realmente atingir o objetivo perseguido *in concreto* e, afinal, necessário para o bem-estar físico geral; em particular quanto à evacuação, que em geral se procura impedir por meio de milagres, consigo realizá-la da melhor maneira assim: sento-me sobre o balde em frente ao piano e toco até conseguir primeiramente urinar e em seguida — em geral com algum esforço — defecar de fato. Por mais incrível que isso soe, tudo é no entanto realmente verdade; pois, ao tocar piano, forço uma reaproximação dos raios, que procuraram se retirar de mim, e venço a resistência que foi oposta ao meu esforço para conseguir evacuar.

Quanto aos *fenômenos visuais* (alucinações visuais), tenho ainda alguns pontos interessantes para acrescentar. Em primeiro lugar, devo observar que os fios de raios que zarpam na direção da minha cabeça, ao que tudo indica provenientes do Sol ou talvez de numerosos outros corpos cósmicos remotos, *não* chegam a mim em linha reta, mas fazendo uma espécie de curva ou parábola, como as brigas em torno da *meta* nos jogos romanos, ou como no jogo chamado bilboquê, em que a bola, presa por um cordão, roda em torno da haste antes de se encaixar no pino. Essa curva ou parábola, eu percebi claramente na minha cabeça (de olhos abertos, também no céu), embora os fios que servem de portadores das vozes, aparentemente, pelo menos em parte derivam do Sol, via de regra não provêm da direção em que o Sol realmente está no céu, mas de uma direção mais ou menos oposta. Creio poder relacionar isso com a já discutida (capítulo 9) "ligação dos raios às terras". A aproximação direta dos raios fica detida ou pelo menos retardada por um obstáculo mecânico, porque senão, devido à força de atração dos meus nervos, que há muito tempo já se tornou excessiva, inundando continuamente meu corpo de volúpia de alma, os raios se lançariam sobre mim; em outras palavras, Deus, se assim posso me exprimir, não aguentaria mais ficar no céu. Nessas circunstâncias, a intervalos relativamente breves, surgem claros pontos luminosos na minha cabeça ou, se estou de olhos abertos, no céu. É o fenômeno que anteriormente (capítulo 7, nota 44) denominei Sol de Ormuzd, porque era da opinião de que os pontos luminosos devem ser entendidos como reflexos de um determinado corpo cósmico imensamente distante que, justamente por causa de sua enorme distância, assume para a capacidade visual humana a figura de um minúsculo disco ou ponto luminoso. Depois de ter feito, ao longo dos anos, inúmeras observações semelhantes a essa, sou inclinado a corrigir um pouco essa concepção. Agora acredito poder supor que os pontos luminosos são pedaços dos nervos do deus superior (Ormuzd) destacados da massa total que, depois de esgotados os fios de raios *impuros*, carregados de veneno de cadáver, são arremessados sobre mim como raios divinos puros. Apoiaria essa concepção no fato de que, na maioria das vezes, percebo os pontos luminosos simultaneamente com os gritos de socorro, que surgem como *impressão auditiva*, de modo que devo supor que os gritos de socorro provêm justamente desses raios ou nervos do deus superior, que são arremessados para baixo em estado de angústia e se apresentam para os olhos, devido à sua pureza, como impressão luminosa. Não tenho a menor dúvida de que nesse caso se trata de nervos do deus superior, por motivos cuja apresentação me levaria muito longe. Também creio ter encontrado agora uma explicação satisfatória para o fato de que os gritos de socorro só são perceptíveis *por mim*, e não por outras pessoas (ver capítulo 15). Provavelmente, se trata de um fenômeno semelhante ao telefônico, isto é, os fios

[316]

[317]

que são lançados para a minha cabeça funcionam como os fios telefônicos, de modo que o efeito sonoro, em si mesmo não muito forte, dos gritos de socorro, que evidentemente são emitidos de uma distância muito considerável, pode ser percebido *só por mim*, do mesmo modo que na comunicação telefônica só a pessoa do outro lado da comunicação, e não uma terceira pessoa qualquer que se encontre entre o ponto de partida e o de chegada, pode ouvir o que é dito pelo telefone.

5. Sobre a natureza de Deus
(março e abril de 1901)

[318] As minhas experiências dos últimos sete anos e as inúmeras manifestações do poder milagroso de Deus que pude experimentar na minha própria pessoa e no meu ambiente me levaram frequentemente, no curso dos anos, a refletir sobre a questão de como devem ser representadas, se assim posso me exprimir, as condições espaciais da existência de Deus. O mais importante a esse respeito já foi dito no capítulo I. Tive de afastar a hipótese de um Sol de Ormuzd especial, da qual eu parti anteriormente (capítulo 7, p. 100), conforme o que se observou na seção anterior. Em compensação, gostaria de manter ao menos como hipótese a ideia de que a energia geradora de ar e calor do nosso Sol e dos demais astros fixos não é propriamente inerente a eles, mas é *de algum modo derivada de Deus*. Como já se disse, a analogia com os planetas só poderia ser feita com grande cautela. Desse modo, para mim

[319] não há a menor dúvida de que Deus fala comigo por intermédio do Sol e, da mesma forma, por intermédio deste Ele cria ou faz milagres. A massa total dos nervos ou raios divinos poderia ser imaginada como uma massa espalhada apenas por alguns pontos isolados do céu — naturalmente ainda mais distantes do que os corpos celestes mais longínquos, que podem ser percebidos com os nossos melhores telescópios — ou como preenchendo todo o espaço. Esta última suposição me parece a mais provável: ela me parece ser quase um postulado, tanto da eternidade quanto do imenso desenvolvimento de energia que continua a existir em distâncias tão enormes com relação à atividade criadora em geral e — nas relações contrárias à Ordem do Mundo que agora estão em vigor — aos efeitos milagrosos sobre seres vivos isolados. Esses efeitos milagrosos são para mim um fato absolutamente seguro, depois das milhares de experiências que tive, sobre cuja veracidade não há a menor possibilidade de dúvida; de resto, as coisas observadas

anteriormente podem ser consideradas apenas pensamentos jogados ao acaso, aos quais eu mesmo só dou um valor de hipótese e que só passo para o papel a fim de oferecer matéria de reflexão para as gerações futuras.

Substancialmente, não posso deixar de manter as minhas ideias desenvolvidas anteriormente sobre a incapacidade de Deus — na situação contrária à Ordem do Mundo, que surgiu com relação a mim, como consequência da conexão nervosa exclusiva com um único homem — de julgar corretamente o homem vivo enquanto organismo (capítulos 5, 13 e 20). As experiências que tive de lá para cá só confirmaram o que foi então afirmado. Em particular, sustenta-se que Deus, que em circunstâncias normais só mantinha um relacionamento com almas e — com o fim de extrair seus nervos — também com cadáveres, acredita poder me tratar como uma alma, ou em certos casos como um cadáver, desconhecendo totalmente as necessidades [320] que resultam da existência de um corpo vivo, impondo-me todo o modo de pensar e sentir das almas, sua linguagem etc., e pretendendo de mim um gozo contínuo ou um pensar contínuo etc. etc.

Nisso se baseiam os inúmeros equívocos que devo supor da parte de Deus; daí derivam os martírios espirituais quase insuportáveis que tive de enfrentar anos a fio. Enquanto Deus, por meu intermédio (participando das minhas impressões visuais), vê algo, enquanto a *volúpia de alma* existente no meu corpo possibilita *um gozo*, ou enquanto minha atividade de pensamento se revela com *pensamentos formulados em palavras*, Deus fica num certo sentido satisfeito, e a tendência a se retrair de mim não se manifesta ou surge apenas naquela pequena escala que, como devo supor, periodicamente se torna necessária por causa das providências contrárias à Ordem do Mundo, tomadas há anos (ligação às terras etc.). Mas um contínuo gozar ou um contínuo pensar é algo impossível para o homem. Por isso, assim que me entrego a não pensar em nada, sem deixar simultaneamente que surja o cultivo da volúpia no sentido indicado anteriormente, a retirada dos raios se verifica imediatamente, com os fenômenos concomitantes, para mim mais ou menos desagradáveis (sensações dolorosas, estados de urros e ruídos diversos nas minhas imediações). Nesse caso, via de regra, os olhos me são fechados por milagre para me impedir de ter impressões visuais, pois de outra forma eles exerceriam seu efeito de atração sobre os raios.

A reaproximação agora ocorre como consequência do constante aumento da volúpia de alma, à qual sucumbem todas as "vozes interiores" a intervalos cada vez mais breves. Frequentemente, de acordo com a diversidade dos "sistemas" organizados fora, trata-se apenas de poucos minutos. Surgem, então, estados de volúpia, que deveriam levar ao sono no caso de eu estar deitado na cama; mas com isso não se garante uma *duração* do sono correspondente à necessidade da natureza humana; ainda hoje há noites em que, depois de um breve sono, eu desperto e fico exposto aos estados de urros. Se estes duram um certo tempo sem levar a um novo adormecimento, então eu naturalmente me pergunto se não é melhor sair da cama e fazer qualquer coisa, por exemplo fumar um charuto. O que para mim tem importância, naturalmente, é o momento em que isso acontece. No meio da noite ou quando faz muito frio, é com a maior má vontade que me decido a sair da cama; se se aproxima o amanhecer e eu considero já ter tido nessa noite pelo menos a quantidade suficiente de sono, levantar não constitui para mim um sacrifício considerável; nesse caso, em geral sinto-me muito bem fora da cama; mas, naturalmente, *uma vez que* me levantei, renuncio ao sono, a menos que volte para a cama. O próprio ato de levantar da cama às vezes só pode ser conseguido à custa de dores muito intensas; antes do Natal, essas dores foram durante um certo tempo tão intensas (do tipo do lumbago) que eu só conseguia me levantar e sair da cama com a ajuda de um enfermeiro, que nessa época, a pedido meu, dormiu algumas noites no quarto ao lado.[116]

[321]

[322]

116 (Adendo de junho de 1901) No momento em que acrescento estas linhas, os fenômenos são de novo diferentes: assim que saio da cama, se verificam fenômenos de paralisia do tronco (omoplatas etc.) e das coxas, que na realidade não são particularmente dolorosos, mas são tão intensos que num primeiro momento fico inteiramente contraído e mal posso andar. No entanto esses fenômenos, como tudo o que se baseia em milagres, são totalmente passageiros; em geral, logo após uns poucos passos já recuperei o caminhar habitual e depois, durante o dia, sou até capaz de caminhadas consideráveis, como tenho feito repetidamente nos últimos tempos: passeios com escalada do Porsberg, do Bärenstein etc. Só lamento vivamente que todos esses fenômenos não se tornem objeto de uma profunda observação científica; quem me visse levantar de manhã certamente acharia incompreensível que o mesmo homem, durante o dia, se revelasse capaz de qualquer esforço físico. No entanto compreendo que os médicos, a quem repetidamente convidei por escrito a observar os fenômenos que me acontecem na cama, não se sintam levados a se interessar mais de perto pela coisa. Pois afinal o que poderiam eles fazer se não pudessem evitar a impressão de que comigo se passa algo prodigioso, que não se concilia com a experiência humana habitual? Mesmo que quisessem admitir a possibilidade de que se trata de milagres, talvez temessem parecer ridículos diante de seus colegas, da imprensa não religiosa e de toda a opinião pública do nosso tempo, muito pouco inclinada a acreditar em milagres. Além disso, diante de coisas que devem lhes parecer inexplicáveis, provavelmente sentirão uma certa reserva natural; eles não têm *obrigação* de investigar esse assunto mais a fundo,

Para mim é extremamente interessante a questão de saber se Deus, tendo entrado em uma conexão nervosa exclusiva comigo e, em consequência disso, tendo eu me tornado o único homem que absorve todo o Seu interesse, pretendeu apoiar Sua capacidade visual e perceptiva apenas em minha pessoa e em tudo o que ocorre nas minhas imediações; mas é bem provável que as experiências que eu ainda venha a fazer no futuro me proporcionem argumentos suficientes para responder de modo afirmativo ou negativo a essa questão. A irradiação de luz e de calor do Sol sem dúvida se comunica, como no passado, com toda a Terra; mas de modo algum eu consideraria excluída a possibilidade de que a capacidade visual de Deus, ligada a isso, em consequência da direção imposta aos raios — isto é, a totalidade da massa dos nervos de Deus —, exclusivamente voltada para a minha pessoa, se limite àquilo que acontece comigo e nas minhas imediações — situação que faz lembrar o que muitos anos depois da guerra de 70 [323] se costumava dizer da política externa dos franceses: que ela olhava fixamente, como que hipnotizada, para o buraco aberto nos Vosges. O Sol em si mesmo não é um ser vivo ou um ser que vê, mas a luz que dele emana é ou era apenas o meio graças ao qual Deus tinha a possibilidade de perceber tudo o que se passava na Terra. De qualquer modo, milagres só são

ainda mais que podem dizer que, se a questão for realmente de milagres, a ciência médica não será capaz de esclarecer todo o contexto desses fenômenos, nem cabe a ela essa tarefa.

Coisas muito estranhas acontecem também comigo desde que no início deste mês comecei a tomar banhos no Elba, a princípio na piscina para não nadadores, e depois, ontem (21/6), pela primeira vez, no rio, só aberto a nadadores experientes. Durante o banho na piscina ocorrem algumas vezes, de modo muito passageiro, fenômenos de paralisia bastante fortes; mas não os temo, pois só atingem algumas extremidades e sou um nadador tão experiente que, em caso de necessidade, especialmente quando nado de costas, posso provisoriamente prescindir de um braço, de uma perna ou de ambos, e assim as paralisias, embora dificultem o uso desses membros, não o impedem completamente. Ontem, ao nadar no rio Elba, observou-se uma excessiva aceleração de respiração, provocada por milagre bem como um temor igualmente provocado de todo o corpo no momento em que eu estava sentado sobre um tronco flutuante na água; em compensação, os fenômenos de paralisia ocorreram em menor escala, mas depois voltaram a se apresentar de modo intenso quando mais tarde voltei a nadar no rio algumas vezes. Todas essas coisas estão sujeitas a permanente modificação; e provavelmente diminuirão cada vez mais no futuro. Sei perfeitamente bem o que posso esperar da minha capacidade e por isso não tenho medo de nadar em águas profundas, apesar de todos esses fenômenos: pode-se imaginar que apesar de tudo devem ocorrer estranhos sentimentos num homem que ao nadar em águas profundas precisa a todo momento estar preparado para sofrer qualquer milagre que dificulte a mobilidade do seu corpo.

realizados na minha pessoa e nas minhas imediações. A esse respeito tive, justamente nos últimos dias, mais algumas provas clamorosas desse fato, que, a meu ver, vale a pena mencionar aqui. O dia 16 de março — creio não me equivocar quanto à data — foi o primeiro dia deste ano no qual à plena luz do Sol reinava uma temperatura verdadeiramente primaveril. De manhã fui ao jardim, onde agora, habitualmente, só passo de meia hora a três quartos de hora, uma vez que a permanência no jardim acaba na maioria das vezes em urros contínuos, a não ser que eu tenha oportunidade de conversar em voz alta, coisa praticamente impossível, pois ao meu redor quase só há loucos. Na noite anterior era muito difícil conversar, já que eu estava muito cansado. Sentei-me então em um banco, onde — como habitualmente faço nos momentos ociosos — me pus a *contar* continuamente 1, 2, 3, 4 (na língua dos nervos), para aturdir as vozes que me penetravam. Os olhos me foram então fechados por milagre, e depois de breve tempo tive um ataque de sono. Então apareceu — e esse fenômeno, no breve tempo talvez de meia hora, em que fiquei no jardim, *se repetiu três vezes consecutivas*, depois de eu ter me levantado de diversos bancos — uma vespa diante do meu rosto, para me impedir de dormir todas as vezes que eu estava a ponto de conciliar o sono. Creio poder afirmar que eram as únicas vespas que apareceram naqueles dias, pois nas voltas que dei entre as pausas durante as quais me sentava não vi vespas de nenhuma espécie. Dessa vez as vespas, como suponho, por motivos indubitáveis, cuja demonstração aqui me levaria muito longe, eram um milagre do deus superior (Ormuzd); ainda no ano passado elas eram miraculadas pelo deus inferior (Ariman); os milagres do deus superior naquela época tinham ainda um caráter altamente hostil (incitamento dos loucos contra mim etc.). Na tarde do dia seguinte, quando eu, por ocasião de um passeio pela localidade vizinha de Ebenheit, estava sentado no jardim do restaurante local, foram produzidos por milagre, e de um modo repetitivo semelhante, alguns mosquitos diante do meu rosto, e também dessa vez apenas nas minhas imediações.

Na manhã de hoje (19 de março), em que as condições do tempo eram semelhantes às de 16 de março, propus-me, durante o passeio no jardim, a provocar o milagre das vespas. Sentei-me em um banco, após o que imediatamente surgiram os fenômenos habituais: o fechamento dos olhos e o milagre dos urros, e eu, da minha parte, pus-me a contar em voz baixa para ver o que acontecia. Mas o "distúrbio" foi então realizado de um outro modo: enquanto eu estava tranquilamente sentado no banco, emitindo só de vez em quando os urros provocados por milagre, aproximou-se de mim um paciente no qual eu ainda não tinha reparado, dado que naturalmente meus olhos tinham sido novamente fechados por milagre, e que, sem qualquer provocação da minha parte, deu um soco bastante violento no meu braço, de modo que eu naturalmente me levantei e recriminei aquela falta de educação com palavras ditas em voz alta. Esse paciente me era inteiramente desconhecido; perguntando logo depois a um enfermeiro, fiquei sabendo seu nome, G. O fenômeno, em si muito insignificante, pode ser considerado ao mesmo tempo como uma prova das enormes provocações que durante anos meu tato e minha moderação sofreram durante a estada no jardim do sanatório, pois, como já foi mencionado anteriormente no capítulo 20, ataques verbais e por vias de fato contra mim eram antigamente muito frequentes, e sua razão mais profunda, a influência dos raios, era sempre a mesma.

Em diversas ocasiões mencionei a "falta de pensamento principal" dos raios, ou o fato de que os raios carecem de pensamentos. Essa ideia não surgiu em mim espontaneamente, mas baseia-se em declarações que recebi e ainda recebo das vozes; ainda hoje, a quase cada dois minutos, depois de desfiadas as habituais frases insípidas, ouço a expressão: "Agora nos falta o pensamento principal". De qualquer modo, deve haver algo de real nessa expressão, e creio que vale a pena, portanto, dedicar algumas palavras para [326] discutir suas condições concretas. A falta de pensamento principal de modo algum deve ser entendida no sentido de que Deus perdeu sua sabedoria originária ou mesmo de que ela sofreu qualquer tipo de prejuízo; se fosse o caso, Ele evidentemente não teria mais a capacidade de estimular nas pessoas que constituem o meu ambiente uma decisão qualquer, de provocar nelas, por meio de milagres, uma declaração qualquer correspondente ao seu grau de cultura etc., nem poderia mais, o que na realidade continua a acontecer até hoje, exercitar o milagre da orientação do olhar etc., ou fazer comigo tentativas de exame (ver capítulo 18) etc. etc.

Por isso creio poder supor que aquela sabedoria de que Deus sempre foi capaz exista ainda hoje, e nas proporções (e em certos casos com relação ao homem vivo, com a mesma limitação), na massa total dos raios, à medida que ela se apresenta como *massa em repouso* e que a representação que deve ser ligada à expressão "falta de pensamento principal" se refira apenas aos raios na condição de *movimento*, com relação a um único homem, condição contrária à Ordem do Mundo, que surgiu por causa da força de atração dos meus nervos. Nesse sentido, devo recordar que nunca *tive uma relação direta* exclusiva com os nervos ou raios divinos, mas que sempre houve entre mim e Deus as chamadas instâncias intermediárias, cujo efeito devia sempre ser eliminado antes que os raios puros de Deus chegassem até mim. Essas eram, e são ainda em parte até hoje, as "almas provadas", cujo número antigamente era muito grande (ver capítulos 8 e 14), e os restos dos antigos "vestíbulos do céu", que eram poupados para retardar a atração e que, como suponho, são idênticos a certos nervos dos pássaros que desde aquela época conversam continuamente comigo, na qualidade de "pássaros falantes".

[327]

Todas essas instâncias intermediárias e portanto o resto ainda existente da "alma provada" do prof. Flechsig e os remanescentes dos "vestíbulos do céu", que ainda estão no corpo dos pássaros, perderam completamente sua antiga inteligência, que era correspondente ou até mesmo superior à inteligência humana, e tornaram-se inteiramente carentes de pensamentos. Essa evolução, num certo sentido, pode ser comparada àquilo que na vida humana se chama "esquecimento". O homem também não consegue conservar a longo prazo na memória todas as impressões que recebe na vida; muitas impressões, em particular as menos importantes, perdem-se rapidamente. Uma situação correspondente parece ocorrer ou ter ocorrido em grau incomparavelmente maior com relação a essas almas; em vez de se inserirem em Deus, como seria, de acordo com a Ordem do Mundo, o destino das almas dos homens falecidos, e de participarem desse modo da inteligência divina, perdendo gradualmente apenas certas recordações pessoais, essas almas começaram a esvoaçar como almas avulsas, por assim dizer, sem conexão com Deus — um fenômeno que não estava previsto na Ordem do Mundo, mas que foi ocasionado pela situação contrária a ela, surgida entre mim e Deus. Todas essas almas isoladas, provavelmente reduzidas apenas a um único ou a uns poucos nervos, perderam totalmente a capacidade de pensar e, ao que parece, conservaram apenas uma certa capacidade de sentir, que faz com que a participação na volúpia de alma que em certos momentos encontram no meu corpo lhes pareça algo agradável ou como um gozo. Também perderam com isso a capacidade de falar de modo independente, que só se pode avaliar ainda pelo fato de que, como já se mencionou, em certos instantes (à primeira vista) os pássaros são capazes de exprimir a participação na volúpia de alma do meu corpo com as pa-

[328] lavras "sujeitinho desgraçado" ou "Ah, desgraçado, de certo modo" — um

fato que ao mesmo tempo me demonstra de modo irrefutável que se trata de restos de almas que antigamente falavam a língua fundamental.

A autenticidade do sentimento na utilização das palavras indicadas, em contraste com as frases feitas "inculcadas" nos seus nervos que elas em geral falam (ver capítulo 15, nota 92), é reconhecida por mim de modo indubitável, por um lado pela diversidade do efeito — vozes autênticas não me infligem sensações dolorosas nem quaisquer outros danos, mas contribuem para o aumento da volúpia de alma — e por outro lado pela diversidade do *som*, e em particular do *ritmo* com que se fala. As palavras autênticas ressoam de um modo extremamente rápido, com a velocidade característica de todos os nervos, e se distinguem das frases simplesmente inculcadas de um modo tanto mais evidente quanto mais se retarda o seu ritmo. Mas mesmo esses nervos, por si carentes de pensamento, são obrigados a dizer alguma coisa para retardar sua aproximação. Como carecem de pensamentos e como naqueles lugares (corpos cósmicos, "terras") em que são carregadas de veneno de cadáver não há seres pensantes — sejam esses seres que se ocupam de transcrição representados como figuras humanas semelhantes às dos "homens feitos às pressas" ou como quaisquer outros seres —, a massa total dos raios divinos, que em si mesma está em repouso, só pode lhes dar para falar ou lhes inculcar aquilo que se lê em mim como pensamentos não levados a termo (em geral, falsificando-os para o sentido oposto), ou aquilo que se sabe dizer a respeito dos milagres que naquele momento são realizados comigo, ou ainda se tem necessidade de recorrer ao supracitado material de transcrição (essencialmente meus próprios pensamentos anteriores), ou, finalmente, quando se desvendou tudo o que ainda restava em mim e só se encontrou o não pensar, só se pode recorrer à última frase: "Agora falta-nos o pensamento principal", ao qual se acrescenta de novo a [329] frase: "Por que o senhor não diz" subentendido "em voz alta" etc. etc. Essa é a ideia aproximada que formei da mencionada "falta de pensamento principal", repetida milhares de vezes; naturalmente, só se trata de suposição, dado que aqui, como em todas as demais situações sobrenaturais, é vedado ao homem o pleno entendimento do verdadeiro estado de coisas; mas creio ter conseguido, com esta exposição, dar uma visão pelo menos aproximadamente exata.

De resto, mesmo sob outros aspectos não me faltam pontos de apoio para acreditar que o próprio Deus ou, para usar também uma outra expressão que provavelmente quer dizer a mesma coisa, a massa total dos raios em repouso conservou uma inteligência superior, até mesmo uma sabedoria supostamente infinitamente superior a toda inteligência humana. É particularmente necessário levar em conta uma série de locuções inautênticas do deus inferior (Ariman), usadas apenas para "decorar" ou para "inculcar" locuções em parte já mencionadas anteriormente (capítulos 13 e 12), e que retomo novamente neste contexto: "Esperemos que a volúpia de alma atinja um grau", "Os êxitos duradouros estão do lado do homem", "Todo absurdo se anula", "Excite-se sexualmente", "A volúpia se tornou temente a Deus" etc. etc.[117] Devo confessar que em parte só depois de anos reconheci as verdades nelas contidas, ao passo que no início, pelo menos com relação a algumas delas, eu me conduzia de um modo muito cético. A esse contexto pertence, entre outras, a locução: "Por mim, deve ser a senha", que alguns anos antes (talvez desde 1894 ou 1895) era apresentada repetidas vezes como uma espécie de orientação geral para o meu comportamento. Com isso se queria exprimir que eu deveria abandonar qualquer preocupação pelo futuro — confiando na eternidade — e deixar que o meu destino pessoal se desenvolvesse tranquilamente, seguindo o curso natural das coisas. Na época eu ainda não conseguia reconhecer como adequado o conselho de me livrar de tudo o que me acontecia com um indiferente "Por mim", e devo acrescentar que isso era natural, do ponto de vista humano, naquela ocasião.

[330]

Naquela época, os perigos que ameaçavam continuamente o meu espírito e o meu corpo por meio dos milagres ainda eram horríveis, e os danos que eram infligidos ao meu corpo eram demasiado apavorantes (ver capítulo 11) para que eu pudesse conseguir chegar a um sentimento de absoluta indiferença para com o que estava por me acontecer no futuro. Afinal, a preocupação com o futuro, principalmente em situação de perigo, está no sangue do homem. Mas com o tempo, o hábito e o conhecimento seguro do ponto principal, o que de modo algum eu tinha que temer pelo meu entendimento, levaram-me a aceitar quase completamente a concepção relativa à questão do futuro expressa na senha "Por mim". Certamente, eu ainda hoje tenho de passar às vezes por momentos bem adversos; ainda hoje, há certos dias e noites em que me encontro em uma situação quase insuportável por causa dos

---

117 De resto, há muito tempo essas locuções já não são empregadas pelas vozes, pois todas elas, quando repetidas com constância, resultam em formas de pensamento de não pensar em nada e por isso não poderiam mais servir para o objetivo de retardar a atração; mas eu as conservei todas na memória e por isso posso recordá-las eventualmente por meio da reprodução voluntária.

estados de urros, dos martírios espirituais provocados pelo falatório das vozes e das dores físicas que vez por outra acompanham essas coisas. Só que essas recaídas são sempre de curta duração; em geral, baseiam-se no fato de que, em face do aumento da volúpia de alma, que novamente se tornou perceptível no meu corpo, passa-se a intensificar ainda mais os "sistemas" aplicados [331] contra mim, no que diz respeito à distribuição das vozes ou dos fios de raios que falam comigo, à organização da conversa das vozes etc., sempre com o objetivo de possibilitar um afastamento para distâncias cada vez maiores e, na medida do possível, para impedir uma unificação de todos os raios, que levaria à volúpia e ao sono. Mas esse objetivo nunca é realmente atingido por um tempo digno de nota; logo o aumento da volúpia de alma supera essa nova intensificação e então, na maioria das vezes, durante um tempo, tem lugar uma condição física e espiritual que para mim ainda é mais agradável. Teria a dizer algo semelhante à questão da senha "Por mim" com relação a outra frase, "Todo absurdo se anula". Naquela época, quando eu ainda ouvia das vozes essa frase — há muitos anos, agora não as ouço mais —, não conseguia me convencer, sem mais, da sua veracidade. Lembrava-me de que o absurdo dominara a história de indivíduos e de povos inteiros, às vezes por muito tempo, e por vezes tinha conduzido a catástrofes que depois nem sempre puderam ser reparadas. Mas, no que me concerne, a experiência de muitos anos tinha me levado a me convencer da veracidade da frase; um homem que em um certo sentido pode dizer de si mesmo que *a eternidade está a seu serviço*, certamente pode deixar recair tranquilamente sobre si qualquer absurdo, na certeza de que finalmente um dia chegará o momento em que o absurdo terá se atenuado e por si mesma terá lugar novamente uma situação razoável.

Demorei-me um pouco com as locuções discutidas anteriormente porque elas eram de grande valor para mim, como prova de que a superior sabedoria divina já havia anos tinha reconhecido nesses pontos (como em [332] muitos outros semelhantes) certas verdades que só muito depois ficaram claras para mim. Permanece infinitamente difícil para mim a questão de como posso conciliar essa superior sabedoria com a ignorância que em outros aspectos se revela e que, pelos resultados, comprova a direção inteiramente equivocada do conjunto da política seguida contra mim etc.[118] Essa

---

118 Essa inversão, como já se mencionou no capítulo 13, também foi reconhecida pelo próprio deus inferior (Ariman) com a locução: "Estas são as consequências da famosa política das almas".

questão há anos ocupa de modo quase ininterrupto minha reflexão, embora eu deva dizer que jamais chegarei a uma solução completa e que ela conservará sempre para mim algo de enigmático. Pois não posso deixar de sustentar que, nas condições contrárias à Ordem do Mundo que surgiram entre mim e Deus, Deus não conhece o homem vivo. No passado Ele deve pelo menos ter considerado possível destruir meu entendimento ou me tornar idiota; Ele deve ter partido da ideia de que estava lidando com um homem praticamente já quase idiota, ou talvez também indigno do ponto de vista moral, e com esta ideia Ele, ao mesmo tempo, diria, apaziguou os escrúpulos de consciência que de outro modo se oporiam realmente à política seguida com relação a mim. Essa ignorância da minha situação mental e moral provavelmente pôde, nos anos que passaram, se manter durante um longo tempo, quando a retirada e a reaproximação ocorriam ainda a intervalos maiores.

Agora, em consequência do rápido aumento da volúpia de alma, a periodicidade se tornou muito menor; a ignorância, por isso, provavelmente muito em breve dará lugar a uma melhor compreensão. Entretanto, parece [333] que para as almas subsiste uma incontrolável tendência a se retirar assim que não se torna possível, mesmo que por um único instante, um gozo no meu corpo correspondente às suas condições de existência (a beatitude), de acordo com a Ordem do Mundo, ou são forçadas à retirada por causa dos dispositivos contrários à Ordem do Mundo, embora de fato se possa dizer que a retirada não promete um êxito de uma duração digna de nota, logo seguindo-se a ela uma reaproximação, na qual os raios são lançados sobre mim, gritando por "socorro", portanto numa situação de angústia. Esse fenômeno só pode ser explicado pelo caráter das almas, totalmente diferente do caráter humano. O desprezo viril pela morte que se espera do homem em determinadas situações da vida, por exemplo, do soldado e particularmente do oficial na guerra, não é dado às almas, pela sua própria natureza. Nesse sentido elas parecem crianças que não conseguem ou não querem nem por um instante renunciar a sua guloseima — a volúpia de alma; isso parece ser válido pelo menos em relação aos raios dos quais depende uma decisão de retirada, na qual sempre são os interessados. Disso resulta que em quase todas as coisas que acontecem em relação a mim, uma vez que os milagres perderam em grande parte seus efeitos terríveis de antigamente, Deus me parece, na maioria das vezes, eminentemente ridículo ou pueril. Disso resulta o meu comportamento, em que frequentemente sou obrigado, por legítima defesa, em alguns casos, a fazer em voz alta o papel do *que zomba de Deus*; preciso às vezes fazer isso para que o lugar distante que me atormenta, às vezes de modo quase insuportável com os estados de urros, o absurdo falatório das vozes etc., fique consciente do fato de que de modo algum está lidando com um idiota, mas com um homem que domina perfeitamente toda a situação. Mas devo enfatizar novamente aqui, de [334] modo mais categórico, que se trata apenas de um episódio que, espero, se encerrará no máximo com a minha morte, e que portanto só é dado a mim, e não aos outros homens, o direito de zombar de Deus. Para os outros homens, Deus permanece o criador todo-poderoso do céu e da terra, a causa primeira de todas as coisas e a salvação do seu futuro, que merece adoração e a máxima veneração — ainda que algumas ideias religiosas tradicionais requeiram retificação.

6. Considerações sobre o futuro — diversos
(abril e maio de 1901)

O que disse no capítulo 22, sobre um desagravo que devo receber ou so- [335] bre uma recompensa que posso esperar pelos sofrimentos e privações sofridas, assume uma forma cada vez mais concreta pelo que parecem sugerir minhas percepções mais recentes. Acredito poder dizer hoje, decorridos poucos meses, algo mais preciso sobre o rumo que tomará a recompensa. Certamente, a minha vida no momento ainda é uma estranha mistura de estados de volúpia, sensações dolorosas e outros dissabores, entre os quais registro, além dos meus próprios urros, o barulho idiota que frequentemente se faz nas minhas imediações. Cada palavra que me é dirigida em uma conversa qualquer ainda se associa a uma pancada na minha cabeça; em certos momentos, ou seja, quando os raios se retiraram para uma distância muito grande, a sensação dolorosa que resulta dessa pancada pode atingir um grau bastante intenso, resultando em um abatimento conside- [336] rável, principalmente depois de noites mais ou menos insones, ainda mais quando a eles se acrescentam outros sofrimentos provocados por milagres, como, por exemplo, dores de dente.

Por outro lado, há diariamente períodos que retornam com frequência, nos quais eu, por assim dizer, nado em volúpia, isto é, períodos em que todo o meu corpo é atravessado por um bem-estar indescritível, correspondente à sensação da volúpia feminina. Nesses momentos, nem sempre é necessário que eu deixe a minha fantasia se desenvolver na direção sexual; também em outras oportunidades, por exemplo, quando leio uma passagem particularmente tocante de uma obra poética, quando toco ao piano um trecho musical que me proporciona uma satisfação estética particular ou quando, nos passeios pelos arredores, me encontro sob a impressão de um particular gozo da natureza, o bem-estar baseado na volúpia de alma não raro produz momentos em que eu, como bem posso dizer, sinto uma espécie de gosto antecipado da beatitude. Certamente, trata-se em geral apenas de sensações de curta duração, uma vez que bem no momento da sensação máxima de volúpia me são provocadas por milagre dores de cabeça ou de dente, justamente para não deixar que ocorra o sentimento de volúpia, que acaba por ter um efeito irresistível sobre os raios. Como é que o homem, na sua *totalidade*, se encontra em situações dessa natureza — eis uma pergunta difícil de responder; às vezes gozo o máximo de volúpia desde baixo até o pescoço, enquanto ao mesmo tempo a minha cabeça se encontra em um estado talvez bastante ruim.

Mas, como creio poder prever depois de tantos anos de experiência, no futuro as coisas evoluirão de tal modo que as sensações dolorosas diminuirão e predominarão os estados de volúpia ou beatitude. A volúpia de alma aumenta constantemente, e por isso a sensação de volúpia será cada vez mais a impressão dominante que os raios recebem ao entrar no meu corpo; [337] por esse motivo já agora frequentemente não se consegue mais, e é de prever que no futuro se conseguirá cada vez menos, infligir ao meu corpo os sofrimentos destinados a diminuir o sentimento de volúpia. De fato, se *quer*, como deduzo sem dúvida nenhuma do falatório simultâneo das vozes, "miracular os meus olhos", isto é, injetar veneno de cadáver nos meus olhos ou provocar dores de dente, ou seja, descarregar veneno de cadáver nos meus dentes etc.; só que com frequência cada vez maior os raios não atingem mais os lugares certos do meu corpo, porque a sensação de volúpia predomina nas demais partes do mesmo; o veneno de cadáver, destinado aos meus olhos ou dentes, é então descarregado em outro lugar, no peito, nos braços ou em qualquer outra parte do meu corpo, sem provocar danos. Por isso creio poder prever, para um futuro não muito remoto, que de certo modo gozarei com antecedência, já em vida, a beatitude que a outros homens só é concedida depois da morte. Naturalmente, não corresponde ao meu gosto o fato de que essa beatitude, no essencial, seja um gozo voluptuoso e requeira para seu pleno desenvolvimento a ideia de ser ou querer transformação em um ser feminino; mas tenho de me submeter à necessidade própria da Ordem do Mundo, que me obriga a me acostumar a tais ideias, para que o meu estado físico não se torne praticamente insuportável pelos sofrimentos, pelos urros provocados por milagres e pelo barulho idiota do meu ambiente.[118a] O conhecimento de Deus e das coisas divinas, obtido no contato contínuo com os raios divinos, deve ser considerado uma compensação extremamente importante para o fato de que me foi subtraída a possibilidade de aplicar de outro modo minhas energias intelectuais a serviço da humanidade, conseguindo assim honra e glória diante dos homens. Ao mesmo tempo, posso nutrir a esperança de que serei o mediador cujo [338] destino pessoal resultou na reunião de um conhecimento que poderá ser difundido de modo fecundo, e desse modo caberá a mim servir a todo o resto da humanidade, muito tempo depois da minha morte, para que ela consiga chegar a concepções corretas sobre a relação entre Deus e o mundo e para que sejam reveladas as verdades religiosas sobre a salvação.

Naturalmente, não consigo predizer como se configurarão as coisas no caso do meu falecimento, que afinal supostamente deve ser esperado. Conforme o que observo a esse respeito no capítulo 22, só considero possível a morte por velhice. Alimento o desejo de que, no momento em que soe a minha última hora, eu não me encontre mais em um sanatório, e sim no ambiente doméstico normal, junto a meus familiares, dado que eu talvez necessite de um cuidado mais afetuoso do que aquele que pode ser oferecido em um sanatório. Também não considero excluída a possibilidade de que no meu leito de enfermo ou de morte se observem alguns fenômenos extraordinários, e por isso desejo que seja permitido o acesso a cientistas de vários domínios do saber, que na ocasião poderão extrair conclusões importantes sobre a verdade de minhas ideias religiosas. No momento, ainda estou bem distante de ter conseguido o objetivo da minha alta do sanatório; o pronunciamento de primeira instância no processo de interdição citado no capítulo 20 (por sentença do Tribunal Regional de Dresden, de 15 de abril de 1901) me foi desfavorável. Ainda desconheço a fundamentação da sentença e por isso não posso dizer se poderei apelar para instâncias superiores, interpondo recurso. Em todo caso, estou confiante de que, mesmo que não

---

118a Também aqui essas afirmações deveriam ser modificadas.

[339] seja em um prazo muito curto, poderei conseguir dentro de alguns anos o levantamento da interdição e ao mesmo tempo a saída do atual sanatório.

Às anteriores acrescento ainda algumas observações que não têm com elas uma relação estreita e que apresento só por querer dedicar a elas, dada a sua brevidade, uma seção em particular.

Nos anos passados, estimulado pelas impressões sobrenaturais que me coube receber, refleti muito sobre certos elementos da *superstição popular*. Estes, bem como as representações mitológicas dos povos antigos, hoje me aparecem sob uma luz essencialmente diferente de antes. Sou da opinião de que no fundo da maioria das representações da superstição popular há um pequeno grão de verdade, alguma intuição das coisas sobrenaturais, que com o correr do tempo se revelou a um número cada vez maior de homens, mas naturalmente foi de tal forma recoberto por acréscimos arbitrários da imaginação humana que o pequeno grão de verdade mal pôde ser desvelado. Se tivesse à minha disposição recursos literários suficientes, talvez tentasse dedicar algumas considerações, deste ponto de vista, a um grande número de manifestações da superstição popular.

À falta desses recursos, quero me limitar a dois exemplos. É conhecida a superstição da *hora dos espíritos*, concedida aos espíritos exclusivamente para a sua relação com os homens e que os força a retornar ao túmulo quando soa uma hora da madrugada. Em minha opinião, essa superstição se baseia na intuição correta de que os sonhos nem sempre são vibrações dos nervos de um homem, carentes de influência externa, mas que em certos casos se baseiam em uma relação com almas mortas (em *conexão nervosa* uti-

[340] lizada por essas almas de preferência com parentes falecidos, ver capítulo i). A hora depois da meia-noite, momento do sono mais profundo, é considerada com certa razão a mais adequada para tal relação. Como um segundo exemplo, recordo a ideia relacionada com a expressão: *o diabo passa pelo buraco da fechadura*. Em minha opinião, o que há de certo nessa ideia reside no fato de que na realidade não há nenhum obstáculo mecânico criado pelo homem que possa impedir o acesso à influência dos raios. A todo momento tenho no meu corpo a experiência de que as coisas são assim; não há muro tão maciço, janela tão fechada ou outras coisas desse tipo que possam impedir que os fios de raios se introduzam de um modo verdadeiramente incompreensível para o homem e penetrem numa parte qualquer do meu corpo, em particular na minha cabeça.

Caso meu presente trabalho seja publicado, estou bem consciente de que há uma personalidade que poderia se sentir ofendida por tal publicação. É o conselheiro prof. dr. Flechsig, de Leipzig. A esse respeito já me expressei em um arrazoado datado de 4 de fevereiro deste ano, enviado à direção deste sanatório, cujo teor reproduzo a seguir:

A direção do Real Instituto sabe que penso publicar minhas *Memórias*, e espero poder fazê-lo quando for levantada a minha interdição.

Dúvidas sobre a oportunidade da publicação me ocuparam longa e profundamente. Não ignoro que, com relação a certos trechos das minhas *Memórias*, o conselheiro prof. dr. Flechsig, de Leipzig, poderia se sen- [341] tir motivado a solicitar minha punição por difamação e, eventualmente, também a pedir a apreensão de toda a obra como corpo de delito de uma ação penal (art. 40 do Código Penal). Mas, finalmente, decidi manter o propósito da publicação.

Sei que estou isento de qualquer animosidade pessoal com relação ao conselheiro prof. dr. Flechsig. Por isso, nas minhas *Memórias* só incluí os dados relativos a ele que eram a meu ver indispensáveis para se compreender a exposição no seu conjunto. No caso da publicação das minhas *Memórias*, eu talvez cancele a nota mais ofensiva, que não é imprescindível no conjunto. Espero que nesse caso também no espírito do conselheiro prof. dr. Flechsig o interesse científico pelo conteúdo das minhas *Memórias* prevaleça sobre eventuais suscetibilidades pessoais. Caso contrário, o peso que atribuo à divulgação do meu trabalho, com relação ao enriquecimento científico que dele se deve esperar e ao esclarecimento de opiniões religiosas, é tão grande que eu aceitaria o risco de ser condenado por difamação e de sofrer as perdas materiais que me ameaçariam em caso de apreensão da edição.

Naturalmente, não faço esta comunicação à direção deste Real Instituto com o objetivo de obter seu depoimento sobre a possibilidade de que eu seja condenado, mas apenas com o intuito de *produzir também com isso mais uma prova* da cautela com que eu antecipadamente pondero as conse- [342] quências de todas as minhas ações e da falta de consistência da opinião segundo a qual eu seria uma pessoa incapaz de cuidar dos próprios interesses.

Sonnenstein, 4 de fevereiro de 1901
Com elevada estima e consideração.
(Segue a assinatura)

A isso devem ser acrescentadas ainda algumas observações.

Devo pressupor como óbvio que o conselheiro prof. dr. Flechsig ainda se recorde, pelo menos no conjunto, dos acontecimentos externos relacionados à minha estada na clínica psiquiátrica universitária dirigida por ele. Em compensação, não ouso afirmar com certeza que ele um dia tenha tido consciência das coisas sobrenaturais ligadas ao seu nome e pelas quais esse nome me foi mencionado e *ainda hoje é mencionado diariamente* pelas vozes — embora as minhas relações pessoais com o conselheiro prof. dr. Flechsig já há muito tempo tenham passado para segundo plano e, portanto, dificilmente meu interesse poderia continuar a ser despertado sem interferência externa. Admito a possibilidade de que ele, enquanto homem, tenha estado e ainda esteja muito distante dessas coisas; naturalmente, permanece obscura a questão de como, com relação a um homem que ainda vive, se pode falar de uma alma diferente dele, existente fora do seu corpo. Entretanto, de acordo com as milhares de experiências feitas diretamente por mim, estou certo de que essa alma, ou pelo menos uma parte dela, existiu e ainda *existe até hoje*. Por isso devo também *reconhecer como algo possível* que tudo o que foi relatado nos primeiros capítulos das minhas *Memó-*
[343] *rias* sobre fenômenos ligados ao nome de Flechsig se refira apenas à alma de Flechsig, que deve ser distinguida do homem vivo, e cuja existência particular é certamente segura, mas inexplicável por vias naturais. Portanto, está totalmente distante de mim a intenção de atingir, do modo que for, a honra do homem vivo, conselheiro prof. dr. Flechsig.[118b]

7. Sobre a cremação
(maio de 1901)

[344] O movimento em prol da cremação que em tempos recentes se tornou consideravelmente vivo e organizado em associações especiais suscita em mim certos pensamentos cuja comunicação talvez não deixe de ter certo

---

118b De resto, depois de um repetido exame a que submeti o meu trabalho uma vez terminado o processo de interdição, eliminei e alterei tantas coisas, procurando modificar as expressões, que creio que não se pode mais falar do seu conteúdo ofensivo. Espero assim ter anulado qualquer pretexto para se dizer o que foi dito no parecer do perito, na sentença em primeira e segunda instâncias, bem como nos documentos do meu processo com relação a uma condenação que poderia me ameaçar.

interesse. As objeções levantadas por parte da Igreja e dos fiéis contra esse tipo de sepultamento dos cadáveres merecem, a meu ver, as mais sérias considerações. Certamente se poderá colocar a questão de saber se quem manda cremar seu próprio cadáver de certo modo não está renunciando a uma ressurreição na vida do Além ou se não está se privando do direito à beatitude.[119] *Também a alma não é algo puramente espiritual, mas tem sua base em um substrato material, os nervos.* Por isso, se a cremação resultasse em um completo aniquilamento dos nervos, ficaria excluída a possibilidade de uma ascensão da alma à beatitude. Como leigo em fisiologia nervosa, não ouso afirmar com certeza se essa suposição tem fundamento. Só me parece indubitável que a questão seja substancialmente diferente daqueles casos em que o corpo de um homem se expõe à morte por fogo, acidentalmente, como em caso de incêndio ou, na Idade Média, quando se queimavam os hereges e as feiticeiras. Nesses casos, a morte por fogo é, no essencial, mais uma morte por asfixia; dificilmente se pode falar de um completo aniquilamento do corpo; provavelmente, na maioria dos casos só as partes moles são carbonizadas; com certeza, não há uma destruição total dos ossos e dos terminais nervosos neles situados (particularmente no crânio). Esses casos, portanto, não podem ser comparados com a moderna cremação, na qual se visa metodicamente, e talvez se consiga, a destruição total de tudo o que ainda resta do homem depois da morte, com exceção de um pequeno punhado de cinzas — e isso em crematórios próprios para esse fim, onde se desenvolve um calor exorbitante, é eliminado o ar atmosférico etc. Por isso considero pelo menos não improvável que nesses casos ocorra com os nervos também uma transformação fisiológica ou química que impeça sua ressurreição na vida do Além.

[345]

Em minha opinião, diante dessas considerações passa para um plano inteiramente secundário tudo o que se costuma fazer valer a favor da cremação do ponto de vista estético, sanitário ou econômico. Mesmo deste último ponto de vista, as supostas vantagens são extremamente precárias;

---

119 Baseado no conjunto das minhas exposições anteriores (ver em particular o capítulo i), para mim não há a menor dúvida de que, segundo a Ordem do Mundo, tenha lugar por si mesma uma beatitude depois da morte. Com isso, naturalmente, não se contradiz o fato de que, enquanto durar a relação exclusiva entre Deus e a minha pessoa, contrária à Ordem do Mundo, ficará suspensa, a meu ver, a fundação de novas beatitudes (ver final do capítulo 2 e final do capítulo 5).

particularmente, o ganho econômico esperado com a economia de cemité-
rios etc. será contrabalançado pelas enormes despesas que a cremação re-
[346] quererá, caso se torne uma instituição generalizada. Provavelmente, não se
deve pensar, ainda por muitos séculos, que a maioria da população renun-
cie ao costume do sepultamento na terra. Parece-me pouco provável que
chegue o momento em que cada vilarejo ou cada pequeno bairro possua
o seu próprio crematório. Mas a dúvida decisiva para o sentimento moral
permanecerá sempre *esta*: se a moderna cremação é compatível com a esperança de uma beatitude futura.

Sei bem que há muitos homens que tendem a passar por essa questão de
modo bastante indiferente. Nem sempre se trata nesse caso de mera manifestação de descrença, isto é, de adeptos conscientes do ateísmo. A repugnância pela ideia do apodrecimento do próprio corpo depois da morte so-
brepuja em muitos homens qualquer outra consideração; representações
obscuras sobre a natureza da existência que se espera viver no Além, particularmente as de natureza pessimista, geram não raro estados de ânimo
nos quais esses homens procuram convencer a si e aos outros de que não
lhes importa minimamente a sobrevivência depois da morte, que para eles
está muito bem se com a morte tudo termina e também se tudo que restar
deles desaparecer o mais completamente possível, para não ficar como objeto de um interesse talvez suspeito da parte dos outros homens. Mas creio
não me enganar quando suponho que tais estados de ânimo só perduram
até o momento em que finalmente os terrores da morte se aproximam de
modo real e concreto. Também necessita de algum consolo, de alguma esperança, o homem que, jazendo talvez por longo tempo num leito de dor,
não pode mais escapar à certeza da morte iminente; a dor pode ficar terrível quando o moribundo, de acordo com a posição assumida em questões
religiosas, acredita-se privado de toda e qualquer esperança, tornando-se
[347] assim inacessível aos consolos dessa mesma religião. E quem tivesse determinado sua própria cremação depararia com a dúvida torturante de ter,
ele próprio, contribuído para a exclusão de toda e qualquer derradeira esperança. Sorte daquele, direi eu, que em uma tal situação de vida tiver ao
menos ainda a possibilidade de suspender a ordem de cremação, que talvez tenha dado em um estado de espírito mais ou menos leviano, nos seus
tempos de boa saúde.

Conforme a opinião individual, será diferente a resposta à questão de
saber se o sacerdote, em caso de cremação, pode ou não dar as bênçãos

da Igreja ou dizer palavras de consolo por consideração às pessoas enlutadas. Parece-me indubitável que a situação do sacerdote nesse caso é dificílima. Pois ele não poderá deixar de ter a impressão de que aquele que ordenou a cremação demonstrou uma grande indiferença em uma decisão que é significativa pelo menos para a questão da sobrevivência depois da morte; além disso, quase todos os sacerdotes terão pelo menos uma intuição da dúvida levantada por mim, ou seja, se é possível a beatitude após a total destruição dos nervos.

Que ninguém se deixe iludir pela objeção segundo a qual a hipótese de a cremação poder produzir um efeito qualquer sobre a possibilidade de uma ressurreição seria uma hipótese inconciliável com a ideia da onipotência de Deus. Essa onipotência justamente não existe de modo absolutamente ilimitado; por exemplo, mesmo para Deus não é possível proporcionar à alma de uma criança ou à alma de um homem que mergulhou no pecado a mesma medida de beatitude que cabe à alma de um homem maduro que tenha a importância intelectual de um dos nossos grandes homens da arte e da ciência, ou à alma de um homem de elevada moral. Certamente, assim resta a possibilidade de que o homem, por meio de suas próprias providências, possa se subtrair à perspectiva de uma ressurreição depois da morte, [348] que em si mesma lhe é garantida pela Ordem do Mundo. O livre-arbítrio humano aqui, como em outros casos, não é anulado pela onipotência de Deus (ver capítulo 19): do uso que o homem faz do seu livre-arbítrio derivam, pois, consequências que nem mesmo Deus pode anular.

Segunda série

(outubro e novembro de 1902)

Nesta nova série de suplementos, pouco tenho a acrescentar ao que já foi [349] dito anteriormente.

No prólogo já foi dito o essencial com relação à minha vida exterior, ao levantamento da interdição e à minha iminente saída do atual sanatório. É para mim uma satisfação que as minhas previsões, feitas no início do capítulo 22, já tenham se confirmado depois de um tempo relativamente breve.

Milagres e falas das vozes continuam como antes. A lentidão da fala, por meio da qual as palavras pronunciadas são frequentemente mal compreensíveis (capítulo 16 e Suplemento 4), fez novos progressos; o que foi observado no Suplemento 4 com relação à *continuidade* da fala das vozes vale plenamente até hoje. Quanto aos milagres, assumem um caráter cada vez mais inofensivo. Hoje em dia só uma vez ou outra, particularmente quando estou deitado na cama, se apresentam fenômenos de paralisia e contrações relativamente intensos, especialmente nas extremidades inferiores e nas costas, que pretendem me impedir de levantar ou mudar de posição na cama, ou — com a mesma finalidade — se manifes- [350] tam dores agudas nos ossos, especialmente na tíbia. Em compensação, sofro ainda frequentemente, repetidas vezes por dia, dores de *estiramento da cabeça*, vinculadas à retirada dos raios, e que por isso se verificam periodicamente, desaparecendo logo em seguida, dores que já foram descritas no Suplemento 4. Elas às vezes são ainda tão intensas que tornam impossível uma leitura contínua e outras coisas do gênero. Perdura aí, como antes, a sensação — que dificilmente pode ser considerada apenas subjetiva — de que a minha calota craniana se torna mais fina e de que se fazem sulcos nela. Meu sono, considerando a minha idade, pode ser

visto como relativamente normal; em geral, durmo satisfatoriamente —
na maior parte do tempo sem recorrer a soníferos.

Os estados de urros ainda não desapareceram de todo, mas apresentam-se de modo consideravelmente mais moderado, principalmente
porque aprendi cada vez mais a lhes opor uma resistência eficaz nos momentos em que eles provocam situações desagradáveis, isto é, nas ocasiões em que irritariam as pessoas. Além da declamação de poesias, já
mencionada, para Deus é suficiente, ao que parece, simplesmente *contar* na língua dos nervos para convencê-lo do quanto está enganado com
a ideia de que está lidando com um homem privado da capacidade de
pensar, portanto com um idiota. Se eu contar continuamente, os urros
não se manifestam. Isso é de particular importância para mim durante
a noite, porque, ao eliminar os urros através do contínuo contar, em
geral concilio o sono e, mesmo se desperto por um instante, logo ador-
meço novamente. Certamente, nem sempre chego a conseguir esse resultado. Contar horas a fio não é fácil para o homem; por isso, se não
consigo conciliar o sono mesmo depois de contar durante muito tempo,
paro de contar e então imediatamente, num instante, cuida-se de provocar o milagre dos urros, que, se for repetido com muita frequência
na cama, logo pode se tornar insuportável. Por isso às vezes ainda hoje
acontece — embora bem mais raramente — de eu ter de me levantar
e sair da cama, me dedicar a uma atividade qualquer que permita reconhecer em mim um homem pensante. Da mesma forma, quando me
encontro em lugares públicos, no teatro, entre pessoas bem-educadas
etc., se não estou conversando em voz alta, nas pausas necessárias da
conversação, consigo impedir totalmente ou quase totalmente os urros ao contar continuamente. No máximo se podem verificar ruídos
que podem ser entendidos pelas pessoas como tosse, pigarro ou boce-
jos mal-educados, e que portanto não se prestam a provocar um escândalo especial. Em compensação, nos passeios pelas estradas, no campo
etc., quando não há outras pessoas por perto, fico à vontade. Deixo simplesmente que os urros venham a mim; repetem-se às vezes por cinco
a dez minutos, quase sem interrupção. Sinto-me então perfeitamente
bem do ponto de vista físico; se a coisa começa a se tornar muito desagradável, falo sozinho algumas palavras em voz alta, de preferência sobre Deus, eternidade etc., para convencer a Deus do caráter errôneo
da ideia, já frequentemente mencionada. Quem, nessas ocasiões, sem

ser observado, pudesse ser testemunha dos urros quase ininterruptamente emitidos por mim, certamente não conseguiria entender a situação e acreditaria ter diante de si um louco. Só que eu presto bastante atenção para ver se há pessoas por perto, e apesar de tudo estou perfeitamente tranquilo com relação à minha sorte, pois sei que a qualquer momento basta uma única palavra dita em voz alta para demonstrar minha completa lucidez mental.

Como já foi mencionado, os milagres que tendem a danificar meu corpo se tornam cada vez mais inofensivos; muitas vezes só se faz uma espécie de travessura com meus objetos de uso pessoal. Minha condição física, [352] mesmo hoje, certamente não é invejável; as dores de distensão na cabeça provocadas pela retirada dos raios, a inquietação espiritual provocada pela fala contínua das vozes e, além disso, não raro, a aceleração da respiração, o tremor provocado por milagre, as pancadas na cabeça etc., às vezes tornam extremamente difícil a realização tranquila de uma atividade. Apesar disso, tudo o que ainda tenho de suportar sob esse aspecto é insignificante em comparação com as destruições provocadas no meu corpo que tive de suportar nos primeiros anos da minha doença (ver a esse respeito a descrição feita no capítulo II).

Essa evolução das coisas, no entanto, provoca em mim sentimentos um tanto contraditórios. Se, por um lado, só posso naturalmente considerar desejável o fato de que, no plano pessoal, me sinto incomparavelmente melhor do que nos anos anteriores, por outro lado devo dizer que, quanto menos indícios perceptíveis os milagres deixam, mais fraca parece ser a perspectiva de convencer os outros homens da realidade dos milagres. Este último aspecto da observação tem para mim quase o mesmo peso que o primeiro, uma vez que só consigo reconhecer um verdadeiro objetivo na minha vida se me for possível demonstrar a veracidade das minhas chamadas ideias delirantes de modo convincente para as pessoas, proporcionando assim à humanidade uma compreensão mais exata da essência de Deus.

Na minha opinião, nos primeiros anos da minha doença teria sido fácil comprovar, através de uma observação não inteiramente superficial do meu corpo, com os instrumentos médicos comuns, sobretudo com os raios de Roentgen, que aliás, na época ainda não haviam sido inventados, as modificações mais evidentes no meu corpo, principalmente as lesões provocadas nos meus órgãos internos. Isso hoje será

[353] algo consideravelmente mais difícil. Se fosse possível dar uma representação fotográfica dos fenômenos que se desenvolvem na minha cabeça, do *relampejar dos raios que provêm do horizonte*, ora com extrema lentidão, ora — a uma distância muito grande — com velocidade vertiginosa, com certeza o espectador deixaria de ter qualquer dúvida sobre a minha relação com Deus. Só que infelizmente a técnica humana não dispõe ainda de recursos adequados para tornar tais impressões acessíveis à percepção objetiva. Para mim está inteiramente fora de dúvida que aqui se trata *não apenas* de fenômenos patológicos — aparelhos cerebrais internos que percebem uma excitação anormal, como se expressa o conselheiro dr. Weber em seu parecer de 5 de abril de 1902; em particular, nos gritos divinos de socorro (ver capítulos 2 e 15 e final do Suplemento 4) que ouço todos os dias centenas de vezes em breves intervalos com total clareza, é impossível que se trate de uma ilusão dos sentidos. Além disso, esses processos não são meras alucinações visuais e auditivas, mas são também fenômenos que se desenvolvem nas minhas imediações com objetos inanimados, pessoas e animais, que fundamentam a minha certeza subjetiva sobre as relações particulares em que me encontro com relação a Deus. Posso distinguir perfeitamente em que medida as manifestações vitais das pessoas se baseiam ou não em milagres. Naturalmente agora, uma vez que no momento entrei em um contato mais amplo com muitas outras pessoas, prevalece o segundo caso; mesmo os primeiros — os que se baseiam em milagres — verificam-se diariamente às centenas. Esses milagres são para mim reconhecíveis, sem qualquer dúvida:

1. Através da sensação de estiramento, de pancada, às vezes associada a uma certa dor que nesses momentos sinto na minha cabeça;

[354] 2. Através da orientação do olhar (ver capítulo 18, nota 100), na qual regularmente meus olhos são desviados para o lugar de onde parte a manifestação vital;

3. Através da questão de exame ligada a isso: "Registro acusado" (ver capítulo 18), com a qual se quer apurar se as expressões no momento utilizadas (em particular as que correspondem a um grau superior de instrução, pertencentes a línguas estrangeiras etc.) ainda têm acesso ao meu entendimento.

Para mim permanece, portanto, como uma *verdade inabalável* o fato de que Deus sempre *se revela de novo* para mim por meio das falas das vozes e dos milagres.[120]

De acordo com essas observações, embora não possa deixar de ver que as perspectivas de demonstração objetiva dos milagres por mim afirmados certamente não melhoraram com o passar dos anos, espero que no futuro [355] ainda surja uma possibilidade de proporcionar pontos de referência adequados para uma investigação científica. No geral, refiro-me à exposição de motivos que apresentei no meu processo de interdição para fundamentar o recurso por mim interposto contra a sentença do Tribunal, cujo resumo mandei imprimir como Suplemento C. À parte o que o futuro possa ainda trazer, ressalto como fenômenos característicos que dificilmente encontrarão explicação suficiente por vias naturais:

1. Os estados de urros, que não deveriam ter nada em comum com os acessos de gritos dos doentes *catatônicos*. Nos paranoicos — entre os quais se pretende me situar — esses estados parecem constituir uma ocorrência bastante incomum; o parecer do conselheiro dr. Weber, de 5 de abril de 1902, relata apenas um único caso no qual se teria observado algo supostamente semelhante em um paranoico;
2. O milagre do fechamento dos meus olhos e sua abertura subsequente depois de um instante (um piscar de olhos); aqui não seria difícil

---

120 Quase não seria necessário observar que a palavra "revelar" aqui deve ser entendida num sentido diferente do tradicional. Quando em geral se fala de revelações divinas, que segundo a tradição religiosa devem ter ocorrido, pensa-se sempre em comunicações *voluntárias* que Deus faz a determinadas pessoas eleitas, como seus instrumentos particulares, com o objetivo de ensinar a elas as coisas divinas e propagar o conhecimento assim adquirido para o resto da humanidade. Deus se revela a mim de modo não intencional, mas o conhecimento do Seu ser e de Suas energias se revela a mim *independentemente da Sua vontade e sem que seja perseguido um objetivo particular*, através dos milagres que realiza em mim e através das vozes com as quais Ele fala comigo. Nos primeiros anos da minha ligação com Deus, certamente também ocorreram comunicações (em parte em palavras, em parte na forma de visões) que evidentemente tinham por objetivo ensinar-me, mas cujo conteúdo predominante eram apenas indicações sobre a orientação do meu comportamento (ver capítulo 13). Mas há anos essas comunicações instrutivas cessaram quase por completo; só ocasionalmente em sonhos ocorrem fenômenos de caráter visionário que às vezes me dão a impressão de uma intenção de me ensinar. Não obstante, não ouso decidir se é realmente este o caso ou se se trata apenas de um simples jogo dos meus nervos.

constatar que não há nenhuma influência da minha vontade ou da fraqueza dos meus músculos

3. A aceleração inteiramente não natural da respiração, que se verifica mesmo nos momentos de maior calma, na cama, no sofá etc., aparentemente sem qualquer motivo e em certos momentos do modo mais manifesto

4. A presença de nervos da volúpia em todas as partes do meu corpo, o que devo continuar a sustentar como um fato, apesar das afirmações em parte negativas do parecer do conselheiro dr. Weber, de 5 de abril de 1902, uma vez que as manifestações subjetivas derivadas desses nervos — em particular quando submetidos a uma leve pressão — pertencem às experiências mais indubitáveis que tenho todo dia e toda hora; aliás, também o intumescimento temporário dos seios certamente não escapará a uma investigação mais acurada. A intervalos regulares, isto é, a toda reaproximação dos raios, o que os leva a uma unificação, a volúpia acorre a mim de modo tão poderoso que minha boca se enche de um sabor adocicado; deitado na cama, frequentemente é necessário um esforço especial para conter a sensação de volúpia, tal como uma pessoa do sexo feminino à espera do amplexo.

[356]

Dos fenômenos que se verificam com objetos inanimados, quero recordar apenas dois, pelo fato de que se repetem com frequência: o rompimento das cordas do meu piano e o que se pode observar no meu instrumento musical (*symphonion*).

Na verdade, não ocorre mais tão frequentemente como antes que se arrebentem as cordas do piano, mas mesmo assim aconteceu pelo menos meia dúzia de vezes nos últimos anos. Para mim está inteiramente fora de questão que sua causa seja um "manejo descuidado do instrumento", como supõe o conselheiro dr. Weber em seu parecer de 5 de abril de 1902. Comparem-se a esse respeito minhas explicações anteriores, no capítulo 12, e o item número 1 da minha fundamentação do recurso (Suplemento C). Creio que qualquer especialista poderá confirmar o que ali observo sobre a impossibilidade de se conseguir arrebentar *as cordas* de um piano por meio da pressão violenta sobre as teclas.

Adquiri o mencionado *symphonion*, bem como anteriormente adquirira um relógio de carrilhão, uma gaita etc., para sufocar em certas ocasiões o falatório tão difícil de suportar das vozes, conseguindo desse modo pelo menos uma tranquilidade passageira. Toda vez que o *symphonion* é usado, ele é objeto de milagres, uma vez que se operam nele os chamados "distúr- [357] bios" (ver capítulo 10), o que se manifesta através de sons paralelos peculiares, vibrações e fortes golpes repetidos.

Várias vezes tive oportunidade de fazer com que os médicos e os sacerdotes do sanatório testemunhassem esses fenômenos. Fica evidente que não se pode tratar de uma característica do meu instrumento musical pelo fato de que exatamente os *mesmos* fenômenos se verificam também com instrumentos musicais que vão para o conserto quando são carregados por uma terceira pessoa na minha presença ou são postos em movimento por mim, introduzindo uma moeda de dez cêntimos. Infelizmente, nos meus passeios quase sempre estou sozinho, e não em companhia de um observador com formação científica a quem eu poderia convencer muitas vezes da veracidade do meu depoimento. A propósito, não quero me atrever a fazer uma previsão específica sobre a questão de saber se esses milagres com instrumentos musicais ainda serão observados a qualquer momento, uma vez que os objetos dos milagres quase sempre variam. No entanto, espero que mesmo no futuro haja oportunidade de constatar os surpreendentes fenômenos mencionados com o meu *symphonion* e com outros instrumentos musicais. O relógio de carrilhão (simples) que eu utilizava antigamente — para mencionar ainda esse fato — há muito tempo já ficou inutilizado por causa de milagres; seu defeito pode ser ainda hoje constatado.

Depois de tudo isso, não me resta mais nada *senão oferecer minha pessoa ao julgamento dos especialistas, como objeto de observação científica.* Esse convite é o *principal objetivo que persigo com a publicação do meu trabalho.* Na pior das hipóteses, resta-me esperar que um dia, com a *dissecção do meu cadáver*, possam ser constatadas peculiaridades comprobatórias no meu sistema nervoso, dado que sua constatação em corpos vivos, conforme o que [358] me foi dito, se acompanharia de dificuldades extraordinárias ou se revelaria completamente impossível.

Para concluir, ainda algumas observações sobre o *egoísmo de Deus*, do qual se falou em várias passagens das *Memórias* (ver final do capítulo 5 e capítulo 10, nota 66). Para mim, é um fato inteiramente indubitável que Deus seja dominado pelo egoísmo no que concerne à Sua relação comigo. Isso poderia parecer propício a confundir os sentimentos religiosos, uma vez que, de acordo com isso, o próprio Deus não seria o ideal do amor e da moralidade absoluta, como costuma ser representado pela maioria das religiões. Não obstante, consideradas as coisas do ponto de vista correto, Deus nada perde da grandeza e da sublimidade a Ele inerentes, e que por isso devem ser reconhecidas pela fé dos homens.

O egoísmo, em particular na forma do instinto de auto-observação, que em certas circunstâncias obriga a sacrificar outros seres à própria existência, é uma *característica necessária de todos os seres animados*; ele não pode ser evitado se os indivíduos em questão não quiserem perecer, e, portanto, o egoísmo não surge como algo em si mesmo condenável. *Deus é um ser animado* e por isso se deixará levar igualmente por impulsos egoístas na medida em que houver outros seres vivos que Lhe ofereçam algum perigo ou que possam opor obstáculos aos Seus interesses. Se não se podia falar de um egoísmo de Deus, isso se baseava *apenas no fato de que, em condições de acordo com a Ordem do Mundo, não podia haver tais seres ao lado de Deus, e de fato não houve* enquanto essas condições subsistiram com pureza absoluta.

[359] Mas, com relação a mim, as coisas adquiriram uma outra configuração, inteiramente excepcional; depois que Deus, tolerando as almas provadas, o que provavelmente se relaciona a fenômenos do tipo de assassinato de alma, ligou-se a um único homem, pelo qual tem de se deixar atrair, fazendo-o, contudo, contra a vontade, ficaram dadas as condições para o desenvolvimento de uma ação egoísta. Esse modo egoísta de agir tem sido praticado contra mim ao longo dos anos com a máxima crueldade e desconsideração, como só agiria um animal selvagem com sua presa. Mas no longo prazo não houve êxito duradouro, porque desse modo Deus entrou em contradição com a Ordem do Mundo, isto é, com Sua própria essência e Suas próprias forças (ver capítulo 5, nota 35). Desse modo, como creio poder supor com segurança, essa conduta contrária às regras será inteiramente suprimida, o mais tardar com a minha morte. Por enquanto, encontro imenso consolo e exaltação no pensamento de que o antagonismo hostil em que Deus se colocou em relação a mim cada vez mais perde sua intensidade, e de que a luta empreendida contra mim assume formas cada vez mais conciliatórias, vindo talvez a terminar em uma completa solidariedade. Isso, como já se expôs anteriormente (ver capítulo 13), é a consequência natural do contínuo e constante aumento da volúpia de alma no meu corpo. Ela atenua a resistência à atração; no meu corpo, a intervalos cada vez mais breves, encontra-se de novo justamente aquilo que se teve de ceder em consequência da atração: a beatitude ou volúpia de alma, em outras palavras, um completo

bem-estar dos nervos, de resto condenados à extinção. Dessa forma, a periodicidade da reaproximação é de certo modo abreviada e assim, ao que me parece, Deus tem de reconhecer, a intervalos cada vez mais breves, que não é possível me "deixar largado", me "destruir o entendimento" etc., e que portanto, finalmente, se trata de tornar a vida o mais agradável possível para ambos os lados, dentro das necessidades impostas pela atração. Da [360] minha parte, mesmo quando, pelas razões anteriormente já apresentadas, uma vez ou outra tive de representar em voz alta o papel de quem zomba de Deus, nunca fui *hostil a Deus*; seria um absurdo um homem que um dia conheceu Deus querer proferir algo dessa natureza a Seu próprio respeito.

Por isso, toda a evolução das coisas parece ser um grandioso *triunfo da Ordem do Mundo*, para o qual acredito ter contribuído com a modesta parte que me cabe. A nada melhor do que à Ordem do Mundo se aplica a bela máxima segundo a qual todos os interesses legítimos terminam por se harmonizar entre si.

Apêndice

Em que condições uma pessoa considerada doente mental pode ser mantida reclusa em um sanatório contra sua vontade manifesta?[121]

A resposta à pergunta acima apresenta dificuldades não desprezíveis, uma [363] vez que há pouco ou nenhum dispositivo legal explícito a esse respeito, e por isso o que é definido como direito vigente deriva sobretudo de princípios gerais.

Para demonstrá-lo, parto de um exemplo prático. Meu vizinho de quarto, o assistente de direção N., queixa-se continuamente de ter sido privado ilegalmente de sua liberdade, apela para o procurador e para o prefeito e acredita poder esperar deles uma intervenção contra a administração do sanatório, que o priva de sua liberdade.

Objetivamente, trata-se de um caso de prisão, no sentido do artigo 239 do Código Penal. Uma ação penal, no entanto, só é pertinente quando a prisão for ilegal; e isso exclui, como diz Oppenhof no seu comentário do Código — única obra de direito que tenho à disposição no momento —, todas as detenções ilegais que dependem do exercício dos direitos educacional, correcional ou trabalhista, ou ainda da realização de um dever profissional, oficial ou fiscal. Um promotor ou juiz de instrução que detém temporariamente ou para fins de investigação uma pessoa acusada, de acordo com disposições legais, ou ainda um diretor de prisão que executa uma ordem de prisão preventiva de um suspeito ou acusado emitida por um Tribunal, na- [364] turalmente não estará agindo de modo ilegal. O mesmo se pode dizer da direção de uma instituição pública para tratamento de doentes mentais, na medida em que ela ordena, dentro do que lhe compete, a reclusão de uma pessoa que lhe é confiada, ou ainda, no plano interno, estabelece ulteriores

---

121 Este ensaio foi escrito no início do ano de 1900, portanto na época em que eu vivia completamente isolado do contato com o mundo externo e, portanto, quase sem possibilidade de recorrer à literatura especializada.

limitações de liberdade para essa pessoa. Antes de discutir qual o âmbito e quais os limites dessa competência, será necessário considerar em que termos essa situação se coloca nas instituições privadas para doentes mentais.

A admissão em uma clínica particular e a permanência do paciente nela se baseiam, desde que não se trate de uma pessoa sob curatela, na vontade do próprio paciente, seja ela explícita ou implícita; o desejo dos familiares em certas circunstâncias pode ser valioso para proteger a direção da clínica da acusação de arbítrio; mas em si mesmo tal desejo não tem o menor significado jurídico. Entretanto, poder-se-ia objetar que quem se permite a admissão em uma clínica particular já está com isso aceitando de antemão submeter-se a todas as restrições de liberdade que poderão advir dos regulamentos da casa ou às medidas necessárias tomadas pelo diretor no exercício dos seus deveres em prol do seu bem-estar físico e mental. As limitações dos passeios a um certo âmbito, a ordem de permanência no interior de certos cômodos da instituição etc. são coisas que devem ser acatadas pela pessoa sem que ela possa se queixar de estar sendo privada de sua liberdade, mesmo que a sua resistência tenha de ser enfrentada por meio de força. Da mesma forma, essa pessoa não poderá solicitar, por um impulso qualquer (*ad nutum*), ser libertada a qualquer momento; o diretor da instituição terá o direito de ignorar pedidos dessa natureza quando e se, de acordo com sua avaliação profissional, acreditar reconhecer neles meras *oscilações da vontade* relacionadas ao estado mental patológico do paciente, e por isso supostamente pouco duradouras. Por outro lado, bem diverso é o caso do paciente que, *sem estar sob curatela*, declara seu desejo de sair do estabelecimento, sobretudo se o fizer com persistência e de modo que testemunhe uma capacidade madura de ponderação, por exemplo com o objetivo de ser transferido para uma outra clínica ou de ser tratado pela sua família. A mera opinião subjetiva do médico diretor de que o paciente se encontra melhor em suas mãos do que em outra parte não deveria lhe dar o direito de impor de nenhum modo ao paciente nenhuma limitação à escolha de sua futura residência. Só haveria lugar para uma única exceção: quando o estado mental do paciente tivesse assumido um caráter tal que sua liberdade poderia parecer perigosa para ele ou para outrem, sobretudo quando houvesse suspeita de potencial suicida. Nesse caso, o médico diretor terá o direito, se possível em comum acordo com os familiares do paciente, de tomar as providências necessárias para a transferência do paciente para um sanatório público, mantendo-o até o momento adequado sob vigilância,

[365]

contra sua vontade, na instituição e durante a transferência, sem se expor à acusação de uma detenção ilegal. Nesse caso, o médico exercita, de certo modo, funções policiais, enquanto órgão executivo da autoridade pública e, portanto, segundo o artigo 127 do Código Penal, sobre prisão por flagrante delito, ele está isento de qualquer responsabilidade penal.[122] [366]

A custódia *definitiva* de doentes mentais que podem ser perigosos para si ou para outrem compete aos *sanatórios públicos. O regulamento* dessas instituições foi emitido, para o reino da Saxônia, por meio de um decreto publicado em extrato a 31 de julho de 1893 (*Gazeta de Decretos e Portarias*, pp. 157 ss.), onde se encontram as disposições relativas à manutenção em um estabelecimento estatal de cura e tratamento de doentes mentais.[123] Mas nesse regulamento não se encontrará a verdadeira *sedes materiae* relativa à questão de se e em que circunstâncias uma pessoa pode ser transferida ou mantida reclusa em um sanatório público contra a sua vontade manifesta. O juiz de um tribunal não encontraria de modo imediato nesse regulamento a norma que estabelece em que caso se trata de uma privação ilegal de liberdade — mesmo que se possa fazer valer algumas dessas disposições em apoio a determinadas teses. O regulamento contém indicações sobre a organização e a competência de cada instituição, estabelece as condições de admissão e de transferência e obviamente considera a internação sobretudo do ponto de vista do *benefício* que dela pode advir para o paciente (ver artigo 1, inciso 4),[124] cuidando sobretudo do interesse fiscal, quanto à cobrança das despesas de internação, e por isso deve ser considerado apenas como um conjunto de instruções de trabalho para os funcionários da instituição, sem força de lei. Por isso, se se quiser responder à questão colocada no início, [367] será necessário retornar aos princípios gerais.

---

122 Na exposição desenvolvida no texto, está o motivo (embora não o único) pelo qual a exploração de um sanatório particular foi subordinada pelo artigo 30 do Código Comercial a uma licença concedida pelas altas autoridades administrativas. Os poderes de fato de que dispõem os diretores desses estabelecimentos sobre a pessoa dos doentes neles internados levam o Estado a considerar que a iniciativa de fundar tais estabelecimentos só pode ser concedida a pessoas de inteira confiança sob todos os aspectos. Por outro lado, a concessão de uma licença não significa de modo algum que com ela se confere aos diretores de sanatórios privados a qualidade de órgãos permanentes de polícia; em outros termos, isso não quer dizer que esses diretores sejam investidos, de modo duradouro, de competências de ordem pública.
123 Substituído neste ínterim pelo novo regulamento de 1º de março de 1902 (*Gazeta dos Decretos e Portarias*, pp. 39 ss.) **124** No regulamento de 1º de março de 1902, artigo 2.

Desse ponto de vista, a admissão e a manutenção de doentes mentais em instituições adequadas para esse fim fazem parte das tarefas que o Estado reconhece como suas, à medida que está encarregado de proporcionar bem-estar e segurança a seus súditos. O Estado — ou, por sua delegação, o município — provê a educação intelectual por meio das escolas e instituições educacionais superiores e estabelecimentos educativos especiais para surdos-mudos, cegos etc., e cuida para que também os deficientes recebam uma educação adequada; mantém hospitais e enfermarias para os doentes e albergues para abrigar os necessitados etc., e recentemente[125] fundou clínicas públicas cuja tarefa consiste no tratamento médico, vigilância e assistência aos doentes mentais. *Mas via de regra o uso de tais instituições assistenciais não é obrigatório*; pelo contrário, as pessoas em questão ou seus representantes legais são livres para usufruir ou não dessas instituições, a menos que haja leis especiais que determinem algo diferente, como, por exemplo, a da instrução obrigatória, no caso das escolas. O mesmo valeria para todos os sanatórios públicos se não ocorresse em muitos casos que no ponto de vista da promoção do bem-estar público se associam con-

[368] siderações relativas à segurança pública.

Por isso é preciso distinguir entre aqueles doentes mentais cuja detenção coincide com o interesse público e aqueles aos quais esse interesse não se aplica. À primeira categoria pertencem todos os doentes mentais que *por sua doença podem se tornar perigosos para si ou para os outros*, portanto, em particular os casos de loucura furiosa ou de melancolia, na medida em que esta última se presta para fundamentar a suposição de perigo de suicídio. Em geral, devem-se incluir nessa categoria os casos de doença incurável, que na Saxônia são encaminhados, por decreto de 30 de julho de 1893, artigo 2,[126] para o estabelecimento de cura de Colditz, ou seja, os casos em que os doentes parecem "profundamente demenciados e sua simples

---

125 Nos séculos passados, até onde me consta, os doentes mentais eram simplesmente recolhidos como "possessos" em prisões ou instituições similares, onde praticamente não existia um tratamento. Se eu estiver enganado a esse respeito, devo deixar claro que isso se deve ao fato de que aqui onde me encontro atualmente quase não tenho acesso à literatura especializada. Mas um especialista pode constatar facilmente algum erro eventual. Além disso (adendo de fevereiro de 1901), a indicação contida no texto parece ser substancialmente correta, segundo Kraepelin, *Psychiatria*, 4ª edição, 1893, pp. 230 ss. **126** No regulamento de 1º de março de 1902, artigo 2, parágrafo 2, que remete ao apêndice I, item B (*Gazeta dos Decretos e Portarias*, particularmente pp. 31 e 64).

aparência exterior já inspira horror". À segunda categoria pertencem todos os demais casos de enfermidade mental — de tipo mais leve ou mais grave, como, por exemplo, os que consistem eventualmente apenas em ocasionais ideias delirantes —, isto é, casos dos quais *não* se pode afirmar que seriam perigosos para si e para os outros se se encontrassem em liberdade. Gostaria de chamar de *doenças mentais inofensivas* os casos de doença mental deste último tipo, do ponto de vista da sua posição perante o *direito administrativo* — independentemente do *modo como a psiquiatria científica* queira rotulá-las.[127]   [369]

Manter reclusos doentes mentais da primeira categoria mencionada — *doentes mentais perigosos*, como doravante os designaremos, por amor à concisão —, mesmo contra sua vontade, em clínicas especiais, não apenas é justo, mas é também dever do Estado do ponto de vista da ordem pública, garantida pela polícia de segurança.

Em casos desse tipo, o *fundamento legal* para privar alguém de liberdade não difere daquele que tem, por exemplo, a polícia de manter sob custódia uma pessoa encontrada embriagada na rua até que ela recupere a sobriedade. Do ponto de vista jurídico, no que diz respeito à privação da liberdade, é irrelevante se a pessoa que é objeto de tal medida se encontra em um estado que por sua natureza é meramente temporário, como a embriaguez, ou em um estado duradouro, como costuma acontecer nos casos de doença mental. Por isso, em ambos os casos prevalecem considerações jurídicas análogas. Assim, naturalmente, a autorização para a privação de liberdade deverá ser decidida pela autoridade competente no exercício de suas funções, e não com base nas ideias da pessoa em questão. É uma experiência cotidiana ver um bêbado tentar convencer o policial que o prende de que está perfeitamente sóbrio. Mesmo assim, o policial tem o direito de prendê-lo se estiver convencido do contrário. Do mesmo modo, muitos doentes mentais afirmarão que sua saúde mental não está de modo algum perturbada, que estão sendo "detidos ilegalmente" e que não seriam perigosos, nem para si nem para os outros, se fossem libertados. Mas o diretor de um sanatório público está em seu pleno direito de mantê-los na clínica e posteriormente de limitar sua liberdade se sua experiência científica   [370]

---

127 O próprio autor deste ensaio se encontra entre os doentes mentais inofensivos, no sentido anteriormente indicado, e dele se afirma que seria vítima de um delírio religioso, delírio que contém, a seu ver, a verdade objetiva, embora isso não seja reconhecido pelos outros homens.

e a natureza daquela doença em particular o fizerem acreditar que tal perigo existe, apesar de todos os protestos em contrário. Além disso, a legitimidade da privação de liberdade depende, também com relação à sua duração, da persistência da motivação legal que a provocou. O bêbado deve ser libertado pela autoridade policial assim que sua embriaguez tiver passado, a menos que haja uma razão ulterior para mantê-lo preso. Do mesmo modo, não se pode recusar a liberdade a uma pessoa admitida em uma clínica pública, ou negar um pedido de seu representante legal, uma vez que a doença tenha sido curada ou perdido aquelas características que tornavam o paciente, se em liberdade, perigoso para si e para os outros.

No que diz respeito à segunda categoria, a dos *pacientes inofensivos* no sentido anteriormente discutido, não há um interesse público em mantê--los presos. Se esses pacientes forem admitidos em uma instituição pública, a administração desta se encontrará, com relação a eles, mais ou menos na mesma situação legal do diretor de clínica particular de que se falou há pouco. Se o paciente está sob curatela, uma declaração da sua vontade é igualmente não válida, e particularmente o seu pedido de ser libertado da clínica. Pois o cuidado do curatelado compete ao curador, mesmo no caso de adultos, dentro dos limites estabelecidos para o alcance da curatela (artigo 1901 e artigos 1897 e 1858 do Código Civil do Império Alemão). A disposição, aliás sem força de lei formal, do artigo II, inciso 5, da lei de 20 de fevereiro de 1892 ("Os curadores das pessoas interditadas por motivos de [371] doença mental e das pessoas a que se referem os artigos 2-4 devem zelar para que as pessoas que lhes são confiadas não causem danos nem a si, nem a outros, e em caso de necessidade devem interná-las em sanatórios ou instituições de tratamento"), deve ser considerada até hoje como a matéria jurídica válida, independentemente das mudanças de lei contidas nas disposições do Código Civil do Império Alemão.

Portanto, se o curador ou a autoridade judiciária competente considerarem necessária a internação do doente mental em um sanatório público, o próprio doente não será ouvido se quiser expressar um desejo oposto. Mas, se o paciente não estiver sob curatela ou se ela tiver sido ulteriormente levantada, a administração do sanatório deverá, *no caso de uma doença mental inofensiva*, respeitar a vontade persistentemente expressa do paciente, de receber alta, na medida em que esse pedido provém de uma pessoa capaz de cuidar dos próprios negócios em condições idênticas às dos diretores de clínicas particulares, como já se disse. Em especial, não se poderá ignorar o direito que tem esse paciente de escolher mudar de residência, em particular de ser transferido para uma outra clínica e também de desistir totalmente de qualquer tratamento médico. Se assim não se procedesse, configurar-se-ia um caso de detenção ilegal. Com relação a doentes mentais inofensivos, o diretor de uma clínica pública não é afinal um órgão da polícia judiciária, investido da autoridade desta, mas essencialmente apenas um consultor médico e por isso, *no que diz respeito à questão da privação de liberdade*, ele se encontra, mediante seus doentes mentais, exatamente na mesma relação que um médico particular mediante seus pacientes. [372]

Comparando as conclusões a que chegamos com relação às disposições do regulamento de 1893, não podemos esperar encontrar nelas confirmações explícitas dessas conclusões, que são deduzidas de princípios gerais. Porque o regulamento, pelo que já se observou, não tem por objetivo responder à questão das condições em que deve ter lugar uma privação de liberdade por meio da reclusão em uma instituição contra a vontade do paciente. Contudo, dado o sentido de autoridade que tem esse regulamento, por causa da fonte de onde provém, é interessante notar que não há nele nenhuma espécie de disposição que possa pôr em dúvida os princípios gerais expostos. Particularmente importante são as disposições relativas à alta e às licenças para se ausentar da clínica, no artigo 10 do regulamento.[128] Elas discriminam em que casos a alta de um paciente pode ser decidida pela administração da clínica e em que casos há necessidade de requerer uma autorização do Ministério do Interior. Quando, no artigo 10, inciso 1,[129] se diz que a alta *pode* ocorrer por decisão da direção da instituição, nos casos indicados em *a*, *b* e *c*, com isso naturalmente não se deve excluir a possibilidade de que em certas circunstâncias existe uma correspondente *obrigação* de alta da parte da direção. Essa obrigação existe em certas circunstâncias, em particular nos casos indicados na alínea *c*. A "parte competente", que pode solicitar a alta, pode ser, conforme o caso, o próprio paciente (enquanto pessoa capaz de cuidar de seus próprios negócios) ou seu representante legal (autoridade familiar, curador ou autoridade judiciária); "objeções que a direção da instituição pode ter ao pedido de alta apresentado pela parte competente" devem ser baseadas em considerações relativas à [373]

---

128 No regulamento de 1902, artigo 42.   **129** No regulamento de 1902, artigo 42, I, a-c, substituiu-se "pode resultar" por "determina-se que".

segurança pública e que por isso se deve fazer valer apenas no caso em que o paciente, de acordo com a direção da clínica, seja um "doente mental perigoso", no sentido anteriormente exposto (ver a respeito também os artigos 1 e 2 do regulamento).[130]

Se, em vez disso, a direção da clínica reconhecer que não é esse o caso, mas que se trata de uma *doença mental inofensiva*, dever-se-á atender ao pedido, mesmo se na opinião subjetiva dos médicos for aconselhável uma ulterior permanência na instituição "para chegar à cura ou à melhora das condições do paciente" (artigo 1 e 1a do regulamento).[131] Se a direção quiser impor essa concepção ao próprio paciente (com capacidade civil), ao seu representante legal ou a outra autoridade, estará ultrapassando os limites da sua competência, incorrendo, assim, em uma detenção ilegal.

O objetivo do artigo 10, inciso 2, do decreto,[132] parece ser o de dar ao Ministério do Interior um meio de evitar eventuais abusos aos quais poderia ser levada a direção da clínica nessa situação. De fato, é naturalmente de interesse público que a confiança na administração legal dos sanatórios públicos não seja nunca abalada; desse modo, deverá ser evitada a ocorrência de um processo contra o diretor de um sanatório público por detenção ilegal ou de um processo civil por perdas e danos.

Pós-escrito

[374] Só mais tarde o autor deste trabalho teve sua atenção chamada para a portaria ministerial de 30 de maio de 1894, relativa à internação de doentes nos estabelecimentos privados para doentes mentais (*Gazeta dos Decretos e Portarias*, pp. 139 ss.), texto que desconhecia até então por estar ele próprio internado desde 1893. Em sua opinião não há nada nessa portaria ministerial que contrarie os pontos de vista desenvolvidos no presente trabalho. A portaria não tem valor de lei propriamente dito e, no caso, não tem *para o juiz* (exceto no que concerne a disposições de ordem penal, *sub* 9). De resto, ela também não concede de modo claro mais prerrogativas aos diretores das clínicas privadas, em matéria de privação de liberdade, do que as que já lhes seriam reconhecidas considerando apenas os princípios gerais do direito;

---

130 Regulamento de 1902, artigo 1, parágrafo 3.   **131** No regulamento de 1902, o artigo 1 foi elaborado de um modo um pouco diferente, por motivos de redação.   **132** Regulamento de 1902, artigo 42, 2c.

a portaria se limita a acrescentar *aos deveres* resultantes dos princípios gerais outros deveres (que têm o simples valor de instruções de trabalho, do ponto de vista jurídico) que se impõem aos diretores de clínicas e cuja não observância constituiria uma contravenção que os exporia às *penalidades legais*, podendo chegar até à retirada da licença já concedida. O ponto decisivo que compromete *o juiz no caso de uma queixa por detenção ilegal* será sempre este: se e em que medida os diretores de clínicas para doentes mentais podem ser considerados *órgãos permanentes, oficialmente investidos de poderes policiais*, no que se refere à custódia de doentes mentais perigosos. É esse o caso dos diretores de sanatórios públicos; têm *competência de autoridade* semelhante à dos funcionários das estradas de ferro que mantêm a ordem pública e a segurança nos trens, mas não é o caso dos diretores de sanatórios privados (exceção feita às atribuições provisórias que têm até o momento da transferência do doente para um sanatório público).   [375]

Segundo pós-escrito

Soube-se que neste ínterim a portaria ministerial de 30 de maio de 1894 foi mais uma vez substituída por uma outra portaria relativa à internação de doentes em instituições privadas para doentes mentais, datada de 9 de agosto de 1904 (*Gazeta dos Decretos e Portarias*, pp. 887 ss.), e o decreto de 31 de julho foi substituído pelo de 1º de março de 1902 (*Gazeta*, pp. 30 ss.), relativo à internação em sanatórios distritais para doentes mentais.

Em face disso, o que se desenvolveu no presente trabalho, válido *para a Saxônia*, pode sofrer algumas modificações; mas essas modificações não serão de importância capital quanto aos princípios. Convém mais uma vez assinalar que as portarias e decretos de que se trata não são atos da legislação. Consequentemente, os próprios termos da última portaria e do novo decreto não deveriam ser considerados *pura e simplesmente* como os *únicos* decisivos no caso de um processo civil ou penal por privação ilegal de liberdade. Quando, por exemplo, a portaria de 9 de agosto de 1900, inciso 6, relativa aos chamados "pensionistas voluntários" de uma clínica psiquiátrica privada (isto é, os doentes que ingressam por decisão própria na instituição), determina que a liberação de um pensionista voluntário deve ser concedida "sem demora e em todos os casos" a pedido do interessado ou de seu representante legal, não se deve inferir daí, sem mais, que qualquer   [376]
adiamento da alta do paciente deva ser considerado um caso de detenção

ilegal, com responsabilidade civil ou penal do diretor. É preciso levar em conta que a distinção entre doentes mentais e alienados é extremamente difícil e que as formas patológicas em questão frequentemente se aproximam umas das outras em quadros de transição quase imperceptíveis.

Pode também perfeitamente ocorrer que o estado de um "doente mental" que por decisão própria se apresentou em uma clínica privada para doentes mentais como "pensionista voluntário" se modifique durante a sua internação, de tal modo que sua alta imediata (por ideias de suicídio, por exemplo) seria perigosa para o próprio paciente. O disposto no artigo 5, alínea 2, da portaria de 9 de agosto de 1900, não pode ser invocado em tal caso, pois só trata dos doentes mentais que constituem um "perigo público" ou dos doentes débeis mentais profundos. Num caso como este, qualquer adiamento de alta (adiamento com a finalidade de consultar a autoridade policial ou os familiares sobre a transferência para um sanatório público) deverá envolver o diretor da clínica privada, por detenção ilegal? A meu ver haveria consideráveis objeções para responder afirmativamente a essa questão.

Anexos
(Documentos dos autos do processo)

A.
Laudo médico-legal[133]

Sonnenstein, 9 de dezembro de 1899

O presidente da Corte de Apelação, em afastamento, sr. dr. Daniel Paul [379]
Schreber, de Dresden, foi transferido, para fins de tratamento, para o sanatório de província a 29 de junho de 1894, e desde essa data aí permaneceu de modo ininterrupto.

Como consta do parecer emitido pelo conselheiro médico, prof. dr.
Flechsig, de Leipzig, por ocasião da transferência do paciente para aquela
clínica, já em 1884-5, o sr. presidente Schreber sofrera de um grave ataque
de hipocondria, do qual se curou; a 21 de novembro de 1893 foi internado
pela segunda vez na clínica psiquiátrica de Leipzig. No início da internação [380]
manifestava várias ideias hipocondríacas, queixava-se de sofrer um amolecimento cerebral, de que morreria logo etc., mas logo em seguida se acres-
centaram ao quadro mórbido ideias de perseguição derivadas de alucinações, que no início ainda se manifestavam esporadicamente, ao mesmo
tempo que começava a se manifestar uma notável hiperestesia — grande
sensibilidade à luz e ao barulho. Mais tarde se tornaram mais frequentes
as alucinações auditivas e acústicas, que, ao lado de distúrbios sensoriais
comuns, acabaram por dominar sua sensibilidade e seu pensamento: con-
siderava-se morto e apodrecido, doente de peste, supunha que seu corpo
fosse objeto de horríveis manipulações de todo tipo e, como afirma ainda

---

133 Os pareceres A, B e D foram reproduzidos sem qualquer comentário (exceto as notas
134 e 135). A comparação entre as respectivas descrições nas *Memórias* e a exposição de motivos do recurso revelará que os pareceres contêm várias incorreções, imprecisões e mal-entendidos, *inclusive com relação a fatos*. Mas não ignoro que a causa disso talvez deva ser atribuída
em grande parte a relatos não confiáveis de terceiros (enfermeiros etc.).

hoje, sofria as coisas mais terríveis que se possa imaginar — e tudo isso em nome de uma causa sagrada. As ideias delirantes absorviam a tal ponto o doente que ele ficava horas e horas completamente rígido e imóvel (estupor alucinatório), inacessível a qualquer outra impressão, e por outro lado essas ideias o atormentavam tanto que chegava a invocar a morte, a ponto de tentar várias vezes afogar-se no banho e exigir o "cianureto que lhe estava destinado". Pouco a pouco as ideias delirantes assumiram um caráter místico e religioso: ele se comunicava diretamente com Deus, os diabos faziam das suas com ele, via "fenômenos milagrosos", ouvia "música sacra" e, finalmente, acreditava estar vivendo em um outro mundo.

No atual sanatório, para o qual o sr. presidente Schreber foi transferido após uma breve estada na clínica particular do dr. Pierson, apresentava-se inicialmente, no essencial, o mesmo quadro mórbido que em Leipzig. O homem, fisicamente robusto, apresentando frequentes contrações da musculatura facial e forte tremor nas mãos, de início se mostrava completamente inacessível e fechado em si mesmo, permanecia imóvel, deitado ou em pé, fitando a distância com um olhar angustiado; às perguntas que lhe eram [381] dirigidas não respondia ou o fazia de forma concisa e reservada; mas ficava evidente que essa postura rígida estava longe da indiferença, e toda a figura do paciente parecia tensa, irritada, condicionada por um mal-estar interior, e não podia haver dúvida de que ele vivia permanentemente influenciado por alucinações vivas e dolorosas, que elaborava de modo delirante. O paciente não apenas rejeitava rispidamente qualquer contato, sempre exigindo que o deixassem só, chegando a pretender que todos evacuassem a casa, pois a presença de enfermeiros e de outros, a seu ver, constituía um obstáculo à onipotência de Deus, e ele desejava a "paz de Deus", como também recusava o alimento, sendo necessário dá-lo à força, ou então só tomava refeições leves esporádicas, recusando-se categoricamente a comer carne; só com esforço se conseguiu levá-lo pouco a pouco a comer com regularidade. Ao mesmo tempo, ele, ao que parece intencionalmente, retinha as fezes o mais que podia, chegando a se sujar por esse motivo.[134] Durante muito tempo foi impossível convencê-lo a fazer alguma coisa, como, por exemplo, ler, coisa a que ele se recusava alegando que cada palavra que

---

134 A verdadeira explicação para as impurezas está contida nas observações que se encontram no final do capítulo 16 das *Memórias*.

lesse se espalharia pelo mundo inteiro. Lamentava-se frequentemente que tinha havido uma "perda de raios", que o médico "emitira raios negligentemente", sem explicar melhor o que entendia por isso.

Em novembro de 1894, a postura rígida do paciente relaxou um pouco, adquirindo mais movimento, e ele passou a se expressar em discursos coerentes, embora de modo conciso e aos trancos, vindo assim à tona mais claramente a elaboração delirante e fantástica das alucinações que o atormentavam continuamente; ele se sentia influenciado por certas pessoas que conhecera antes (Flechsig, Von W...) e que considerava ali presentes; acreditava que o mundo fora transformado por elas, a onipotência divina, destruída, e que ele fora atingido por suas maldições, afirmando que lhe tiravam os pensamentos do corpo etc. Enquanto se recusava permanentemente a ler, desenhava com frequência traços estenográficos no papel, distraía-se de vez em quando com jogos de paciência e parecia dar um pouco mais de atenção aos fenômenos do seu ambiente. [382]

Pouco a pouco a excitação do doente começou a aumentar, a ponto de perturbar o sono, até então sofrível, passando a se exteriorizar por meio de ataques de riso ruidosos e prolongados (tanto de dia quanto de noite) e por um modo violento de martelar ao piano, bastante perturbador. Várias manifestações do paciente indicavam que essa conduta tão estranha era uma reação a alucinações, ligadas a ideias delirantes delas derivadas: o mundo teria acabado, tudo o que via ao seu redor seriam meras sombras inconsistentes. Ao mesmo tempo, continuava a se entregar a ideias hipocondríacas, afirmando, por exemplo, que seu corpo estava inteiramente transformado, um pulmão tinha desaparecido e que ele só conseguia respirar o pouco de ar suficiente para se manter com vida.

Em seguida, as noites se tornaram cada vez mais agitadas, ao mesmo tempo que seu caráter sofria uma transformação: a postura no início continuamente rígida, de recusa e negativismo, deu lugar a uma espécie de dualismo. Por um lado, a reação às alucinações foi se tornando cada vez mais ruidosa e intensa: no jardim, o doente costumava ficar muito tempo parado em um lugar, olhando para o sol e fazendo as caretas mais estranhas, ou investindo aos berros contra o sol com palavras de insulto e ameaça, em geral repetindo inúmeras vezes a mesma frase, gritando para o sol que este tinha medo dele e que o sol tinha de se esconder dele, presidente Schreber, chamando-se a si mesmo de Ormuzd. Ou então se entregava a esses furores no seu quarto, polemizava durante longo tempo com o "assassino de [383] alma", Flechsig, repetindo interminavelmente "pequeno Flechsig", acentuando bem a primeira palavra, ou gritava pela janela, às vezes também durante a noite, palavras insultuosas e outras do gênero com tal força que as pessoas da cidade se juntavam e faziam queixas pela perturbação. Por outro lado, em relação aos médicos e outras pessoas, mesmo quando o surpreendiam nessas cenas ruidosas, ele era agora muito mais amável e acessível e, embora de modo reservado e altivo, dava respostas adequadas a perguntas simples sobre seu estado, sem nada mencionar sobre as coisas que o incomodavam, conseguindo se controlar durante certo tempo; começou então a se ocupar mais com leituras, além de jogar xadrez e tocar piano.

Nesse meio-tempo, os ruídos noturnos aumentavam cada vez mais e os soníferos que lhe eram dados em doses cada vez mais fortes não conseguiam um resultado satisfatório, de modo que em junho de 1896, como os remédios não podiam ser aumentados sem risco de danos e, por outro lado, todo o seu setor sofria de modo considerável com os contínuos distúrbios noturnos, foi-se obrigado a alojar o doente durante a noite em uma cela de isolamento mais distante, prosseguindo com essa medida durante uma *série de meses*.[135] O paciente ficou muito irritado com isso, mas obedeceu sem muita resistência, aparentemente percebendo o caráter doentio da sua conduta e a perturbação quase insuportável que ela trazia ao ambiente.

[384] Durante um certo tempo, apareceram no comportamento físico do paciente apenas algumas mudanças insignificantes: continuavam as risadas ruidosas estranhas e forçadas e a infinita repetição monótona de imprecações frequentemente incompreensíveis (por exemplo, "o Sol é uma puta" etc.), que de certo modo pareciam servir como antídoto para as alucinações e os distúrbios sensoriais (lumbago etc.); o sono continuava muito escasso, embora ele agora se alimentasse de modo mais regular e abundante e ganhasse peso. A partir de então começaram a aflorar sinais de uma peculiar ideia delirante que mais tarde se desenvolveu; o doente frequentemente era encontrado seminu em seu quarto, pretendendo já ter seios femininos, observava com prazer imagens de mulheres nuas, desenhava figuras desse tipo e mandou raspar o bigode.

A partir da primavera de 1897, pôde-se observar uma mudança no paciente, quando teve início uma viva troca de cartas entre ele e sua esposa; a

---

135 Quanto à indicação do tempo, ver pp. 179-82 (dois anos e meio).

propósito, não se pode deixar de observar que as cartas eram escritas com correção e elegância e não deixavam transparecer nada de doentio, pelo contrário, percebendo-se até mesmo uma certa compreensão da doença: nelas ele afirmava estar muito preocupado por não estar se dedicando a nenhuma atividade, mas que agora estava bem melhor e ficava grato por todas as conversas estimulantes etc. Ao mesmo tempo, prosseguiam os costumeiros insultos, ataques de riso, gritos etc., e não foi possível suspender o isolamento noturno.

Embora o paciente parecesse pouco propenso a uma conversa mais profunda e em face a qualquer tentativa se mostrasse inquieto e impaciente, fazendo certas caretas, emitindo breves interjeições peculiares, e embora se visse que ele desejava ver a conversa terminada logo, suas atividades se tornaram mais variadas e persistentes e frequentemente quase não se conseguia compreender como, apesar das contínuas perturbações alucinatórias, evidentemente intensas, ele conseguia encontrar tranquilidade e recolhi- [385] mento suficientes para realizar essas atividades mentais, para emitir juízos adequados sobre os mais diversos assuntos e também para se controlar de um modo que temporariamente ocultava os aspectos patológicos. Pouco a pouco se atenuaram também os acessos noturnos ruidosos, de modo que o doente pôde fazer uso de seu quarto habitual e permanecer nele com a ajuda de alguns medicamentos.

Sem entrar em todos os pormenores do decurso da doença, é suficiente notar como, a partir da psicose inicial mais aguda que envolvia diretamente todas as áreas do psiquismo, diagnosticada como delírio alucinatório, emergiu de modo cada vez mais decisivo e, por assim dizer, cristalizado, o quadro paranoico que se vê hoje.

Esse quadro clínico sabidamente se caracteriza pelo fato de que, ao lado de um sistema delirante coerente mais ou menos estável, subsiste plena capacidade de reflexão e orientação, é preservada a lógica formal, estão ausentes as reações afetivas mais importantes, a inteligência e a memória não sofrem danos particulares, e o juízo e a concepção sobre coisas indiferentes, isto é, distantes das representações mórbidas dominantes, não parecem estar diretamente influenciados, embora naturalmente não possam permanecer intactos dado o caráter unitário de todo evento psíquico.

Desse modo, abstraindo-se os sintomas psicomotores que se impõem de imediato como patológicos mesmo para o observador superficial, o presidente da Corte de Apelação, sr. dr. Schreber, não parece nem confuso,

315

nem psiquicamente inibido, nem sensivelmente lesado em sua inteligência; é sensato, sua memória é excelente, dispõe de uma considerável massa de conhecimentos, não apenas sobre assuntos jurídicos, mas também sobre

[386] muitas outras áreas, e consegue reproduzi-los em sequência ordenada de pensamentos; interessa-se por política, ciência, arte etc. e se ocupa continuamente desses temas (embora pareça nos últimos tempos de novo mais afastado deles) — e, nesse sentido, um observador que não estiver informado do seu estado geral dificilmente perceberá alguma coisa de anormal. Apesar de tudo, o paciente está tomado por ideias mórbidas que se fecharam em um sistema completo, se tornaram mais ou menos fixas e parecem ser inacessíveis a uma correção através da interpretação e julgamento objetivos da situação real. Tanto mais inacessíveis na medida em que nele os fenômenos alucinatórios e ilusórios desempenham permanentemente um papel importante, impedindo a utilização normal das impressões sensoriais. O paciente habitualmente não expressa essas ideias mórbidas, ou o faz apenas de modo alusivo, mas, a partir de alguns de seus muitos escritos (alguns dos quais estão anexados), bem como de sua gesticulação, se pode ver claramente o quanto se ocupa delas.

O sistema delirante do paciente culmina na ideia de que sua missão é a de redimir o mundo e devolver à humanidade a beatitude perdida. Afirma ter chegado a essa tarefa por inspiração divina direta, do mesmo modo que os profetas; os nervos mais excitados, como foram os seus durante muito tempo, teriam a propriedade de exercer atração sobre Deus, mas seria, se não impossível, pelo menos muito difícil exprimir essas coisas em linguagem humana, porque elas se situam além de toda e qualquer experiência humana e só a ele foram reveladas. O essencial da sua missão redentora é que em primeiro lugar tem de ocorrer a sua *transformação em mulher*. Não

[387] que ele *queira* se tornar mulher; trata-se antes de um dever com base na Ordem do Mundo, ao qual não pode fugir, quando na verdade preferiria permanecer em sua honrada posição masculina na vida; mas doravante o Além não poderá ser conquistado, nem por ele, nem por toda a humanidade restante, a não ser através da sua transformação em uma mulher, por meio de milagre divino. Está certo de ser ele objeto exclusivo de milagres divinos, sendo desse modo o homem mais extraordinário que já viveu sobre a Terra; há anos, a toda hora e todo minuto ele experimenta esses milagres na própria carne, comprovando-os também através de vozes que falam com ele. Nos primeiros anos da sua doença, teria sofrido distúrbios em certos órgãos

do corpo que facilmente teriam levado à morte qualquer outra pessoa: viveu muito tempo sem estômago, sem intestinos, quase sem pulmões, com o esôfago dilacerado, sem bexiga, com as costelas esfaceladas, algumas vezes teria engolido parte da sua laringe junto com a comida etc., mas milagres divinos ("raios") sempre restauraram o que fora destruído e por isso ele, enquanto for um homem, será absolutamente imortal. Aquelas experiências ameaçadoras há muito tempo já desapareceram, e em compensação sua "feminilidade" passou para primeiro plano; trata-se, aí, de um processo de desenvolvimento que provavelmente exigirá decênios, se não séculos, até se completar, e a cujo final dificilmente algum dos atuais homens vivos assistirá. Tem a sensação de que já penetraram em massa no seu corpo "nervos femininos", a partir dos quais nascerão novos homens, por fecundação direta de Deus. Só então ele poderá morrer de morte natural e recuperar a beatitude para si e para todos os homens. Enquanto isso, não apenas o Sol, como também as árvores e os pássaros, que seriam algo como "restos miraculados de antigas almas humanas", falavam com ele em sons humanos e [388] por toda parte ao seu redor aconteciam coisas prodigiosas.

Certamente não será necessário aprofundar todas as particularidades dessas ideias delirantes, aliás desenvolvidas e justificadas com notável clareza e agudeza lógica; as afirmações aqui relatadas devem ser suficientes para dar uma ideia do conteúdo do sistema delirante do paciente e da sua visão de mundo patologicamente deturpada. Basta indicar ainda que a peculiar orientação patológica das ideias se expressa constantemente na conduta do doente, na face bem barbeada, no seu gosto por objetos de toalete feminina, por pequenas ocupações femininas, na tendência a se desnudar e se observar ao espelho, enfeitar-se como mulher com fitas e galões coloridos etc. Simultaneamente, como se compreende do relato acima, os processos alucinatórios, bem como certos impulsos motores patológicos, continuam a atuar com a mesma intensidade, manifestando-se em ações automáticas anormais que escapam ao controle voluntário. Como o próprio paciente observa, ocorre frequentemente que ele se veja compelido a emitir, de dia e de noite, "urros não naturais"; ele assegura não poder contê-los, pois se trata de milagres divinos, de fenômenos sobrenaturais, que não podem ser compreendidos por outras pessoas; essas vociferações, que se baseiam em uma compulsão orgânica e que são extremamente importunas também para o ambiente, se impõem com tal força que perturbam de modo sensível o repouso noturno e tornam necessário o recurso a soníferos.

[389] Só num aspecto o comportamento do paciente se modificou nos últimos tempos: se no início, quando talvez tivesse ainda uma consciência maior da sua doença, ele em geral aceitava com certa resignação o seu destino, apesar dos protestos contra essa ou aquela medida, não expressando, pelo menos exteriormente, o seu desejo de mudar de estado e apresentando pouco interesse por sua condição jurídica e social, nos últimos tempos exige com grande energia o levantamento da curatela, deseja maior liberdade de movimento, maior contato com o mundo externo e tem a expectativa de voltar definitivamente para casa em um futuro não distante. Atualmente essas intenções o absorvem por completo e parecem ter jogado para segundo plano a manifestação das ideias patológicas acima citadas.

Cabe à decisão judicial afirmar, com base no estado psíquico patológico acima exposto, que deve ser definido como paranoia, se o sr. presidente dr. Schreber deve ou não ser juridicamente considerado uma pessoa privada do uso das faculdades mentais; mas se a apreciação jurídica, tão diversa da concepção médica, entender que o doente em questão está impedido, por motivos de distúrbio psíquico, de perceber os fatos de modo objetivo e não deturpado, de avaliá-los com base nas circunstâncias reais e de tomar livremente suas decisões segundo uma reflexão racional imparcial, é evidente que nesse caso as alucinações e as ideias delirantes correlatadas elaboradas em um sistema e os impulsos compulsivos que dominam o doente constituem e continuarão a constituir tal impedimento.

Do ponto de vista médico, nada impede que o sr. presidente dr. Schreber seja ouvido pela Corte.

O signatário declara, sob juramento de ofício, que as declarações acima são a expressão da verdade.

(ass.) Dr. Weber
Médico do sanatório, médico distrital e médico-legista.

B.
Laudo médico distrital

Sonnenstein, 28 de novembro de 1900

Se o signatário tardou tanto tempo em apresentar esta nova perícia sobre o [390] estado mental do sr. presidente da Corte de Apelação em afastamento, dr. Schreber, isso se deve ao fato de que a conduta física do referido senhor não apresentou mudança substancial desde a entrega do primeiro parecer e, portanto, só restaria repetir as afirmações anteriores enquanto não se descobrisse um ponto de vista que num ou noutro sentido permitisse avaliar a situação de um outro modo.

O signatário acredita ter podido descobrir tal ponto de vista nas anotações que o paciente começou a escrever há alguns meses e que tratam, da maneira mais minuciosa, da história de sua longa enfermidade, tanto nos seus aspectos externos quanto no seu desenvolvimento interno. Esses apontamentos têm um valor ainda maior pelo fato de que o paciente em geral não se revela inclinado a expor pessoalmente aos outros suas ideias mórbidas e reconhece que sua apresentação oral cria dificuldade por causa de sua configuração complexa e sutil. De fato, as *Memórias de um doente dos nervos*, como o autor chama o seu ensaio, são preciosas, não só do ponto de vista médico, para avaliar o caráter abrangente da doença em questão, como também ofe- [391] recem diversos pontos de referência que servem para compreender o comportamento observado no paciente. Mas a confecção dessas *Memórias*, cujo alcance seria difícil prever de antemão, exigiu um tempo considerável e só recentemente o signatário recebeu uma cópia do manuscrito.

Mas o signatário desejaria que no atual estágio da questão a ênfase maior não fosse dada ao julgamento e à apresentação clínica do estado mórbido físico, indubitavelmente presente, mas que se privilegiasse a resposta à questão de saber se o doente, em consequência desse estado, está ou não em condições de gerir seus próprios negócios — no sentido mais amplo do termo —, e por isso gostaria de registrar uma série de aspectos concretos que permitiriam ao juiz chegar a um julgamento bem fundamentado sobre o problema em questão. Por isso o signatário, como já o fez na primeira perícia, gostaria de ressaltar novamente que não deveria ser da competência do perito médico exprimir um juízo decisivo sobre a questão de saber se uma pessoa afetada por um distúrbio psíquico é ou não capaz de uma compreensão autônoma de seus interesses, ou se é ou não capaz de agir no sentido jurídico; sua tarefa se limita mais a apresentar à parte competente a condição física da pessoa em questão de um modo tal que seja possível deduzir daí as consequências jurídicas.

[392] Se agora se exige a prova de fatos concretos que poderiam atestar que o examinado, em consequência de seu distúrbio psíquico, não está em condições de cuidar de seus negócios, ou então, como reza a sentença, que se posto em liberdade ele poria em perigo com um ato insensato sua vida, sua saúde, seu patrimônio ou qualquer outro interesse vital, fica evidente que é muito difícil, se não quase impossível, produzir tais provas de fato em uma pessoa que há anos está internada em um sanatório fechado por causa dos seu estado psíquico e que por isso só em medida muito limitada é capaz de gerir de modo autônomo o conjunto dos seus negócios. Se se tratasse de um doente mental que se movesse no mundo externo e em contato direto com as condições de vida anteriores, então, no exercício da sua profissão, na solução de seus negócios, na vida familiar, no relacionamento social, no contato com os funcionários etc., sem dificuldade se produziriam situações de fato que seriam decisivas para responder à questão de saber se a situação psíquica anormal do paciente o induz ou não a agir de modo inconveniente, irracional e inadequado. É bem diverso o caso de um doente tratado em um sanatório. Pela própria natureza da situação, o regulamento da instituição determina, até nos mínimos detalhes, a conduta que deve seguir; as exigências infinitamente múltiplas da vida não se apresentam para ele e se pode apenas supor, a partir do seu estado geral, como ele se comportaria em face delas. O único modo de produzir a prova material seria expô-lo durante algum tempo a essas exigências, fora da proteção oferecida pelo sanatório. Na realidade, tais provas muitas vezes são produzidas em alguns casos — mas em geral só quando a personalidade do doente não está muito comprometida —, e o signatário considerou que se deveria recorrer a tal artifício no presente caso, mesmo que em medida limitada. Mas

isso requereu muito tempo. Até o momento o sr. presidente Schreber não se mostrou inclinado a se movimentar fora do sanatório, nem sua conduta até o momento deixava de suscitar sérias dúvidas sobre a oportunidade de tentar uma experiência desse tipo. Só depois de ter apelado contra sua interdição o paciente pôde ficar acessível a um contato mais amplo, e pouco a pouco foi necessário estimular nele o desejo de sair das limitações da sua vida interior e de se reaproximar do mundo externo. A consideração, por diversas circunstâncias, particularmente a natural preocupação dos familiares, impediu que as tentativas feitas nessa direção se estendessem até o ponto a que se pretendia chegar, e se a presença regular nas refeições em família do signatário, a participação em acontecimentos sociais, as excursões aos arredores, que chegaram até a residência de sua esposa, em Dresden, e as visitas à cidade para resolver pequenos negócios forneceram a desejada oportunidade de observar a conduta do paciente no contato com o mundo externo; no entanto, por esses meios até agora não se obtiveram resultados convincentes numa ou noutra direção; mas o signatário acredita que não deve mais esperar para apresentar a requerida perícia, contentando-se com as observações feitas até o momento. [393]

Se se observar no conjunto o decurso da enfermidade psíquica do sr. presidente Schreber, no atual estado de coisas não será mais necessário remeter às primeiras fases da doença. Essas fases são sem dúvida de grande importância para a apreensão do conjunto dos fenômenos patológicos, assim como todo fenômeno natural só pode ser captado corretamente se se tiver em conta sua evolução e particularmente o modo como o próprio paciente o avalia, mas, para a solução do problema prático que temos diante de nós, vem menos ao caso considerar as etapas anteriores da doença do que a forma em que, com o passar do tempo, acabou por resultar e agora se apresenta de modo mais ou menos acabado. As emanações do estado morbidamente alterado do paciente correspondem aos seus ricos dons originais, à sua produtividade intelectual e à sua ampla cultura, não tendo, como ocorre tão frequentemente em casos semelhantes, aparência pobre, monótona e transparente nas suas conexões; pelo contrário, apresentam um conjunto de ideias exposto de modo tão fantástico, tão bem elaborado e ao mesmo tempo tão afastado das vias de pensamentos habituais, que é quase impossível descrevê-lo de modo sucinto sem tornar incompreensível seu contexto íntimo e sem comprometer seu significado específico. Por esse e por um outro motivo que mais adiante será mencionado, considero [394] recomendável colocar à disposição do Real Tribunal o texto integral das *Memórias* do paciente, solicitando humildemente sua posterior restituição; e creio que mesmo sem nenhum comentário ficará claro para o juiz qual o estado psíquico do autor.

As observações anteriores e a própria descrição feita pelo doente revelam sem nenhuma ambiguidade que ele, em fases anteriores do desenvolvimento da doença, era totalmente incapaz de agir e não tinha condições de gerir seus negócios nem de cuidar de seus próprios interesses. Durante longo tempo, o paciente estava tão tomado pelos fenômenos mórbidos da sua vida mental, sua concepção das coisas, tão exclusivamente condicionada por ilusões alucinatórias, e ele estava tão desorientado com relação ao tempo, pessoas e lugares, a realidade era a tal ponto substituída por um mundo de aparências totalmente fantástico e falseado, a sua vida emotiva, tão desligada de qualquer acontecimento natural, sua atividade voluntária, tão inibida e imobilizada ou tão orientada para a defesa contra as dificulda-[395] des mórbidas e, finalmente, suas ações eram tão insensatas e preocupantes, tanto no que se refere à conservação da própria personalidade como às relações com o mundo externo, que não se podia falar de livre autodeterminação e reflexão racional: o doente estava completamente submetido à coerção de poderosíssimas influências mórbidas.

No parecer anterior já se expôs como a loucura aguda do sr. presidente Schreber gradualmente se tornou um estado crônico e como, a partir das ondas tempestuosas da loucura alucinatória, por assim dizer, se depositou e fixou um sedimento de ideias delirantes que imprimiu ao quadro clínico os traços característicos da paranoia. No momento em que os poderosos afetos que haviam acompanhado o estado agudo começaram a perder seu poder de provocar confusão e amplos resultados imediatos, o doente conseguiu de certo modo encontrar o caminho para um estado psíquico mais organizado. Não que ele compreendesse e reconhecesse como tais os produtos da atividade morbidamente deturpada dos seus sentidos e as combinações criadas sobre esses fundamentos; não que ele se alçasse sobre a subjetividade das suas concepções e chegasse a uma avaliação objetiva dos fenômenos — não era capaz disso porque as alucinações continuavam e constituíam um terreno sobre o qual as ideias delirantes voltariam sempre a se consolidar. Entretanto, com o desaparecimento da forte tonalidade afetiva e o retorno da capacidade de reflexão e de orientação, realizou-se uma certa separação no interior da totalidade das ideias: a esfera psíquica em que prevalecia a alteração mórbida se destaca mais nitidamente das outras e apesar de que, dado o caráter orgânico unitário de todo fenômeno psíquico, não se pode pensar que essas áreas permaneçam intactas, sendo mesmo inevitável que um distúrbio aparentemente parcial invada a totalidade das funções psíquicas, no entanto pode ocorrer, como tão frequentemente na paranoia, que, também nesse caso, passados os fenômenos mórbidos agudos, certas esferas do sentir e do pensar revelem estar relativamente pouco atingidas pelas alterações mórbidas; a capacidade intelectual não revelava prejuízos significativos, a associação de ideias parecia se desenrolar regularmente de um ponto de vista formal, e o juízo sobre as coisas e situações distantes das ideias delirantes mantidas e elaboradas em um sistema fechado demonstrava ser pertinente e estar inalterado. [396]

Não se pode afirmar sem reservas que essa *mudança* do caráter da doença tenha conduzido a uma melhora efetiva do estado geral, como indicava a aparência externa, podendo-se supor até o contrário: enquanto perduravam as manifestações mórbidas agudas, era possível esperar um final favorável para o processo mórbido, mas agora que se tem um resultado já fixo desse processo, perdeu-se a esperança. Como já foi dito, está totalmente ausente o principal critério de cura ou de melhora, ou seja, a compreensão mais ou menos clara da natureza doentia dos processos anteriores — o sr. presidente dr. Schreber, na realidade, deixa em aberto a questão de saber se essa ou aquela percepção deve ou não ser remetida a uma ilusão; mas no essencial ele sustenta firmemente a realidade das suas imagens delirantes e entende como fatos as coisas mais extravagantes que descreve.

O complicado sistema delirante do doente tem como ponto de partida uma concepção peculiar da essência de Deus.

(Segue uma exposição desse "sistema delirante", na forma de um resumo conciso das *Memórias*; pode-se omiti-lo aqui, uma vez que o leitor dispõe das próprias *Memórias*.)* [397]

A partir deste breve resumo e sobretudo das descrições do próprio paciente, pode-se ver o quanto ele se encontra sob a influência de alucinações e representações delirantes, em todo o seu sentir e pensar, e em que medida elas determinam todo o seu agir, em parte para se defender delas, mas também em parte como entrega irrestrita aos processos patológicos,

---

* A omissão é do dr. Weber. [N. T.]

e em que extensão elas condicionam sobretudo sua ilusória concepção do mundo e seu juízo sobre os homens e as coisas. Resta apenas constatar em detalhe — se isso for possível — até que ponto o estado mórbido determina as relações que o paciente estabelece com o mundo externo e com as exigências da vida cotidiana.

Em primeiro lugar, é preciso repetir aqui que, como ocorre tão frequentemente em paranoicos, a inteligência e o nexo lógico formal dos pensamentos do paciente podem não ter sofrido danos *consideráveis*; o paciente dispõe de um grande repertório de representações, consegue expressá-las de modo organizado, e o seu bom senso se apresenta igualmente intacto. Há nove meses, durante as refeições cotidianas em sua casa, o signatário tem tido farta oportunidade de conversar com o sr. presidente Schreber sobre todos os assuntos possíveis. Qualquer que fosse o tema da conversa — naturalmente, com exceção de suas ideias delirantes —, os problemas da administração do Estado e da Justiça, política, arte e literatura, vida social ou o que quer que fosse, sobre qualquer coisa o dr. Schreber revelava vivo interesse, conhecimentos profundos, uma boa memória, um julgamento pertinente e, mesmo do ponto de vista ético, uma concepção que não se poderia deixar de subscrever. Mesmo nas conversas amenas com as senhoras presentes ele se mostrava cortês e amável e, ao tratar certos temas de modo humorístico, sempre revelou tato e decência, nunca trazendo para a inocente conversa à mesa temas que não deveriam ser tratados ali, e sim nas visitas médicas. Mas não se podia deixar de ver nessas ocasiões que o paciente, mesmo durante as refeições, frequentemente parecia preocupado, com a atenção desviada, sem se dar conta inteiramente do que se passava à sua volta, de modo que acontecia muitas vezes de ele introduzir um tema que tinha acabado de ser discutido. Essa preocupação impregna claramente a postura do paciente — ele olha fixamente para a frente ou se agita inquieto na cadeira, de um lado para outro, *faz caretas* de modo estranho, pigarreia de modo mais ou menos ruidoso, apalpa o rosto e se esforça em particular para erguer as pálpebras, que na sua opinião foram "fechadas por milagre", isto é, contra a sua vontade. Fica evidente que em geral lhe custa um esforço enorme procurar conter a emissão de "urros", e assim que termina a refeição, ainda a caminho do seu quarto, ouve-se o paciente emitir esses sons inarticulados.

O desvio da atenção provocado pelos fenômenos alucinatórios e a reação espetacular que surge em consequência deles se revelam perturbadores também em outras ocasiões. Quando passeia pelos arredores, participa de alguma festividade ou vai ao teatro, o paciente consegue controlar acessos ruidosos, mas algumas vezes sentiu muita dificuldade em reprimi-los, como demonstram as violentas contorções da face, os resmungos, pigarros, risadinhas e toda a sua atitude, que não pôde controlar nem mesmo por ocasião de uma visita à sua esposa em Dresden, tanto que foi necessário fazer um sinal à empregada para que não se importasse, e, embora a visita durasse apenas algumas horas, ele estava visivelmente ansioso por retornar ao sanatório.

A influência exercida por processos patológicos não manifesta seus efeitos perturbadores apenas nas relações sociais, mas também em outros sentidos. O Real Tribunal de Dresden, em sua fundamentação da interdição, afirmou, entre outras coisas, que o presidente Schreber estaria inteiramente em condições de presidir uma audiência judicial difícil etc. No entanto deve-se duvidar disso: o próprio paciente ressalta que os "distúrbios" (supostamente intencionais) o impedem de se dedicar por muito tempo a um trabalho intelectual mais absorvente, e mesmo durante o interrogatório afirmou que não considera possível continuar a exercer sua profissão, pois os milagres que se realizam nele tentariam distrair sua atenção desse trabalho, e sua atitude permanente é tal que mesmo um simples observador não poderia cogitar de trabalhos dessa natureza, que requereriam plena liberdade de espírito e concentração intelectual. [399]

Do ponto de vista exterior, o que mais perturba é o que o próprio paciente chamou de "estado de urros", isto é, a emissão em parte de sons inarticulados, em parte de ameaças e insultos contra perturbadores imaginários de sua tranquilidade (Flechsig etc.). Esses acessos rumorosos em geral acontecem inteiramente contra a vontade do doente, de modo automático e compulsivo. Na verdade, ele pode — embora nem sempre — reprimi-los por meio de vários truques, como falar com vivacidade, tocar música em *fortissimo*, mas eles ressoam não só durante grande parte do dia, no seu quarto e no jardim, trazendo não pouco incômodo ao ambiente, mas também à noite; eles criam não raro durante horas uma perturbação insuportável da tranquilidade em todo o setor, e às vezes ele urra até em direção à cidade, sem qualquer consideração. Justamente nos últimos tempos essas vociferações se verificam de modo particularmente violento, e, como pode demonstrar a carta anexa, o próprio paciente sofre com isso, sentindo-se indefeso e impotente em face desses "milagres" que o induzem aos

[400] expedientes mais inúteis. Assim, por exemplo, faz parte dessas medidas o fato de que o doente (provavelmente para provocar a tantas vezes mencionada volúpia de alma) circula seminu pelo quarto ou se posta diante do espelho vestindo uma camisola decotadíssima, enfeitada com fitas coloridas, para observar as formas supostamente femininas do seu busto. Essas condutas (antes, ele às vezes também punha as pernas nuas para fora da janela) o expõem ao perigo de um resfriado, que depois é interpretado como milagre. Ele, aliás, não tem a intenção de se prejudicar, nem pensa mais em se suicidar, mesmo porque acredita que até as lesões corporais mais graves não o afetariam em nada.

Atualmente, o paciente pensa que esses estados de urros talvez se atenuem depois da sua eventual saída do sanatório, mas em todo caso acredita que, se for transferido para uma casa isolada, no meio de um jardim, conseguirá evitar a perturbação da tranquilidade que resulta desses estados e que não poderia ser tolerada em um prédio habitado também por outras pessoas; mas, como a primeira opinião naturalmente é ilusória, chama a atenção o fato de que o paciente, num egoísmo morbidamente exaltado, não pense no quanto sua mulher deve sofrer com toda essa agitação, que de fato tornaria quase impossível uma vida conjugal, independentemente do fato de que ele considera irrelevante o incômodo que traz ao seu ambiente atual, queixando-se apenas do seu mal-estar.

As informações da esposa deixam claros os prejuízos que a doença infligiu à sociedade conjugal. Como já ocorreu que o doente, tendo em vista sua futura emasculação, sugerisse à mulher a possibilidade de uma separação, hoje, toda vez que ela expressa qualquer objeção ou crítica às suas ideias e atitudes, ele logo alude ao fato de que ela pode se separar dele. Por-
[401] tanto, também nesse sentido, não se pode deixar de observar que os processos patológicos exercem aqui uma ação coercitiva.

Admitindo que o doente reconquiste a autonomia por ele desejada, não se pode afirmar com certeza que ele dedicará suficiente atenção à sua situação patrimonial, uma vez que há muito tempo naturalmente ele não tem oportunidade de agir de maneira autônoma em questões financeiras importantes. Até onde pode ir a observação nesse campo, o doente não revelou tendência especial nem à avareza, nem à dissipação, nem exigiu mais dinheiro do que o necessário à satisfação de suas necessidades, e na defesa dos direitos da família junto à editora do livro publicado por seu pai, agiu de maneira inteiramente correta. Diante da grande missão de que está incumbido, naturalmente os interesses pecuniários passam para um plano secundário, e é duvidoso que sua vontade de realizar as esperanças e desejos produzidos pela doença e explicados no fim das suas *Memórias* e o desejo de assegurar para si um bem-estar, que só deve ser alcançado em determinadas condições, possam induzi-lo a sacrifícios materiais desproporcionais.

O elemento mais importante para avaliar a capacidade de agir do paciente é e continua sendo sempre o fato de que ele não revela compreensão da natureza mórbida das inspirações e das ideias que o movem, e tudo o que se apresenta à observação objetiva como alucinação e ideia delirante é para ele certeza inabalável e legítimo motivo de ação. Diante disso, é evidente que não se pode prever qual será a decisão que num dado momento o doente tomará e traduzirá em ação, se atenderá a um conteúdo ideativo relativamente intacto ou à compulsão exercida pelos processos psíquicos mórbidos. [402] Gostaria de chamar ainda a atenção para um exemplo particularmente relevante, e nesse sentido remeto para as *Memórias* do paciente, aqui anexas. É compreensível que ele tenha sentido necessidade de escrever a história de seus últimos sete anos de vida, de fixar por escrito suas percepções e sofrimentos e de apresentá-los àqueles que em um ou outro sentido têm um interesse justificado em acompanhar seu destino. Agora o doente nutre o ardente desejo de mandar publicar suas *Memórias* (na sua forma atual) e de torná-las acessíveis a círculos mais amplos, e está em entendimentos com um editor, até o momento em vão, como é natural. Se se observar o conteúdo do seu texto, se se considerar a quantidade de indiscrições que comete sobre si mesmo e sobre outros, as descrições sem reservas das situações e processos os mais escabrosos e esteticamente quase impossíveis, o uso das expressões mais escandalosas etc., fica incompreensível que um homem que em geral se distingue pelo tato e sensibilidade refinada pretenda realizar um ato que o comprometeria gravemente diante dos outros; a única explicação é que a sua visão do mundo tenha se alterado num sentido mórbido, que ele tenha perdido o critério para avaliar a situação concreta e que a falta de compreensão do seu estado patológico tenha provocado uma superestimação do significado da sua própria personalidade, turvando a consideração pelos limites que se impõem ao homem em sociedade.

Creio poder me contentar com o presente relato e com os documentos anexados. O material de fatos substanciais reunidos, embora não seja completo, pelos motivos já mencionados, é, no entanto, suficiente no essencial,

[403] e a situação de fato se delineia com tanta clareza que o juiz, em minha opinião, disporá de todos os documentos necessários para decidir se e em que medida as alucinações e o delírio sistemático, presentes no momento, limitam a autodeterminação do sr. presidente dr. Schreber, exercem uma coerção sobre o seu pensamento, sua vontade e sua ação, influenciam seu humor e seu comportamento, e se, por conseguinte, a extensão e a intensidade da doença mental que o afeta são suficientemente relevantes a ponto de impedir o doente de administrar seus interesses, na acepção mais ampla da expressão.

(ass.) Dr. Weber, conselheiro médico.
Médico do sanatório, médico distrital e médico-legista.

C.
Fundamentação do recurso

Com o objetivo de fundamentar o recurso por mim interposto, faço as seguintes observações:

1. Sobre o corpo de delito da sentença impugnada

O corpo de delito da sentença impugnada essencialmente não passa de reprodução do arrazoado de meu advogado, dirigida ao tribunal a 24 de maio de 1900. Em minha carta de 24 de maio de 1900, declarei-me no geral de acordo com o conteúdo desse arrazoado, embora considerasse improcedentes alguns dos argumentos legais de meu advogado, como, por exemplo, o de número 1 do corpo de delito e o de número 2 da comunicação. O que reconheço como correto no arrazoado saiu em grande parte da minha própria pena, ou seja, é retirado da representação que a 24 de março de 1900 dirigi do sanatório, da qual consta uma cópia nos autos do processo. [404]

Mas em dois pontos sou obrigado a contestar energicamente as afirmações do corpo de delito. Não posso esperar nenhum resultado da retificação do corpo de delito, no sentido do artigo 320 do Código Processual Civil, uma vez que não posso pôr em dúvida que meu advogado tenha realmente feito pessoalmente, em audiência, aquelas declarações. Mas as declarações de meu advogado, a meu ver, baseiam-se num mal-entendido sobre a minha opinião; tratar-se-ia, portanto, de uma revogação de concessões feitas, no sentido do artigo 290 do Código Processual Civil. [405]

Os dois pontos em questão são os seguintes:

1) Bem no início do corpo de delito se diz, em referência a um determinado trecho do arrazoado de meu advogado: "O queixoso não contesta o fato de ser doente mental".

Não é verdade; contesto do modo mais categórico que eu seja doente mental, desde que isso se associe, como acontece habitualmente entre leigos, *à ideia de alguém que tem uma turvação da razão*. Esse ponto foi expresso de modo suficientemente claro na minha representação à direção do Real Sanatório datada de 24 de março de 1900.

Nela declarei que não contesto a presença de uma doença mental *no sentido de uma doença nervosa*; mas ressaltei expressamente a diferença de significado que o termo "doente mental" assume em medicina e em direito.

Sendo assim, quero me explicar ainda mais claramente: não contesto o fato de que meu sistema nervoso se encontra há vários anos em um estado patológico. Mas contesto categoricamente ser ou ter sido doente mental. Minha mente, isto é, o funcionamento das minhas forças intelectuais, é tão clara e saudável quanto a de qualquer outra pessoa, e — com exceção de algumas ideias hipocondríacas sem importância — tem sido assim desde o início da minha doença nervosa. Consequentemente, o parecer do senhor perito, uma vez que supôs em mim a presença de paranoia (loucura), in-

[406] corre em uma ofensa tão grave à face da verdade que é difícil imaginar algo pior. Ao escrever estas linhas, *estou longe de querer ofender o senhor perito*; *não tenho a menor dúvida de que a perícia foi realizada com total boa-fé*. Mas isso não me impede de expressar de modo incondicional e franco a minha convicção do *erro objetivo* da perícia, uma vez que está em jogo o reconhecimento da minha autonomia legal. Mais adiante tentarei explicar como foi possível chegar àquele conteúdo na perícia.

2) A segunda incorreção se encontra na frase situada na alínea 3b do corpo de delito, segundo a qual eu estaria convencido de que a minha permanência no sanatório de Sonnenstein só pode ser benéfica para a minha saúde mental. Essa afirmação está também contida na comunicação de meu advogado, mas ele já me levou no último verão a um protesto contra a sua veracidade; reproduzo literalmente, a seguir, o trecho em questão, extraído da carta datada de 14 de junho de 1900, dirigida ao meu advogado:

Ao escrever-lhe, não quero deixar de acrescentar que meu acordo (expresso em minha carta de 24 de maio deste) com o conteúdo do arrazoado apresentado por V. Sa. requer uma certa reserva de minha parte, que não julguei necessário formular até agora por ser irrelevante para a apreciação jurídica do caso. Trata-se do trecho segundo o qual eu consideraria minha permanência no sanatório como benéfica para o meu restabelecimento mental. Não é bem assim. Por enquanto, não solicito minha saída do sanatório não só porque, depois de ter passado seis anos nele, pouco importa ficar mais meio ano ou um ano, como também porque meu retorno à vida familiar requereria certos preparativos, relativos à moradia etc. *Com um prolongamento da estada nesse sanatório não espero nenhum benefício para a minha saúde.* Não se trata, em absoluto, da recuperação da clareza mental, uma vez que esta tem permanecido sempre inalterada; minha hiperexcitação nervosa não pode, de modo algum, ser eliminada por meios humanos; como ela depende de fatores sobrenaturais, perdurará até o fim da minha vida, a menos que antes disso ocorra no meu corpo uma transformação que abra os olhos dos demais homens. [407]

Mas, naturalmente, não desejo passar o resto da minha vida tristemente em um sanatório, onde minhas forças mentais ficam quase inutilizadas e onde me falta o contato com pessoas cultas e com todos os demais prazeres da vida. Se algum inconveniente (como os urros, por exemplo) continuar a opor restrições à minha aparição em público, eu mesmo saberei me impor a necessária reserva.

Deixo a V. Sa. a decisão de anexar uma cópia desta carta aos autos, para melhor orientação da Corte.

Uma vez que o Tribunal — para minha grande surpresa —, na sentença final de 13 de abril do corrente ano, se deixou levar por considerações sobre as quais não havia a menor indicação na deliberação de 15 de junho de 1900, a meu ver absolutamente correta (a deliberação coincide quase literalmente com a versão que eu havia sugerido em minha carta de 4 de abril de 1900, conforme apêndice A, da comunicação de 16 de maio de 1900), devo expressar meu vivo pesar pelo fato de que o conteúdo da carta que acabo de reproduzir não tenha sequer sido levado ao conhecimento do Tribunal. Se assim não fosse, o trecho por mim contestado não seria acolhido na íntegra no corpo de delito da sentença. [408]

2. Sobre a fundamentação da sentença

A fundamentação da sentença impugnada se apoia essencialmente no segundo parecer do senhor perito, de 28 de novembro de 1900; de fato, a maior parte da argumentação é extraída quase literalmente desse parecer, de modo que para refutá-la basta que eu me limite a discutir em que medida as afirmações da perícia devem ou não ser consideradas corretas.

Só alguns poucos pontos são acréscimos do Tribunal; tentarei eliminá-los antes de considerar mais de perto o conteúdo da perícia.

Não posso deixar de aceitar as observações da sentença, segundo as quais não há motivo para temer que eu ponha em perigo a minha vida, caso obtenha a liberdade de dispor da minha pessoa, que de resto meu bom senso permanece inalterado, e que se pode deixar de lado a questão dos chamados estados de urros, pois meras precauções de ordem policial não podem ser suficientes para manter a interdição.

[409]

Uma outra consideração do Tribunal é encontrada ainda no final da fundamentação da sentença, quando se afirma que eu sofreria de alucinações que fazem com que eu acredite ver pessoas que de fato não existem ("homem feitos às pressas"). Essa consideração se revela imediatamente não válida uma vez que se diz no tempo *presente*. "O queixoso acredita ver pessoas" etc. Basta se dar ao trabalho de ler com um mínimo de atenção a passagem em questão nas minhas *Memórias*. Toda a ideia dos "homens feitos às pressas" pertence a uma época que já deixei para trás há muitos anos; ela só existiu durante o primeiro ou, no máximo, os dois primeiros anos da minha internação no atual sanatório. Isso pode ser lido com suficiente clareza no início do capítulo 16 das minhas *Memórias*. Deixo em aberto a questão de saber se as ideias em questão realmente derivavam de alucinações ou se se baseavam em fatos reais. Como assinala com justiça o senhor perito, em torno da página 8 do último parecer — só posso citar de acordo com a cópia de que disponho, mas não será muito difícil encontrar a passagem correspondente no texto original dos autos do processo —, trata-se nesse caso apenas de fases anteriores da enfermidade, que não entram em consideração no julgamento do estado atual. Há muito tempo tenho perfeita noção de que as pessoas que vejo não são "homens feitos às pressas", mas pessoais reais, e que por isso devo me conduzir frente a elas como um homem de bom senso costuma se conduzir no relacionamento com outros homens. A afirmação no final da fundamentação da sentença de que, por causa daquelas ideias anteriores, subsiste em mim o perigo de uma conduta insensata, desse modo cai por terra inteiramente, ficando assim eliminado um considerável ponto de apoio da sentença proferida.

[410]

Volto-me agora para o exame da perícia médica apresentada. Ela parte, a priori, da hipótese implícita de que tudo o que relatei ou a que me referi

332

nas *Memórias* sobre a relação que surgiu entre mim e Deus, bem como sobre milagres divinos que se realizam na minha pessoa, tem como único fundamento uma imaginação doentia. Se eu quiser expressar meus verdadeiros sentimentos a esse respeito, só posso recorrer à exclamação com que Huss se voltou para o pequeno camponês que carregava a lenha para a sua fogueira: *O sancta simplicitas!* Não se deve supor aqui qualquer forma de presunção da minha parte com relação ao senhor perito: ficaria profundamente pesaroso se minhas palavras viessem a ferir o sr. conselheiro Weber, cujo caráter e capacidade profissional e científica merecem minha mais elevada estima. Ademais, sei bem que o senhor perito não podia fazer outra coisa senão aplicar ao meu caso o metro da experiência científica corrente. Por outro lado, espero que ele não me leve a mal se expresso com a máxima clareza meu ponto de vista oposto ao dele. Dito isso, devo declarar: *A certeza do meu conhecimento de Deus e a absoluta segurança de estar em contato direto com Deus e com milagres divinos se erguem altíssima, muito acima de toda e qualquer ciência humana.* Talvez isso soe presunçoso, mas estou ciente de que o fundamento dessa convicção de modo algum é da ordem da vaidade pessoal ou autoapreciação morbidamente superestimada. Independentemente dos meus indubitáveis dons, nunca deixei de ver meus defeitos; nunca tive a ilusão de fazer parte dos grandes espíritos da nação; não é mérito meu se, em consequência de um milagroso encadeamento de circuns- [411] tâncias, penetrei na compreensão da verdadeira natureza das coisas divinas, em medida infinitamente superior à de qualquer outro homem; aliás, tive de pagar um preço bastante alto por tal compreensão: a perda, durante muitos anos, de toda a felicidade da minha vida. Em compensação, tanto mais seguros são os resultados da compreensão assim adquirida: eles na verdade se tornaram o ponto central de toda a minha vida e assim deve ser, pois Deus ainda hoje, a todo dia e toda hora, quase diria a todo instante, se revela novamente a mim em seus milagres e em sua língua. Esse é o fundamento da constante serenidade do meu estado de ânimo, que, apesar de todas as adversidades às quais ainda hoje estou exposto, qualquer um pode observar no meu relacionamento com os outros homens, não apenas com os loucos, mas também com pessoas incultas e crianças; daí provém também a benevolência pacífica que transmito mesmo àqueles que nos anos anteriores inadvertidamente me feriram; isso explica também o valor incomparavelmente elevado que dou à publicação da minhas *Memórias*. Pois, se por meio delas eu conseguir não apenas despertar consideráveis dúvidas nos outros, mas também me for dado lançar uma luz por detrás do escuro véu que oculta o Além dos olhos dos homens, então o meu trabalho poderá fazer parte das obras mais interessantes que já foram escritas desde que o mundo existe.

Antes de entrar em pormenores, não posso deixar de declarar de modo relativamente categórico a essência do meu ponto de vista, pois tanto a sentença como a perícia acreditam poder me tratar de cima para baixo — aliás, de minha parte reconheço que agem de modo não totalmente injusto, considerando que ambas representam a autoridade do Estado. Mas naturalmente devo dizer que no momento tenho pouca esperança de fazer valer esse ponto de vista junto aos demais homens e particularmente de fazê-lo interferir na decisão final do atual processo. Por isso considerei possível e aconselhável que toda discussão sobre as minhas supostas alucinações e ideias delirantes ficasse excluída da matéria de discussão do processo, que diz respeito ao levantamento da interdição; como já ressaltei em minha representação à real direção do sanatório, datada de 24 de março de 1900, não pude livrar-me do temor de que isso desviasse a atenção da Corte da questão decisiva e única que está sendo submetida à sua competência, ou seja, a questão de saber *se eu tenho capacidade de agir racionalmente na vida prática*. Mas nos últimos tempos não pude deixar de reconhecer que não é possível deixar de dar valor às minhas chamadas ideias delirantes ou às minhas ideias religiosas, não apenas sob o aspecto formal da sua concatenação lógica e construção ordenada, mas até certo ponto também com relação à questão de saber se é possível pensar que talvez haja algo de verdadeiro na base do meu sistema delirante — como agora se prefere chamá-lo. Junto aos outros homens, e particularmente junto a meus juízes, preciso tentar não trazê-los propriamente para minha fé nos milagres — isso naturalmente por enquanto só me seria possível em um grau muito restrito —, mas pelo menos dar a eles no geral a impressão de que as experiências e observações relatadas nas minhas *Memórias* não devem, sem mais, ser consideradas uma *quantité négligeable*, fantasmagorias ocas de uma cabeça confusa, e que de antemão não valeria a pena fazê-las objeto de uma reflexão mais profunda e de *eventuais observações em minha pessoa*. Só assim talvez seja possível fazer com que a Corte compreenda que no meu caso — em se tratando de atingir um objetivo sagrado, que devo simplesmente considerar como missão de vida — têm pouco significado ponderações mesquinhas que em geral são decisivas para as pessoas, como a consideração pela suscetibilidade de

[412]

[413]

334

uma terceira pessoa, o temor de revelar os chamados segredos de família e até mesmo o próprio temor de uma condenação penal etc.

Enumerarei a seguir uma série de pontos (aduzindo eventualmente as respectivas provas) com os quais espero se não comprovar a realidade dos milagres por mim afirmados, pelo menos poder dar a eles tanta credibilidade que se hesitará em rejeitar de imediato como puro absurdo toda a minha exposição, admitindo-se a possibilidade de que o mundo científico a utilize como ponto de partida para ulteriores investigações. Trata-se, na verdade, de apenas alguns poucos pontos, na sua maioria aparentemente relativos a exterioridades sem importância, pois faz parte da natureza da coisa que a parte infinitamente preponderante das impressões sobrenaturais, que recebo em uma quantidade assombrosa, só pode vir à minha consciência, não podendo ser percebida pelos outros homens através de qualquer sinal exterior. No entanto, as poucas coisas que acrescentarei se prestam a causar perplexidade em qualquer juiz imparcial.

1) No correr dos anos, *um número considerável de cordas* do meu piano foi, suponho que por milagre, *arrebentado*. Devem ter sido ao todo de trinta a quarenta cordas; o número exato não importa; só no ano de 1897 a conta das cordas rompidas chegou a 86 marcos. A parte contrária, a Real Promotoria, certamente não quererá contestar o fato; eventualmente eu poderia prová-lo mediante o testemunho de minha esposa, do enfermeiro Moebius e da loja [414] de instrumentos musicais C. A. Klemm, de Dresden, e além disso poderia confirmá-lo por um velho relatório da direção do sanatório. Quanto à minha suposição de que o rompimento não pode ter sido causado por uma conduta insensata de minha parte (bater com toda força no piano), permito-me remeter ao que está exposto no capítulo 12 de minhas *Memórias*; para evitar repetições, rogo que se leia o que lá é dito. Qualquer especialista em pianos poderá comprovar que ninguém, mesmo fazendo uso da maior violência, pode fazer arrebentar as *cordas* de um piano simplesmente batendo em suas *teclas*; disso estou convencido, e eventualmente posso solicitar uma perícia a esse respeito. Se assim for, se em geral é extremamente raro que se rompam as cordas de um piano — em toda a minha vida isso nunca me acontecera antes, nem nunca ouvi falar que acontecesse a outras pessoas; nas salas de concerto talvez aconteça algo do gênero quando há fortes oscilações de temperatura e quando as cordas dos *instrumentos de corda* estão demasiado esticadas, mas não as cordas de um piano de cauda — se assim for, *como se explica então o número extraordinariamente elevado desses*

rompimentos justamente no meu piano? É possível pensar em uma causa natural para a origem desse fenômeno?

2) Um fenômeno que chama a atenção do meu ambiente são os chamados *estados de urros*, que já há vários anos, e *não* apenas desde os primeiros anos da minha doença, se verificam com grande frequência. Já na minha representação à real direção do sanatório, datada de 24 de março de 1900, defini sua natureza nos seguintes termos: os músculos que regulam o processo respiratório (ou seja, os músculos dos pulmões e do tórax) são diretamente postos em movimento por um milagre divino, e com uma violência tal que sou forçado a emitir o urro ou o grito, a menos que faça um esforço especial para reprimi-lo, o que, dado o caráter repentino do impulso, nem sempre é possível, ou só seria possível se eu me concentrasse sobre esse ponto ininterruptamente. Quanto ao objetivo a meu ver perseguido com isso, peço que se leia o que está dito no capítulo 15 de minhas *Memórias*, no primeiro terço, item 3. O senhor perito (última perícia, fls. 28 e 31 da cópia à minha disposição) aparentemente não porá em dúvida o fato de que os urros não são nem simulados nem provocados por mim — eu mesmo os sinto como um incômodo difícil de suportar; e ele reconhece que frequentemente me custa um esforço enorme controlar a emissão de urros e que esses acessos ruidosos se realizam contra a minha vontade e de modo inteiramente *automático* e *compulsivo*. Agora pergunto: *a ciência tem uma explicação satisfatória para esse fenômeno? Por acaso consta nos anais da psiquiatria algum caso em que em um homem* — que sofra da forma de doença mental que se me pretende atribuir (paranoia), mas ao qual se reconhece ao mesmo tempo uma grande inteligência, uma capacidade de raciocínio inalterada, revelando decência e tato no seu contato social, uma concepção ética correta etc., e que de modo algum deixa transparecer qualquer tendência à grosseria — *tenham sido observados tais estados ou ataques de urros?* — que, aliás, o senhor perito designa como resmungos, pigarros e risadinhas, quando em forma atenuada. Naturalmente, não disponho de suficientes observações feitas em outros doentes mentais, mas parto da hipótese de que as perguntas feitas deverão ser respondidas com uma negativa categórica. Se essa hipótese for verdadeira, estimaria receber uma confirmação que integrasse o parecer do perito. Naturalmente, não espero que o senhor perito subscreva de modo *positivo* a explicação que tenho do fenômeno, segundo a qual ele se baseia em milagres, mas mesmo a *negativa*, ou seja, a admissão de que de fato se trata de um caso singular, único no

campo da experiência psiquiátrica, não deixaria de influenciar, a meu ver, o julgamento do meu caso, na medida em que desse modo se poderia dar um certo crédito à possibilidade de pensar na atuação de forças sobrenaturais. Esse ponto de vista pareceria ainda mais relevante se o senhor perito confirmasse também que tais acessos quase nunca se verificam quando estou conversando com pessoas bem-educadas ou quando me encontro fora do sanatório, em barcos a vapor, trens, lugares públicos, ou na rua, mas se observam sobretudo quando estou no meu quarto ou no jardim, junto dos loucos, com os quais não é possível conversar. Se ainda assim a ciência considerasse insuficiente essa explicação, não se poderia deixar de levar em conta a minha versão dos fatos. Mas, segundo essa versão, trata-se de milagres; todos os fenômenos se explicam simplesmente pelo fato de que os raios (em outras palavras, Deus), via de regra, só se sentem tentados a se retirar de mim quando o não pensar prevalece e quando estão à minha disposição certas impressões visuais que têm um efeito particularmente atraente sobre os raios. Tais impressões visuais não faltam nunca quando, por exemplo, vou à cidade, onde posso olhar vitrines e sempre se vê um número maior de pessoas, especialmente mulheres etc. (Ver a esse respeito as *Memórias*, capítulo 15, primeiro terço, e os Suplementos 3 e 4, não longe do início do último parágrafo.) [417]

3) No último laudo da perícia (fl. 28 ss. da minha cópia) se afirma — o que, aliás, subscrevo com algumas objeções — que eu às vezes à mesa pareço "preocupado", olho fixamente para a frente (ou melhor, fico com os olhos fechados), faço "caretas" de modo estranho e em particular fico procurando levantar as pálpebras, com o que justamente se reconhece que elas foram fechadas anteriormente; o senhor perito certamente não pretende afirmar que eu o faça com as mãos, e sim com a força muscular existente nas pálpebras.

O senhor perito trata tais "processos alucinatórios" e a "notável reação" que a eles se associa apenas do ponto de vista da medida e da extensão em que eles são sentidos como perturbadores pelas pessoas. Mas para mim eles têm um significado incomparavelmente maior do que *sinais que podem ser percebidos também por outras pessoas*, pelo fato de que toda a minha musculatura sofre certas interferências que só podem ser atribuídas a uma força que atue a partir do exterior, em outras palavras, a milagres divinos. Poderia ainda acrescentar muitas coisas ao que é assinalado pelo senhor perito, por exemplo que às vezes ocorre comigo *uma surdez que dura apenas alguns minutos*; que, em certos momentos, mesmo quando eu estou muito calmo, sobrevém uma tal aceleração da respiração que eu procuro aspirar o ar, e minha boca é aberta de um modo inteiramente não natural etc. etc.

[418] Tudo isso pode ser notado por qualquer um que me observe com atenção; certamente, me custa às vezes um enorme esforço participar de uma conversa social do modo mais desenvolto e bem-humorado possível; ninguém tem ideia das coisas que nesses momentos se passam em minha cabeça e em todo o meu corpo.

Não ignoro que as alucinações, isto é, os estímulos acústicos a partir dos quais são percebidas as vozes e as contrações convulsivas, isto é, as contrações espasmódicas da musculatura, em particular dos músculos da face, são fenômenos não raro concomitantes a uma constituição nervosa patológica. Mas creio poder afirmar, e para isso espero poder contar com uma confirmação da perícia especializada, que os fenômenos que ocorrem no meu caso se distanciam a tal ponto do que em geral se observa que será quase inevitável considerá-los, inclusive do ponto de vista da sua causa, como algo diferente e específico.

No Suplemento 4 das minhas *Memórias* faço amplas considerações sobre as minhas alucinações, e no presente contexto sugiro que sejam lidas. Do relatório do senhor perito ressalto com satisfação que também ele confere uma certa *realidade* às minhas alucinações, uma vez que não põe em dúvida o fato de que as "vozes" por mim descritas nas *Memórias* são efetivamente ouvidas por mim. Só que há uma divergência de opinião quanto a saber se a percepção acústica subjetiva deriva unicamente do funcionamento patológico dos meus nervos ou se uma causa externa os influencia, em outras palavras, se o som das vozes é apenas fantasmagoria dos meus

[419] nervos ou se algum ser, externo ao meu corpo, me penetra pela palavra na forma de vozes. De modo análogo, também com relação às "caretas", as contorções faciais, o fechar dos olhos etc., cumpre indagar se se trata apenas de contrações musculares derivadas da condição patológica dos meus nervos ou de um impulso que atua a partir de um lugar fora do meu corpo. *Em princípio, fica uma afirmação contra outra*. O racionalismo naturalmente contestará de antemão a possibilidade de um impulso exterior baseado em milagres divinos. Só que felizmente o racionalismo — para falar com Goethe: "O que ele não leva em conta não é verdade" — quase nunca é a única orientação predominante na ciência. Mas para mim, que não quero provar os milagres, mas apenas fazer com que as pessoas acreditem na *possibilidade*

de influências sobrenaturais no meu caso, bastaria que o senhor perito confirmasse que os fenômenos em causa têm, no meu caso, uma marca inteiramente peculiar, diversa do que tem sido divulgado pela experiência científica. Suponho que alucinações do tipo das que descrevo, especialmente vozes que falam, ininterruptamente, sem que se possa fazê-las calar por meio de nenhuma distração intelectual, são algo inteiramente inaudito, e também contrações musculares que forçam o paciente contra a sua vontade (como reconhece o senhor perito) a fechar os olhos, emitir urros etc., provocando em certos momentos uma notável aceleração da respiração, não obstante uma conduta absolutamente tranquila, com exceção do meu caso jamais foram observadas antes. Desejaria que também essa suposição fosse confirmada por uma declaração explícita da perícia, se não se conseguir caracterizá-la como incorreta. Ser-me-ia particularmente precioso que o senhor perito confirmasse que também o fechar dos olhos, que ocorre contra [420] a minha vontade, tem lugar *imediatamente*, com infalível regularidade, toda vez que depois de ter participado de uma conversa eu me abandono ao silêncio, ou seja, toda vez que prevalece em mim o não pensar.

4) Estou persuadido de que no meu corpo podem ser observados certos fenômenos inteiramente inexplicáveis pela experiência científica comum: se necessário, considerarei a possibilidade de requerer uma verificação dessas constatações por meio de um exame físico a ser realizado pelos médicos do atual sanatório ou por outros médicos, talvez recorrendo aos raios de Roentgen, caso isso seja viável. Trata-se não exclusivamente, mas principalmente, dos chamados nervos da volúpia, sobre os quais falo extensamente no capítulo 21 de minhas *Memórias*. Na verdade, no último relatório do senhor perito (fl. 22 da minha cópia) se encontra um trecho onde se lê que eu "creio sentir nervos da volúpia de um modo que corresponde ao do corpo feminino, embora a ciência não reconheça tal difusão de nervos da volúpia". Só não consigo perceber claramente se o senhor perito com isso pretende *se referir* às minhas afirmações ou se torna *seu* o ponto de vista segundo o qual a ciência não reconhece a existência de determinados nervos da volúpia que no corpo feminino se distribuem de modo diferente do corpo masculino. De qualquer modo, parece-me que se trata de uma *disputa de termos*, irrelevante para a questão. Pois o senhor perito não duvidará — pelo menos assim o compreendi em uma afirmação oral, e de resto considero-o como um fato cientificamente comprovado — que o sistema nervoso revela, no sexo feminino, certas peculiaridades ligadas à sensação de volúpia em todo

[421] o corpo e especialmente nos seios, de um modo que difere inteiramente do sexo masculino.[136] É indiferente o nome que se queira dar a essas peculiaridades; se, como leigo em neurologia, me equivoquei na escolha da expressão, isso não vem muito ao caso. Afirmo, portanto, que no meu corpo, em particular no peito, estão inteiramente presentes as peculiaridades correspondentes ao sistema nervoso de um corpo feminino, e estou convencido de que um exame físico o comprovaria. No capítulo 21 das minhas *Memórias* exponho amplamente as consequências que derivam desse fato.

De resto, para evitar mal-entendidos, quero deixar claro (retorno a essa questão mais adiante) que solicitaria tal exame *apenas em função dos objetivos do presente processo*, ou seja, o levantamento da minha interdição. Quando eu o tiver conseguido, talvez eu possa me submeter a um exame, *a pedido de famosos especialistas*, mas de minha parte jamais o proporia e muito menos daria um centavo sequer dos meus próprios recursos para tal fim.

5) O senhor perito reconhece (fl. 9 do último parecer, na cópia de que disponho) que as "emanações do meu psiquismo, morbidamente deturpado", não são, como tão frequentemente é o caso, pobres e monótonas,
[422] mas apresentam uma configuração mental fantástica, intrincada e inteiramente diversa do curso habitual dos pensamentos. Partindo dessa observação, pretendo submeter minhas *Memórias* ao exame de especialistas em outras áreas da experiência, em particular a teólogos e filósofos. Isso visaria a uma dupla finalidade: por um lado, convencer os juízes de que minhas *Memórias*, por mais estranhas que possam parecer, poderiam ser consideradas em outros meios científicos um importante estímulo para a pesquisa em um campo até o momento extremamente obscuro e, por outro, fazer compreender o quanto anseio pela sua publicação. Além disso, consideraria valiosa uma declaração pericial de homens de ciência dos mencionados campos da experiência a respeito da questão de saber se de algum modo é provável, ou até mesmo psicologicamente concebível, que um homem de constituição tão sóbria e sensata como o fui, de acordo com o testemunho de todos os que me conheceram no passado, e além disso um homem

---

136 A este propósito haveria algumas questões a esclarecer, como as seguintes: em que consiste, afinal, a peculiaridade fisiológica do busto feminino, em particular o seu crescimento nos primeiros anos de pubescência? Trata-se apenas de um fortalecimento da musculatura, de uma acumulação de gordura ou coisas semelhantes, ou será que o essencial não consiste em um desenvolvimento específico e distinto do *sistema nervoso no seio feminino*?

que, como já foi dito no início do capítulo 6 das minhas *Memórias*, antes de adoecer *não teve jamais uma sólida fé em Deus e na imortalidade da alma*, tenha, por assim dizer, *tirado do bolso do colete* todo o intrincado conjunto de ideias com sua enorme massa de pormenores concretos (por exemplo, sobre a língua das almas, sobre a concepção das almas, capítulo I e capítulo 12 das *Memórias* etc. etc.) — se não se impõe a ideia de que um homem, capaz de escrever tais coisas, chegando a ideias tão singulares sobre a natureza de Deus e a vida das almas depois da morte, deve ter tido, na realidade, experiências e impressões muito particulares, inacessíveis a outros homens.

Por ora não desejo apresentar um pedido formal no sentido de obter declarações periciais do tipo mencionado acima, pois não posso deixar de entender que isso demandaria um dispêndio muito grande de tempo e recursos. Preferiria obviamente, mesmo sem recorrer a esse expediente, que a Corte de Apelação se dignasse a levantar a interdição. Mas, caso as coisas tomem outro rumo, me reservarei o direito de apresentar tal pedido; poderei informar-me a esse respeito através do andamento das audiências, às quais, dentro de pouco tempo, espero poder assistir pessoalmente. [423]

Tudo o que se desenvolveu acima não passa de um arabesco em torno do núcleo da questão decisiva de saber se, em consequência da minha suposta doença mental, estou ou não em condições de administrar meus negócios.

Antes de me voltar para essa questão, devo fazer algumas observações sobre o modo como o senhor perito caracteriza minha personalidade. Devo reconhecer com gratidão que o senhor perito procurou com certa benevolência fazer justiça ao conjunto da minha individualidade; agradeço-lhe, ainda, o fato de que não poupou esforços em realizar um estudo aprofundado das minhas *Memórias*, o que lhe permitiu poder reproduzir no seu parecer um resumo no essencial correto de alguns dos pensamentos mais importantes. O caráter árido da matéria tornou inevitáveis alguns pequenos enganos e mal-entendidos, mas não é necessário entrar em pormenores a esse respeito, pois dificilmente a decisão judicial será por eles influenciada. [424]

No geral, creio poder afirmar que o senhor perito *começou a me conhecer realmente há cerca de um ano*, isto é, desde que tomo parte regularmente nas refeições de sua família, e que seu julgamento a meu respeito, depois de seis meses de contato, hoje em dia soaria muito mais favorável do que na época da redação do último parecer. Diria que anteriormente (antes da Páscoa de 1900) o senhor perito conheceu apenas o invólucro patológico que ocultava a minha verdadeira vida mental. Que não se depreenda das minhas palavras nada que possa soar como recriminação ao tratamento que me foi concedido outrora no sanatório. Admito que durante o primeiro ano da minha internação (não obstante se tratasse apenas de uma aparência enganadora) eu dava a impressão de um homem imbecilizado, inútil para a vida social. Também acho compreensível que os médicos tenham sustentado durante muitos anos o juízo que faziam de mim, mesmo depois que meu comportamento já havia muito tempo indicava a ocorrência de uma mudança no meu estado mental. Em um grande sanatório não é possível dedicar a um único paciente uma observação ininterrupta em todos os detalhes, e, dada a atitude fechada que eu exibia no primeiro ano de minha internação, de fato seria difícil fazer uma ideia correta da minha vida mental. Mas, por outro lado, não é inteiramente correta a observação do parecer (fl. 7 da minha cópia) segundo a qual eu, "até então", ou seja, até a solicitação de um novo parecer (junho de 1900), não teria demonstrado a menor inclinação a me movimentar fora do sanatório, e que foi necessário estimular pouco a pouco em mim o desejo de me reaproximar do mundo exterior. Há aqui certamente um pequeno erro de memória, pois estou em condições de apresentar provas escritas de que, já em uma exposição datada de 8 de outubro de 1899 ao meu curador, senhor presidente do Tribunal de Instância, por ocasião de uma visita, me queixava de que há cinco anos não ultrapassava os muros do sanatório nem mesmo para pequenos passeios, como acontecia com muitos outros pacientes. Para ser honesto, enviei por carta uma cópia dessa exposição ao senhor conselheiro dr. Weber no dia 27 de novembro de 1899. Mesmo assim, se passaram ainda de quatro a seis meses até que eu fosse pela primeira vez convidado a tomar uma refeição em sua casa e recebesse um convite para dar uma volta fora do sanatório (de fiacre). Repito mais uma vez que está longe de mim fazer recriminações pelo passado; só não posso deixar de contestar a afirmação de que só dependia de mim me fazer conhecer mais cedo como um homem que está em plena posse de suas forças mentais e que sabe se comportar adequadamente em companhia de qualquer pessoa bem-educada. Em minha opinião, isso *já teria sido possível pelo menos a partir do início de 1897*.

[425]

De qualquer modo, de acordo como o que consta no parecer (fl. 27 da minha cópia), o próprio senhor perito chegou à convicção de que no meu caso não se faz nenhuma objeção relevante a que eu participe de qualquer forma de contato social, como os eventos em que se reúnem muitas pessoas (teatro, igreja etc.). A experiência ensina que os processos patológicos que se observam nessas ocasiões não são de natureza a provocar um grave incômodo aos demais.

À descrição do meu comportamento social se segue uma outra observação, pela qual o senhor perito de certa forma se contrapõe ao Tribunal de Primeira Instância de Dresden, o qual, em sua deliberação de 13 de março de 1900, me julga capaz de presidir as audiências mais difíceis, de proferir uma sentença da maneira mais irrepreensível etc. Concordo plenamente com o senhor perito quanto ao fato de que as afirmações do Tribunal requerem certas restrições, mas gostaria de ressaltar ainda mais claramente o que consta no parecer, em que consistem essas restrições. Em minha opinião, minha capacidade de *expressar meu pensamento por escrito* ainda hoje poderia corresponder a qualquer exigência que me fosse feita pela minha antiga profissão de juiz de um tribunal superior; considero-me ainda hoje capaz de lavrar satisfatoriamente uma sentença, mesmo de acordo com as regras mais exigentes, bem como de realizar qualquer outro trabalho escrito que a profissão de juiz comporta. Porque diante da expressão escrita do pensamento todos os milagres se revelam impotentes; a paralisia nos dedos que se tenta provocar de vez em quando de fato dificulta o ato de escrever, mas não o impossibilita, e as tentativas de distrair meu pensamento são facilmente superáveis quando posso me expressar por escrito e tenho tempo suficiente para concentrar meu espírito. Consequentemente, aquilo que *escrevi*, desde que me foi posto de novo à disposição material para escrever e eu manifestei inclinação a escrever, *sempre*, mesmo nos primeiros anos da minha doença, revelou um homem de mente absolutamente clara. É bem diferente a situação quando se trata de uma expressão oral do pensamento. Aí os milagres que interferem em meus órgãos da respiração e da fala, associados à dispersão do pensamento, atuam de modo bastante perturbador. E como simultaneamente permaneço absorto por causa das alucinações — percepção de vozes —, subscrevo a afirmação do senhor perito segundo a qual dificilmente eu poderia chegar àquela concentração mental necessária para presidir uma audiência, participar das sessões do Conselho etc. Não se trata, portanto, propriamente de um defeito intelectual, mas de certas influências que impedem uma pronta expressão oral e que a meu ver derivam de milagres, ao passo que para o senhor perito derivam de processos puramente patológicos.

Isso, para completar o quadro da minha personalidade dado pelo senhor perito em seu parecer. Agora cumpre responder à questão de saber se a doença mental que me é atribuída me torna incapaz de cuidar de meus negócios, ou seja, de agir racionalmente na vida prática.

Nesse sentido, gostaria novamente de fazer uma observação: a meu ver, cabe à parte contrária, ou seja, ao Ministério Público, o *ônus da prova*. Pois, como a lei não reconhece a doença mental pura e simplesmente como um motivo para a interdição, mas pressupõe uma doença mental de uma natureza tal que tenha como resultado impedir a pessoa em causa de administrar de modo razoável seus próprios negócios, a rigor deveria ser da competência de quem *requer* a interdição fornecer ao juiz as provas concretas necessárias. Portanto, vagos temores, expressões genéricas do tipo "Não há a menor condição de prever" se, devolvida a liberdade de dispor da minha pessoa e dos meus bens, eu não me deixarei levar por minhas ideias delirantes e alucinações a ações irracionais de qualquer natureza, não po-

[428] dem ser suficientes para equiparar juridicamente a uma criança de menos de sete anos um homem como eu, em quem forçosamente se reconhecerá um alto nível intelectual e moral. Seria melhor provar, *com base na experiência concreta*, em particular dos últimos anos, se e em que sentido minhas alucinações e ideias delirantes provocaram em mim uma tendência a agir de modo irracional. É verdade que a oportunidade para recolher experiências desse tipo, para quem está recluso em um sanatório, não é tão farta como para alguém que se encontra em liberdade. Só que, por um lado, *não é culpa minha se fiquei confinado no sanatório, proibido de sair, ainda durante muitos anos*, depois de ter desaparecido o motivo original de proteger a mim mesmo e aos demais de perigos ameaçadores; por outro lado, a maior liberdade de movimento que me foi concedida de um ano para cá, a meu ver, proporcionou provas suficientes para constatar que a reconquista da liberdade de dispor da minha pessoa e do meu patrimônio não leva a temer atos irracionais da minha parte. Desde essa época, tenho tomado centenas de refeições junto à família do diretor do sanatório, participado de excursões mais ou menos longas, em parte a pé, em parte utilizando barcos a vapor e trens de ferro, frequentado locais públicos de diversão, lojas, igrejas, teatro, concerto, não raro sem ser acompanhado por um enfermeiro do sanatório, e disponho sempre de uma soma, embora modesta, de dinheiro líquido. *Jamais, em nenhuma dessas ocasiões, alguém pôde perceber o menor sinal de um comportamento irracional*. Nunca me ocorreu molestar outras pessoas com a comunicação de minhas ideias delirantes e alucinações; creio poder afirmar,

[429] por exemplo, que as senhoras que se encontravam à mesa do diretor, se não

344

foram casualmente, por outras vias, informadas sobre a questão, não terão tido a menor percepção da existência dessas ideias delirantes e alucinações. É verdade que às vezes me referi ao assunto, por escrito, a minha esposa e a meus parentes. Mas isso se justifica pela intimidade que deve existir entre cônjuges e familiares, que não permitiria ocultar da outra parte tudo o que diz respeito à vida afetiva e intelectual. Mas, mesmo nesse caso, essas comunicações nunca se deram de modo inadequado, e sim, na maioria das vezes, mediante uma solicitação especial. A *única* coisa que pode soar como irracional aos olhos das outras pessoas é a circunstância apontada pelo senhor perito de que às vezes eu sou encontrado com o tronco seminu diante do espelho ou algum outro lugar, enfeitado com adereços um tanto femininos (fitas, colares de bijuteria etc.). Mas isso só acontece *quando estou só*, e nunca, pelo menos até onde eu possa evitar, na presença de outras pessoas. As poucas compras necessárias (também de material de costura e outras coisas do gênero) foram feitas, na maior parte das vezes, pelos empregados do sanatório, e custaram apenas uns poucos marcos, e portanto não devem ser levadas em consideração do ponto de vista puramente financeiro. *Tenho boas e sólidas razões* para o comportamento acima descrito, por mais tolo ou desprezível que ele possa parecer para as pessoas. Com isso viso atenuar de modo substancial os *estados de urros*, tão molestos para mim e para o ambiente, nos momentos em que necessito de paz de espírito — pois não se pode passar o dia todo a tocar piano, ler, escrever ou realizar qualquer outra tarefa intelectual. A situação talvez não fique clara para as outras pessoas; quem se interessar por isso poderá ler o capítulo 21 das minhas *Memórias*. [430] Mas, em todo caso, para mim essa circunstância foi confirmada, sem sombra de dúvida, por uma experiência de muitos anos, de modo que não posso reconhecer o julgamento alheio sobre a adequação ou não dessas medidas. Mesmo quem parta da suposição de que essa vantagem existe só na minha imaginação (e devo naturalmente supor que seja esse o caso das outras pessoas), na pior das hipóteses não poderá ver na conduta acima descrita mais do que um capricho incompreensível ao qual não se pode negar o predicado da *mais absoluta inocuidade*, a não ser talvez na relação com minha esposa, sobre a qual falarei mais adiante, uma vez que essa conduta não implica nenhum tipo de prejuízo nem para mim nem para os demais. E mesmo o perigo de um resfriado, aventado pelo senhor perito, certamente fica excluído em condições normais de temperatura ambiente, como demonstra claramente o exemplo das senhoras com vestidos decotados.

O citado uso de adereços femininos etc. visivelmente influenciou de modo considerável a opinião da perícia e da sentença sobre a minha pessoa, e por isso preciso demorar-me um pouco mais sobre essa questão. Mas esse é o *único* ponto com relação ao qual se pode e talvez se venha a poder dizer ainda que o meu comportamento, diante do mundo externo e particularmente diante das pessoas, sofre a influência de minhas ideias delirantes e alucinações. E com isso chego à frase do laudo pericial que, a meu ver, constitui a principal base de sustentação dessa tese e é também por isso mesmo o objeto principal da minha contestação. Na quarta folha, a contar do final da minha cópia do relatório, o senhor perito diz:

[431]

> O elemento mais importante para avaliar a capacidade de agir do paciente é e continua sendo sempre o fato de que ele não revela compreensão da natureza mórbida das inspirações e das ideias que o movem, e tudo o que se apresenta à observação objetiva como alucinação e ideia delirante é para ele certeza inabalável e legítimo motivo de ação.

Com o mesmo vigor com que digo "sim" à primeira parte (a) dessa tese, ou seja, que meu sistema delirante constitui para mim certeza inabalável, contraponho um decidido "não" à segunda parte (b), segundo a qual minhas ideias delirantes constituiriam legítimo motivo de ação. "Meu reino não é deste mundo", diria eu com Jesus Cristo; minhas chamadas ideias delirantes se referem exclusivamente a Deus e ao Além e não podem exercer nenhuma influência sobre meu comportamento com relação a todas as coisas terrenas, se assim posso me expressar — com exceção do mencionado capricho, que mesmo assim é algo que visa provocar em Deus uma determinada impressão. Não sei como o senhor perito chega à tese oposta, de que minhas ideias delirantes seriam para mim legítimo motivo de ação; em todo caso, não creio ter dado motivos para essa suposição, seja pelo meu comportamento, seja pelas afirmações escritas nas minhas *Memórias*. Nestas, ressaltei várias vezes que faço aquilo que aos outros pode parecer estranho, unicamente "à medida que a consideração pelo ambiente o permita" (capítulo 13 das *Memórias*, não muito longe do início), ou "a sós com Deus" (capítulo 21 das *Memórias*, no segundo terço). Minhas ideias delirantes e minhas alucinações *não chegam* a tocar naquilo que a lei entende por "negócios", ou seja, salvaguarda todos os interesses vitais, incluindo os patrimoniais. Contra-

[432] riamente ao que entende o senhor perito e, antes dele, em parte também

o conselheiro de justiça, sr. Thürmer, não tenho a mais remota intenção de tomar qualquer medida que implique sacrifícios pecuniários para propagar a minha fé nos milagres, para fazer comprovar a existência de nervos da volúpia no meu corpo, ou para aumentar o "prazer material" derivado desses nervos. Quem considerar possíveis coisas desse tipo não penetrou nem um pouco na vida interior do meu espírito — com isso naturalmente não pretendo recriminar ninguém, pois tal penetração na verdade é totalmente impossível para os outros homens. A segurança do meu conhecimento de Deus e das coisas divinas é tão grande e inabalável que para mim é indiferente o que pensam os outros homens sobre a verdade ou verossimilhança das minhas ideias. Por isso — com exceção dos fins do presente processo —, nesse sentido não farei nada mais além de divulgar minhas experiências e reflexões, como é o caso da intenção de publicar as *Memórias*; não moverei um dedo sequer para demonstrá-las ou comprová-las. Meu ponto de vista coincide com o de Lutero: "Se for obra humana, passará; se for obra divina, ficará". Esperarei pacientemente que fatos concretos indubitáveis imponham também aos outros homens a convicção da veracidade das minhas ideias delirantes. Considerações semelhantes valem para o "prazer material" a que alude o senhor perito, ou o aumento do bem-estar físico proveniente da volúpia de alma, como costumo chamar. Isso me acontece por força de uma necessidade interior, sem que eu precise fazer nada e sem que determinadas medidas possam provocar seu aumento sensível. Por isso nunca me passaria pela cabeça substituir os poucos trapos ou peças de bijuteria que constituem os meus chamados adereços femininos por algo que pudesse parecer joia ou enfeite autêntico, mesmo aos olhos de uma pobre criada. Porque não providenciei ou construí tais objetos para [433] meu prazer, mas para provocar em Deus uma determinada impressão, e para esse fim bastam objetos falsos e sem valor.

Creio poder reivindicar que se dê crédito a todas as afirmações que fiz acima sobre o meu futuro comportamento, pois nunca dei oportunidade a que se duvidasse do caráter inabalável do meu amor à verdade. Desse modo, em minha opinião, eliminam-se todos os temores a que se referem a sentença e o laudo pericial, quando julgam que "não se pode prever" se minhas ideias delirantes me levarão a agir irracionalmente *em uma direção que não pode ser de antemão determinada*. Os únicos argumentos para a manutenção da minha interdição ficaram sendo, pois, os dois elementos especificados na fundamentação da sentença, ou seja, o temor de que a restituição da liberdade de dispor da minha pessoa e do meu patrimônio "destrua o relacionamento com minha esposa" e de que a publicação das *Memórias* me comprometa diante dos outros ou me exponha ao perigo de um processo. Quero agora considerar mais de perto esses dois pontos.

a) Quanto ao primeiro temor, parece-me que a observação da sentença de que eu "destruiria o relacionamento com minha esposa" por meio de atos irracionais faz com que compareça aqui uma consideração que de fato seria de grande significado para a vida afetiva das pessoas envolvidas, mas que não tem relevância jurídica para o reconhecimento da *capacidade civil.*

[434] A sociedade conjugal com minha esposa já foi, tanto quanto possível, dissolvida há anos, em consequência da minha enfermidade, e assim permanecerá por tempo indeterminado, talvez até a morte de um dos cônjuges, justamente no caso de ser mantida a interdição. Se tiver algum sentido a observação sobre a ameaça de destruição do relacionamento com minha esposa, só pode ser o de que poderiam vacilar e se asfixiarem os sentimentos de amor e consideração que minha esposa ainda tem por mim. Trata-se, evidentemente, de um capítulo muito delicado, com relação ao qual as pessoas que nunca puderam conhecer na intimidade a relação conjugal em questão deveriam demonstrar grande reserva e cautela. Mas sobretudo devo ressaltar categoricamente que a interdição deve ter lugar *apenas no interesse do próprio interditado*, para protegê-lo de eventuais perigos resultantes da sua tendência a agir de modo irracional, e nunca para preservar terceiros, mesmo que sejam os familiares mais próximos, de qualquer prejuízo, ou para preservar neles um certo estado de ânimo que pode ser importante para seu equilíbrio mental, mas não faz parte das relações sociais reguladas pelo *direito*. Ao lado dos interesses vitais que dizem respeito à própria pessoa do interditado, a *assistência aos familiares* (ver disposição ministerial citada na abertura da fundamentação da sentença) pode entrar em consideração só na medida em que essa assistência *recai por lei* sobre o interditado, ou seja, no caso presente, na medida em que se trata de *prover uma subsistência adequada*. A essa obrigação jamais me subtrairei, particularmente no sentido de proporcionar à minha esposa todos os recursos necessários para viver em estado de separação caso as circunstâncias sejam tais que

[435] não se possa pretender que minha esposa viva comigo. Se eu realmente tivesse tão pouca compreensão dos meus deveres morais para com minha esposa, a ponto de pôr de lado qualquer consideração pela sua saúde, sua tranquilidade de espírito e seus naturais sentimentos de mulher, haveria

348

bons motivos para se ter pouco apreço pelo *valor moral da minha personali-dade, mas jamais se poderia deduzir daí um motivo para me negar a capacidade civil*. Se eu fosse tão insensível a ponto de não sentir como infelicidade a perda do amor de minha esposa, seria bem difícil que a morte desse amor implicasse qualquer prejuízo: a separação de fato já impede inteiramente minha esposa de *realizar* seu amor por meio de atenções que favoreçam o meu bem-estar físico e mental ou da troca de ideias sobre nossos interesses mútuos. Diante disso, têm muito pouca relevância suas ocasionais visitas e os presentes que vez por outra me traz: se eu fosse senhor do meu patrimô-nio, seria bem fácil para mim adquirir os objetos com que sou presenteado.

Com essas considerações, creio ter provado que todas as observações do laudo pericial e da sentença sobre a "ameaça da dissolução da relação com minha esposa" e sobre os "danos acarretados à sociedade conjugal" etc. são irrelevantes para decidir o presente processo.

Para me apresentar perante os senhores meus juízes sob uma luz mais favorável do que aquela que se depreende de certas afirmações do relatório pericial e da sentença, quero ainda acrescentar algumas observações a res-peito das relações com minha esposa e dos inconvenientes que os chama- [436] dos estados de urros provocam no meu ambiente atual (e eventualmente futuro). Todas as considerações periciais sobre a relação com minha esposa e que provavelmente se baseiam em entrevistas desta com o senhor perito revelam *graves mal-entendidos* — deixo em aberto a questão de saber se foi minha esposa que me entendeu mal (coisa possível, dada a raridade dos encontros) ou se foi o senhor perito que a entendeu mal. Nunca apreciei a ideia de um divórcio ou deixei transparecer indiferença quanto ao prolon-gamento do vínculo conjugal, como se poderia supor lendo a expressão do laudo pericial, segundo a qual "tenho sempre pronta a alusão ao fato de que minha esposa poderia se divorciar". Toda a volumosa correspondência que troquei durante anos com minha esposa poderia demonstrar o terno amor que a ela dedico e o quanto sofro com o fato de que ela tenha ficado profun-damente infeliz com a minha enfermidade e com a dissolução de fato do ca-samento, e como é grande o interesse que tenho pelo seu destino pessoal. Consequentemente, se considerei a eventualidade de um divórcio, foi uni-camente no sentido de que algumas vezes disse a minha esposa que, se lhe fosse impossível conservar o antigo amor e respeito — por causa de uma certa ideia que me domina, pela qual ela naturalmente não tem simpatia, e por causa das consequentes extravagâncias do meu comportamento —, ela,

[437] por lei, teria o direito de requerer o divórcio, por motivo de doença mental com duração superior a três anos. Mas sempre acrescentei que o lamentaria profundamente e, por outro lado, observei a ela que nesse caso ela naturalmente não poderia reivindicar as rendas do meu patrimônio nem minha pensão, recebida por vinte e oito anos de serviços públicos. (Aliás, minha esposa não é uma pessoa sem posses; contudo, a maior parte dos bens cuja renda ela recebe provém de mim.) Sempre tive a maior compreensão pela consideração que devo à minha esposa e o expressei tanto a ela quanto a outros. Para comprová-lo, reproduzo aqui, a título de exemplo, a nota 76 do capítulo 13 das minhas *Memórias*.

> Aqui se impõe para mim uma discrição particular, especialmente com relação à minha esposa, para com a qual conservo inteiramente intacto o meu antigo afeto. É possível que a esse respeito eu tenha cometido alguns erros, falando ou escrevendo de maneira excessivamente franca. Minha esposa, naturalmente, não pode compreender inteiramente o curso das minhas ideias; ela não pode deixar de ter grande dificuldade em continuar a me dedicar o mesmo afeto e o mesmo respeito de antes, ao ouvir dizer que me ocupo da ideia de minha iminente transformação em mulher. Posso lamentá-lo, mas não modificá-lo; mesmo aqui, devo me precaver contra qualquer falso sentimentalismo.

Não sei como se chega a supor que, nas relações com minha esposa, eu poderia deixar de demonstrar o tato e a sensibilidade que habitualmente me são atribuídos. É *evidente* — e é nessa linha que sempre agi até hoje — que pouparia minha esposa de qualquer espetáculo penoso na sua presença; e só contra a vontade lhe mostrei meus adereços femininos, quando ela o pediu, com uma perdoável curiosidade feminina. É, pois, *evidente* que não constrangeria minha esposa a uma vida em comum e muito menos abusaria de meus direitos conjugais para exercer uma coação dessa natureza no momento em que a experiência lhe demonstrasse que a vida em comum ficou insuportável por causa das chamadas vociferações ou estados de ur-
[438] ros. O senhor perito, portanto, comete uma pequena injustiça quando fala de um "egoísmo patologicamente exaltado", pelo qual eu "não pensaria nem um pouco" (!!) no quanto minha esposa sofre com a minha "conduta extravagante" e pelo qual eu também consideraria irrelevante o incômodo causado ao ambiente e só saberia me queixar do meu próprio mal-estar.

O próprio senhor perito reconhece que as vociferações se verificam de modo compulsivo e automático, *contra a minha vontade*, e com isso minha esposa no momento não sofre, uma vez que vive separada de mim; se com minha "conduta extravagante" se pretende aludir ao eventual uso de adereços femininos, já observei anteriormente que nunca fiz com que minha esposa o testemunhasse, ao passo que tenho todas as razões para fazê-lo quando estou sozinho. A afirmação de que eu consideraria irrelevante o incômodo causado ao ambiente e só saberia me queixar do meu próprio mal-estar é refutada pelo texto de uma representação (aduzo uma única prova, para não me prolongar muito) dirigida à direção do sanatório, onde escrevo:

> Ainda sou atormentado pelos estados de urros que repetidas vezes já descrevi à direção do sanatório. Esses estados se verificam em diversos momentos e em várias ocasiões com duração e intensidade muito variadas, mas às vezes assumem dimensões tais que eu mesmo tenho a sensação de *não poder aparecer no corredor sem incomodar os pacientes*. [439]
>
> Mesmo no jardim, esses estados às vezes se verificam durante todo o passeio, quase ininterruptamente, sobretudo quando (hoje acrescento: somente quando) me falta oportunidade de conversar com pessoas cultas etc.

De resto, para todos esses fenômenos ligados aos urros ou às chamadas vociferações valem unicamente precauções de ordem *policial*, que, como a própria sentença reconhece, não devem ser levadas em conta quando se trata de avaliar a legitimidade da interdição. Se fora do sanatório os urros etc. viessem a provocar uma perturbação da tranquilidade pública, que "não poderia ser tolerada em uma residência" — o que não considero, como o faz o senhor perito, como ponto pacífico, e que de qualquer modo deveria ser comprovado tentando-se essa experiência —, eu mesmo seria suficientemente compreensivo para reconhecer o caráter inoportuno da permanência fora de um sanatório fechado e *espontaneamente* voltaria para lá, sem necessidade de qualquer tipo de coerção a que se teria direito por motivos policiais.

b) Um segundo "exemplo" do quanto meu modo de agir é pressionado por ideias mórbidas seria oferecido, de acordo com a sentença impugnada, pelas minhas *Memórias* e pelo desejo de publicá-las. Ora, em si mesmo não é insensato que um homem deseje divulgar para amplos círculos o fruto de sua atividade intelectual. Qualquer poetastro que tenha forjado um par de versos deseja ver publicado seu trabalho e qualquer um o compreende, mesmo que a ausência de valor poético da obra seja desde o início evidente para qualquer observador experiente. Assim sendo, talvez para muitos leitores também as minhas *Memórias*, num primeiro momento, possam parecer

[440] confusas, fantásticas e indignas do material tipográfico que despenderiam. Ainda assim, continua sendo uma questão delicada decidir antecipadamente se uma obra do espírito é ou não adequada para publicação; nem mesmo as autoridades dos diversos campos do saber humano (e muito menos quaisquer juízes) são sempre os mais capacitados para tal julgamento: não seria a primeira vez na história que é recebida pelos contemporâneos com ironia e escárnio e considerada fruto da loucura, uma nova descoberta científica, uma nova visão do mundo, uma nova invenção — e que depois será reconhecida como revolucionária. Mas o Tribunal me informa que minhas *Memórias* são impróprias para publicação porque nelas eu exporia a mim mesmo e minha família de modo inaudito, arriscando-me até a sofrer um processo penal. Isso porque eu me sirvo de expressões altamente escandalosas, revelo os mais íntimos segredos familiares e designo com termos ofensivos pessoas vivas muito respeitáveis, descrevo sem pudor as situações mais escabrosas e com isso só dou provas de que perdi inteiramente a capacidade de distinguir entre o que é permitido e o que não é.

Diante de todas essas argumentações, gostaria em primeiro lugar de observar que a almejada publicação das minhas *Memórias* não deve ser entendida no sentido de que as mandarei imprimir *exatamente como estão, sem qualquer modificação*. Num primeiro momento, as escrevi sem a intenção de publicá-las, como observei expressamente no Prólogo. Uma vez que esse Prólogo contém *in nuce* também uma réplica (antecipada) às críticas — então ainda inexistentes — expressas nos termos da perícia e da sentença, re-

[441] produzo aqui seu texto literal:

Ao começar este trabalho, ainda não pensava em uma publicação. A ideia só me ocorreu mais tarde, à medida que ele avançava. *A esse respeito não deixei de levar em conta as objeções que parecem se opor a uma publicação*: trata-se, especialmente, da consideração por algumas pessoas que ainda vivem. Por outro lado, creio que poderia ser valioso para a ciência e para o conhecimento de verdades religiosas possibilitar, ainda durante a minha vida, quaisquer observações da parte de profissionais sobre meu corpo e meu destino pessoal. Diante dessa ponderação, deve calar-se qualquer escrúpulo de ordem pessoal.

Consequentemente, se um dia minhas *Memórias* forem publicadas, não fica excluída a possibilidade de que eu as reexamine, para ver se se pode, sem prejuízo do conjunto, tirar essa ou aquela passagem, atenuar alguma expressão etc. A perspectiva de conseguir publicar o meu trabalho, aliás, não é tão remota como pretende o senhor perito. Quando afirma no relatório pericial (na penúltima página da minha cópia) que eu entrei em contato com um editor para publicá-las, "até agora, naturalmente, em vão", o senhor perito ignorava que em duas cartas, de 5 de novembro e 2 de dezembro de 1900, o editor Friedrich Fleischer, de Leipzig, me promete com palavras bem claras que, caso seja levantada a interdição, está à disposição para colaborar com a publicação.

Mas, mesmo no caso de serem as minhas *Memórias* impressas na forma atual, *sem qualquer modificação*, devo me defender da maneira mais categórica da acusação de *comprometer* qualquer membro da minha família. A memória de meu pai e de meu irmão, bem como a honra de minha esposa, [442] são para mim tão sagradas como para qualquer pessoa numa situação análoga, para quem é caro o bom nome de seus familiares mais próximos. Por isso não relato nelas a menor coisa que possa turvar a recordação de meu pai e de meu irmão ou prejudicar a reputação de minha esposa. Trata-se, no caso, unicamente da descrição de *estados patológicos* em certos aspectos muito peculiares, dos quais não se pode inferir qualquer recriminação para as pessoas em questão. Por outro lado, quanto ao perigo de que eu possa me expor ou comprometer *a mim mesmo* pela divulgação das minhas *Memórias*, assumo esse risco com plena consciência e perfeita serenidade. O pior que poderia me acontecer seria apenas que me considerassem mentalmente perturbado, e *isso já acontece de qualquer modo*. Portanto, aqui eu nada teria a perder. Mas na verdade não acredito precisar temer que qualquer um que se dê ao trabalho de ler com atenção as minhas *Memórias* tenha por mim, depois da leitura, menor consideração do que antes. O fato de que no meu trabalho se dedique um amplo espaço à discussão de questões sexuais não provém da minha predisposição ou predileção, mas da circunstância de que tais questões desempenhavam um papel muito importante no relacionamento com as vozes que falavam comigo, o que por sua vez vem da estreita relação — ainda não reconhecida até agora pelos homens — entre a volúpia e a beatitude das almas defuntas (ver capítulo 21 das minhas *Memórias*). Mas certamente não se poderá afirmar que eu de algum modo tenha me deleitado com a vulgaridade; ninguém poderá deixar de reconhecer a seriedade moral que permeia todo o meu traba-

[443] lho, que não tem outro objetivo senão a busca da verdade; ninguém poderá deixar de ter a impressão de que sempre que precisei exercer sobre Deus e sobre as coisas divinas uma crítica, por assim dizer, desfavorável, procurei ansiosamente evitar qualquer mal-entendido que pudesse abalar as bases de uma autêntica religiosidade (ver final do capítulo 5 das *Memórias*, nota 97 do capítulo 16; Suplemento 5 etc.). É verdade que vez por outra são usadas expressões fortes; só que essas expressões não são fruto da minha mente, mas — até onde posso ver — só ocorrem quando me refiro ao conteúdo das minhas conversas com as vozes. Não é minha culpa se essas vozes frequentemente fazem uso de expressões que não são adequadas para um salão de sociedade; para dar maior fidelidade à exposição, precisei muitas vezes reproduzi-las literalmente. Para dar um exemplo de como as "expressões fortes" utilizadas pelas vozes não podem ser um produto arbitrário dos meus próprios nervos, quero apenas acrescentar o seguinte: o termo particularmente chocante que começa por f... não terá, na minha vida pregressa, saído de meus lábios talvez nem dez vezes, ao passo que no curso dos últimos anos eu o ouvi, dito pelas vozes, dezenas de milhares de vezes. Se meus nervos nem ao menos estavam habituados ao uso dessa palavra, como poderiam eles conseguir por si mesmos, sem uma influência externa, sugerir-me ou cochichar-me permanentemente esses termos? De resto, minhas *Memórias* não foram escritas para jovenzinhos ou para moças de família; qualquer pessoa mais esclarecida poderá querer me recriminar por nem sempre ter encontrado o tom que as sensíveis diretoras de colégio consideram adequado para seus pupilos. Quem quiser abrir o caminho de uma nova concepção religiosa precisa ser capaz de usar pa-

[444] lavras inflamadas, como Jesus Cristo diante dos fariseus, ou Lutero diante do papa e dos poderosos da Terra. A garantia mais sólida de que a publicação das minhas *Memórias* não me "compromete diante dos outros", isto é, não me faz perder sua estima, me é dada pelo comportamento dos médicos deste sanatório, e entre eles o próprio senhor perito. Não há dúvida — e esses senhores o admitirão tacitamente — de que o tratamento que me é concedido neste sanatório se tornou *muito mais respeitoso* desde que se tomou conhecimento do conteúdo das minhas *Memórias*, atingindo, assim,

uma visão da minha personalidade espiritual e moral totalmente diferente da que até então talvez fosse possível. Da mesma forma, na apreciação moral das outras pessoas eu só poderia ganhar, não perder.

Sou ainda acusado de ter me referido com palavras ofensivas a "personalidade vivas muito respeitáveis". Isso só pode se referir ao sr. conselheiro prof. Flechsig, de Leipzig. Mas, com relação a ele, a acusação de adotar termos ofensivos não procede; pediria que me fosse apontado um só trecho das minhas *Memórias* em que eu tenha me servido de alguma expressão ofensiva com referência ao sr. conselheiro prof. dr. Flechsig. A única coisa verdadeira é que relatei certos acontecimentos, que precisei considerar verdadeiros, de acordo com as comunicações feitas pelas vozes que falavam comigo e que, se verdadeiras e referidas ao *homem*, conselheiro dr. Flechsig, seriam capazes de rebaixá-lo na consideração pública, e se fossem falsas constituiriam uma ofensa. O risco de uma punição legal, de fato, não fica excluído, mas eu o assumo com plena consciência. Para melhor esclarecer meu ponto de vista, sejam aqui citados dois textos antigos meus, ambos [445] *anteriores* à sentença, quando eu ainda desconhecia o conteúdo dos pareceres apresentados. Esse texto só me chegou às mãos nas últimas semanas (fim de maio a início de julho de 1901). A 4 de fevereiro de 1901 enviei à direção do sanatório a seguinte representação:

A direção do Real Sanatório sabe que penso publicar minhas *Memórias*, e espero poder fazê-lo quando for levantada a minha interdição.

Dúvidas sobre a oportunidade da publicação me ocuparam longa e profundamente. Não ignoro que, com relação a certos trechos das minhas *Memórias*, o conselheiro prof. dr. Flechsig, de Leipzig, poderia se sentir motivado a solicitar minha punição por difamação e, eventualmente, também a pedir a apreensão de toda a obra como corpo de delito de uma ação penal (art. 40 do Código Penal). Mas, finalmente, decidi manter o propósito da publicação.

Sei que estou isento de qualquer animosidade pessoal com relação ao conselheiro prof. dr. Flechsig. Por isso, nas minhas *Memórias* só incluí os dados relativos a ele que eram a meu ver indispensáveis para se compreender a exposição no seu conjunto. No caso da publicação das minhas *Memórias*, eu talvez cancele a nota mais ofensiva, que não é imprescindível no conjunto. Espero que nesse caso também no espírito do conselheiro prof. dr. Flechsig o interesse científico pelo conteúdo [446] das minhas *Memórias* prevaleça sobre eventuais suscetibilidades pessoais. Caso contrário, o peso que atribuo à divulgação do meu trabalho, com relação ao enriquecimento científico que dele se deve esperar e ao esclarecimento de opiniões religiosas, é tão grande que eu aceitaria o risco de ser condenado por difamação e de sofrer perdas materiais que me ameaçariam em caso de apreensão da edição.

Naturalmente, não faço esta comunicação à direção deste Real Instituto com o objetivo de obter seu depoimento sobre a possibilidade de que eu seja condenado, *mas apenas com o intuito de produzir também com isso mais uma prova da cautela com que eu antecipadamente pondero as consequências de todas as minhas ações e da falta de consistência da opinião segundo a qual eu seria uma pessoa incapaz de cuidar dos próprios interesses.*

Além disso, perto do final do Suplemento 6 das minhas *Memórias*, observa-se o seguinte:

> Caso meu presente trabalho seja publicado, estou bem consciente de que há uma personalidade que poderia se sentir ofendida por tal publicação. É o conselheiro prof. dr. Flechsig, de Leipzig. A esse respeito já me expressei em um arrazoado datado de 4 de fevereiro deste ano, enviado à direção deste sanatório, cujo teor reproduzo a seguir. (Segue a citação anterior.)

[447]   A isso devem ser acrescentadas ainda algumas observações.

Devo pressupor como coisa óbvia que o conselheiro prof. dr. Flechsig ainda se recorde, pelo menos no conjunto, dos acontecimentos externos relacionados à minha estada na clínica psiquiátrica universitária dirigida por ele. Em compensação, não ouso afirmar com certeza que ele um dia tenha tido consciência das coisas sobrenaturais ligadas ao seu nome, pelas quais esse nome me foi mencionado e *ainda hoje é mencionado diariamente* pelas vozes. Admito a possibilidade de que ele, enquanto homem, tenha estado e ainda esteja muito distante dessas coisas; naturalmente resta a questão de saber como, em relação a um homem que ainda vive, se pode falar de uma alma diferente dele, existente fora do seu corpo. Entretanto, de acordo com milhares de experiências feitas diretamente por mim, estou certo de que essa alma, ou pelo menos uma parte dela, existiu e *ainda existe até hoje*. Por isso devo também *reconhecer* como algo *possível* que tudo o que foi relatado nos primeiros capítulos das minhas *Memórias* sobre fenômenos ligados ao nome de Flechsig se refere apenas à alma de Flechsig, que deve ser distinguida do homem vivo e cuja existência particular é certamente segura, mas inexplicável por vias naturais. Portanto, está totalmente distante de mim a intenção de atacar, ao modo que for, a honra do conselheiro prof. dr. Flechsig.

Pouco tenho a acrescentar às declarações acima apresentadas. Delas ressalta com evidência que, quanto à intenção de publicar as minha *Memórias*, tive desde o início *a maior compreensão* das possíveis consequências de tal ato *e me parece que isso seja decisivo para resolver de modo positivo ou negativo a questão relativa à minha capacidade civil*. Se, além dos sofrimentos inenarráveis pelos quais já passei, quero assumir, em nome de um objetivo sagrado para mim, também o martírio de uma eventual condenação, a meu ver não há ninguém que tenha o direito de me impedir de fazê-lo. Não posso desejar que com a minha morte também o conhecimento de Deus que me foi revelado mergulhe no nada, deixando perdida para a humanidade uma oportunidade, talvez única, de ter uma imagem mais correta do Além. De resto, não é certo que eu deva realmente esperar, da parte do conselheiro prof. dr. Flechsig, uma queixa por difamação ou que tal queixa resulte necessariamente numa condenação. De qualquer modo, devo recusar polidamente a proteção que se me quer dar, que em vez de me preservar de uma detenção de, no máximo, alguns meses, prefere encerrar-me *por toda a vida* em um sanatório, privando-me da faculdade de dispor da minha pessoa e do meu patrimônio. [448]

Poderia encerrar aqui a fundamentação do recurso, pois creio ter refutado todos os pontos de vista importantes que na perícia e na sentença falam a favor da manutenção da curatela.

Mas um *novum*, relativo ao meu estado de saúde, surgido enquanto me ocupava da redação do presente texto, me leva a fazer ainda um adendo, pois de certo modo é algo que modifica meus planos para o futuro. Até agora acreditava que os soníferos que me eram administrados no atual sanatório eram inteiramente indiferentes para o meu sono, que na verdade dependeria *apenas* da influência dos raios (ver nota 29, capítulo 7 das *Memórias*). Sempre tomei os soníferos prescritos porque neste como em outros pontos submeto-me às ordens médicas. Mas este mês, durante algumas noites, se tentou prescindir dos soníferos. A tentativa teve como resultado que [449] durante aquelas noites dormi muito pouco ou nada. Não fica excluída a possibilidade de estar em jogo o acaso, uma vez que em outras ocasiões às vezes dormi mal uma ou mais noites. Entretanto, agora devo contar com a possibilidade ou probabilidade de não poder, pelo menos por enquanto, passar sem os soníferos. Isso não abalaria minimamente minha concepção básica segundo a qual a minha pessoa é objeto de milagres divinos e o meu sono se baseia, antes de mais nada, na unificação de todos os raios, pois seria possível que apenas o simples recurso a medicamentos pudesse proporcionar um sono cuja *duração* satisfizesse às exigências da natureza humana. Mas, nesse caso, meus planos para o futuro sofreriam uma modificação. *Não pertenço àquela classe de doentes mentais que insistem com veemência na sua alta sem levar em conta o modo como se organizará sua vida fora do sanatório.* Além do mais, a vida neste sanatório, nas atuais circunstâncias, não é para mim

[450] tão insuportável a ponto de — no caso de eu não poder mais viver com minha esposa — eu preferir, por exemplo, uma vida solitária fora do sanatório ao atual estado de coisas; seria difícil prever, por exemplo, caso os estados de urros continuem a ser um fenômeno frequente, se poderão ser suportados até mesmo por um criado. Por isso, enquanto eu não puder dispensar a ajuda artificial dos soníferos, aceito como *única solução correta e razoável* permanecer sob controle médico, e, portanto, o mais simples é continuar no sanatório, no qual já me encontro há sete anos. Acreditando ter com isso fornecido mais uma prova da minha concepção razoável e sensata das coisas, devo também ressaltar que a minha permanência aqui neste sanatório conserva o caráter de uma medida de higiene à qual — à parte precauções de ordem policial — *dou o meu livre assentimento*, enquanto pessoa razoável e nesse sentido capaz de cuidar dos próprios negócios. Trata-se de uma *questão de honra*: de fato, qual o homem que, tendo um nível intelectual tão elevado quanto o que pretendo poder reivindicar para mim, não sentiria como uma indignidade o fato de ser tratado juridicamente como uma criança de menos de sete anos, excluído da possibilidade de administrar nem ao menos por correspondência os seus bens, privado de qualquer informação sobre a situação desse patrimônio etc.? Mas o problema tem ainda um importantíssimo aspecto *prático*. A necessidade dos soníferos pode desaparecer mais cedo ou mais tarde, os estados de urros que preocupam a polícia po-

[451] dem ser atenuados, deixando de molestar as pessoas Nesse caso, se no momento adequado eu quisesse provocar uma mudança da minha situação, digamos, a título de experiência, para uma temporada em uma clínica privada,

deveria temer, enquanto durasse a interdição, ser enviado contra a minha vontade de Pôncio a Pilatos. Porque de fato é provável que, por um lado, a administração do sanatório, e, por outro, os meus familiares, o curador e o Tribunal (que nunca podem estar bem informados do meu estado) poderiam muito bem querer jogar de um para o outro a responsabilidade da minha alta ou de qualquer modificação na minha situação. Por isso tenho o maior interesse em só tratar desse assunto com a administração, em cuja compreensão e lealdade tenho a maior confiança e à qual devo contudo atribuir a *exclusiva responsabilidade* pelo eventual prolongamento, contra a minha vontade, da permanência no sanatório, com plena consciência das consequências que poderiam advir de tal decisão.

Concluo expressando ainda mais uma vez o desejo de que o senhor perito não interprete como prejuízo da elevada estima que merece a eventual dureza do tom que minhas observações podem involuntariamente ter assumido com relação a sua pessoa.

Sonnenstein, 23 de julho de 1901.

(ass.) Dr. Schreber, presidente da Corte de Apelação, em afastamento.

D.
Laudo pericial do conselheiro dr. Weber

(O.I. 152/00)

Sonnenstein, 5 de abril de 1902

À Real Corte de Apelação Primeira Câmara Civil
Dresden

[452] Foi para mim uma missão pouco agradável quando, a 14 de janeiro último, por deliberação da Corte de Apelação de Dresden, datada de 23 de dezembro de 1901, fui solicitado uma vez mais a dar um parecer sobre o estado psíquico do sr. presidente da Corte de Apelação, dr. Schreber. Há muitos anos sou o médico do queixoso, há muito tempo ele é meu convidado diário à mesa, e da minha parte entendo a relação entre nós, se assim posso dizer, como uma relação de amizade, e desejo ardentemente que esse homem, que passou por tantos sofrimentos, ainda consiga desfrutar a vida como ele

[453] acredita poder merecer, após tantas adversidades. Agora cabe a mim, diante desses esforços — que para ele são da maior importância e cujo êxito é a condição essencial para a sua felicidade futura —, descrever as coisas do ponto de vista médico-científico, tais como se apresentam à minha observação, fornecendo assim o material que eventualmente servirá para confirmar a interdição por ele contestada. No relato de observações feitas num relacionamento íntimo, há, no entanto, um componente que facilmente pode ser sentido e interpretado como abuso de confiança da parte do médico, e, mesmo que perante o Tribunal o médico seja dispensado do dever de discrição para com o paciente, ainda assim a revelação de seus fenômenos patológicos permanece dolorosa e não pode contribuir para dar à relação entre ambos aquele caráter de franqueza e confiança que deve haver. Por mais que o perito médico procure se manter objetivo em suas manifestações, jamais conseguirá fazer com que o doente mental reconheça que

suas opiniões têm um fundamento objetivo, a menos que o doente avalie corretamente o seu estado, demonstrando assim, no entanto, que ele de fato *não* está doente.

Por isso teria preferido que se chamasse um outro perito para fazer seu julgamento com base na documentação existente e, pelo mesmo motivo, no parecer anterior procurei especialmente ater-me à minha competência como perito médico, tal como a concebo. Mas essa postura foi considerada impertinente, tanto da parte requerente como da parte do Real Ministério Público; ainda assim, creio dever manter a minha opinião, embora nos casos mais comuns e evidentes seja o próprio perito (e não me excluo) quem, para simplificar, deduz as consequências que derivam da doença ou debilidade mental constatada. Permito-me referir-me nesse sentido, entre outras, às observações do Endemann (*Introdução ao estudo do código processual civil*, 3ª edição, pp. 147 ss.), e creio também poder deduzir do texto da requisição de provas que a Real Corte de Apelação não rejeita meu ponto de vista, pois não me pede um parecer sobre o problema de saber se a doença mental privou ou não o requerente da capacidade de cuidar dos próprios negócios, mas apenas um esclarecimento e uma complementação do meu parecer anterior. Com vistas à requerida *complementação*, demorei a dar o parecer para poder levar em consideração os acontecimentos dos últimos tempos, nos quais o queixoso pôde dispor não apenas de maior liberdade de movimento como também de uma maior soma de recursos financeiros. [454]

Ao responder à requisição de provas, gostaria de começar pelo terceiro quesito formulado, por ser este de ordem geral e porque sua resposta lança luz sobre vários pontos referentes aos quesitos anteriores.

Se se pode afirmar, talvez exagerando, que nenhuma folha de árvore é completamente idêntica à outra, isso vale ainda mais para as doenças do cérebro humano, entendido como substrato das funções psíquicas. O cérebro é um aparelho tão complexo e tão desenvolvido em tantos aspectos que os distúrbios nesse campo revelam uma infinita multiplicidade, os fenômenos anormais isolados se ligam uns aos outros em sua variedade tão inesgotável de combinações que, consequentemente, nenhum caso isolado é absolutamente idêntico a outro. Mesmo para quem não tem experiência no campo das doenças psíquicas, isso ficará evidente se se pensar no quanto as diversas individualidades psíquicas se distinguem umas das outras no que diz respeito à velocidade e riqueza de associações, à vivacidade e profundidade dos afetos, energia dos impulsos da vontade etc., de [455] tal modo que quase nunca uma personalidade coincide inteiramente com outra em todos os seus traços particulares. É natural que a individualidade originária exerça uma enorme influência sobre a configuração de um processo patológico e que ideias mórbidas, na forma e no conteúdo, devam assumir uma configuração muito diferente em uma pessoa intelectualmente bem-dotada, culta e eticamente superior e num indivíduo inferior desde o nascimento, pobremente desenvolvido e embotado; além disso, se se considerar que num determinado organismo o complexo funcionamento psíquico pode, por sua vez, estar perturbado em diversos sentidos, resultará daí uma infinita possibilidade de variações do quadro clínico. Mas, por mais que cada caso isolado de distúrbio mental assuma diversas formas e diversos matizes, por mais característico e singular que cada caso possa parecer a uma observação atenta, ainda assim a uma visão abrangente dos casos particulares se impõem inevitavelmente certos reagrupamentos, certos complexos de fenômenos patológicos que se distinguem mais ou menos uns dos outros de acordo com a evolução, decurso e final, pela participação de cada função psíquica particular e que levaram, de acordo com milhares de observações, à constatação de um certo número de formas de enfermidade. E, por mais que cada quadro clínico mental possa se apresentar com vários matizes e inesgotavelmente rico em variações, as diretrizes essenciais, no entanto, se manifestarão constantes, surpreendentemente monótonas, e, se se abstraírem os arabescos de cada caso, se repetirão os traços fundamentais das diversas enfermidades.

[456] A partir desse ponto de vista cientificamente seguro, não se pode dizer que o distúrbio particular que se apresenta no queixoso não seja conhecido até hoje pela psiquiatria; esse distúrbio de fato pertence a uma forma de doença mental bem conhecida e caracterizada, a paranoia, e apresenta todos os seus traços essenciais. Embora a paranoia seja em si mesma um distúrbio mental tão frequente, o presente caso não é um caso comum, corrente, na medida em que o próprio paciente não é um indivíduo comum, mediano. Na paranoia, mais do que em outras formas de doença, a personalidade originária do paciente, como dizíamos, reveste um significado determinante para a forma como se configura a loucura, e desde que não ocorra, por exemplo, um debilitamento psíquico secundário (raro no caso da paranoia), num homem intelectualmente bem-dotado, culto, com vivos interesses por problemas científicos e ideais, dotado de uma rica fantasia e de uma capacidade de julgamento bem exercitada, os produtos mórbidos assumirão

uma forma que corresponde a essa riqueza espiritual, ao passo que, quanto à formação e sistematização das ideias delirantes, o quadro clínico será semelhante ao de um homem cuja imaginação não vai além dos acontecimentos mais banais da vida cotidiana.

Já descrevi no parecer anterior a paranoia na sua forma patológica peculiar, mas a solicitação agora feita me leva a repetir brevemente a descrição. A paranoia é uma enfermidade eminentemente crônica. Na maioria das vezes evolui gradualmente, mas pode também começar de forma bastante aguda, manifestando-se como loucura alucinatória, e só depois do desaparecimento dos sintomas tempestuosos prosseguir lentamente no seu desenvolvimento gradual. Deve-se assinalar como traço característico da paranoia o fato de que, independentemente de uma participação primária de fortes anomalias emocionais, mas frequentemente em conexão com alucinações e erros de memória, ocorrem ideias delirantes que logo se fixam e se transformam em um sistema duradouro, que não se modifica e que se torna inabalável, no qual permanecem plenamente conservadas a capacidade de raciocínio, memória, ordem e lógica do curso do pensamento. Na [457] avaliação do estado geral, não tem um significado fundamental saber se as ideias delirantes se referem à apreensão do próprio corpo (forma hipocondríaca), ao campo político, religioso, sexual etc., mas deve ser ressaltado como fenômeno característico o fato de que o centro das representações mórbidas é sempre a própria pessoa e que habitualmente ideias de influência e de perseguição se combinam com ideias de supervalorização e, na maior parte dos casos, pelo menos durante um longo tempo, as ideias delirantes se limitam a um determinado campo de representações, permanecendo intactos os demais campos. Por esse motivo, antigamente se falava de uma "loucura parcial", e, embora hoje tenha se abandonado a concepção implícita nessa expressão, não se pode deixar de considerá-la de certo modo justa. Na verdade, todo sistema delirante, na medida em que é conduzido por um "indivíduo", um ser não divisível, deve influenciar o conjunto das ideias do paciente, e seria possível comprová-lo se pudéssemos acompanhar de perto cada ideia de uma pessoa em todas as suas relações com as outras ideias. Mas um acompanhamento como esse não é possível, e em muitos casos de paranoia a influência que o sistema delirante exerce sobre o julgamento em alguns complexos mais amplos de ideias, que tem uma relação apenas indireta e insignificante com o sistema, parece ser uma influência tão reduzida, mesmo para um observador atento, que poderia praticamente ser considerada nula. Talvez um exemplo extraído da vida psíquica sadia possa trazer melhor esclarecimento. Podemos durante muito tempo ter um contato científico vivo com uma pessoa sem chegar a ter uma visão das suas convicções religiosas, porque estas não têm maior relação com suas concepções científicas: no seu cérebro os dois complexos de representações levam uma vida de certo modo separada. Mas quase sempre chegará o momento em que reconheceremos que não é assim, que também os pontos de vista científicos são influenciados de maneira significativa pela convicção religiosa, que até então não viera à superfície, talvez sem que a pessoa em questão estivesse consciente dessa influência. Algo semelhante se passa com o sistema delirante de um paranoico: se não se toca no sistema, facilmente ele permanecerá oculto para um terceiro e mal poderá ser observado no comportamento habitual, quando na realidade constitui o pano de fundo da sua vida mental. Por isso não é raro nem estranho que durante um longo tempo os paranoicos sejam considerados extravagantes, mas cumpram satisfatoriamente seus deveres profissionais, cuidem adequadamente de seus negócios, exerçam até mesmo uma atividade científica bem-sucedida, embora seu psiquismo esteja gravemente perturbado e eles estejam tomados por um sistema delirante, frequentemente bastante absurdo. Qualquer psiquiatra com alguma experiência conhece um grande número de casos desse tipo, casos que de fato ilustram bem a peculiaridade dos paranoicos. Mas em geral nesses casos — que têm sempre um caráter crônico — ocorre que o doente sai dos trilhos do seu *modus vivendi* perante o mundo externo, de certo modo colidindo com o ambiente, em consequência das suas concepções patológicas, ultrapassa os limites do tolerável na sua conduta, sendo então reconhecido e tratado como doente. Isso é o que ensina a experiência, mas certamente não se pode negar que alguns casos de paranoia nem sequer chegam a entrar no campo da experiência médica, permanecendo estranhos a ela e notados talvez apenas pelo ambiente mais próximo, desenvolvendo-se sem acarretar perturbações graves para a vida civil da pessoa em questão.

[459]   A esse grupo de doenças pertence sem dúvida a psicose do queixoso, que já se apresenta há muitos anos na sua forma atual, embora ela não tenha, como de hábito, surgido de modo gradual e imperceptível, mas se desenvolveu a partir de um estado mórbido agudo.

    Mas nesse ponto, atendendo à solicitação que me é feita pela Corte, de levar em conta as considerações do paciente contidas dos autos do processo, gostaria de examinar brevemente algumas das objeções por ele levantadas.

O requerente (fl. 118) entende que o meu parecer parte a priori da suposição tácita de que tudo o que ele relata sobre os milagres divinos que acontecem com a sua pessoa se baseia exclusivamente em uma imaginação mórbida. Essa opinião não procede. Além de nunca ter usado a expressão "imaginação", de modo algum pressupus a priori o caráter mórbido dessas ideias, e sim ilustrei, com base na história clínica, como o queixoso foi inicialmente atormentado por alto grau de hiperestesia, hipersensibilidade à luz e ao ruído, como sobreveio uma imensa quantidade de alucinações e particularmente distúrbios sensoriais comuns que falsificaram suas concepções e como, a partir desses distúrbios sensoriais, se desenvolveram inicialmente fantásticas ideias de influência, que dominaram o paciente a tal ponto que ele foi levado a tentar suicídio; finalmente demonstrei como, a partir desses fenômenos patológicos, se construiu um sistema de ideias que o queixoso descreveu de modo minucioso e drástico em suas *Memórias* e cujos pormenores foram reproduzidos na medida do possível nos pareceres anteriores. Agora, depois das afirmações do queixoso, seu representante legal quer apresentar as coisas como se o juiz e o perito apoiassem a hipótese de doença mental apenas na questão da "crença em milagres", que se manifesta dentro daquele complexo de representações, e isso, a seu ver, não é correto, uma vez que muitos homens possuem essa fé sem que por isso se tenha a ideia de declará-los doentes mentais. Mas no presente caso não se pode tratar daquilo que se costuma chamar de crença em milagres, ou seja, de ingênua concepção teórica que, intencionalmente ou não, se abstém de qualquer crítica, e segundo a qual o bom Deus às vezes permitiria que as coisas acontecessem contra e fora das leis naturais conhecidas por nós. Trata-se aqui de ideias que, como assinala frequentemente o próprio requerente, e como se percebe claramente do seu conteúdo, não provêm de uma piedosa fé infantil, mas que estão condicionadas, contrariamente às concepções anteriores, por processo mentais indubitavelmente patológicos, por processos comprovados sobretudo por distúrbios sensoriais comuns e por alucinações, e que consequentemente pertencem a um campo radicalmente diferente daquela inocente "crença em milagres". O requerente naturalmente não pode, por si próprio, chegar a compreender que esses fenômenos alucinatórios (num sentido amplo, estão incluídas aqui também as sensações musculares descritas pelo paciente) são puramente subjetivos, e sua argumentação a partir da fl. 164 tem essencialmente por objetivo apresentar suas alucinações como algo especial, reivindicando para

[460]

elas uma base real. Mas isso é o que faz qualquer vítima de alucinações, e tem de fazê-lo, caso contrário não haveria realmente alucinações. É justamente característico das alucinações que elas sejam consideradas pura e simplesmente reais e apresentem plena nitidez sensorial. Seria falso dizer que é *como se* o paciente que sofre de alucinações visse ou ouvisse alguma coisa: ele vê e ouve de fato, e seria inútil discutir com ele sobre a realidade das suas impressões. Um doente costumava dizer: "Se minhas percepções [461] são falsas, então eu deveria também pôr em dúvida tudo o que o senhor me diz e duvidar de tudo o que vejo". Seria demasiado extenso aprofundar aqui a teoria da alucinação, e ademais de pouca utilidade para o presente objetivo; basta ainda observar brevemente que, no caso da alucinação, a enorme excitação *interna* do aparelho perceptual mental traz para a consciência do indivíduo em questão o que, em condições normais, é produzido por impressões externas, ou seja, uma percepção, um processo que pode ser assim chamado, tanto que se diz que o paciente que alucina percebe não o mundo, mas a si próprio, isto é, processos que se passam no seu sistema nervoso central. Mas o poder infinitamente maior (comparado às percepções *reais*) que as alucinações costumam conquistar não se deve apenas à sua nitidez sensorial, mas também ao fato de serem adequadas à orientação geral assumida pelas representações do momento e crescem no mesmo solo em que nasceram aqueles pensamentos, a princípio ainda obscuros e confusos, e que são promovidos e consolidados pelas alucinações. Mas não há dúvida de que o queixoso teve e ainda tem alucinações; suas alucinações ou ideias delirantes (interpretações subjetivas mórbidas de acontecimentos reais) não diferem, no essencial, das de muitos outros doentes; só que elas se elaboraram de um modo correspondente a sua individualidade. Também não tem fundamento a dúvida, expressa por ele, de que não teriam sido jamais observadas alucinações contínuas: embora mais raras que as intermitentes, elas são bastante frequentes.

Igualmente infundada é a suposição de que "estados de urros" nunca ocorreram antes. Nos chamados doentes catatônicos, a emissão automática de sons inarticulados ou de palavras repetidas ao infinito não é uma ocorrência rara, mas algo que tenho observado, inclusive em paranoicos. Entre meus pacientes encontrava-se durante muitos anos um senhor de família [462] distinta, de dons intelectuais fora do comum e cultura geral extraordinária, que, entre outras coisas, vivia dominado pela ideia delirante de que velhos conhecidos seus (em particular os que supostamente lhe eram hostis) estavam presos dentro dos vãos das paredes da casa e de lá o importunavam com insultos e zombarias. Esse doente paranoico, que apresentava uma conduta normal, uma conversa muito agradável e gozava de excelentes dons poéticos, emitia diariamente, durante meia hora consecutiva, por várias vezes e de modo involuntário, sons inarticulados em voz altíssima ("urros"), ou insultos, sobretudo quando estava no seu quarto — chamava isso de "pigarrear mentalmente".

Além disso, devo ainda contestar a opinião do queixoso, várias vezes repetida, de que modifiquei meu julgamento sobre seu estado com o passar do tempo e provavelmente ainda devo chegar a outras modificações. Não foi o meu julgamento, mas seu próprio estado que gradualmente se modificou e passou por fases muitos diferentes. Já o expus de modo amplo e, espero, compreensível, em meu parecer anterior, e creio que não será necessário voltar a discorrer com a mesma extensão sobre a evolução do atual quadro mórbido. Há uma grande diferença entre a situação em que vivia ocupado por incríveis ideias hipocondríacas, grave estupor alucinatório, comportamento negativista caracterizado pela recusa da alimentação, bem como de qualquer contato ou atividade, e a atual atitude reflexiva, sociável e de certo modo aberta às exigências e aos interesses do dia a dia — uma diferença naturalmente de peso, quando se trata de avaliar o estado geral do paciente. Podemos avaliar o quanto o estado geral se modificou, entre outras coisas, pela mudança ocorrida nas alucinações. Elas antes eram violentas, na forma e no conteúdo, acompanhadas de afetos intensos e por isso mesmo de efeito imediato poderoso, mas gradualmente [463] foram se atenuando, e agora, de acordo com a viva descrição do paciente (ver fls. 166 ss.), não passam de um som suave, sussurrante, um sibilar que pode ser comparado ao barulho que faz a areia quando cai em uma ampulheta, enquanto ao mesmo tempo o conteúdo também se tornou mais pobre e banal, a sequência das palavras alucinadas cada vez mais lenta, as "vozes" já podem ser encobertas por uma conversa normal e, embora sejam incômodas e desagradáveis para o paciente, não influenciam de modo considerável seu pensamento e sua sensibilidade. Com já formulei antes, a etapa intermediária mais aguda da psicose, com suas vivas alterações de humor, já há muito tempo passou para um estado crônico; da tempestuosa e sombria maré dos processos mórbidos se cristalizou e se fixou o conhecido e complicado sistema delirante, e o paciente se adaptou a ele do modo que já conhecemos: na sua imaginação, o sistema de certo modo leva uma vida própria, representando nela uma parte significativa, mas, dada a falta de uma expressiva afetividade, não interfere de fato com o resto das ideias, em especial com as que dizem respeito à vida cotidiana, não exercendo uma influência relevante sobre elas na medida em que não estimula os impulsos correspondentes da vontade.

Com isso não se quer dizer que essa influência fica eliminada; em determinadas circunstâncias, ela se fará valer, mesmo a propósito de questões banais, podendo levar a concepções falsas. Uma vez que o paciente deseja receber uma declaração da perícia sobre esse aspecto, quero comentar aqui, por exemplo, a sua peculiar concepção do corpo masculino e do feminino, que desempenha certo papel no seu sistema delirante.

Ele acredita que o corpo da mulher, em contraposição ao do homem, apresenta "nervos da volúpia" por toda parte, em particular no peito, e que, nesse sentido, ele próprio se assemelha ao tipo feminino, tendo, por isso, [464] as sensações correspondentes; ele não abdica dessa opinião, embora na realidade "nervos da volúpia" só estejam presentes nos genitais, e os seios femininos devam sua forma avolumada apenas ao desenvolvimento das glândulas mamárias e ao depósito de adiposidades.

Após essas observações gerais, ocasionadas pela última questão colocada pela requisição de provas, volto-me agora para a primeira questão, que do ponto de vista prático é mais importante.

Em primeiro lugar, pode-se constatar que, comparando-se o parecer anterior e considerando o estado de saúde geral, o queixoso atualmente goza de maior liberdade de movimento. Se anteriormente já lhe era permitido fazer passeios mais ou menos longos na companhia de um enfermeiro, frequentar restaurantes e locais de diversão, fazer compras em lojas etc., desde o verão passado se dispensou inclusive a companhia do enfermeiro. Na época, a mãe e a irmã do queixoso se instalaram na cidade vizinha de Wehlen, a pedido do presidente Schreber, que para isso tomou as providências necessárias de modo adequado. Durante as visitas a esses familiares, feitas quase diariamente e estendendo-se frequentemente à maior parte do dia, a presença do enfermeiro, independentemente das despesas consideráveis que acarretaria, foi considerada inoportuna, e até mesmo molesta, e por isso se renunciou a ela. E como essa supressão das medidas de segurança até agora adotadas pela direção do sanatório não resultou em inconvenientes, essas medidas não foram retomadas depois da partida dos dois familiares.

Desde então o queixoso tem podido sair livremente do sanatório sem qualquer restrição, a não ser a obrigação óbvia de respeitar o regulamento, e tem usado essa liberdade para visitar quase diariamente (a pé, de barco a vapor ou de trem) todos os lugares importantes da região, em parte so- [465] zinho, em parte em companhia de algum paciente convidado por ele, ou para frequentar concertos, teatros, espetáculos públicos etc.; tem estado diversas vezes em Dresden para assistir às audiências judiciárias, visitar a esposa, cuidar de pequenos negócios e recentemente, a convite de seus familiares e com autorização da direção do sanatório, fez sozinho uma viagem a Leipzig, da qual voltou, ontem, depois de uma ausência de oitos dias, e que, segundo comunicação de sua irmã, transcorreu perfeitamente bem.

Quanto ao comportamento do queixoso nessas oportunidades, é preciso reconhecer que ele nunca fez nada de insensato ou inconveniente, que sempre comunicou sem reservas os seus planos e projetos que saíssem fora da normalidade cotidiana, assegurando-se previamente do consentimento da direção, que os realizou com ponderação, levando em conta todas as circunstâncias, e que sempre voltou pontualmente de todas as suas excursões. E creio poder supor que também durante as saídas do queixoso nunca se verificaram inconvenientes na sua conduta. A ausência de acompanhamento por parte de um funcionário implica a desvantagem inevitável de não se ter notícias confiáveis sobre o comportamento do paciente fora do sanatório. Suas próprias indicações a esse respeito não podem ser suficientes para uma avaliação. Ele com certeza se atém rigorosamente à verdade, e a meu ver jamais dirá conscientemente uma inverdade, mas não se pode deixar de observar que lhe escapa o julgamento objetivo sobre o alcance e os efeitos externos do seu comportamento. Assim, por exemplo, não raro aconteceu de os ruídos noturnos do paciente provocarem vivos protestos [466] do ambiente, mas, quando se fez com que ele tomasse conhecimento do fato, ele não quis acreditar em uma perturbação tão grave, considerando-a insignificante. Se se leva em conta o barulho que faz o paciente, não só no seu quarto, mas também no resto do sanatório, e o quanto ele se fez notar pelas suas outras notórias extravagâncias, fica difícil acreditar que em outros lugares ele esteja em condições de se abster de *qualquer* gesto estranho. E de fato não é esse o caso.

Já descrevi anteriormente como se observam no paciente (mesmo quando está acompanhado, durante as refeições e em algumas outras ocasiões) fenômenos muito estranhos, que se impõem imediatamente como patológicos, mesmo para um leigo pouco atento: não apenas as caretas, o fechar dos olhos, o pigarrear, a postura estranha da cabeça etc., porém mais ainda o recolhimento e o ensimesmamento, às vezes total, fazem com que não perceba as manifestações do ambiente; recentemente — *embora uma única vez* — não conseguiu deixar de emitir os famosos "urros", o que levou as senhoras presentes a um enorme sobressalto. Na mesma época, ele se comportou tão ruidosamente durante uma visita da esposa que ela se viu obrigada a se afastar imediatamente. Também me foi relatado por testemunhas oculares que o queixoso, pelo menos nas cercanias do sanatório (nas escadas), se comportou de modo ruidoso, e na rua se fez notar por suas caretas. Finalmente, não poderia também silenciar sobre a circunstância de que em junho do ano passado fui recriminado por um cidadão de Pirna por "expor publicamente" um doente que se comporta como o queixoso — mas essa insinuação me pareceu muito exagerada e foi desmentida com tanta credibilidade pelo paciente que acreditei não precisar dar a ela grande valor; depois disso não me foi mais comunicado nada do gênero.

[467]

No entanto não se pode pôr em dúvida que, se o estado geral do queixoso não apresentar uma melhora ulterior após o seu eventual retorno à vida doméstica, ele continuará, pelo menos dentro de casa, a não conseguir conter as ruidosas manifestações de seus impulsos motores anormais, e portanto irá perturbar o ambiente. A esse respeito, preciso ainda dedicar algumas palavras à conduta do queixoso com relação à sua esposa. É compreensível que ele tenha se sentido melindrado com o fato de eu lhe ter atribuído um "egoísmo patologicamente exacerbado". Estava distante de mim a intenção de pensar com isso em um enfraquecimento de seus sentimentos éticos e morais; reconheço que continuam inabalados como antes, também com relação à sua esposa. Na expressão acima citada, a ênfase está na palavra "patologicamente", e eu visava com isso apenas a orientação egocêntrica do pensamento, característica de todo doente que coloca a própria pessoa como centro de todos os acontecimentos, subestimando o efeito destes sobre os outros, e impedindo a avaliação correta do sofrimento dos demais. De qualquer modo, não se pode certamente ter dúvida de que, nas circunstâncias atuais e enquanto não ocorrer uma ulterior melhora, o vínculo conjugal, dado o comportamento exterior do doente, não poderá ser retomado, a menos que a esposa se revele capaz de uma grande abnegação — ao que ela não está disposta, devido às suas frágeis condições de saúde.

Desde que se concedeu ao queixoso liberdade de sair do sanatório, foi posta à sua disposição também uma maior quantia de dinheiro (... marcos por mês) para fazer face a seus passeios e pequenas despesas. Não consta que ele tenha esbanjado esse dinheiro ou que este não tenha sido suficiente. Também não se teve a impressão de uma particular parcimônia de sua parte, mas se pode observar que ele pondera todo e qualquer gasto, evita as coisas caras e não compra coisas inúteis (talvez com exceção das pequenas bijuterias já mencionadas). De várias observações da esposa pude deduzir que, segundo ela, o paciente exige muito dinheiro; como não conheço melhor a situação financeira do queixoso, não posso avaliar bem o fundamento dessas observações, mas creio que não se pode constatar que as despesas superem o montante permitido pelas circunstâncias. Em todo caso, o queixoso está perfeitamente bem informado sobre a sua própria situação financeira e, por ora, não há motivo para supor que ele possa ser levado pela doença a ultrapassar os limites dessa situação ou a dilapidar o próprio patrimônio, mesmo que possa dispor dele sem restrições. [468]

Não se pode afirmar que o queixoso não saiba cuidar de sua saúde ou que a prejudique com qualquer ato voluntário. Cuida da limpeza e da higiene do corpo, alimenta-se de modo satisfatório, embora não excessivamente, é moderado ao beber e cuida de conservar sua boa disposição e elasticidade na medida em que exercita o corpo regularmente. Seu aspecto, frequentemente marcado pelo sofrimento, indica que as perturbações do sono, às vezes acentuadas (que, aliás, agora só raramente exigem o recurso a medicamentos), a inquietação e a agitação que se manifestam várias vezes durante o dia não têm um efeito favorável sobre seu estado geral, e ainda recentemente se pôde observar que em determinadas circunstâncias, por exemplo no caso de uma indisposição, ele pode manifestar um comportamento muito irracional. O queixoso sofreu um distúrbio digestivo, aliás não preocupante, com diarreia e vômitos, mas, como o considerava um "milagre divino", ficou muito excitado e, em vez de permanecer acamado, respeitando a dieta adequada ao caso e tomando os remédios prescritos, foi levado por processos psíquicos patológicos a fazer em tudo praticamente o contrário (na medida do possível), prolongando assim a indisposição. [469]

Como se disse, o queixoso não empreende habitualmente qualquer ação que possa prejudicar sua saúde, mas o episódio ora relatado indica o quanto são imprevisíveis os impulsos que provêm dessa base patológica.

A intenção definida e várias vezes confirmada de publicar suas *Memórias* deve ser considerada resultado da doença e desprovida de qualquer reflexão sensata. Não é necessário entrar nos pormenores desse texto — ele está à disposição da Corte, que com certeza conhece perfeitamente seu conteúdo. Qualquer juiz imparcial considerará interessantíssima, sobretudo para os especialistas, essa representação de um complexo sistema delirante, mas julgará escandalosa e comprometedora para o autor sua publicação mais ou menos integral, tendo em conta todas as partes praticamente "impossíveis" contidas no texto. Uma discussão com o autor sobre a oportunidade da publicação do seu texto é praticamente inútil; ele vê nela a revelação de uma nova e importante verdade e, embora se abstenha de uma propaganda oral, ele quer que a humanidade participe, ao menos através da palavra impressa, desse conhecimento de Deus e do Além que já lhe foi revelado e está disposto a assumir todos os incômodos pessoais que possam surgir dessa situação.

[470]

A Corte saberá avaliar a medida em que esses desvios da norma devem ser entendidos como "tendência a agir de modo irracional e insensato", mas da parte dos médicos isso também já foi assinalado, e nesse sentido poder-se-á concordar com o queixoso e com seu representante legal, no sentido de que os fenômenos mórbidos atualmente se manifestam *externamente*, em sua maior parte em áreas relativamente secundárias, apresentando seus efeitos molestos nas relações sociais mais íntimas; por sua natureza, dizem mais respeito às normas policiais do que ao direito e não ameaçam prejudicar de modo significativo os interesses mais vitais do próprio doente, como saúde, patrimônio, honra — interesses, aliás, que podem ser salvaguardados por medidas curatelares. Só com relação ao último ponto a intenção de publicar as *Memórias* pode ser considerada nociva.

No item *b* da requisição de provas ainda se indaga se, de acordo com a natureza da doença mental em questão, independentemente do atual comportamento favorável do paciente, há motivo para se temer que, caso recupere a liberdade de dispor de seus bens, ele possa pôr em perigo, com atos irracionais e inadequados, esses ou outros interesses vitais significativos. Já indiquei nos pareceres anteriores que, de acordo com a natureza de uma doença tão profundamente enraizada como a paranoia, não é possível prever se e em que direção, num dado momento, as representações mórbidas existentes poderiam influenciar a ação do paciente; já mencionei antes quantos paranoicos com um sistema delirante acabado existem exercendo perfeitamente bem sua profissão no mundo externo até que um dia, em alguma oportunidade, atestam seu estado patológico por meio de uma ação extravagante; também mostrei, através de um exemplo, que circunstâncias [471] externas podem deixar o queixoso fora de si e como as suas inspirações mórbidas podem levá-lo a ações inadequadas; só me limito aqui a repetir que não se pode, pelo menos por ora, eliminar a possibilidade de que processos patológicos influenciem suas ações. O requerente afirma (fls. 118 e 119) que os resultados a que chegou, graças à compreensão da verdadeira natureza das coisas divinas e à certeza de estar lidando com Deus e com milagres divinos, se tornaram o centro de toda a sua vida, e que ainda hoje, todo dia e toda hora, Deus se revela a ele com Seus milagres e na Sua língua, e que é esse o fundamento da sua permanente serenidade e do seu constante bom humor, de sua boa vontade mesmo para com os que não são dignos dela etc. — de modo que não se pode pensar que essa poderosa e fundamental corrente de pensamento e de sentimentos não influencie suas ações, tanto que atualmente alguns de seus atos involuntários seriam ocasionados diretamente por "milagres". A garantia dada pelo queixoso de que ele "não permitiria que suas ideias delirantes influenciassem de modo substancial o destino de seus interesses" não muda em nada a situação: por um lado, essas influências não precisam ser conscientes e, por outro, o poder dos processos patológicos pode aumentar a tal ponto que qualquer resistência será inútil. Portanto, dada a natureza dessa doença, não se pode dar nenhuma garantia de que no futuro a doença existente não prejudicará os interesses vitais do paciente. Além disso, do ponto de vista médico ainda há duas questões a ressaltar. Em primeiro lugar, pode-se perguntar se o simples *temor* de eventuais inconvenientes, a mera *possibilidade* de um grave perigo, são suficientes para fundamentar a hipótese de que o doente não está em condições de cuidar de seus negócios. Além disso, os perigos futuros não são graves, uma vez que, como acabamos de constatar, [472] o círculo das ideias delirantes do queixoso gradualmente foi se afastando de modo nítido dos demais círculos de ideias e há muito tempo têm uma vida própria. A experiência que se tem até hoje indica que a apreciação e o tratamento dados por ele a alguns dos seus interesses mais vitais não são marcadamente influenciados por aquele complexo de representações, mas seguem seu curso de maneira irrepreensível. Em face da situação atual, não há motivo para supor que a condição psíquica do queixoso sofra em futuro próximo modificações significativas ou piore e, sendo assim, na avaliação do estado geral, não se deve mais dar um valor tão grande às preocupações com o futuro.

(ass.) Conselheiro médico dr. Weber

Sentença da Corte de Apelação de Dresden, de 14 de julho de 1902

(O.I. 152/01 — Nº 22)

TRASLADO

Promulgada a 14 de julho de 1902
Escrivão dr. Förster
F. XI 6894/02

Publicada a 14 de julho de 1902
Escrivão-secretário Diethe

Em nome do rei

EM CAUSA

O presidente da Corte de Apelação, Daniel Paul Schreber, doutor em direito, antes domiciliado em Dresden, hoje no Sanatório Distrital de Sonnenstein, queixoso e apelante (procurador legal: juiz de direito conselheiro de Justiça Windisch)

[474]

CONTRA

o Ministério Público do Real Tribunal Regional de Dresden, hoje contra o Ministério Público da Corte de Apelação de Dresden, réu e apelado, por motivo de levantamento de interdição, reconhecida a Primeira Câmara Civil da Real Corte de Apelação da Saxônia, assistida pelo presidente da Corte de Apelação Hardraht e pelos conselheiros do Tribunal, Vogel, dr. Steinmetz, Nicolai, dr. Paul, em nome da lei:

Por solicitação do queixoso, a título de alteração da sentença de 13 de abril de 1901, da Sétima Câmara Civil do Tribunal de Dresden, fica *anulada* a sentença de interdição emitida pelo Tribunal de Dresden a 13 de março de 1900.

As custas do processo ficam a cargo do Estado, incluídas as custas relativas à instância apelante.

Exposição de fatos

O queixoso foi interditado por motivo de doença mental a pedido do Ministério Público, com base na sentença de 13 de março de 1900. De acordo com o laudo pericial do conselheiro médico dr. Weber, com quem o queixoso está em tratamento desde 1894, e de acordo com a impressão pessoal obtida a partir do interrogatório do doente, o juiz do Tribunal se declara persuadido de que o queixoso se encontra privado do uso da razão e consequentemente incapaz de cuidar de seus negócios. O dr. Schreber está dominado por ideias delirantes. Considera-se encarregado de salvar o mundo e devolver a ele a perdida beatitude. Mas é algo que ele só pode realizar se se transformar de homem em mulher. Com relação a essa mudança de sexo, o doente imagina ser objeto de contínuos milagres divinos e pretende ouvir os pássaros e o vento falar consigo, o que fortalece sua crença em milagre. [475]

Um homem sob a influência de tais ideias delirantes e alucinações não é mais senhor de seu livre-arbítrio. Está sob influências externas, independentes da sua vontade, diante das quais é impotente e que o tornam incapaz de orientar sua ação com base em uma reflexão prática e racional.

O queixoso *impugnou* em tempo hábil a sentença de interdição e requereu o levantamento da sentença. Ele alega que a doença mental que se observa nele (paranoia) não o impede de modo algum de cuidar de seus negócios. O Tribunal não fornece provas materiais em apoio a essa suposição; dizer que um homem sob a influência de ideias delirantes e alucinações não é senhor do próprio livre-arbítrio é uma mera *petitio principii*. A questão da capacidade civil não guarda relação com o que pode parecer à Corte como ideia delirante; em todo caso, a sua doença não é do tipo que impossibilita a apreciação correta dos fenômenos da relação social, que no sentido da lei constituem os "seus negócios", mesmo quando se entende "negócio" no sentido mais amplo, ou seja, incluindo o que se refere à vida, saúde, [476]

375

liberdade, honra, família, patrimônio. Em todas essas áreas a clareza do seu juízo não ficou lesada pela doença.

Ninguém poderá recriminá-lo por não dedicar ao seu corpo e à sua *saúde* os devidos cuidados. Certamente, ideias de *suicídio* não lhe eram estranhas no primeiro ano de sua doença, mas com a crescente melhora do seu estado essas ideias foram há muito tempo eliminadas. O empenho em se libertar das cadeias da interdição justamente comprova o quanto ele preza sua *liberdade* pessoal e sua *honra*; seu orgulho viril se sente ferido pelo fato de ser tratado juridicamente como uma criança menor de idade. Tem excelentes relações com a esposa e com a *família* e se mostra também preocupado com os seus interesses. Finalmente, no que diz respeito à sua situação *patrimonial*, ele está em perfeitas condições de cuidar dela por sua própria conta. Sente-se tão seguro como qualquer outra pessoa diante da possibilidade de ser logrado em seus negócios. Na sua sentença de interdição, o próprio Tribunal da Primeira Instância parte do pressuposto favorável ao queixoso de que ele ainda seria capaz de presidir um colégio de magistrados, de decidir os processos mais intrincados e de emitir pareceres legais com a mais clara fundamentação jurídica. Se for esse o caso, não se [477] compreende por que ele não seria capaz de resolver as questões jurídicas simples que acarreta a administração de um patrimônio normal.

O Tribunal deu instruções para que o queixoso fosse ouvido por um juiz encarregado e que o diretor do Real Sanatório de Sonnenstein, conselheiro médico dr. Weber, procedesse a mais um exame pericial do seu estado mental, particularmente no sentido de saber se a natureza da doença do queixoso e as observações médicas feitas nos últimos anos e até o presente permitem supor que o queixoso, no caso de levantamento da interdição que sobre ele pesa, porá em perigo, através de um comportamento insensato, sua vida, sua saúde, seu patrimônio ou quaisquer outros interesses vitais. O resultado do inquérito conduzido pessoalmente pelo juiz está no protocolo, fls. 38 ss.; o perito dr. Weber apresentou o exame pericial que lhe foi solicitado em um extenso relatório escrito, datado de 28 de novembro de 1900 (fls. 44-53). O perito remeteu à Corte as anotações que o dr. Schreber redigiu em vinte e três cadernos, sob o título *Memórias de um doente dos nervos*, sobre suas ideias religiosas e sobre a história de sua enfermidade.

O Tribunal Regional rejeitou o recurso do dr. Schreber através da sentença de 13 de abril de 1901. Concorda com o parecer do dr. Weber no sentido de considerar que a elevada inteligência do queixoso e sua capacidade de pensar segundo a lógica formal não ficaram essencialmente prejudicadas pela doença mental. Não obstante, persiste ainda nele o perigo de uma ação irracional. Como resulta de um exame das *Memórias* e comprova o perito dr. Weber, o queixoso sofre em larga medida de alucinações e ideias delirantes que têm como centro sua relação com Deus e sua situação excepcional no mundo. Esse sistema delirante domina inteiramente sua sensibilidade [478] e seu pensamento, influencia sua concepção do mundo e seu juízo sobre pessoas e coisas. Nessas circunstâncias, não se pode avaliar quais seriam as decisões do queixoso caso lhe fosse restituída hoje a liberdade de ação: se elas seriam condicionadas por aquele círculo de ideias que permaneceu relativamente não atingido pelo delírio, ou se sofreriam a coação dos estímulos psíquicos patológicos neles presentes. A influência perniciosa dessas ideias delirantes sobre a visão do mundo do dr. Schreber vem à tona, de modo particularmente claro, em duas circunstâncias: na relação com sua esposa, que deve sofrer muito com o delírio de sua iminente emasculação, e quando ela tenta levantar objeções às suas ideias — ele sempre tem pronta a alusão de que ela pode pedir o divórcio. Além disso, o queixoso nutre o desejo imperioso de tornar públicas as suas *Memórias* e luta pelo levantamento de sua interdição principalmente com o objetivo de poder fechar um contrato editorial juridicamente válido; mas as *Memórias* são de fato completamente impróprias para publicação; o queixoso com isso comprometeria de maneira inaudita a si próprio e a sua família, podendo até se expor ao perigo de uma ação penal. Sua incapacidade de reconhecer esses perigos demonstra justamente que a alteração patológica da sua visão do mundo o impede de avaliar corretamente a situação real e prejudica sua capacidade de discriminar entre o que é permitido e o que não é.

O queixoso interpôs *recurso* contra a sentença do Tribunal e renovou seu pedido de levantamento da interdição, e o Ministério Público rejeitou esse recurso. A sentença contestada, de que aqui se trata, foi apresentada na íntegra à Corte, juntamente com todas as peças relativas a ela, inclusive as [479] representações que o dr. Schreber dirigiu pessoalmente ao Tribunal e à direção do sanatório, bem como os autos do processo de interdição do Tribunal de Primeira Instância (CJI 63/99). Em acordo com ambas as partes, a leitura das *Memórias* de Schreber se limitou aos capítulos 1, 2, 18 e 19 do livro.

O queixoso compareceu pessoalmente às audiências da Corte de Apelação e fez uso da palavra várias vezes, assistido por seu representante legal. Redigiu uma série de arrazoados nos quais ele contesta as declarações da Primeira Instância e fundamenta de modo extenso e minucioso suas objeções jurídicas e de fato contra o parecer pericial do dr. Weber no qual se baseiam aquelas declarações. É importante reportar-se a esses arrazoados que já foram apresentados à Corte no seu conteúdo essencial. O queixoso encarece bastante seu desejo de que o juiz, na avaliação de sua capacidade legal, leve em consideração o tratamento formal que ele próprio deu pessoalmente ao litígio. Uma pessoa que demonstra ser capaz de conduzir uma questão jurídica tão difícil e intrincada como essa, com documentos por ela mesma elaborados, com prudência, conhecimento de causa e, no que diz respeito à consideração pela opinião dos outros, com tanto tato e discrição, merece certamente a confiança na sua capacidade de conduzir de modo razoável as questões muito mais simples e menos importantes da vida civil.

Das exposições escritas do queixoso, destacam-se as seguintes:

I

[480] O queixoso contesta em primeiro lugar a suposição de que ele teria admitido, em primeira instância, ser ou ter sido doente mental. Reconhece apenas que seu sistema nervoso há anos se encontra em um estado patológico, ao passo que sua mente, ou seja, o funcionamento geral da sua capacidade racional, permanece clara e sadia como a de qualquer outra pessoa. O queixoso afirma ser um atentado à verdade a suposição que faz o perito da presença de um tipo de loucura (paranoia) na medida em que entende a priori como imaginação patológica tudo aquilo que relata nas suas *Memórias* sobre a sua relação íntima com Deus e sobre os milagres divinos. Entende perfeitamente que o perito não poderia ter feito outra coisa senão aplicar ao seu (dr. Schreber) caso o padrão de medida da experiência científica comum e está bem distante de querer recriminá-lo por essa posição. O dr. Weber se move no terreno do racionalismo, que nega a priori a possibilidade de fenômenos sobrenaturais.

Diante dele, o queixoso defende basicamente o ponto de vista oposto: *a certeza do seu conhecimento de Deus* e a segurança imediata de estar lidando com Deus e com milagres divinos *se ergue altíssima acima de toda e qualquer ciência humana*. Ela é o centro de toda a sua vida e é preciso que o seja, uma vez que Deus até hoje ainda se revela a ele todo dia e toda hora em Seus milagres e na Sua língua. É nisso que se fundamenta a constante serenidade de espírito que lhe é característica, apesar de todas as adversidades da vida e que pode ser observada por qualquer um que entre em contato com ele; daí vem a tranquila benevolência com que trata até mesmo aqueles que nos anos anteriores sem querer o feriram, e isso explica também o grande valor que dá à divulgação de suas *Memórias*. Não pensa fazer propaganda da sua crença em milagres e muito menos sacrificaria por ela um centavo do seu patrimônio. A única coisa que importa nessa intenção de publicar suas *Memórias* é poder despertar dúvidas sobre a possibilidade de se pensar se no seu "sistema delirante", como se prefere agora chamá-lo, há ou não um fundo de verdade e se não coube a ele lançar luz sob o escuro véu que em geral o Além oculta dos olhos dos homens. Está convencido de que o mundo científico, após a publicação desse texto, se verá vivamente inclinado a se interessar por sua personalidade. Não tem a menor intenção de fazer o papel de profeta de uma nova religião, considerando-se apenas como um objeto de observação científica. Mas, pense-se o que se quiser da sua crença em milagres, ninguém tem o direito de ver nela um defeito mental que faça dele um homem necessitado da assistência do Estado. Não se costuma interditar e considerar doentes mentais os adeptos do espiritismo, embora sua visão do mundo sobrenatural não seja compreendida pela grande maioria dos homens. [481]

2

Mas, mesmo supondo que ele tivesse de ser considerado doente mental no sentido da ciência psiquiátrica, ter-se-ia ainda de provar que ele, *em consequência disso, não seria capaz de cuidar* de seus negócios. [482]

O perito se recusou a expressar sua opinião sobre este último ponto. Limita-se a afirmar que é *imprevisível* saber se e em que medida o queixoso, se posto em liberdade, poderá agir de modo insensato. Expressões tão genéricas e temores vagos são de pouca valia; seria necessário provar, com base em fatos e experiências concretas, principalmente dos últimos anos, se e em que direção surgiu nele uma tendência a agir de modo insensato em consequência de suas "ideias delirantes e alucinações".

Ele admite que a oportunidade de ter tais experiências é menor para uma pessoa que vive reclusa num sanatório do que para quem está em liberdade. Em particular, o perito dr. Weber começou a conhecer realmente o queixoso só a partir da Páscoa de 1900, quando passou a convidá-lo regularmente para fazer as refeições com sua família. Mas nesse meio-tempo houve mudanças fundamentais. Desde a redação do último laudo pericial transcorreu mais de um ano, e nesse período a direção do sanatório lhe concedeu uma liberdade de movimento bastante grande. Fez várias excursões, grandes e pequenas, frequentou lugares públicos de diversão, lojas, igrejas, teatros e concertos nos últimos seis meses, sem ser acompanhado por um enfermeiro e provido de uma certa soma em dinheiro. Em nenhuma dessas ocasiões se observou nele o menor sinal de uma conduta incorreta. Nunca lhe ocorreu importunar outras pessoas com a manifestação de suas ideias delirantes. Acredita, por exemplo, poder afirmar que as senhoras que [483] frequentavam a mesa do diretor do sanatório não teriam tido a menor ideia da existência daquelas ideias delirantes, a não ser que tomassem conhecimento delas por outras vias. É verdade que algumas vezes fez algumas alusões a essas ideias junto a sua esposa, mas isso se explica amplamente pela intimidade entre ambos, própria da vida conjugal.

O único ponto em seu comportamento no mundo externo que sofre uma certa influência de suas "ideias delirantes" e que aos olhos dos homens talvez possa parecer insensato é a circunstância, também ressaltada pelo perito dr. Weber, de que ele às vezes enfeita o corpo com adereços femininos (fitas, colares de bijuterias etc.). Reconhece que, embora isso possa parecer tolo aos olhos de muitas pessoas, ele tem bons motivos para isso. Seu objetivo é em geral conseguir atenuar os estados de urros, tão incômodos para ele quanto para o ambiente. No pior dos casos, tratar-se-ia de uma simples extravagância, totalmente inofensiva, que não prejudica nem ele próprio nem ninguém mais.

Não há como colocar em questão o ponto de vista financeiro: toda essa história nunca lhe custou mais que alguns poucos marcos.

3

No laudo pericial, o perito ressalta: o elemento mais importante para a apreciação da capacidade de agir do paciente consiste no fato de que tudo o que se apresenta a uma observação objetiva, como alucinação e ideia delirante, é para ele verdade inabalável e *legítimo motivo de ação*.

O queixoso admite abertamente a primeira parte, mas contesta a segunda com um "não" categórico. As ideias religiosas de que está compenetrado [484] jamais poderiam conduzi-lo, na vida prática, a uma ação insensata. Elas não têm a menor influência sobre a sua capacidade de cuidar de seus negócios e de seus interesses de modo independente. Ele não sabe como o dr. Weber pode ter chegado a uma concepção oposta à sua. Até o momento, sua conduta nunca deu margem para tal suposição. Não pretende fazer qualquer espécie de sacrifício pecuniário para divulgar sua fé ou mandar constatar a presença dos "nervos da volúpia" no seu corpo. A certeza de seu conhecimento de Deus é tão grande e inabalável que para ele é inteiramente indiferente o que os outros homens pensam da verdade ou verossimilhança das suas ideias.

Como ele nunca deu margem para que se duvidasse do caráter inquebrantável do seu amor à verdade, pede que se confie nessa garantia que oferece com relação ao seu comportamento futuro. Assim sendo, ficam infundados os temores do perito segundo o qual é "inteiramente imprevisível" até que ponto o queixoso poderá ser induzido à insensatez por suas ideias delirantes. O próprio Tribunal Regional considera esses temores justificados principalmente em dois pontos: em primeiro lugar, na relação conjugal com sua esposa, que poderia ser destruída por um levantamento de interdição, e em seguida na questão da intenção de publicar suas *Memórias*, que poderia comprometê-lo e até acarretar o risco de uma ação penal. Não obstante, nenhuma dessas duas considerações pode conduzir à manutenção da sua interdição.

a) A *sociedade conjugal* entre ele e sua esposa já foi dissolvida tanto quanto possível há muitos anos, em consequência da sua doença, e, ainda que fosse mantida a interdição, essa situação no futuro permaneceria a mesma até a morte de um dos cônjuges. De fato, é possível que o retorno à vida familiar — ao qual ele aspira — implique incômodos para sua esposa. Mas isso não pode ser levado em consideração, uma vez que a interdição só deve ocorrer [485] no interesse do próprio interditado, para protegê-lo dos perigos resultantes das suas ações insensatas, e nunca para proteger outras pessoas de situações embaraçosas, por mais íntimas que elas sejam. É óbvio que ele também tem obrigações legais para com sua esposa, na medida em que deve assegurar a ela um sustento de acordo com seu padrão de vida. Ele jamais deixará de cumprir esse direito legal: está disposto a proporcionar à esposa, a qualquer momento, todos os meios necessários para viver separada dele caso a vida em comum, depois que sair do sanatório, se revele impraticável.

Aparentemente, há um mal-entendido na observação do perito, segundo o qual, toda vez que sua esposa faz objeções à sua crença em milagres, ele logo responde com a menção de que ela poderia pedir o divórcio. Ele jamais cultivou a ideia de uma separação, nem deu a entender que era indiferente com relação à preservação do vínculo conjugal. Toda a vasta correspondência que manteve durante anos com sua esposa demonstra o grande amor que lhe devota e o quanto ele lamenta que ela tenha também ficado tão profundamente infeliz com sua doença. Assim sendo, ele só falou com ela sobre a eventualidade de uma separação no sentido de que algumas vezes disse a ela que, se em consequência dos estados de urros de que padece a vida em comum lhe parecesse insuportável, ou se lhe fosse impossível conservar o antigo amor e respeito por ele, por causa de quaisquer outras extravagâncias resultantes de sua crença nos milagres, ela teria por lei o direito de pedir o divórcio.

[486] b) O segundo exemplo que a primeira instância apresenta para afirmar que suas ações estão sob a influência de ideias patológicas é o conteúdo das *Memórias* e o seu desejo de vê-las publicadas.

Ele não ignora — e já o expressou no prólogo do livro — que há certas objeções que se opõem à publicação das *Memórias*. Antes que se chegue eventualmente a imprimi-las, ele se reserva o direito de eliminar essa ou aquela passagem e atenuar certas expressões. De qualquer modo, o trabalho não será de modo algum publicado na sua forma atual. O texto apenas foi enviado para um primeiro exame ao editor de Leipzig, com quem ele entrou em contato para a publicação das *Memórias*.

Mesmo que o texto permaneça totalmente inalterado, ele teria de refutar energicamente a hipótese aventada pelo juiz de instrução de que algum membro da sua família poderia ser "comprometido". Não se trata disso. As *Memórias* não conteriam nada que pudesse prejudicar a memória de seu pai, seu irmão ou sua esposa. Quanto ao perigo de que o queixoso possa comprometer a si próprio com a publicação de suas *Memórias*, ele assume inteiramente e com plena consciência esse risco. O pior que lhe poderia acontecer seria que as pessoas o considerassem mentalmente perturbado, o que já fazem de qualquer modo. Na verdade, ele não acredita precisar temer que uma pessoa que leia com atenção suas *Memórias* tenha por ele menor consideração do que antes. A única coisa que lhe interessa é a busca da verdade. A sentença contestada tem toda razão quando critica seu texto por fazer uso eventualmente de expressões fortes. Só que essas expressões não provêm dele mesmo, mas só têm lugar nos momentos em que se refere ao conteúdo das conversas das vozes com ele. Não é culpa [487] sua se essas vozes muitas vezes fizeram uso de expressões impróprias para

382

os salões da sociedade. De resto, ele não escreveu suas *Memórias* para jovenzinhos ou moças de família.

Há, contudo, uma personalidade que talvez viesse a se sentir atingida com a publicação das *Memórias* e que eventualmente até poderia chegar a processá-lo por difamação. Trata-se do conselheiro médico prof. dr. Flechsig, de Leipzig. Mas mesmo nesse caso ele só relatou fatos que teve de considerar como verdadeiros, de acordo com as comunicações das vozes que falavam com ele. Está convencido de que Flechsig levará isso em conta e até já pensou em enviar a ele um exemplar das *Memórias*, pois acredita que o conselheiro Flechsig terá um interesse científico pelos problemas ali discutidos. Não tem a menor intenção de atacar a honra pessoal de Flechsig. Mas se, ao contrário do que espera, a publicação do texto acarretar uma pena por difamação, ele está disposto, em prol da boa causa, a assumir mais esse sacrifício, e a seu ver ninguém tem o direito de impedi-lo.

O Ministério Público considera que a manutenção da interdição é necessária do ponto de vista legal e imprescindível para o próprio interesse do queixoso. Considerando suas declarações durante o interrogatório para o recurso, não há dúvida de que o dr. Schreber sofre de paranoia. E também não há dúvida de que a doença o tornou incapaz de gerir seus negócios de modo adequado, embora o perito, numa concepção muito estreita da sua competência, não tenha se pronunciado a esse respeito com a clareza desejável. Como afirma com razão o dr. Weber, os fenômenos psíquicos se apoiam em uma unidade orgânica, e não se pode pensar que os setores psíquicos que não são imediatamente atingidos pelas ideias delirantes possam se manter intactos, nem se deixar enganar pelo fato de que as declarações orais e escritas do queixoso dão em parte uma impressão de clareza. [488]

Não há necessidade de citar fatos dos quais resulta a incapacidade do queixoso de gerir seus negócios; de resto, existem fatos desse tipo. Assim, por exemplo, é evidente que o queixoso não está em condições de avaliar quanto tempo ele ainda deverá permanecer no sanatório. Caso a interdição seja levantada, ele certamente procurará, mais cedo ou mais tarde, receber alta do sanatório. Em uma de suas cartas ao conselheiro de Justiça dr. Thürmer, seu procurador em primeira instância, ele escreve, entre outras coisas (fls. 68-74 das atas): "Sabe perfeitamente e melhor do que qualquer médico o que lhe faz bem ao corpo e à mente quando se trata de defender-se das influências nocivas dos milagres divinos".

Vê-se por aí que o queixoso não avalia corretamente sua doença e que não ouvirá conselhos de terceiros. Além disso, ele é atormentado por alucinações que, segundo o testemunho do dr. Weber, às vezes o surpreendem no meio de uma conversa e desviam sua atenção. É óbvio que isso pode ser fatal num momento em que, por exemplo, ele toma providências relativas a questões patrimoniais. Administrar os bens de sua esposa e os seus próprios não é tão simples. De acordo com a última relação de bens apresentada (fl. 177 dos autos) pelo presidente do Tribunal da Primeira Instância, Schmidt, de Leipzig, na qualidade de curador, esse patrimônio consiste em parte de imóveis e em parte de uma participação em direitos autorais. E também a conduta do dr. Schreber para com sua esposa dá lugar a sérias dúvidas sobre a sua capacidade de se libertar da influência das ideias delirantes que o dominam quando se trata de tomar providências com relação a ela, bem como, apesar de todos os asseguramentos em contrário dados pelo queixoso, não se pode deixar de temer que ele, ao perseguir a ideia da missão divina que lhe foi confiada, seja levado a fazer despesas que não faria se fosse um homem que pode dispor livremente da sua vontade. A intenção que presentemente sustenta com tamanha obstinação de publicar suas *Memórias* revela, talvez melhor que outros fatos, o quanto todo o modo de pensar do dr. Schreber se desenvolve sobre fundamentos distorcidos.

[489]

O *queixoso* contesta todas essas afirmações. As experiências que tiveram lugar nesse meio-tempo, desde o último laudo parcial do dr. Weber, de novembro de 1900, teriam demonstrado que, apesar de todas as supostas ideias delirantes e alucinações, ele está perfeitamente em condições de administrar seus negócios, bem como outras questões, de modo autônomo e racional, na forma requerida pelos seus interesses legais. Está convencido de que depois dessas experiências o dr. Weber não sustentaria mais as conclusões a que chegou sobre a capacidade civil do queixoso afirmadas no último parecer.

É verdade que pretende obter alta do sanatório em um futuro mais ou menos próximo. Não espera maiores proveitos do prolongamento da sua internação no Sonnenstein no sentido do restabelecimento da sua saúde. Mas é possível que até lá ainda transcorra algum tempo. Ele está de acordo com o fato de que, enquanto não melhorarem seus estados de urros, talvez seja mais aconselhável permanecer mais algum tempo no sanatório, embora ele tenha observado que esses estados só ocorreram durante sua estada no sanatório e nunca fora dele, como em viagens etc. Mesmo assim, essas "vociferações" não têm nada a ver com o reconhecimento ou a negação da sua capacidade civil. Nesse sentido só vêm ao caso precauções relativas ao bem-estar público, e essas talvez pudessem dar à direção do sanatório, dada a sua competência policial, o direito de mantê-lo no sanatório contra a sua vontade. Ele insiste, no entanto, em que não haverá necessidade de obrigá-lo a algo nesse sentido, uma vez que, enquanto for o caso de se temer um incômodo causado pelos frequentes estados de urros, ele, da sua parte, não oporá resistência contra sua permanência no sanatório. [490]

Na requisição de provas de 30 de dezembro de 1901, a Corte de Apelação solicitou ao conselheiro médico dr. Weber que ilustrasse e complementasse seu primeiro laudo nos três sentidos indicados em *a*, *b* e *c*, e particularmente que informasse de que tipo foram essas experiências que se teve desde novembro de 1900 sobre a capacidade do queixoso de se movimentar livremente fora do sanatório e de cuidar de seus negócios. O dr. Weber relatou por escrito e sob juramento o parecer solicitado (fls. 203 ss.) e completou-o com um apêndice (fl. 231) movido pelas objeções levantadas pelo dr. Schreber contra os argumentos de fato em que baseia seu parecer. Ambos os laudos foram apresentados à Corte de Apelação.

O *queixoso* acredita poder interpretar em um sentido que lhe é favorável as afirmações mais recentes do laudo pericial. Para ele é suficiente o fato de que o perito agora levanta *dúvidas* sobre a necessidade da manutenção da interdição. Na realidade, no decorrer dos dois últimos anos não se pôde comprovar sequer um único caso de ação insensata de sua parte. Nos últimos tempos cessaram até mesmo os barulhos dos urros, tão perturbadores, com cuja ocorrência o perito ainda parece se preocupar, mas que fora do sanatório jamais assumiram um caráter que pudesse ser considerado distúrbio grosseiro ou barulho perturbador da tranquilidade. Como testemunham seus familiares, eles não ocorreram nenhuma vez durante sua visita de oito dias a Leipzig. Como os urros irrompem de modo automático, [491] portanto independentemente da sua vontade, não podem ser considerados uma tendência a agir de modo irracional.

Não procede a recriminação que lhe faz o perito de que, no mencionado caso de doença (acesso de vômitos e diarreia), ele se comportou de modo inadequado e se recusou a tomar os medicamentos prescritos. Seguiu todas as prescrições médicas (prova: enfermeiro Müller), e não se pode dizer que ele desconheça ou despreze o valor dos remédios. O fato de não ter se recusado a tomar soníferos quando sofria de insônia prova exatamente o contrário.

385

De resto, nos últimos tempos, durante seus passeios, excursões e viagens, ele procurou intencionalmente todas as oportunidades de entrar em contato com pessoas que até então em parte eram desconhecidas, e nesse sentido pede seu testemunho. Por enquanto, dentre o grande número de pessoas que podem ser mencionadas como testemunhas, limita-se a mencionar as seguintes: seu cunhado, o comerciante Karl Jung, de Leipzig, e sua esposa, sua irmã mais velha, seu cunhado Krause, diretor do Tribunal de Chemnitz, e sua esposa, sua irmã mais nova, seu curador, o presidente do Tribunal, Schmidt, de Leipzig, e sua esposa, o conselheiro sanitário Nakonz, o advogado conselheiro de Justiça, dr. Schill, o médico, dr. Hennig, o editor Nauhardt, que talvez publique suas *Memórias* — todos residentes em Leipzig —, e finalmente o presidente da Corte de Apelação, em afastamento, Thierbach, de Dresden, e os majores Meissner e Sander, de Pirna. Todos comprovariam que nos mencionados encontros tiveram dele a impressão de um homem sensato e à altura de qualquer exigência inerente à [492] vida social ou de negócios, em quem, como leigos, não notaram o menor sinal de doença mental, muito menos de uma doença que o incapacitasse para administração de seus negócios.

Em sua opinião, ocorreu nos últimos tempos um fato novo muito importante para o julgamento da sua capacidade de cuidar de seus próprios negócios. Para poder levar a administração do sanatório a assumir uma posição mais definida sobre a questão da sua interdição, ele procurou saber se ela, por algum motivo, se opunha a sua iminente alta do sanatório. Naturalmente, ele não pretende conseguir uma alta imediata, de um dia para outro: a consideração pela saúde abalada de sua esposa, com quem ele de bom grado voltaria a viver, e a escolha de uma residência adequada, tanto para as suas próprias necessidades quanto para as dela, requereriam uma série de ponderações e de preparativos formais que não podem ser resolvidos tão rapidamente. Supõe também que a administração do sanatório, antes da sua alta, deseje se pôr de acordo com seu curador e eventualmente também com sua esposa e queira se assegurar principalmente de que se tenha providenciado sua moradia. Por isso, ele se dirigiu ao senhor conselheiro médico dr. Weber em carta datada de 29 de maio de 1902, nos seguintes termos, para saber se

... no atual estado de coisas, supondo que não haja objeções particulares à alta da parte do curador e da Curadoria, e admitindo que essa alta não encontraria uma recusa explícita da parte de sua esposa, e considerando que se providencie uma moradia adequada, a administração do sanatório acreditaria poder *se opor* (com base no único ponto de vista que pode ser levado em conta, ou seja, razões de bem-estar público) ao desejo, num dado momento expresso por ele, de *receber alta*.

O senhor conselheiro médico dr. Weber dirigiu a ele a seguinte resposta, datada de 30 de maio de 1902 (ver original, fls. 252-3), cujo conteúdo é o seguinte: [493]

A direção do sanatório, com base nas premissas da lei mencionadas, no presente momento, desde que seu estado não piore, não tem *nenhum* motivo para opor obstáculos a sua alta do sanatório.

Independentemente de um eventual conselho médico que possa ser solicitado, a única questão que a direção do sanatório levanta no caso de alta ou de uma licença a título de experiência é a eventual "periculosidade" do paciente para si próprio ou para os outros. Essa periculosidade não existe no presente caso [...] etc.

O *Ministério Público* registra a troca de cartas entre o queixoso e o conselheiro médico dr. Weber mas contesta o levantamento da interdição dado que, apesar de tudo o que o queixoso afirma a esse respeito, não se pode eliminar o temor de que ele se deixe levar a ações insensatas e disparatadas sob a coação das ideias delirantes que o dominam. Assim, por exemplo, o queixoso certamente terá de fazer pesados sacrifícios financeiros para poder realizar a planejada publicação das *Memórias*, considerando que um contrato editorial normal está fora de questão.

O queixoso refuta este último ponto.

A publicação das *Memórias* já foi provisoriamente combinada, na forma de um contrato de comissão, com o editor Nauhardt, de Leipzig, o mesmo tipo de edição em que foi publicado o livro *Ginástica de salão*, de seu pai. Sendo assim, o risco financeiro a ser assumido se limita aos custos de produção da obra, num total de ... marcos. Uma despesa como essa não é significativa diante do seu patrimônio total, que pode ser avaliado em cerca de ... marcos. Além disso, ele assegura mais uma vez que não pretende sacrificar um centavo sequer da sua fortuna para fazer propaganda da sua crença nos milagres. [494]

Fundamentação da sentença

Que o queixoso seja doente mental é algo que está fora de dúvida também para a Corte de Apelação. Mas, naturalmente, não se pretenderá discutir com o queixoso sobre a presença da doença mental identificada como paranoia. Falta-lhe justamente compreensão sobre o caráter mórbido das inspirações e das ideias que o movem. O que se apresenta à observação objetiva como alucinação e delírio é para ele certeza inabalável. Até hoje ele conserva inamovível a convicção de que Deus se revela diretamente a ele e não cessa de realizar milagres em sua pessoa. A convicção, como ele próprio afirma, se ergue altíssima acima de toda e qualquer ciência ou compreensão humana.

Mas a constatação de que o queixoso se encontra em um estado de perturbação mental de natureza patológica não é suficiente para a interdição. O Código Civil, no artigo 6, inciso 1, determina como condição concomitante que nesse caso o doente, em consequência de seu estado, *não esteja em condições de cuidar de seus negócios*. Nem toda anomalia mental leva necessariamente à negação da capacidade civil. A imposição da interdição só se justifica quando a doença mental é tão grave que o doente parece incapaz de cuidar de todos os seus negócios, tal como uma criança com menos [495] de sete anos. Caso o doente não esteja inteiramente privado da capacidade de agir de modo sensato e ponderado e sua condição mental o impeça apenas de lidar com alguns de seus interesses ou com um determinado círculo de interesses, isso pode ocasionar eventualmente a introdução da curatela (artigo 1910, item 2, do Código Civil), mas nunca a imposição da interdição.

Como supõe corretamente a Primeira Instância, não se deve entender pelos "negócios" de que fala a lei no artigo 6, item 1, apenas os negócios patrimoniais.

O conceito abrange o conjunto de circunstâncias de vida, cujo bom andamento é de interesse da lei: os cuidados com a própria pessoa do interditado, com sua vida, saúde, bem como com seus familiares e seu patrimônio, pois a interdição é, antes de mais nada, uma medida de proteção. Ela pretende ajudar quem não tem condições de se proteger das circunstâncias nocivas de sua falta de entendimento e da eventualidade de que outros tirem proveito disso. Nesse sentido, o dever de assistência do Estado se limita à necessidade de proteção do doente. Mas a proteção jurídica oferecida ao doente na forma de interdição deve ser eficiente e adequada de modo a poder afastar os perigos que o ameaçam na vida civil e que advêm da sua deficiência de vontade. A interdição só deve ter lugar quando se trata de perigos que possam ser combatidos com êxito por meio da cassação da capacidade civil (Código Civil, artigo 104, item 3) e pela instituição de um curador que se encarregue de todos os seus negócios pessoais e patrimoniais (artigo 1896).

Nesse sentido, o queixoso necessita de proteção ou consegue cuidar de modo autônomo de seus negócios? [496]

Em nenhum dos dois pareceres o perito dr. Weber dá uma resposta definida a essa questão. Não responde diretamente com um "sim", nem com um "não": a decisão é evidentemente muito difícil para ele. Nos casos comuns de doença, que não deixam margem a dúvidas, ele em geral não costuma ter escrúpulos em deduzir imediatamente, em prol da maior rapidez, as consequências jurídicas que advêm da doença mental constatada (fl. 203-b), mas no presente caso ele se recusa a fazê-lo. Limita-se a apresentar o quadro da enfermidade mental do queixoso e a traçar os diferentes elementos nos quais a vida mental do doente aparece externamente com particular evidência, para que cada um possa julgar por si se o queixoso deve ou não ser considerado capaz de gerir de modo autônomo seus interesses na vida civil.

Não há objeções a essa atitude do perito. De fato, não é da competência da perícia médica decidir sobre o aspecto jurídico de uma doença mental por ela constatada e sobre a influência dessa enfermidade na capacidade civil. Essa decisão cabe exclusivamente ao juiz.

Dado que o perito define como *paranoia* o quadro mórbido apresentado pelas ideias delirantes do queixoso, poder-se-ia ficar tentado a considerar já resolvida a questão. Assim procede, por exemplo, Endemann (op. cit., artigo 31, p. 136, nº 8, e p. 137 da 3ª edição), quando declara passível de interdição toda pessoa que sofre de paranoia e para quem a própria *natureza* dessa enfermidade já fornece uma prova suficiente para entender que esse tipo de paciente é incapaz de refletir racionalmente sobre as consequên- [497] cias das suas ações.

Isso é ir longe demais. Como ressalta com justiça o perito dr. Weber, uma autoridade reconhecida no campo da ciência psiquiátrica, há muitos paranoicos que, apesar de sofrerem graves perturbações mentais, e apesar de seu pensamento se mover na direção das ideias delirantes mais absurdas, mal são reconhecidos como doentes pelo seu ambiente, e no essencial cumprem regularmente suas tarefas cotidianas, realizando satisfatoriamente até mesmo os deveres da sua profissão. Talvez sejam considerados extravagantes, esquisitos e apegados a ideias fixas, mas via de regra não se cogita interditá-los. Nisso consiste justamente o recente progresso da legislação: doravante é possível permitir a essas naturezas mais ou menos inofensivas, independentemente do distúrbio mental constatado, que permaneçam de posse da capacidade legal de dispor de sua própria vida, necessária à sua subsistência. E, se essas pessoas vivem sob a influência de ideias obsessivas, que podem fazer com que pareçam irresponsáveis naquela área da vida mental imediatamente afetada por essas ideias, nem por isso elas se tornam *totalmente* incapazes de agir de maneira sensata. Nos círculos de ideias distantes de suas ideias delirantes, que são livres ou menos expostas à sua influência, essas pessoas tendem a ser capazes de cumprir de modo irrepreensível seu trabalho profissional (ver Kraft-Ebbing, *Os estados mentais duvidosos*, p. 8, e também Samter nas *Contribuições*, de Gruchot, 1901, p. 3).

Segundo o parecer do dr. Weber (fl. 206), a esse grupo de doenças pertence *também a psicose do queixoso*, na forma que assumiu há alguns anos, desde que passou da fase de loucura aguda para a de enfermidade crônica.

[498] É verdade que a visão de mundo do queixoso é falsificada pela ideia prevalente da sua posição excepcional diante de Deus e que o dr. Schreber sofre em ampla escala de alucinações. A convicção de ser objeto permanente do poder divino, como ele próprio reconhece, tornou-se centro da sua vida. Mas se trata, num primeiro momento, de uma *única esfera* da vida mental do queixoso, a esfera religiosa. Dada a sua falta de compreensão do caráter mórbido do seu pensamento, o queixoso jamais poderá avaliar corretamente aquilo que em nós tem a ver com as nossas concepções sobre as coisas divinas e com as nossas crenças sobre a relação entre Deus e o homem. Mas não se segue daí que seu juízo sobre as demais esferas da vida mental deva ser igualmente afetado pela doença. O sentimento religioso de um homem pode ter inúmeros pontos de contato significativos com outros aspectos da sua existência espiritual, mas não se pode dizer que ele abranja esses aspectos de modo homogêneo e com igual intensidade. A convicção religiosa de que está tomado o homem devoto, e que frequentemente também constitui o centro da vida do homem mentalmente sadio, não atua em todas as esferas da vida, e o dr. Weber mostra, com razão, como se pode ter contato meramente científico com alguém sem se ter a menor ideia das suas convicções religiosas: estas em geral não têm maiores relações com

suas concepções científicas, e os dois complexos de representações têm no seu cérebro uma *existência em separado*.

Segundo o pronunciamento do perito (fl. 205), algo semelhante se passa com o sistema delirante do *paranoico*. Por isso não é correta a objeção que o Real Ministério Público faz ao queixoso, apoiando-se nas mencionadas afirmações de Endemann: como ele sofre a influência de representações delirantes, todo o seu pensamento se move sobre um edifício de alicerces distorcidos e daí decorre necessariamente que mais ou menos todos os seus atos de vontade sofrem influências mórbidas; dado o caráter unitário da vida psíquica, é inevitável que os setores mórbidos invadam aqueles que são aparentemente sadios e relativamente inatingidos pelo sistema delirante. [499]

A ideia aqui em jogo, da unidade do fenômeno psíquico, talvez corresponda à concepção científica mais moderna de terapia mental: no parecer do dr. Weber ela também constitui o ponto de partida (fls. 47 e 205). No entanto ela tem, antes de mais nada, apenas um significado teórico. Antigamente eram adotadas concepções opostas a essas: falava-se sem reservas de "loucura parcial", e segundo o parecer do dr. Weber ainda hoje se considera essa ideia de certo modo justificada (fl. 205). Mas qualquer que seja a posição teórica e científica que se tenha diante dessa questão, o juiz encarregado da interdição deverá levar em conta o dado da experiência de que a influência das ideias delirantes que dominam o doente de paranoia não costuma se manifestar de modo uniforme em todos os setores da *vida civil*. Muito frequentemente, as coisas permanecem no nível de mera "loucura parcial", com as representações mórbidas retiradas para um único e determinado setor, levando aí uma espécie de "existência em separado", ao passo que outros setores da vida permanecem relativamente inatingidos por aquelas representações, não deixando de modo algum transparecer um distúrbio psíquico do doente (fl. 205).

Naturalmente, não se pode excluir a possibilidade de que o distúrbio parcial invada a totalidade das demais funções psíquicas do homem. Em tese, essa possibilidade subsiste em qualquer forma de anomalia mental. É provável que o dr. Weber quisesse expressar isso, e não qualquer outra coisa, quando declarou, no seu primeiro parecer (fl. 53), que não se podia prever qual seria a orientação a ser tomada pelo queixoso caso lhe fosse restituída a liberdade de ação: se se pautaria pelo conteúdo das representações que permanecem relativamente sadias ou pela coação da mórbida crença em milagres que o anima. [500]

Mas isso não é suficiente para decretar a interdição. Como objeta com razão o queixoso, a capacidade civil não pode ser cassada apenas com base na *suspeita* de que ele poderia ser levado a ações insensatas nessa ou naquela área pelas suas representações delirantes. Nesse ponto a lei exige a *constatação* positiva de que ele, em consequência da doença mental, não é capaz de cuidar de seus negócios (art. 6 do Código Civil). É a parte que solicita a interdição que deve provar ser esse o caso. Se não for possível produzir a prova contra o queixoso e se não se puder chegar a um resultado seguro e inquestionável sobre o estado mental do doente, nos termos do art. 653 do Código Processual Civil, então a interdição não pode ser mantida.

É possível discutir quais requisitos devem ser preenchidos pela prova. Certamente não se pretenderá ir tão longe, como faz o queixoso, a ponto de proceder a uma interdição do doente só quando o perigo de uma ação insensata esteja fundamentado em uma certeza absoluta. Por outro lado, não se deve contentar com o mero temor. O temor deve ser algo no mínimo tangível e precisa se tornar provável por meio de fatos ou coisas do gênero.

Desse modo, a demonstração é conduzida para o único campo que pode fornecer uma resposta adequada à pergunta em questão: o campo das *experiências de fato*.

[501]

A interdição deve constatar a medida em que as ideias delirantes de um doente determinam o que ele fará na vida civil. O interditado, apesar da sua turvação mental, ainda está maduro para as exigências da vida prática, ou as influências das suas alucinações são profundas a ponto de impedi-lo de perceber a validade das coisas e apreendê-las de modo racional? Isso é algo que só se pode julgar com segurança com base na experiência. O doente precisa estar realmente exposto às exigências da vida e ter oportunidade de lidar com elas justamente no momento em que ele é objeto de um processo judicial. Nessas circunstâncias, as observações que podem ser feitas sobre sua conduta constituirão a melhor prova da veracidade da afirmação segundo a qual ele, embora doente, é capaz de cuidar adequadamente, como qualquer outra pessoa, de seus negócios e do modo que convém aos seus interesses. A *natureza* da doença mental não proporciona ao perito médico um ponto de apoio confiável, permitindo nesse sentido apenas suposições. Como já se demonstrou, a presença da paranoia não é incompatível com a conservação integral da capacidade de administrar os próprios negócios.

Nesse ponto coincide a opinião da Corte com a do perito. Já no seu primeiro parecer de 28 de novembro de 1900, o dr. Weber expressa seu pesar pelo fato de que o queixoso até então só em medida limitada pudera ter ocasião de interferir de modo autônomo na organização dos seus negócios fora do sanatório, de modo que não foi possível produzir uma verdadeira prova com base em exemplos (fl. 45). Por esse motivo ele se limitou essencialmente a descrever o quadro mórbido tal como ele se apresentava aos olhos de um especialista em patologia.

A situação melhorou nesse meio-tempo: o doente pôde desfrutar de maior liberdade de movimento do que na época da redação do primeiro parecer. Foi-lhe permitido entrar em contato com os mais variados círculos do mundo [502] externo. No contato com seus familiares e com terceiros, teve oportunidade de mostrar em que medida as ideias delirantes que animam seu espírito se assenhorearam dos seus outros sentimentos e pensamentos e até que ponto influenciam a forma que assume seu relacionamento com as pessoas. A Corte de Apelação dispõe hoje de um material de fato muito mais rico do que aquele de que dispunha a Primeira Instância na época da sentença. As observações feitas nesse sentido são inteiramente *favoráveis* ao queixoso.

Até mesmo os juízes da Corte de Apelação, nas suas relações com a pessoa do queixoso, tiveram de ceder a *uma* percepção imediata: a de que as forças intelectuais do dr. Schreber e a clareza do seu pensamento não sofreram *nenhum* dano em virtude da doença. O modo de lutar pessoalmente contra a interdição que pesava sobre ele e a execução planejada dessa luta, a agudeza das operações jurídicas e lógicas realizadas, a ponderação do seu procedimento e, não por último, a atitude nobre e comedida com que se opôs ao perito e ao Ministério Público — tudo fornece uma prova irrefutável do fato de que o queixoso nesse campo não precisa de qualquer espécie de proteção que possa ser dada pela interdição e, ainda mais, no que se refere a esse processo, ele sabe defender seus interesses com plena autonomia e melhor que qualquer outra pessoa.

Mas não se deverá dar muito peso a esse aspecto da vida psíquica do queixoso. A capacidade de pensar corretamente do ponto de vista lógico parece, como indica o dr. Weber (fl. 50), bastante bem desenvolvida nos paranoicos; ela não é um sinal infalível de que o doente consegue emitir juízos igualmente corretos nas esferas da vida que se situam além do pensamento puro. Nesse sentido, corroboram num sentido integrativo as experiências [503] que o perito dr. Weber teve oportunidade de ter sobre o queixoso nos seus contatos com o mundo externo relatadas por ele no seu segundo parecer de 5 de abril de 1902.

Se o dr. Weber, já no seu primeiro laudo, teve de reconhecer, apesar da pouca experiência de que dispunha sobre a vida social do dr. Schreber, que o setor patológico da sua mente já tinha se separado de modo bastante claro dos demais setores, e se naquela ocasião ele teve de acrescentar que os juízos do queixoso sobre as coisas e situações distantes do sistema delirante demonstravam ser na maioria adequados (fls. 40 e 50), no segundo laudo ele renova ainda com maior ênfase essa opinião.

O quadro mórbido em si não sofreu modificações. Ainda hoje é essencialmente o mesmo que no tempo da sentença de interdição. Só o material de observação se tornou mais amplo, oferecendo ao perito a possibilidade de corrigir, completar etc. seu julgamento anterior, construído sobre bases factuais bastante limitadas. Por isso não há motivo para não usar os resultados aos quais chegou o perito recentemente com o objetivo de avaliar retrospectivamente a condição mental do queixoso na época da sua interdição.

O dr. Weber hoje está persuadido de que as ideias delirantes do queixoso levam uma *existência* relativamente *separada* da sua vida mental e *quase não se notam* fora do campo imediatamente dominado por elas, ou seja, fora do círculo de ideias da vida cotidiana. Constata que também as alucinações a que está permanentemente sujeito o queixoso não influenciam mais *de modo determinante* seus sentimentos e pensamentos. Os sintomas mórbidos [504] que vêm à tona se manifestam externamente em geral apenas em áreas relativamente *secundárias*. Os interesses vitais *mais importantes* se subtraíram ao seu domínio e são apreendidos de modo irrepreensível (fls. 208, 211 e 212).

Para melhor fundamentar esse julgamento, o perito menciona uma série de fatos, em parte observados por ele próprio, em parte relatados por testemunhas confiáveis, que consolidou a convicção, compartilhada também pela Corte de Apelação, de que parece eliminado o perigo de o queixoso exibir um comportamento inadequado e aberrante no sentido jurídico do termo, e de qualquer modo um perigo não tão imediato a ponto de justificar a manutenção da interdição.

O queixoso é, há alguns anos, comensal diário da família do diretor do sanatório, sem ter provocado até o momento qualquer embaraço para os convidados. O dr. Weber, que entende como amigável sua relação com o queixoso, elogia o fino tato do doente e seu caráter reservado, que nunca o levou a importunar os comensais com a menção de suas estranhas ideias (fl. 50). O próprio dr. Schreber acredita poder assegurar que outros convidados à mesa, particularmente as senhoras, jamais puderam observar nele o menor sinal da sua doença mental, e o relato que o dr. Weber faz das suas relações com ele permite confiar nessa afirmação.

Também a permanência do queixoso fora do sanatório não levou a qualquer reclamação importante. Até o verão de 1900, o dr. Schreber só tinha permissão de sair em companhia de um enfermeiro; desde então foi eliminado esse acompanhamento e lhe foi concedida permissão ilimitada para se [505] ausentar livremente do sanatório. Ele fez uso dessa liberdade para fazer excursões quase diárias, a pé, de barco ou de trem, a todos os pontos importantes dos arredores de Pirna, em parte sozinho, em parte acompanhado, e frequentar eventualmente concertos, teatros, exposições públicas etc. Esteve várias vezes em Dresden para assistir a audiências, visitar sua esposa ou cuidar de pequenos negócios, e recentemente, a convite de seus familiares, com o assentimento da direção do sanatório, empreendeu sozinho uma viagem para Leipzig, da qual retornou depois de uma ausência de oito dias e que transcorreu bem, segundo relato de sua irmã.

O dr. Weber atesta que o queixoso *nunca* se comportou *de maneira insensata e inadequada*, sempre comunicou *abertamente e sem reservas* seus planos e intenções que saíam da normalidade cotidiana, assegurando-se previamente da permissão da direção, e executou esses planos com *ponderação e consideração por todas as circunstâncias*. O dr. Weber acredita também poder supor que *nunca* ocorreram inconvenientes dignos de nota nessas relações do queixoso com o mundo externo (fl. 209).

O queixoso soube administrar de maneira *sistemática*, como um chefe de família diligente, a verba que de um ano para cá tem sido colocada à sua disposição para financiar seus passeios e pequenas despesas (cinquenta marcos por mês). Nunca se pôde observar que esse dinheiro fosse esbanjado e que por esse motivo não fosse suficiente. Não se teve a impressão de uma parcimônia especial, mas se observou que ele reflete antes de fazer qualquer despesa, evita as coisas caras e não compra coisas inúteis (com exceção dos pequenos adereços femininos). [506]

Em suma, até o momento, em todo o comportamento do queixoso fora do sanatório *não* surgiu *um único fato* que desse motivo ao temor de que o doente, caso possa dispor de si livremente, será levado por seu sistema delirante a prejudicar seus interesses legais através de ações insensatas. A experiência prática ensinou que o delírio da crença nos milagres, por mais que constitua o substrato de sua vida mental, não domina o queixoso de modo exclusivo, a ponto de privá-lo da capacidade de reflexão nos demais setores da vida. Sendo assim, não existe de fato nenhum interesse jurídico relevante que possa parecer ameaçado com o levantamento da interdição.

Está excluída a hipótese de que o queixoso possa pôr em perigo sua *vida* e menos ainda a de outrem, de modo que a interdição não pode ser aventada como medida de segurança para proteger o ambiente do doente. Cumpre reconhecer o caráter perturbador dos "estados de urros" de que o queixoso às vezes é acometido, e que podem importunar bastante o ambiente, embora ele assegure estar quase totalmente livre desses estados fora do sanatório. Mas essas chamadas vociferações, que ocorrem de modo automático e compulsivo, contra a vontade do doente, nada têm a ver com a questão da interdição. Eventualmente, se a tranquilidade noturna for perturbada por elas, podem requerer uma intervenção policial, mas não podem servir como justificativa para a interdição, mesmo porque o meio escolhido não teria o menor resultado e permaneceria ineficaz.

É irrelevante a observação do Ministério Público segundo a qual o livre-arbítrio parece ficar inteiramente eliminado durante os estados de urros e nos momentos em que a atenção do doente é distraída pelas alucinações. [507] Isso é possível, mas não pode provir daí nenhum perigo para o queixoso: trata-se, evidentemente, de distúrbios de consciência breves e passageiros, que duram alguns instantes, e durante os quais naturalmente fica excluída qualquer ação legal.

De acordo com o parecer do dr. Weber, também não estão em jogo ameaças à *saúde* do queixoso. Em geral, ele costuma cuidar bem da sua saúde e evita prejudicá-la com ações voluntárias (fl. 211). Também nesse sentido não necessita da assistência de um curador.

No seu segundo laudo, de 5 de abril de 1902, o perito menciona um episódio de doença no qual parece que o queixoso, sob a influência de seu distúrbio psíquico, tratou de uma doença (diarreia e vômitos) de modo inadequado. Mas o próprio perito não dá um peso especial ao incidente, admitindo ulteriormente, a pedido do queixoso, que este finalmente atendeu às prescrições médicas no mencionado caso (fl. 231). Não é verdade que o queixoso tenha sido induzido pela crença nos milagres a desprezar os remédios. O queixoso observa com razão que tem tomado nos últimos anos quase diariamente os soníferos necessários (fls. 226 e 231). E, mesmo que não fosse esse o caso, a determinação de interdição de nada adiantaria. A resistência do doente ao médico e aos remédios, que na realidade não existe, não seria superada nem com o reconhecimento da capacidade civil nem com a instituição da curatela.

Já seria mais preocupante se a cura da doença requeresse maior tempo de internação no sanatório e o distúrbio psíquico o impedisse de perceber [508] essa necessidade, levando-o a se empenhar em conseguir o levantamento da interdição justamente com o objetivo de, uma vez livre da vigilância do curador, impor a sua saída do sanatório. Mas temores dessa natureza não podem mais ocorrer no momento, depois da resposta oficial dada pela direção do sanatório de Sonnenstein no dia 29 de maio deste ano (fls. 252-3). O dr. Weber está fundamentalmente de acordo com a alta do queixoso em determinadas condições, aliás compreensíveis. Declara expressamente que não considera real a existência de um "perigo" do paciente para si mesmo ou para os outros e não opõe objeções ao retorno do queixoso ao livre contato com a sociedade humana. Com isso se nega a necessidade de uma assistência curatelar em prol da saúde do doente. Se o juiz quisesse afirmar a necessidade da interdição a partir dos pontos de vista ressaltados, ele entraria em contradição com o parecer do perito médico e com a direção do sanatório.

Do ponto de vista do *direito patrimonial*, também não há o que temer quanto ao perigo de ações disparatadas e insensatas da parte do doente.

Como informa o perito, o dr. Schreber está perfeitamente bem informado sobre a sua situação patrimonial. As experiências feitas no último ano no sentido de permitir a ele uma certa autonomia financeira, por meio de uma mesada, tiveram um resultado bastante favorável, e o queixoso provou ser em todos os sentidos um administrador cuidadoso. Também não há motivo para supor que ele dissipará sua fortuna se lhe for devolvida a livre disposição de seu patrimônio. O dr. Weber, que é quem melhor conhece o queixoso e pode avaliar de maneira mais adequada a influência de [509] suas ideias delirantes, garante não ter *nenhum* fundamento para supor que ele, *por qualquer motivo patológico*, possa ser levado a ultrapassar os limites da sua situação financeira e dissipar sua fortuna (fl. 211).

Não merece maior atenção a preocupação levantada pela Primeira Instância de que o queixoso, sob a influência de suas ideias extravagantes, poderia ser levado a se inscrever em um concurso científico, talvez com o objetivo de fazer propaganda dessas ideias. Até o momento não se verificou no queixoso a menor tendência a fazer gestos em prol da sua crença nos milagres. Por esse motivo a Corte de Apelação, especialmente depois da mencionada coincidência com o ponto de vista do perito, não tem o menor motivo para suspeitar do queixoso quando ele encarece que não pensa em fazer sacrifícios financeiros para propagar sua crença nos milagres e que jamais lhe ocorreria gastar para tal fim um único centavo do seu patrimônio.

Naturalmente, não fica excluída a possibilidade de que, apesar dessas garantias, o queixoso *possa*, num dado momento, sofrer inconscientemente a influência das ideias fantásticas que o dominam. A possibilidade desse tipo de influência subsiste em qualquer caso de anomalia mental, mesmo nos casos em que a anomalia não assumiu a forma de uma verdadeira doença mental. Mas o direito e a ordem jurídica só podem considerar essa possibilidade no momento em que ela se transforma em um *perigo* real. E não há o menor sinal desse perigo neste caso. Com relação a uma influência imediata das ideias religiosas delirantes do queixoso sobre a administração do seu patrimônio, até agora só se pôde comprovar um único ponto, para o qual, aliás, o próprio dr. Schreber chamou a atenção. Trata-se de sua tendência a adquirir pequenos adereços de todo tipo, com os quais ele, tal como uma mulher, costuma enfeitar seu peito, que no seu delírio está se transformando [510] num busto feminino. Naturalmente, se ele fosse inteiramente normal do ponto de vista mental, jamais gastaria dinheiro com coisas tão tolas. Mas trata-se de miudezas cujo valor material é tão insignificante que não poderiam desempenhar um papel importante na grave decisão sobre o reconhecimento ou não da sua capacidade civil. E, mesmo se abstrairmos o fato de que esses adereços, como ele assegura, são empregados como uma espécie de remédio psíquico, que ajuda a tranquilizar a excitação nervosa que o atormenta, no pior dos casos isso tudo deve ser considerado mera extravagância. E mesmo nas pessoas sadias tais extravagâncias muitas vezes implicam somas de dinheiro bem mais elevadas.

Não há a menor dúvida de que o queixoso, quanto à sua capacidade intelectual, está inteiramente à altura da tarefa de administrar o seu patrimônio e o de sua esposa — tarefa que, aliás, não é tão complicada como pretende o Ministério Público, mesmo se considerarmos em separado cada um dos objetos que constituem o patrimônio do casal Schreber, segundo a relação de bens constante nos autos de interdição. Nesse sentido, recentemente o queixoso deu uma prova esplêndida da sua capacidade quando, a pedido da família, tratou do problema da avaliação econômica do livro *Ginástica de salão*, de autoria de seu pai (questão bastante difícil desde a falência do editor), e o fez com tal agudeza, clareza e compreensão da situação real que seus familiares não tiveram a menor hesitação em seguir seus conselhos — esse é o relato confiável que faz seu cunhado, o comerciante

Kaufmann, de Leipzig (fls. 41-3 dos autos de interdição). O fato revela não apenas a capacidade técnica do dr. Schreber de cuidar de questões dessa natureza, mas também prova ao mesmo tempo que não lhe falta inclinação nem interesse para dedicar a atenção necessária à sua situação patrimonial. [511]

As relações do dr. Schreber com sua *família*, ao que consta, estariam ameaçadas, e a *sociedade conjugal* com sua *esposa* correria o perigo de ser destruída. Também isso não pôde ser comprovado.

Como o queixoso com razão observa, a sociedade conjugal entre ele e a esposa já está há anos dissolvida de fato em consequência da sua doença mental e da necessidade de viver separado dela por esse motivo. É difícil ver como essa relação poderá piorar caso o queixoso recupere a livre disposição da sua pessoa. Assim que puder sair do sanatório, o dr. Schreber tem o vivo desejo de retornar à vida doméstica em comum com sua esposa e passar seus dias no recolhimento de um lar tranquilo no campo. De sua parte, o que pretende é justamente *melhorar* as relações conjugais existentes. Se isso ocorrerá de fato é naturalmente uma outra questão. As ideias de milagre em torno das quais se move a vida mental do queixoso, e que provavelmente na relação íntima com a esposa serão sentidas como mais molestas por ela do que por uma terceira pessoa menos próxima, dão margem a dúvidas sobre a possibilidade de uma convivência conjugai durável. Antes de decidir, seria o caso de fazer a experiência.

Mas qualquer que fosse o resultado dessa experiência, ela não poderia exercer a menor influência sobre a decisão de prolongar ou não a interdição. De fato, também nisso se deve dar razão ao queixoso, pois não se pode pôr em questão o bem-estar de terceiros, mesmo que se trate dos familiares mais íntimos. A interdição deve zelar em primeira linha pelo bem do interditado, e não é legítimo decretá-la unicamente no interesse de terceiros.

Ver parágrafo 2 da portaria do Ministério da Justiça sobre o processo de [512] interdição por motivo de doença mental, de 23 de dezembro de 1899.

De resto, o dr. Schreber, como se depreende das suas declarações no curso do processo, está bem consciente dos seus deveres morais para com sua esposa, resultantes das dificuldades da situação já mencionada. Sua mente não está perturbada a ponto de não reconhecer o grau de abnegação de que sua esposa deveria ser capaz no caso de ter de conviver com ele. Caso essa convivência revele ser impraticável, ele não lhe fará exigências injustas e concederá tudo o que ela tem direito por lei. Não pensa absolutamente em deixar de cumprir seu dever de sustentá-la ou, por ressentimento, dispor de seu patrimônio de modo que a prejudique. Aliás, conforme indicação sua, há um testamento comum de 1886 que lhe proíbe atos dessa natureza. E por mais cauteloso que se deva ser com relação às afirmações de doentes mentais, a elevada seriedade moral que permeia a pessoa do queixoso, a inalterada pureza do seu caráter, também elogiada pelo dr. Weber e revelada por todas as suas declarações perante a Corte, justificam a confiança que se pode ter nele.

Sendo assim, diminui o peso da observação feita anteriormente pelo perito segundo a qual o dr. Schreber, toda vez que sua esposa não aceita de bom grado suas ideias delirantes, alude à possibilidade de que ela pode requerer divórcio. É evidente o mal-entendido dessa observação, que se baseia, ao que parece, em informações da sra. dr. Schreber. O queixoso forneceu alguns esclarecimentos que fazem com que sua conduta para com a [513] esposa pareça irrepreensível e às quais o dr. Weber, a quem esses esclarecimentos foram dados, não fez nenhuma objeção.

Resta, portanto, o único fato de que o queixoso poderia, com a planejada publicação das *Memórias*, comprometer a si próprio e à família, podendo eventualmente até chegar a um conflito com a lei.

Nenhuma pessoa sensata poderá negar que a publicação desse texto implica objeções consideráveis. Nem mesmo o dr. Schreber pode deixar de percebê-lo, mas sua insistência na publicação não é uma prova da sua incapacidade de reflexão sobre as consequências dos seus atos, e sim uma prova do vigor da sua crença na verdade das revelações que Deus lhe fez.

"Não posso desejar" — observa ele literalmente — "que o conhecimento de Deus que me foi revelado desapareça no nada com a minha morte, ficando assim perdida para a humanidade uma oportunidade talvez única de chegar a uma representação mais correta do Além" (fl. 160).

O queixoso não ignora que possam surgir inconvenientes com a publicação das *Memórias*; ele só refuta a recriminação da Primeira Instância de que ele escreveu nelas algo que possa prejudicar a honra da família. De fato, não há nada dessa natureza no texto. Igualmente, não se pode dizer que o conteúdo das *Memórias* seria capaz de comprometer o próprio queixoso. O texto é o produto de uma imaginação mórbida, e qualquer um que o leia não deixará de ter, em nenhum momento, a sensação de que seu autor está mentalmente perturbado. Mas isso não poderá diminuir a estima de que goza o doente, tanto que certamente ninguém poderá deixar de reconhe[514] cer a elevada seriedade e o amor à verdade que permeiam cada capítulo.

O próprio dr. Schreber observa muito bem: o pior que pode acontecer é que ele seja considerado louco, o que já se faz de qualquer maneira. Não se deve se escandalizar com as expressões fortes que aparecem na obra: elas não podem ser debitadas na conta do queixoso, pois reproduzem apenas o que as vozes dos espíritos lhe dirigiam nos anos anteriores, na época das alucinações mais graves.

É preciso levar isso em conta para avaliar com justiça as difamações referentes ao conselheiro prof. Flechsig, na medida em que é acusado de assassinato de alma e de coisas ainda piores. Também nesse caso, o queixoso não fala nem age em seu próprio nome, mas se limita a relatar as comunicações feitas a ele pelas vozes dos misteriosos espíritos com as quais pensa estar em contato. Com certeza estava bem distante do queixoso, ao escrever as *Memórias*, a intenção de atacar o prof. Flechsig ou de prejudicar conscientemente sua honra. O perigo de ser processado por difamação pelo dr. Flechsig não é tão grande, considerando que ainda haverá várias modificações na forma no texto antes da sua publicação. De qualquer modo, uma condenação parece ser algo fora de questão, uma vez que o queixoso de qualquer modo estaria protegido pelo artigo 51 do Código Penal. E, mesmo que houvesse o perigo de uma condenação do queixoso, isso não seria motivo suficiente para cassar sua capacidade civil. A interdição não pode ser utilizada como um meio para impedir uma pessoa — que, apesar de sua doença mental, é de resto perfeitamente capaz de gerir seus negócios — de empreender *uma única* ação disparatada, com o objetivo de poupá-la das suas consequências nocivas. Isso vale também para a observação feita pelo Ministério Público segundo a qual o contrato editorial que deverá ser feito para a publicação das *Memórias* será necessariamente desvantajoso para o queixoso. Em primeiro lugar, não é absolutamente seguro, embora bastante provável, que a comissão que cabe ao editor necessariamente deva dar prejuízo ao queixoso. Deve-se no entanto levar em conta que o risco financeiro que o queixoso assume, afinal, não é tão grande em comparação com o resto do seu patrimônio. E não cabe à interdição protegê-lo desse risco: o queixoso está em perfeitas condições de reconhecer que a publicação das *Memórias* pode eventualmente onerar seu patrimônio. Mas, mesmo nesse sentido, *não* há necessidade de uma *proteção* legal que poderia ser dada por meio da interdição. [515]

Assim sendo, a Corte de Apelação chegou à convicção de que o queixoso, em todos os setores vitais aqui considerados — e os mais importantes são aqueles em que a lei prevê uma regulamentação específica —, está à altura das exigências da vida. Em todo caso, não se dispõe de *nenhuma* evidência, nem se pode considerar como certo o fato de que suas ideias delirantes o tornam incapaz de administrar seus negócios. Isso leva a considerar o recurso por ele apresentado e a anular a medida legal de interdição que pesava sobre o queixoso sem que seja necessário examinar as provas testemunhais mais recentes acrescentadas por ele (artigo 672, do Código Processual Civil).

As custas do processo ficam a cargo do Estado (artigo 673, do Código Processual Civil).

(ass.) Hardraht, Vogel, dr. Steinmetz, Nicolai, dr. Paul
Dresden, 26 de julho de 1902

No caso em tela não foi apresentado até o prazo final, transcorrido em 10 de setembro de 1902, um arrazoado para fins de estipulação do prazo junto ao Tribunal Superior.

Leipzig, 3 de setembro de 1902
Schubotz
(ass.) Escrivão do Sexto Tribunal Superior

Apresenta-se aqui o testemunho de que a sentença acima descrita passou a vigorar em 10 de setembro de 1902.

(ass.) Müller (secretário)
Escrivão do Tribunal Regional

Glossário
Marilene Carone

ALMA Parte espiritual do homem, cujo substrato material são os nervos. Em Schreber, "almas", "raios", "nervos" e "vozes" são termos praticamente equivalentes. As almas, enquanto espíritos dos homens já falecidos, são seres animados e falantes com traços de caráter peculiares: são vaidosas, curiosas, medrosas, imediatistas, incapazes de renúncia, abnegação, persistência ou força de vontade. Ao longo do texto, a inteligência das almas sofre uma transformação: a princípio são inteligentes, capazes de expressar pensamentos próprios e sentimentos autênticos, mas com o tempo seu discurso se empobrece, tornando-se repetitivo e monótono, sua capacidade de pensar por conta própria vai diminuindo e desaparece a expressão de sentimentos autênticos. As almas sofrem como que um embotamento intelectual e afetivo progressivo, perdendo também nesse processo de decadência sua consciência de identidade. Há dois tipos de almas: as *almas provadas* (impuras) e as *almas puras*. As almas provadas (almas não beatificadas, enegrecidas) são os maiores inimigos de Deus e de Schreber e precisam ser eliminadas para que ocorra sua cura e a restauração da Ordem do Mundo. As almas puras (beatificadas) são aliadas de Deus e não hostilizam diretamente a pessoa de Schreber.

ARIMAN Uma das duas entidades em que se subdivide Deus. É o chamado deus inferior, que prefere os povos de raça morena (semitas).

ASSASSINATO DE ALMA A possibilidade do sistema nervoso de uma pessoa interferir no de outra tem o seu desdobramento máximo no assassinato de alma, quando uma alma aprisiona outra, anulando sua vontade própria. Schreber afirma emprestar o termo da lenda e da literatura, sempre com a conotação de assenhoreamento de um ser humano por outro. O principal trecho das *Memórias* a esse respeito (capítulo 2) ficou censurado no original. As noções de assassinato de alma, emasculação para fins contrários à Ordem do Mundo, "deixar largado" e destruição do entendimento são bastante próximas.

ATRAÇÃO Força que emana do corpo de Schreber, fazendo com que Deus procure se ligar a ele através das instâncias intermediárias (almas, raios, nervos). A força de atração encerra o maior potencial de perigo que o homem vivo pode representar para Deus e constitui o "tendão de aquiles" da Ordem do Mundo, pois as almas que sucumbem à atração se dissolvem (se extinguem, morrem) no corpo de Schreber, o que implica para Deus perda parcial de seus reinos. A presença da volúpia de alma no corpo de Schreber é condição para que se dê a atração, pois a volúpia é um equivalente da beatitude perdida.

BEATITUDE Estado de gozo voluptuoso ininterrupto ao qual se eleva a alma depois da morte, uma vez completado o processo de purificação ou "prova". Há graus e tipos diferentes de beatitude: por exemplo, a beatitude masculina é superior à feminina e à infantil.

COAÇÃO A PENSAR Imposição de pensar sem cessar, desrespeitando o direito natural do homem de se permitir em certos momentos pausas na atividade intelectual. Para promover essa coação, os raios recorrem a diversas manobras que induzem o pensamento, como o sistema do "não pensar até o fim" (apresentação de frases que devem ser completadas), o retardamento do ritmo da fala das vozes, perguntas sobre a causa das coisas (Por quê? Porque…) etc.

CONEXÃO NERVOSA Forma de comunicação à distância entre Deus (almas) e o homem. É um contato que se dá através dos nervos, sem necessidade da presença da outra parte. É pelo abuso da conexão nervosa que um homem pode reter os raios divinos, ameaçando a existência destes. Schreber se declara em contato ininterrupto (via conexão nervosa) com o conjunto de todas as almas e com a onipotência divina.

DESENHAR Produzir por meio da imaginação imagens que serão vistas pelos raios e tomadas por eles como verdadeiras. É uma espécie de milagre que Schreber realiza com o intuito de enganar os raios, atraí-los ou simplesmente zombar deles.

DEUS Em muitos sentidos, o mesmo ser supremo, criador do universo, todo-poderoso etc. das religiões cristãs. Mas o Deus de Schreber tem também características próprias: não é onisciente, pois seu conhecimento do homem é superficial e limitado. Não compreende o homem enquanto ser vivo, só se interessando pelo seu cadáver, do qual extrairá os nervos que depois de beatificados aumentarão os seus domínios. Deus é incapaz de aprender com a experiência e está longe de ser o ideal de amor e moralidade de que falam as religiões. Pode ser egoísta (age movido pelo instinto de autoconservação), cruel e traidor. Move o tempo todo uma política de hostilidade contra Schreber, tentando provar, por exemplo, que sua inteligência está aniquilada e que ele se transformou em um idiota. Toda a vida de Deus gira em torno de um único centro de interesse: a pessoa de Schreber, por quem sente poderosa atração e da qual precisa se defender por todos os meios, pois ela representa o seu próprio aniquilamento. Essas medidas defensivas vão se tornando, com o tempo, cada vez mais inócuas, e no final seus milagres perdem a tal ponto a eficácia que Deus passa a se ocupar só de coisas tolas e secundárias, tornando-se assim uma figura ridícula e pueril. Seu contato com Schreber não é direto (com exceção de uma única ocasião em que Deus fala com ele com uma "possante voz de baixo"), mas através de instâncias intermediárias (deus superior, deus inferior, Sol, almas, raios, vozes, pássaros falantes etc.). A figura de Deus, em virtude do dualismo próprio dos reinos divinos, se subdivide em duas entidades principais: o deus inferior (Ariman) e o deus superior (Ormuzd), que mantêm em relação a Schreber atitudes opostas, ficando um com uma postura hostil e outro com atitude mais amigável. Às vezes trocam de papel, conservando sempre a oposição entre ambos: competir um com o outro é algo que faz parte das suas características permanentes.

EMASCULAÇÃO Transformação do homem em mulher. A emasculação não é propriamente a ablação do genital masculino, mas sua retração para o interior do corpo e ulterior transformação em órgãos sexuais femininos (externos e internos), implicando também modificação da estrutura óssea, da textura da pele, crescimento dos seios etc. A emasculação pode estar em conformidade com a Ordem do Mundo ou contra ela. No primeiro caso, recairia sobre o homem moralmente mais virtuoso, que uma vez emasculado e fecundado diretamente por Deus teria a missão de gerar uma nova humanidade. No segundo caso, a emasculação seria a mera transformação em um corpo feminino, que seria abandonado ("deixado largado") e transformado em puro objeto passivo de abusos sexuais ("como uma prostituta"). Schreber se rebela contra esta modalidade, mas aceita de bom grado a primeira. O processo da emasculação é lento, podendo levar até séculos para se completar.

FLECHSIG Paul Emil Flechsig, eminente psiquiatra alemão, uma das maiores autoridades da época, professor da Universidade de Leipzig, em cuja clínica Schreber esteve internado por ocasião do seu primeiro surto (1884-5). Schreber acreditava dever a ele a cura desse primeiro episódio e por isso o procurou novamente em 1893, por ocasião do segundo surto. Nas *Memórias*, Flechsig aparece em duas versões: por um lado, o homem vivo, médico psiquiatra, e por outro, a alma de Flechsig, que contrariando as regras da Ordem do Mundo se destacou dos nervos do homem vivo antes da sua morte. A alma de Flechsig é um dos principais inimigos de Schreber: alia-se às almas impuras ("provadas") e envolve o próprio Deus numa ampla conspiração contra Schreber.

HOMENS FEITOS ÀS PRESSAS Seres humanos não reais, cuja vida é fugaz ("vida de sonho"): dissolvem-se rapidamente e são produzidos (às pressas) por milagre. Uma vez que Schreber se considera o único homem verdadeiro existente, todos os demais homens acabam por se reduzir a esta categoria.

HOMÚNCULOS Figuras humanas minúsculas, de alguns milímetros de estatura, nas quais as almas, reduzidas a um único nervo, se encarnam para ter uma existência breve, que em geral culmina com a sua dissolução na cabeça de Schreber.

IDIOTIA Estado de total perda da inteligência, da memória e da razão, extremo limite negativo da escala de valores de Schreber. Deus exige dele permanentemente que forneça provas de que não sucumbiu à idiotia, e por isso grande parte dos esforços de Schreber é dirigida à produção dessas provas, por meio dos mais variados expedientes (pensar sem cessar, contar números, falar línguas estrangeiras, recitar poemas, tocar piano etc.).

LIGAÇÃO ÀS TERRAS (OU AOS ASTROS) Sistema defensivo posto em ação pelos raios (almas) para evitar sua dissolução no corpo de Schreber, consequência da irresistível atração exercida por ele. O expediente consiste em se deixar atrair apenas parcialmente, mantendo uma espécie de ancoragem às terras ou aos astros distantes de onde os raios provêm, de modo que o retorno ao lugar de origem fique garantido.

LÍNGUA FUNDAMENTAL (LÍNGUA DOS RAIOS, LÍNGUA DOS NERVOS) Língua falada por Deus e suas instâncias intermediárias (em especial pelas vozes). É um alemão arcaico, mas vigoroso, elegante e simples, que se caracteriza por uma grande riqueza de eufemismos e pelo hábito de usar expressões com o sentido oposto ao da língua humana. A língua fundamental tem também uma sintaxe própria: utiliza de preferência expressões gramaticais incompletas, omite palavras e deixa frases interrompidas. Com o tempo ela sofre um processo de decadência, com perda de autenticidade e inteligência, passando a consistir numa sequência empobrecida de frases decoradas e repetitivas.

MILAGRE Acontecimento que contraria as leis da natureza, em geral de certa duração, agenciado por Deus ou por seus representantes. A maioria dos milagres relatados nas *Memórias* se refere a uma ação nociva intencional contra a pessoa de Schreber ou contra as pessoas e objetos do seu ambiente. A noção de milagre vai se ampliando até abranger toda e qualquer manifestação que não ocorra de modo autônomo, e sim comandada por forças do Além. A ampliação é tal que o mundo em que vive Schreber passa a ser, por assim dizer, "miraculado".

NERVO Termo sinônimo de alma ou raio, na medida em que estes são os "nervos de Deus" e Deus é apenas puro nervo. Os nervos do homem sobrevivem à sua morte e são o substrato das almas.

ORDEM DO MUNDO Estado de normalidade ou de legalidade do mundo, onde há leis e limites claros sobre a relação que deve haver entre Deus e o mundo criado, inclusive a humanidade. Às suas regras está sujeito o próprio Deus. Dentro dela, Deus quase não intervém nos destinos do homem, nem se aproxima muito deles, a não ser excepcionalmente, como nos momentos de inspiração dos poetas e dos profetas. A Ordem do Mundo tem um "tendão de aquiles": é a força de atração que o homem vivo, principalmente quando em estado de excitação nervosa (nervosismo), pode ter sobre Deus. É a partir dessa brecha que ocorre a quebra da Ordem do Mundo, na qual Deus passa a manter ininterruptamente uma conexão nervosa com um único homem — Schreber —, e daí por diante tudo que ocorre no mundo passa a sofrer a ingerência das forças do Além (através dos milagres). Os raios, cuja função dentro da Ordem do Mundo era criar com objetivos sensatos, passam a perseguir, perturbar, fazer travessuras e a interferir de modo mais amplo e indiscriminado sobre os destinos do mundo.

ORMUZD Uma das duas entidades em que Deus se subdivide. É o chamado deus superior, que prefere os povos de raça loura (arianos).

PÁSSAROS MIRACULADOS (OU PÁSSAROS FALANTES) Pássaros produzidos por milagre, que são restos de almas beatificadas. Têm o dom de falar frases decoradas que lhes são inculcadas, sem que entendam o que dizem ou controlem suas falas (são forçados a falar). Trazem veneno de cadáver para descarregá-lo no corpo de Schreber. O falar neles é uma defesa contra a volúpia de alma, mas essa defesa pode ser anulada pela assonância: eles param de falar assim que ouvem um som que rima com suas palavras.

PENSAMENTO DE NÃO PENSAR EM NADA Nome dado ao não pensar ou à pausa na atividade de pensamento.

RAIOS Praticamente o mesmo que "almas" ou "vozes".

REINOS DE DEUS O conjunto das forças do Além: Deus e todas as suas instâncias intermediárias: raios, almas, nervos, vestíbulos do céu etc.

URROS O milagre dos urros consiste na emissão por Schreber de fortes ruídos inarticulados, também chamados vociferações, que se verificam de modo automático e compulsivo, como um fenômeno comandado por forças alheias à sua vontade. Os urros ocorrem sempre nas pausas da atividade de pensar ou da volúpia de alma. Um dos objetivos perseguidos é dar a impressão de um homem tão imbecilizado que chega a urrar como um animal. É um dos milagres contra os quais Schreber se sente mais indefeso e impotente, e um fenômeno que perdura até o final.

VESTÍBULOS DO CÉU Conjunto dos nervos já beatificados (puros) e integrados no corpo de Deus. Todas as almas beatificadas acabam por se fundir umas às outras e se incorporarem a Deus, ampliando assim os seus reinos.

VOLÚPIA (OU VOLÚPIA DE ALMA) Estado de bem-estar físico impregnado de sensualidade, com clara conotação sexual e associado à ideia de feminilidade (a volúpia feminina é a volúpia por excelência). É por meio dela que Schreber atrai para o seu corpo as almas (nervos de Deus) que reencontram nessa sensação agradável a beatitude perdida. A volúpia é como que uma beatitude concedida ao homem antecipadamente. O prazer voluptuoso não se reduz ao prazer sexual, mas é um conceito amplo, que abrange todo tipo de prazer dos sentidos e também o prazer estético. Segundo Schreber, o caráter feminino da volúpia se explica pelo fato de ser um prazer que se estende ao corpo todo, como na mulher, não se limitando às partes sexuais, como no homem. A volúpia feminina é mais extensa e mais intensa.

VON W. A alma de Von W. é em muitos aspectos análoga à de Flechsig, mas sua importância e sua força são sensivelmente menores. (Os estudiosos são unânimes em relacionar a figura de Von W. com a do dr. Weber, segundo médico psiquiatra de Schreber, que tratou dele na segunda internação, inclusive durante o período de redação das *Memórias*, e posteriormente atuou como perito no processo de levantamento da interdição de Schreber.)

VOZES Almas, raios ou nervos, na sua condição de seres falantes. As vozes falam ininterruptamente com Schreber, sempre na língua fundamental. Seu som é como o de um sussurro ou de um cochicho. A fala das vozes passa por uma evolução: no início é perceptível e clara, decaindo aos poucos para um zumbido incompreensível, comparável ao som que faz a areia numa ampulheta.

Referências bibliográficas

BARANDE, Ilse. "Lecture des mémoires de Schreber", *Revue Française de Psychanalyse*, I, 1966.

BAUMEYER, Franz. "Der Fall Schreber" (1955) e "Noch ein Nachtrag zu Freuds Arbeit über Schreber" (1970). In: SCHREBER, D. P. *Denkwürdigkeiten eines Nervenkranken*. Org. P. Heiligenthal e R. Volk. Wiesbaden: Focus, 1973.

BENJAMIN, Walter. "Bücher von Geistesktanken". In: *Gesammelte Schriften*, v. IV. Berlim: Suhrkamp, 1972, pp. 615-9.

CALASSO, Roberto. "Nota sui lettori di Schreber". In: SCHREBER, D. P. *Memorie di un malato dei nervi*. Milão: Adelphi, 1974. [Ed. bras.: In: CALASSO, Roberto. *Os 49 degraus*. Trad. Nilson Molin. São Paulo: Companhia das Letras, 1997, pp. 83-107.]

____. *Il folie impuro*. Milão: Adelphi, 1974.

CANETTI, Elias. "Der Fall Schreber". In: *Masse und Macht* (1960). Frankfurt: Fischer, 1980, pp. 487-521. [Ed. bras.: "O caso Schreber". In: *Massa e poder*. Trad. Sérgio Tellaroli. São Paulo: Companhia das Letras, 1995, pp. 434-62.]

CARR, Anthony C. "Observations on Paranoia and Their Relationship to the Schreber Case", *International Journal of Psychoanalysis*, XLIV, 1963, pp. 195-200.

CHASSEGUET-SMIRGEL, J. "Notes de lecture en marge de la révision du cas Schreber", *Revue Française de Psychanalyse*, XXX, n. 1, 1966.

____. "A Propos du Délire transsexuel du président Schreber", *Revue Française de Psychanalyse*, 1975.

____; RACAMIER, P. C. "La Revision du cas Schreber", *Revue Française de Psychanalyse*, XXX, n. 1, 1966.

COLAS, Dominique. "Le Despotisme pédagogique du Docteur Schreber", *Critique*, 1975.

DELEUZE, G.; GUATTARI, F. *O anti-Édipo*. Trad. Luiz B. L. Orlandi. São Paulo: Ed. 34, 2010.

ENRIQUEZ, Micheline. "Fantasmes paranoiaques: Différence des sexes, homosexualité, loi du père", *Topique*, n. 13, 1974.

FAIRBAIRN, Ronald D. "Considérations au sujet du cas Schreber". In: PRADO DE OLIVEIRA, Luiz E. (Org.). *Le Cas Schreber*. Paris: PUF, 1979.

FREUD, Sigmund. "Psychoanalytische Bemerkungen über einen autobiographisch beschriebenen Fall von Paranoia (Dementia Paranoides)" (1911). In: *Gesammelte Werke*, v. VIII. Frankfurt: Fischer, 1964, pp. 239-320. [Ed. bras.: "Observações psicanalíticas sobre um caso de paranoia relatado em autobiografia ('O caso Schreber', 1911)". In: *Observações psicanalíticas sobre um caso de paranoia relatado em autobiografia ("O caso Schreber"); artigos sobre técnica e outros textos (1911-1913)*. Trad. Paulo César de Souza. São Paulo: Companhia das Letras, 2010.]

FREUD, Sigmund. "Zur Einführung des Narzissmus" (1914). In: *Gesammelte Werke*, v. X. Frankfurt: Fischer, 1963, pp. 137-70. [Ed. bras.: "Introdução ao narcisismo". In: *Introdução ao narcisismo: Ensaios de metapsicologia e outros textos (1914-1916)*. Trad. e notas Paulo César de Souza. São Paulo: Companhia das Letras, 2010.]

____. "Mitteilungen eines der psychoanalytischen Theorie widersprechenden Falles von Paranoia" (1915). *Gesammelte Werke*, v. X. Frankfurt: Fischer, 1963, pp. 205-16. [Ed. bras.: "Comunicação de um caso de paranoia que contradiz a teoria psicanalítica". In: *Introdução ao narcisismo: Ensaios de metapsicologia e outros textos (1914-1916)*. Trad. e notas Paulo César de Souza. São Paulo: Companhia das Letras, 2010.]

____. "Über einige neurotische Mechanismen bei Eifersucht, Paranoia und Homosexualität" (1922). In: *Gesammelte Werke*, v. XIII. Frankfurt: Fischer, 1999, pp. 193-207. [Ed. bras.: "Sobre alguns mecanismos neuróticos no ciúme, na paranoia e na homossexualidade". In: *Psicologia das massas e análise do eu e outros textos (1920-1923)*. Trad. Paulo César de Souza. São Paulo: Companhia das Letras, 2011.]

____. "Eine Teufelsneurose im siebzehnten Jahrhundert" (1923). In: *Gesammelte Werke*, v. XIII. Frankfurt: Fischer, 1999, pp. 315-53. [Ed. bras.: "Uma neurose do século XVII envolvendo o demônio". In: *Psicologia das massas e análise do eu e outros textos (1920-1923)*. Trad. Paulo César de Souza. São Paulo: Companhia das Letras, 2011.]

GREEN, André. "Transcription d'origine inconnue", *Nouvelle Revue de Psychanalyse*, n. 16, 1977.

KATAN, Maurits. "Schreber's Delusion of the End of the World", *Psychoanalytic Quarterly*, XVIII, pp. 60-6, 1949.

____. "Schreber's Hallucinations about the Little Men", *International Journal of Psycho-Analysis*, XXXI, pp. 32-5, 1950.

____. "Further Remarks about Schreber's Hallucinations", *International Journal of Psycho-Analysis*, XXXIV, pp. 429-32, 1953.

____. "Schreber's Prepsychotic Phase", *International Journal of Psycho-Analysis*, XXXIV, pp. 43-51, 1953.

____. "The Non-Psychotic Part of the Personality in Schizofrenia", *International Journal of Psycho-Analysis*, XXXV, pp. 119-28, 1954.

____. "Schreber's Hereafter: Its Building-Up (Aufbau) and Its Downfall", *Psychoanalytic Study of the Child*, v. XIV, pp. 314-92, 1959.

____. "Du Souvenir d'enfance comme contenu du délire et de l'hallucination schizophrénique". In: PRADO DE OLIVEIRA, Luiz E. (Org.). *Le Cas Schreber*. Paris: PUF, 1979.

KITAY, Philip M. "Introduction" e "Summary" do simpósio "Reinterpretations of the Schreber Case: Freud's Theory of Paranoia", *International Journal of Psycho-Analysis*, XLIV, 1963, pp. 191-4 e 222-3.

KLEIN, Melanie. "Notes on Some Schizoid Mechanisms". In: *Developments in Psychoanalysis*. Londres: The Hogarth, 1975. [Ed. bras.: "Notas sobre alguns mecanismos esquizoides". In: *Inveja e gratidão e outros trabalhos (1946-1963)*. Obras completas de Melanie Klein, v. III. Coord. da trad. Elias Mallet da Rocha e Liana Pinto Chaves. Rio de Janeiro: Imago, 1991.]

LACAN, Jacques. "D'une Question préliminaire à tout traitement possible de la psychose". In: *Écrits*. Paris: Éditions du Seuil, 1966. [Ed. bras.: "De uma questão preliminar a todo tratamento possível da psicose". In: *Escritos*. Trad. Vera Ribeiro. Rio de Janeiro: Jorge Zahar, 1998.]

LÉVY, G. "Miss Schreber ou la prostituée de Dieu: Essai sur la jouissance", *Études psychothérapeutiques*, 1976.

MACALPINE, I.; HUNTER, R. A. "The Schreber Case", *Psycho-Analytic Quarterly*, XXII, 1953.

MANNONI, Maud. *Le Psychiatre, son "fou" et la psychanalyse*. Paris: Éditions du Seuil, 1973. [Ed. bras.: *O psiquiatra, seu "louco" e a psicanálise*. Rio de Janeiro: Zahar, 1971.]

____. *Éducation impossible*. Paris: Éditions du Seuil, 1973. [Ed. bras.: *Educação impossível*. Trad. Álvaro Cabral. Rio de Janeiro: Francisco Alves, 1977.]

MANNONI, Octave. "Schreber als Schreiber". In: *Clefs pour l'imaginaire ou L'Autre scène*. Paris: Éditions du Seuil, 1969. [Ed. bras.: *Chaves para o imaginário*. Trad. Lígia Maria Pondé Vassalo. Petrópolis: Vozes, 1973.]

____. "President Schreber, Professeur Flechsig", *Temps Modernes*, Paris, n. 341, dez. 1974.

MASOTTA, Q.; JINKIS, J. (Orgs.). *El caso Schreber*. Buenos Aires: Nueva Visión, 1974.

NIEDERLAND, William. *O caso Schreber*. Rio de Janeiro: Campus, 1981.

NUNBERG, Herrmann. "Discussion of M. Katan's Paper on Schreber's Hallucination", *International Journal of Psychoanalysis*, XXIII, pp. 454-6, 1952.

NYDES, J. "Schreber, Parricide and Paranoid Masochism", *International Journal of Psycho-Analysis*, XLIV, pp. 208-12, 1963.

PRADO DE OLIVEIRA, Luiz E. (Org.). *Le Cas Schreber*. Paris: PUF, 1979.

QUACKELBEEN, J.; DEVREESE, D. "Schreber-Dokumenten I", *Psychoanalytische Perspektieven*, Gante, n. 1, 1981.

ROSOLATO, Guy. "Paranoia et scène primitive" e "Repères pour la psychose". In: *Essais sur le symbolique*. Paris: Gallimard, 1969.

SCHATZMAN, Morton. *Soul Murder*. Nova York: Random House, 1973.

SCILICET. "Une Étude: La Remarquable famille Schreber", *Scilicet*, Paris, n. 4, pp. 287-321, 1973.

WEBER, Samuel. "Die Parabel". In: SCHREBER, D. P. *Denkwürdigkeiten eines Nervenkranken*. Frankfurt: Ullstein, 1973, pp. 5-58.

WHITE, J. B. "The Mother-Conflict in Schreber's Psychosis", *International Journal of Psycho-Analysis*, XLII, pp. 55-73, 1961.

____. "The Schreber Case Reconsidered in the Light of Psychosocial Concepts", *International Journal of Psycho-Analysis*, XLIV, pp. 213-21, 1963.

WILDEN, Anthony. "Critique of Phallocentrism: Daniel Paul Schreber on Women's Liberation". In: *System and Structure*. Londres: Tavistock, 1972, pp. 278-301.

O caso Schreber*

Elias Canetti

Primeira parte

Um documento que não se poderia desejar mais substancial e fecundo constituem as *Memórias* do antigo juiz-presidente da Corte de Apelação de Dresden, *Schreber*. Era um homem culto e inteligente; seu ofício o educara para as formulações claras. Passara já sete anos internado em clínicas como paranoico quando decidiu registrar por escrito e em detalhes aquilo que, para o mundo, haveria de parecer o sistema de seu delírio. Suas *Memórias de um doente dos nervos*[1] transformaram-se num livro. Schreber estava tão solidamente convencido da correção e importância da religião que ele mesmo criara que, tendo recebido alta, fê-la publicar. Os meios de expressão linguística de que dispõe para a exposição de um pensamento tão peculiar caem-lhe como uma luva; com eles, é capaz de abarcar o suficiente para que nada de essencial permaneça obscuro. Ele faz a sua defesa e, por sorte, não é um poeta; pode-se, assim, segui-lo por toda parte, estando-se, porém, a salvo dele.

Quero destacar aqui alguns dos traços mais notáveis de seu sistema, tanto quanto é possível fazê-lo com brevidade. Parece-me que, por meio desse caso, pode-se chegar bastante próximo da natureza da paranoia. Se outros, examinando-o, chegam talvez a outras conclusões, constituirá isso tão somente uma prova da riqueza dessas *Memórias*.

A pretensão com que Schreber se apresenta faz-se mais nítida onde ele aparentemente a restringe. "Sou também apenas um homem", afirma ele quase no começo de sua obra, "portanto, preso aos limites do conhecimento humano." Mas não lhe resta dúvida de que ele chegou infinitamente mais próximo da verdade do que todos os demais homens. — E, a seguir, vai-se

---

* Elias Canetti, "O caso Schreber". In: *Massa e poder*. Trad. Sérgio Tellaroli. São Paulo: Companhia das Letras, 1995, pp. 434-62. 1 Daniel Paul Schreber, *Denkwürdigkeiten eines Nervenkranken*. Leipzig: Oswald Mutze, 1903.

de imediato para a eternidade. O pensamento nesta impregna-lhe o livro todo; para ele, ela significa mais do que para os homens comuns. Sente-se à vontade nela e a contempla não apenas como algo que lhe é devido, mas como algo que lhe pertence. Em seus cálculos, ele emprega medidas gigantescas de tempo; as experiências que vivencia estendem-se por séculos. Para ele, é "como se cada noite tivesse tido a duração de séculos, de tal modo que dentro desse período poderiam ter ocorrido as mais profundas transformações com a própria Terra e com todo o Sistema Solar". No espaço sideral, ele não se sente menos em casa do que na eternidade. Várias constelações e estrelas isoladas — Cassiopeia, Vega, Capela, as Plêiades — exerceram especial fascínio sobre ele, que se refere a elas como se fossem pontos de ônibus logo virando a esquina. Ao fazê-lo, porém, tem plena consciência da distância real que as separa da Terra. Dispõe de conhecimentos de astronomia e não reduz o mundo. O que ocorre é o contrário: os corpos celestes o atraem precisamente por estarem tão distantes. A grandeza do espaço o seduz; ele quer ser tão amplo quanto este, estendendo-se por sua totalidade.

Não se tem, contudo, a impressão de que seja o processo do crescimento que lhe importa; trata-se antes de um *distender-se* que de um crescer; ele quer a amplidão para se fixar e afirmar nela. O importante é a *posição* em si, e esta jamais é suficientemente elevada e eterna. Para ele, o princípio supremo é a ordem universal. Ele a coloca acima de Deus; se este age contrariamente àquela, enfrenta dificuldades. Com frequência, Schreber fala de seu próprio *corpo* humano como se se tratasse de um *corpo celeste*. Da mesma forma como outras pessoas preocupam-se com suas famílias, ele se preocupa com a ordem do sistema planetário. É possível que também a imutabilidade e a durabilidade das constelações — que, efetivamente, são há milênios como as conhecemos — tenham exercido particular atração sobre ele. Uma "posição" entre elas seria uma posição para toda a eternidade.

Esse *sentido de posição* do paranoico é de importância fundamental: trata-se sempre de defender e garantir uma posição elevada. Também com o detentor de poder, e pela própria natureza do poder, não poderia ser de outra forma: o sentimento subjetivo que ele abriga em relação a sua posição não difere em nada daquele do paranoico. Quem pode, cerca-se de soldados e tranca-se numa fortaleza. Schreber, que se sente ameaçado das mais variadas formas, agarra-se firme às estrelas. E isso porque, como se verá, reina no mundo uma grande confusão. A fim de tornar compreensíveis esses perigos, faz-se necessário dizer algo sobre os que habitam o seu mundo.

A *alma* humana, crê Schreber, está contida nos *nervos* do corpo. Ao longo de sua vida, o homem é corpo e alma ao mesmo tempo. Quando morre, porém, o que fica são os nervos, na qualidade de alma. Deus é sempre e unicamente nervo, jamais corpo. É, pois, aparentado à alma humana, mas infinitamente superior a ela, pois o número dos nervos de Deus é ilimitado e eles são eternos. Tais nervos possuem, ademais, a capacidade de transformar-se em raios, como por exemplo os do Sol e os das estrelas. Deus compraz-se do mundo que criou, mas não interfere diretamente em seus destinos. Terminada a criação, ele se afastou do mundo, mantendo-se agora à distância a maior parte do tempo. Deus nem sequer *pode* aproximar-se demasiado dos homens, pois os nervos dos vivos exercem tamanha atração sobre ele que, aproximando-se, ele não conseguiria mais safar-se e teria sua própria existência ameaçada. Com relação aos vivos, portanto, Deus está sempre com um pé atrás, e caso aconteça de ele se deixar atrair para mais perto por uma prece fervorosa ou por um poeta, ele se retirará apressadamente, antes que seja tarde demais.

"Relações regulares entre Deus e as almas humanas [...] só ocorriam depois da morte. Deus podia, sem perigo, se aproximar dos *cadáveres* para [...] extrair do corpo e atrair para si os nervos [...], despertando-os assim para nova vida celeste." Para tanto, contudo, os nervos humanos precisavam ser primeiramente examinados e purificados. Deus só podia fazer uso de nervos humanos puros, pois constitui o destino destes serem anexados a ele e, por fim, "tornarem-se integrantes de Deus, na qualidade de 'vestíbulos do céu'". Para tanto, fazia-se necessário um complicado processo de purificação, processo este que o próprio Schreber não foi capaz de descrever em detalhes. Tendo, então, as almas passado já por esse processo e subido ao céu, elas esqueciam pouco a pouco quem haviam sido na Terra; nem todas, porém, esqueciam-no com a mesma rapidez. Homens importantes, como Goethe ou Bismarck, conservavam ainda sua autoconsciência por séculos, talvez; mas ninguém, nem mesmo o maior dos homens, a preservava para sempre. E isso porque "o destino de todas as almas era mais o de *atingir unidades superiores fundidas com outras almas* para, desse modo, sentir-se doravante como partes de Deus (vestíbulos do céu)".

A fusão das almas numa *massa* é descrita aí como a mais elevada de todas as bênçãos, o que lembra muitas pinturas cristãs contendo anjos e santos, todos bem juntos uns dos outros como nuvens e, por vezes, representados efetivamente como nuvens, nas quais somente a observação mais atenta permite reconhecer as cabeças lado a lado. Essa imagem é tão corriqueira que nem sequer se reflete sobre o seu significado. Ela expressa que a bem-aventurança não consiste apenas na proximidade de Deus, mas no denso estar junto dos iguais. Mediante a expressão "vestíbulos do céu", intenta-se adensar ainda mais a consistência dessa massa de almas bem-aventuradas: elas realmente transformaram-se em "unidades superiores".

Dos vivos, Deus não entende muito. Em capítulos posteriores de suas *Memórias*, Schreber censura-lhe constantemente a incapacidade de compreender os vivos e, de modo mais específico, de julgar corretamente sua atividade mental. Fala da cegueira de Deus, a qual repousaria no seu desconhecimento da natureza humana. Ele estaria habituado apenas ao convívio com os cadáveres e evitaria a aproximação demasiada com os vivos. O eterno amor divino existiria, no fundo, somente em relação à criação como um todo. Um ser da perfeição absoluta que lhe atribui a maioria das religiões, Deus não é. Do contrário, não se teria deixado induzir a *conspirar* contra homens inocentes, conspiração esta que compunha o cerne propriamente dito da doença de Schreber. Sobre o reino de Deus abateu-se uma séria crise, a qual se vincula ao destino pessoal de Schreber.

Trata-se aí de nada menos do que do assassinato de uma alma. Schreber já estivera doente no passado, tendo à época se tratado com o prof. Flechsig, psiquiatra de Leipzig. Um ano depois, declarando-o curado, este lhe dera alta, e Schreber pôde retomar seu ofício. Ficara muito grato ao psiquiatra, e mais grata ainda ficara sua mulher, "que realmente reverenciava o prof. Flechsig, aquele que lhe devolveu seu marido, e por esse motivo conservou durante anos um retrato dele sobre sua escrivaninha". Schreber viveu, então, oito anos saudáveis, felizes e de muito trabalho ao lado da mulher. Durante todo esse tempo, tivera frequentes oportunidades de rever o retrato de Flechsig sobre a escrivaninha da esposa, o que, sem que ele o percebesse com clareza, deve tê-lo preocupado bastante. Isso porque, ao novamente adoecer e, como é compreensível, retornar a Flechsig — que já uma vez dera mostras de sua competência —, revelou-se que a figura do psiquiatra assumira dimensões assaz perigosas no espírito de Schreber.

Este, que, como juiz, desfrutava ele próprio de alguma autoridade, talvez culpasse secretamente o psiquiatra pelo fato de ter ficado um ano sob seu poder. Com certeza, odiava-o agora por ter de novo caído em seu poder. Desenvolveu-se em Schreber a convicção de que Flechsig estava lhe assassinando ou roubando a alma. A ideia de que era possível apoderar-se da alma de alguém era — segundo Schreber — antiquíssima e largamente disseminada; desse modo, uma pessoa podia apropriar-se das forças espirituais de outra ou prolongar a própria vida. Por ambição e avidez pelo poder, Flechsig havia selado um complô com Deus e tentado persuadi-lo de que a alma de um tal de Schreber não tinha importância. Talvez se tratasse até mesmo — supõe Schreber — de uma antiga rivalidade entre as famílias Schreber e Flechsig. Algum Flechsig pode, de repente, ter pensado que algum membro da família Schreber teria sobrepujado a sua própria em importância. Teria, assim, fomentado uma conspiração com elementos do reino de Deus no sentido, por exemplo, de que se negasse aos Schreber a escolha de determinadas profissões que os poderiam colocar em contato mais próximo com Deus. Uma tal profissão era a de um médico dos nervos; considerando-se a importância dos nervos, na qualidade da verdadeira substância de que se compunham Deus e todas as demais almas, estava claro o poder de que desfrutava um tal médico. O resultado disso era, pois, que nenhum dos Schreber era psiquiatra, ao passo que um Flechsig o era; estava aberto para os conspiradores o caminho para o roubo da alma; Schreber estava em poder do assassino de sua alma.

Talvez seja útil apontar já aqui para o significado dos complôs para os paranoicos. Para eles, as *conjuras* ou *conspirações* estão na ordem do dia; pode-se ter certeza de que se vai deparar com todo tipo de coisas que, ainda que remotamente, se assemelham a elas. O paranoico sente-se *cercado*. Seu principal inimigo jamais se contentará em atacá-lo sozinho, mas procurará sempre atiçar e, no momento certo, lançar contra ele uma *malta* odiosa. De início, os membros dessa malta mantêm-se escondidos: eles podem estar por toda parte. Fingem-se de inofensivos e inocentes, como se não soubessem do que estão à espreita. Mas a penetrante força espiritual do paranoico logra desmascará-los. Para onde quer que se volte, ele encontrará um conjurado. A malta está sempre presente, mesmo que momentaneamente não esteja a ladrar; sua disposição é imutável. Uma vez conquistados pelo inimigo, seus membros permanecem sendo o que são: cães fielmente dedicados. O inimigo pode fazer com eles o que quiser. Mesmo à grande distância mantêm-nos presos à coleira de sua maldade. Ele os dirige como lhe convém. E, de preferência, os escolhe de tal forma que eles ataquem a vítima vindos de todos os lados e em grande superioridade.

Uma vez, pois, que essa conspiração contra Schreber já estava em curso, como se desenrolou de fato a luta contra ele? Quais eram as metas dos conspiradores e que medidas tomaram para atingi-las? Ainda que não fosse a única, a meta mais importante e verdadeira à qual não renunciaram no curso de longos anos era a destruição de seu juízo. Schreber haveria de ser transformado num idiota. O adoecimento de seus nervos deveria ir tão longe a ponto de parecer que ele definitivamente não tinha cura. E o que poderia atingir com mais profundidade um homem dotado de um intelecto como o seu? Sua doença começou com uma torturante insônia. Tudo o que se tentou para combatê-la foi em vão. Desde o princípio — acredita Schreber —, havia a intenção de impedi-lo de dormir e de, pela insônia, provocar-lhe um colapso mental. Como um meio de consegui-lo, um sem-número de *raios* foram lançados sobre ele. De início, provinham do prof. Flechsig; depois, porém, também as almas dos mortos cuja purificação ainda não fora concluída — "almas provadas", como Schreber as chama — começaram a se interessar crescentemente por ele, invadindo-o sob a forma de raios. Deus participou pessoalmente dessa operação. Todos esses raios passaram, então, a *falar* com Schreber, mas de maneira que outros não pudessem ouvi-los. Era como uma oração que se faz em silêncio, sem se pronunciar em voz alta as palavras que a compõem. A dolorosa diferença era apenas que as palavras de uma oração dependem da vontade daquele que a faz, ao passo que os raios, que lhe eram impingidos de fora, punham-se a falar o que *eles* queriam.

Poderia mencionar aqui centenas, se não milhares de nomes que, na qualidade de almas, relacionavam-se comigo [...].

Todas essas almas falavam comigo na qualidade de "vozes" [...], sem que nenhuma soubesse da presença da outra. Qualquer pessoa [...] poderá avaliar a confusão desesperadora que surgia na minha cabeça. [...]

[...] em consequência do meu nervosismo sempre crescente e da intensa força de atração dele resultante, um número cada vez maior de almas defuntas se sentia atraído por mim [...], para depois se volatilizar em minha cabeça ou em meu corpo. Em casos muito numerosos, o processo terminava da seguinte maneira: as almas em questão, na qualidade dos chamados "homúnculos" — figurinhas minúsculas de forma humana, mas talvez apenas de alguns milímetros de estatura —, acabavam por viver uma breve existência em minha cabeça, para depois desaparecer completamente. [...]

Durante esse processo me foram mencionados muitos casos de astros ou constelações dos quais eles provinham ou "dos quais pendiam" [...].

[...] Havia noites em que as almas, finalmente na qualidade de "homúnculos", despencavam às centenas, se não aos milhares, em minha cabeça. Eu as advertia sempre da aproximação, porque, pelas experiências anteriores, estava consciente da desmedida força de atração dos meus nervos, mas as almas, num primeiro momento, consideravam totalmente inacreditável uma força de atração tão ameaçadora. [...]

Na língua das almas [...], eu me chamava "O Vidente", isto é, um homem que vê espíritos ou que tem relações com espíritos ou almas defuntas. [...]

[...] Na realidade, desde que o mundo existe, não ocorreu um só caso como o meu, isto é, de um homem ter entrado em contato permanente [...] não só com almas defuntas *isoladas*, mas com o conjunto de todas as almas e com a própria onipotência de Deus.

O caráter de massa desse fenômeno para Schreber é evidente. O espaço sideral encontra-se povoado de almas dos mortos, até as estrelas mais remotas. Todas elas têm seu lugar determinado, o lugar onde moram — nesta ou naquela estrela conhecida. De súbito, graças a sua enfermidade, Schreber torna-se o centro delas. A despeito de suas advertências, elas se aproximam dele em grande quantidade. A atração que ele exerce é irresistível. Poder-se-ia dizer que ele as reúne em torno de si na qualidade de massa e, como se trata do conjunto de todas as almas — como Schreber enfatiza —, elas representam a maior massa que seria possível conceber. O que ocorre, porém, não é simplesmente que elas, na condição de massa, permanecem reunidas ao seu redor, qual um "povo" [*Volk*] em torno de seu "líder" [*Führer*]. Pelo contrário: com elas, dá-se *de imediato* aquilo que só aos poucos, no curso dos anos, experimentam os povos que se amontoam ao redor de um líder — junto dele, tornam-se cada vez *menores*. Tão logo as almas chegam até Schreber, elas encolhem velozmente, até se reduzirem a uns poucos milímetros, evidenciando da forma mais convincente a verdadeira relação entre ambos: comparado a elas, ele é um gigante, ao passo que elas, como criaturinhas minúsculas, esforçam-se por conquistar-lhe as graças. Mas isso ainda não é tudo: o gigante as engole. Elas literalmente o adentram para, então, desaparecerem por completo. Seu efeito sobre elas é aniquilador. Ele as atrai, reúne, reduz e devora. Tudo que eram reverte agora em benefício dele, de seu corpo. Não que elas tenham vindo para fazer-lhe algo de bom. Sua intenção era, de fato, hostil; originalmente, haviam sido enviadas para perturbar-lhe o juízo e, assim, arruiná-lo. Ele, porém, cresceu em função precisamente desse perigo. Agora, sabendo já *domá-las*, não é pequeno o orgulho que sente de sua força de atração.

À primeira vista, Schreber poderia, em seu delírio, parecer uma figura de tempos passados, quando a crença nos espíritos era generalizada e as almas dos mortos piavam feito morcegos nos ouvidos dos vivos. É como se ele praticasse o ofício de um xamã, que conhece bem o mundo dos espíritos, sabe colocar-se em contato direto com eles e os põe a serviço de todos os intentos humanos possíveis e imagináveis. Aprecia, aliás, ser chamado de "vidente". Mas o poder de um xamã não vai tão longe quanto o de Schreber. É certo que, por vezes, o xamã abriga os espíritos em si, mas estes não se dissolvem em seu interior; eles conservam sua existência individual, e faz parte do trato que ele tornará a libertá-los. Em Schreber, pelo contrário, os espíritos dissolvem-se por completo e desaparecem, como se jamais houvessem existido por si sós. Seu delírio, sob o disfarce de uma antiga concepção de mundo que pressupõe a existência de espíritos, é, na realidade, o modelo exato do poder *político*, o qual se alimenta e compõe-se da massa. Qualquer tentativa de analisar conceitualmente o poder só poderá causar dano à clareza da visão de Schreber. Nela estão contidos todos os elementos da situação real: a forte e duradoura atração exercida sobre os indivíduos que deverão compor uma massa, sua postura ambígua, seu amansamento mediante a miniaturização daqueles que a compõem, sua dissolução no detentor de poder, cuja pessoa, cujo *corpo* representa o poder político; a grandeza do poderoso, que, assim, tem de *renovar-se* de modo incessante, e, por fim, um último ponto, bastante importante, do qual não se falou ainda: o sentimento do *catastrófico* que a isso se liga, uma ameaça à ordem universal que deriva precisamente dessa inesperada atração a crescer velozmente.

Desse sentimento há abundantes testemunhos nas *Memórias*. As visões de Schreber do fim do mundo possuem algo de grandioso; recorrer-se-á aqui primeiramente a uma passagem diretamente vinculada à força de atração que ele exerce sobre as almas. Estas, pingando em massa sobre ele das estrelas, põem em perigo com seu comportamento os próprios corpos celestes dos quais provêm. O que parece é que as estrelas *compõem-se*, na verdade, dessas mesmas almas, e, quando estas as abandonam em grande número para chegar até Schreber, tudo se dissolve:

De todas as direções chegavam notícias dramáticas, de que a partir de então esse ou aquele astro, essa ou aquela constelação teria precisado ser "abandonada"; ora se dizia que também Vênus fora "inundada", ora que a partir de agora todo o Sistema Solar devia ser "desatrelado", ora que Cassiopeia (toda a sua constelação) devia ser condensada em um único Sol, ora que as Plêiades talvez ainda pudessem ser salvas etc.

Mas a preocupação de Schreber com a existência dos corpos celestes era apenas *um* aspecto de seu sentimento catastrófico. Muito mais significativo foi um outro fato, que *deu início* a sua doença. Este não teve relação com as almas dos mortos, com as quais — como se sabe agora — ele se encontrava em contato ininterrupto, mas com seus semelhantes. Estes não mais existiam: *a humanidade inteira perecera*. Schreber via-se a si próprio como o *único* ser humano real que restara. As poucas figuras humanas que seguia vendo — seu médico, os enfermeiros da clínica ou os demais pacientes, por exemplo —, considerava-as mera aparência. Eram "homens feitos às pressas", apresentados a ele apenas para confundi-lo. Chegavam sob a forma de sombras ou imagens e logo dissolviam-se novamente; naturalmente, ele não os levava a sério. Os seres humanos reais haviam todos sucumbido. *O único ainda vivo era ele.* Tal fato não lhe foi revelado em visões isoladas, tampouco deu lugar a opiniões contrárias: Schreber estava firmemente convencido dele havia anos. Essa sua crença própria matizou todas as suas visões do fim do mundo.

Ele julgava possível que a clínica de Flechsig e, juntamente com ela, talvez toda a cidade de Leipzig, houvesse sido "alçada" da Terra e transferida para um corpo celeste qualquer. As vozes que lhe falavam perguntavam por vezes se Leipzig continuava em pé. Uma de suas visões conduziu-o, num elevador, até as profundezas da Terra. Nessa viagem, ele vivenciou todos os períodos geológicos, até que, subitamente, viu-se numa floresta de carvão de pedra. Abandonando temporariamente o elevador, caminhou como que por um cemitério, cruzando os locais onde jazia a população de Leipzig e passando inclusive pelo túmulo de sua própria mulher. Há que se notar aqui que sua esposa estava viva e o visitava repetidas vezes na clínica.

Das mais diversas maneiras, Schreber pintava para si o quadro de como se dera o fim da humanidade. Considerou a possibilidade de uma diminuição do calor do Sol, provocada por um maior afastamento deste e um consequente congelamento de tudo. Pensou em terremotos — foi-lhe informado que o grande terremoto de Lisboa estivera relacionado com um vidente de espíritos, um caso semelhante ao seu. A notícia do aparecimento de um feiticeiro no mundo moderno — precisamente o prof. Flechsig — e o repentino desaparecimento dele próprio, Schreber — afinal, uma personalidade amplamente conhecida —, poderia ter disseminado o medo e o pavor entre os homens, destruindo as bases da religião. Um nervosismo e imoralidade gerais teriam, assim, se espalhado, e epidemias devastadoras, se abatido sobre a humanidade, dentre elas a lepra e a peste, duas doenças já quase desconhecidas na Europa. Em seu próprio corpo, ele percebia os sintomas da peste. Esta manifestava-se de diversas maneiras: havia a peste azul, a marrom, a branca e a negra.

Enquanto, porém, os homens sucumbiam em consequência de todas essas horríveis epidemias, Schreber foi salvo por raios benevolentes. Segundo ele, tinha-se de diferenciar entre duas espécies distintas de raios: os que "ferem" e os que "abençoam". Os primeiros estavam carregados de venenos de cadáveres ou outra substância pútrida, introduzindo micróbios patogênicos no corpo ou produzindo um outro efeito destrutivo qualquer. Os raios puros, os que "abençoam", curavam os males que os primeiros tinham provocado.

Não se tem a impressão de que tais catástrofes tenham se abatido sobre a humanidade muito contra a vontade de Schreber. Ele, pelo contrário, parece sentir satisfação pelo fato de as hostilidades às quais se via exposto por obra do prof. Flechsig terem conduzido a consequências tão monstruosas. A humanidade inteira é castigada e aniquilada pelo fato de alguém se ter permitido *contrariá-lo*. Somente ele, graças aos raios que "abençoam", é salvo dos feitos das epidemias. Schreber permanece como o único sobrevivente porque isso é o que ele próprio deseja. Quer ser o único a permanecer vivo e de pé em meio a um gigantesco campo de cadáveres, campo este que contém todos os demais seres humanos. Nisso ele se revela não apenas um paranoico; ser o derradeiro ser vivo constitui a mais profunda tendência de todo *detentor de poder* "ideal". Este manda os outros para a morte a fim de ser ele próprio poupado dela: ele desvia a morte de si. Não se trata apenas de a morte dos outros ser-lhe indiferente: tudo o compele a provocá-la em massa. A essa saída ele recorre muito particularmente quando sua soberania sobre os vivos é atacada. Tão logo sinta-se ameaçado, dificilmente poder-se-á ainda aplacar com ponderações racionais a sua paixão por ver *todos* mortos diante de si.

Poder-se-ia objetar que essa abordagem "política" do caso Schreber estaria fora de lugar. Suas visões apocalípticas seriam, antes, de natureza religiosa. Ele não postularia de modo algum a soberania sobre os vivos; o poder de um homem que vê espíritos seria, por natureza, de uma outra espécie. Uma vez que seu delírio *principia* com a ideia de que todos os homens estão mortos, não se poderia atribuir-lhe um interesse por um poder mundano qualquer.

O caráter equivocado dessa objeção não tardará a se revelar. Encontrar-se-á em Schreber um sistema político que se afigurará sinistramente familiar. Anteriormente à sua exposição, porém, é aconselhável dizer algumas palavras acerca de sua concepção da soberania divina.

Foi o próprio Deus, crê Schreber,

quem determinou toda a linha de orientação da política conduzida contra mim [...].

Deus [...] estaria, a qualquer momento, em condições de aniquilar uma pessoa que lhe fosse incômoda enviando-lhe uma doença mortal ou fulminando-a. [...]

[...] Assim que ocorria uma colisão de interesses entre indivíduos, entre ou grupos humanos (pense-se em Sodoma e Gomorra!), ou talvez até em toda a população de um planeta, em Deus, como em qualquer outro ser vivo, tinha de entrar em ação o instinto de conservação. [...]

Seria totalmente impensável que Deus negasse a qualquer indivíduo a parte que lhe cabe de beatitude, uma vez que qualquer incremento dos "vestíbulos do céu" só poderia servir para aumentar seu próprio poder de fortalecer os meios de defesa contra os perigos provenientes da proximidade com a humanidade. Dentro das condições de uma conduta em conformidade com a Ordem do Mundo, jamais poderia ocorrer uma colisão entre os interesses de Deus e indivíduos isolados.

O fato de, a despeito disso, uma tal colisão de interesses se ter verificado no seu caso constituiria um acontecimento único na história mundial, algo que certamente jamais se repetirá. Schreber fala de restaurar "no céu, o poder absoluto de Deus", de "uma espécie de aliança com o deus superior" a voltar contra ele suas hostilidades, e julga que a modificação das relações entre os partidos daí decorrente ter-se-ia, fundamentalmente, preservado até o presente. Menciona ainda "'forças colossais' do lado da onipotência de

Deus" e a "'resistência sem perspectiva'" de sua parte. Manifesta a suspeita de que "os poderes do prof. Flechsig como administrador de uma província de Deus devem ter se estendido até a América". O mesmo parece valer para a Inglaterra. Cita um neurologista vienense, que "parecia [...] ser uma espécie de administrador dos interesses de Deus em uma outra província divina (particularmente nas regiões eslavas da Áustria)". Entre ele, Schreber, e o prof. Flechsig estaria em curso uma luta pela supremacia.

Dessas citações, extraídas de passagens das *Memórias* assaz distantes uma da outra, resulta um quadro absolutamente claro de Deus: ele nada mais é do que um detentor de poder. Seu reino possui províncias e partidos. Seus interesses, caracterizados com brevidade e aspereza, direcionam-se para uma elevação de seu poder. Essa, e nenhuma outra, é a razão pela qual ele não privaria homem algum de sua devida porção de beatitude. Pessoas incômodas, ele as afasta do caminho. Não há como negar que, qual uma aranha, esse deus encontra-se postado no centro da teia de sua política. Pequeno é o passo que conduz daí à política própria de Schreber.

Talvez conviesse adiantar que Schreber cresceu em meio à antiga tradição protestante da Saxônia e contempla com desconfiança os esforços de conversão dos católicos. Sua primeira manifestação com referência aos *alemães* vincula-se à guerra vitoriosa de 1870-1.

Schreber teria recebido indícios relativamente seguros de que o duro inverno de 1870-1 havia sido coisa decidida por Deus, com o intuito de voltar a sorte da guerra para o lado dos alemães. Deus teria, ademais, uma certa queda pela língua alemã. Durante sua purificação, as almas aprendem a "língua fundamental" falada por Deus — um alemão algo antiquado, mas vigoroso. Isso não significaria que a beatitude esteja destinada apenas aos alemães. Em todo caso, estes seriam, em tempos recentes — desde a Reforma, ou talvez desde as migrações dos povos —, o povo eleito de Deus, de cuja língua ele preferencialmente se serve. No curso da história, povos diversos — na qualidade dos moralmente mais virtuosos — ter-se-iam tornado, um após o outro, os eleitos de Deus: primeiro, os judeus antigos; depois, os persas; mais tarde, os greco-romanos; e, por fim, os alemães.

Naturalmente, perigos ameaçam esse povo alemão eleito. Na qualidade do primeiro dentre esses perigos figuram as intrigas dos católicos. Lembremo-nos aqui daquelas centenas, se não milhares de nomes que Schreber seria capaz de mencionar, todos eles de almas que, na condição de raios, relacionavam-se e falavam com ele. Para muitos dos portadores desses nomes, o interesse religioso estava em primeiro plano; havia entre eles uma grande quantidade de católicos, os quais nutriam esperança num progresso do catolicismo, particularmente na catolicização da Saxônia e de Leipzig; dentre estes estavam o pároco St., de Leipzig, "catorze católicos" dessa mesma cidade (presumivelmente uma liga católica), o padre jesuíta S., de Dresden, os cardeais Rampolla, Galimberti e Casati, o próprio papa e, por fim, numerosos monges e freiras. Certa ocasião, sob o comando de um padre, 240 monges beneditinos "entraram em minha cabeça, na qualidade de almas, para nela encontrarem seu fim". Dentre as almas, contudo, encontrava-se também um neurologista vienense, judeu batizado e eslavófilo, que, por intermédio de Schreber, pretendia eslavizar a Alemanha e, ao mesmo tempo, lançar ali as bases da dominação judaica.

O catolicismo, como se vê, figura aí de forma bastante completa. Representam-no não apenas os simples crentes a, em Leipzig, reunir-se em ominosas ligas, mas também toda a hierarquia eclesiástica. Um padre jesuíta é mencionado, evocando assim todo o perigo vinculado ao nome dos jesuítas. Na condição de supremos potentados da Igreja figuram três cardeais, com sonoros nomes italianos, além da própria pessoa do papa. Monges e freiras apresentam-se aos montes. Pululam feito insetos daninhos até mesmo no edifício onde Schreber mora. Numa visão que não mencionei, ele vê a ala feminina da clínica de nervos da universidade ser transformada num convento de freiras e, em outra ocasião, numa capela católica. Nos cômodos sob o telhado da clínica, vê irmãs de caridade sentadas. O que mais impressiona é a procissão dos 240 monges beneditinos sob a condução de um padre. Nenhuma forma de autoexpressão amolda-se melhor ao catolicismo do que a procissão. O grupo fechado de monges representa, na condição de cristal de massa, a totalidade dos católicos. A visão da procissão ativa nos espectadores sua própria crença latente, de modo que eles subitamente sentem vontade de ir juntar-se ao seu final. Assim, o cortejo é acrescido de todos aqueles pelos quais passa e haveria, na realidade, de ser infinito. Ao engolir essa procissão, Schreber, simbolicamente, dá cabo de todo o catolicismo.

Do agitado período inicial de sua doença, período este que Schreber denomina a época sagrada, destaca-se particularmente, por sua intensidade, um intervalo de cerca de catorze dias — o período do primeiro julgamento divino. Trata-se aí de uma série de visões sucedendo-se dia e noite, visões estas em cuja base encontrava-se "uma ideia geral comum". Em seu cerne, essa ideia era de natureza essencialmente política, ainda que intensificada por um messianismo.

O conflito entre o prof. Flechsig e Schreber conduzira a uma crise perigosa à sobrevivência do reino de Deus. Por essa razão, não se podia mais deixar a liderança nas mãos do povo alemão — e, em especial, da Alemanha evangélica —, na qualidade do povo eleito. Este poderia até mesmo sair de mãos abanando da ocupação de outros globos — planetas habitados —, caso não surgisse em seu seio um campeão do povo alemão capaz de demonstrar-lhe a permanente dignidade. Tal campeão seria ora o próprio Schreber, ora uma outra personalidade designada por ele. Instado pelas vozes, Schreber — segundo relata — citou o nome de alguns homens extraordinários que lhe pareciam adequados a figurar como campeões de uma tal luta. Fazia parte da ideia básica do primeiro julgamento divino o avanço do catolicismo, do judaísmo e do eslavismo. Influência essencial sobre Schreber exerciam também certas ideias relacionadas a tudo quanto ele se tornaria numa futura encarnação de sua alma.

> Eram-me sucessivamente atribuídos os papéis [...] de um "noviço de jesuítas em Ossegg", um "prefeito de Klattau", uma "jovem alsaciana que tem de defender sua honra sexual contra um oficial francês vitorioso" e finalmente um "príncipe mongol". Acreditei ver em todas essas profecias uma certa conexão com o quadro geral resultante das demais visões [...]. Tomei a destinação de ser no futuro um noviço dos jesuítas em Ossegg, um prefeito de Klattau e uma jovem alsaciana na situação anteriormente descrita como profecias relacionadas ao fato de o catolicismo já ter suplantado ou estar a ponto de suplantar o protestantismo e o povo alemão em sua luta com seus vizinhos latinos e eslavos; finalmente, a perspectiva que me foi aberta de me tornar um "príncipe mongol" pareceu-me ser uma indicação de que, uma vez que os povos arianos tivessem provado ser incapazes de dar apoio aos reinos divinos, seria então necessário buscar um último refúgio nos povos não arianos.

O "período sagrado" de Schreber coincide com o ano de 1894. Ele ostenta uma queda por informar com precisão lugares e datas. Com relação ao período do "primeiro julgamento de Deus", ele define datas bastante exatas. Seis anos mais tarde, em 1900, tendo-se já aclarado e estabelecido o seu delírio, pôs-se a escrever suas *Memórias*, que foram publicadas em livro em

1903. Não há como negar que, algumas décadas mais tarde, seu sistema político receberia as mais elevadas honras, tornando-se, sob uma forma algo mais grosseira e menos "culta", o credo de um grande povo. Sob a direção de um "príncipe mongol", tal sistema conduziria à conquista do continente europeu, somente por um triz não chegando a dominar o mundo. As pretensões de Schreber foram, assim, reconhecidas a posteriori por seus desavisados discípulos. Que não esperem de nós o mesmo reconhecimento. Mas a ampla e irrefutável coincidência entre ambos os sistemas há de servir como justificativa para o fato de se ter aqui atribuído tanta importância a um único caso de paranoia. E há ainda muito por dizer.

Em muitos aspectos, Schreber encontra-se bem à frente do século em que viveu. A ocupação de planetas habitados era, naquele momento, inconcebível. Nisso, nenhum povo eleito ficou ainda para trás. Mas os católicos, judeus e eslavos, já ele os viu da mesma forma *pessoal* que caracterizaria o futuro campeão — não nomeado por ele —, ou seja, como *massas* hostis, odiadas pelo simples fato de existirem. Na qualidade de massa, era-lhes inata a tendência ao crescimento progressivo. Ninguém possui um olho mais atento às propriedades da massa do que o paranoico ou — o que dá no mesmo, conforme agora já se há, talvez, de admitir — o detentor de poder. E isso porque *ele*, para designar a ambos com um único e mesmo pronome, ocupa-se tão somente das massas que deseja hostilizar ou dominar, e estas exibem por toda parte o mesmo semblante.

É notável a maneira como Schreber determina suas existências futuras. Das cinco que enumera, somente a primeira, omitida acima, ostenta um caráter não político. As três seguintes colocam-no no centro de posições as mais violentamente conflituosas: na condição de discípulo, ele se imiscui entre os jesuítas; torna-se prefeito de uma cidade situada na floresta da Boêmia, onde alemães e eslavos encontram-se em luta; e, como uma jovem alemã, busca defender a Alsácia de um oficial francês vitorioso — a "honra" da jovem está preocupantemente próxima da "honra racial" dos sucessores de Schreber. Contudo, elucidativa ao máximo é, sem dúvida, sua quinta encarnação, como príncipe mongol. A explicação que dá para tanto parece-se muito com uma desculpa. Schreber envergonha-se dessa existência "não ariana" e a justifica afirmando que os povos arianos teriam falhado. Na realidade, o príncipe mongol que lhe vai pela mente não é senão Gengis Khan. As pirâmides de crânios dos mongóis o encantaram; seu amor pelos campos de cadáveres já não é estranho ao leitor. Ele aprova essa forma manifesta de acabar com o inimigo aos milhões. Aquele que os liquida a todos não tem mais inimigos, comprazendo-se da vista de seus amontoados indefesos. Aparentemente, Schreber retornou à vida assumindo essas quatro formas de existência ao mesmo tempo. Seu maior êxito, ele o obteve como príncipe mongol.

Desse exame mais pormenorizado de um delírio paranoico, uma conclusão impõe-se até o momento com certeza: nele, o elemento religioso e o político interpenetram-se, ambos são inseparáveis — redentor e soberano do universo são uma *única* pessoa. O apetite pelo poder é o cerne de tudo. A paranoia é, literalmente, uma *doença do poder*. Uma ampla investigação dessa enfermidade conduz a esclarecimentos acerca da natureza do poder que, nessa sua plenitude e clareza, não podem ser obtidos de nenhuma outra forma. Cumpre aqui não se deixar iludir pelo fato de, num caso como o de Schreber, o doente jamais alcançar de fato a posição monstruosa em razão da qual ele se consome. Outros a alcançaram. E muitos deles conseguiram apagar com engenho os vestígios de sua ascensão, mantendo oculto seu sistema já pronto. Outros, ainda, tiveram menos sorte ou muito pouco tempo. O sucesso depende aí, como em tudo o mais, exclusivamente de acasos. A reconstrução desses acasos, se submetidos a uma lei ilusória, denomina-se história. No lugar de cada grande nome da história poderiam estar centenas de outros. O talento e a maldade são características bastante disseminadas na humanidade. Cada ser humano tem seu apetite e, na qualidade de rei, ergue-se sobre campos incomensuráveis de cadáveres de animais. Uma investigação conscienciosa do poder tem de prescindir inteiramente do sucesso como critério. Tanto as propriedades quanto as excrescências do poder devem ser coletadas com cuidado de todas as partes e comparadas. Um homem mentalmente perturbado que, excluído, desamparado e desprezado, viu seus dias passarem numa clínica pode, pelos conhecimentos que propicia, tornar-se mais importante do que Hitler e Napoleão, iluminando para a humanidade a sua própria maldição e seus senhores.

Segunda parte

A conspiração que se armou contra Schreber não estava voltada apenas para o assassinato de sua alma e a destruição de seu juízo. Pretendia-se fazer com ele ainda uma outra coisa, quase tão desprezível quanto as anteriores:

metamorfosear seu corpo no de uma mulher. Como mulher, ele deveria ser vítima de abuso e, "devendo finalmente ser 'deixado largado', e portanto abandonado à putrefação". Essa ideia de sua transformação em uma mulher preocupou-o incessantemente ao longo dos anos de sua doença. Ele sentia os nervos femininos sendo enviados, sob a forma de raios, para dentro de seu corpo e, lentamente, obtendo a supremacia.

De todas as formas possíveis, Schreber tentou, no início de sua doença, acabar com a própria vida, a fim de escapar a uma tão pavorosa degradação. Todo banho que tomava fazia-se acompanhar da ideia de afogar-se. Exigiu que lhe dessem veneno. Mas o desespero de Schreber com sua pretendida transformação em uma mulher não ficou só nisso. Pouco a pouco, foi se formando nele a convicção de que precisamente dessa maneira é que ele garantiria a sobrevivência da humanidade. Afinal, em meio a terríveis catástrofes, os seres humanos haviam todos perecido. Ele, o único que restara, podia, como mulher, trazer ao mundo uma nova estirpe. Como pai de seus filhos concebia tão somente Deus. Tinha de conquistar o amor divino. Unir-se a Deus era uma grande honra; tornar-se por ele cada vez mais uma mulher, enfeitar-se atraentemente para ele, seduzi-lo de todas as formas possíveis a uma mulher já não lhe parecia — a ele, o barbado ex-juiz-presidente da Corte de Apelação — uma vergonha e uma degradação. Desse modo podia, ademais, reagir ao complô de Flechsig. Conquistaria para si as graças de Deus; o todo-poderoso, sentindo-se cada vez mais atraído pela bela mulher que era Schreber, mergulharia numa certa dependência dele. Com tais meios, que pareceriam repulsivos talvez a outras pessoas, Schreber efetivamente conseguiu atrelar Deus a sua pessoa. Mas Deus não se entregou a esse destino algo ignominioso sem oferecer alguma resistência. Volta e meia ele se afasta de Schreber; decerto seu desejo seria libertar-se inteiramente dele. A força de atração de Schreber, porém, tornou-se demasiado grande.

Espalhadas pelas *Memórias*, encontram-se por toda parte afirmações relacionadas a essa questão. À primeira vista, estar-se-ia talvez tentado a caracterizar a ideia de sua metamorfose em uma mulher como o cerne mítico do delírio de Schreber. Naturalmente, foi esse o ponto que mais despertou o interesse pelo seu caso. Tentou-se remeter o seu caso em particular, e, posteriormente, a própria paranoia como tal, a disposições homossexuais recalcadas. Equívoco maior seria impensável. *Tudo* pode se tornar um *ensejo* para a paranoia; essencial, entretanto, é a *estrutura* e o *povoamento* do delírio. Fenômenos relacionados ao poder sempre desempenham aí um papel decisivo. Mesmo no caso de Schreber, no qual muitos elementos talvez corroborem a mencionada interpretação, uma investigação mais minuciosa desse aspecto — que não se planeja fazer aqui — conduziria a dúvidas nada insignificantes. E ainda que se tome por comprovada sua disposição homossexual, mais importante do que ela afigura-se o emprego particular que tal disposição encontra em seu sistema. Schreber sempre sentiu como elemento central deste o ataque a sua razão. O que quer que tenha pensado e feito, fê-lo como uma defesa contra esse ataque. Com o intuito de *desarmar* Deus, quis transformar-se em uma mulher. Esse seu ser mulher constituiu adulação, sujeição a Deus; do mesmo modo como outros se ajoelham. Schreber ofereceu-se a ele. A fim de atraí-lo para o seu lado, de subjugá-lo, ele o atrai para perto de si com imposturas, prendendo-o, então, com o auxílio de todos os meios de que dispõe.

> Trata-se de uma complicação para a qual não apenas falta toda e qualquer analogia a partir da experiência humana, mas também uma complicação jamais prevista antes, mesmo na Ordem do Mundo. Quem poderia, em face de uma tal situação, entregar-se a conjecturas inconsistentes sobre o futuro? Para mim só é certa uma hipótese negativa, a de que nunca se poderá chegar à destruição de meu entendimento, almejada por Deus. Há anos tenho total clareza sobre esse ponto [...], ficando desse modo afastado o maior perigo que parecia me ameaçar nos primeiros anos da minha doença.

Essas palavras encontram-se no último capítulo das *Memórias*. Com a escrita do livro, uma decisiva tranquilização parece ter se implantado em seu autor. O fato de tê-lo escrito até o fim, de outros terem lido o manuscrito e se impressionado com ele, devolveu definitivamente a Schreber a crença em seu juízo. Restava-lhe apenas passar ao contra-ataque, tornando seu sistema acessível a todos mediante a publicação das *Memórias* e convertendo-os — como indubitavelmente esperava — à *sua* crença.

De que forma, mais exatamente, foi conduzida a luta contra o juízo de Schreber? Que inúmeros "raios" o atormentavam, todos falando com ele, disso já sabemos. Mas, falando concretamente, *o que* os raios inimigos queriam destruir de suas faculdades e certezas mentais? *O que* diziam, quando falavam com ele, e contra o que dirigiram efetivamente seu ataque? Vale a pena perseguir ainda um pouco mais esse processo. Schreber defendeu-se de seus inimigos com grande obstinação. A descrição que faz deles e de sua própria defesa é tão detalhada quanto se poderia desejar. É necessário tentar destacá-la do contexto do mundo que ele próprio criou, de seu "delírio" — como se costuma dizer, seguindo uma antiga convenção —, e transpô-la para nossa linguagem mais plana. É inevitável que, ao fazê-lo, algo de sua singularidade se perca.

Em primeiro lugar, ter-se-ia de apontar para sua "coação a pensar", como ele próprio a designa. Nele só há paz quando está falando em voz alta; quando isso acontece, tudo à sua volta silencia, e Schreber tem a impressão de estar se movendo em meio a cadáveres perambulantes. Todas as demais pessoas, tanto os pacientes quanto os enfermeiros, parecem ter perdido completamente a capacidade de pronunciar uma única palavra sequer. Mas tão logo ele deixa de falar, voltando a fazer silêncio, as vozes manifestam-se dentro dele, forçando-o a uma atividade mental sem descanso.

O propósito das vozes ao fazê-lo é impedi-lo de dormir e ter paz. Elas lhe falam incessantemente, sendo impossível não lhes dar ouvidos ou ignorá-las. Schreber encontra-se exposto a tudo quanto dizem, tendo de se ocupar a fundo daquilo que é dito. As vozes possuíam métodos diversos, os quais empregavam alternadamente. Um dos preferidos era fazer-lhe perguntas diretas: "Em que está pensando agora?". Schreber não sentia vontade alguma de responder à pergunta. Mas, se ficava quieto, elas respondiam em seu lugar, dizendo, por exemplo: "'Na Ordem do Mundo é que ele deveria', subentendido, pensar". Tais respostas, ele as via como "falsificações do pensamento". Não apenas faziam-lhe perguntas num tom inquisitório, mas queriam também coagi-lo a formular determinados raciocínios. Já as *perguntas* que intentavam penetrar-lhe os segredos estimulavam-no a protestar, que dirá então a resposta que seus pensamentos lhe ditavam. A *pergunta* e a *ordem* (ou instrução) constituíam igualmente uma interferência em sua liberdade individual. Como instrumentos do poder, ambas são bem conhecidas; na condição de juiz, ele próprio já as empregara com frequência.

As provações às quais Schreber era submetido eram bastante variadas e inventivas. Interrogavam-no, impunham-lhe pensamentos, faziam de suas frases e sentenças um catecismo, controlavam cada um de seus pensamentos, não deixando um único passar despercebido; cada palavra era examinada com o intuito de saber o que ela significava para ele. Sua ausência de segredos para com as vozes era total. Tudo era investigado, tudo era trazido à luz. Ele era o objeto de um poder para o qual importava a onisciência. No entanto, embora tivesse de suportar muita coisa, Schreber, na realidade, jamais se entregou. Uma de suas formas de se defender era exercitar sua *própria* onisciência. Provou para si quão bem sua memória funcionava; aprendeu poemas de cor, contava alto em francês e dizia os nomes de todas as províncias russas e departamentos franceses.

Por conservação de seu juízo, Schreber entendia principalmente a intangibilidade do conteúdo de sua memória; o que havia de mais importante para ele era a inviolabilidade das *palavras*. Para Schreber, não há ruído que não seja uma voz: o mundo está repleto de palavras. Trens, pássaros e barcos a vapor *falam*. Quando ele próprio não pronuncia palavra alguma, quando silencia, as palavras prontamente lhe chegam, provindas dos outros. Entre elas não há nada. A paz na qual pensa, pela qual anseia, não seria senão um *libertar-se das palavras*. Isso, porém, não existe em parte alguma. O que quer que lhe aconteça é de imediato lhe comunicado por meio das palavras. Os raios, tanto os prejudiciais quanto os curativos, têm todos o dom da palavra e, exatamente como Schreber, são forçados a empregá-la. "Não se esqueça de que os raios precisam falar!" É impossível exagerar a importância para o paranoico do significado das palavras. Qual insetos daninhos, elas estão por toda parte, sempre alertas. Reúnem-se numa ordem universal que nada exclui. Talvez a tendência mais extrema da paranoia seja a de pretender apanhar o mundo em sua totalidade por meio das palavras, como se a língua fosse um punho a encerrar o mundo dentro de si.

Trata-se de um punho que jamais torna a se abrir. Mas como logra ele fechar-se? Para responder a essa pergunta, é preciso apontar para um vício da *causalidade* que se impõe como um fim em si mesmo e que, em tamanha proporção, somente se encontra nos filósofos. Nada acontece que não tenha uma causa: tem-se apenas de procurar por ela. E sempre se encontra uma. Tudo quanto é desconhecido é remetido a algo conhecido. Qualquer elemento estranho que se apresente é desmascarado como uma propriedade secreta. Por trás da máscara do novo há sempre o velho — basta que, sem nenhum receio, se veja através da máscara e se arranque essa máscara. A *fundamentação* transforma-se numa paixão que se exerce em relação a todas as coisas. Schreber tem plena consciência desse aspecto da coação que o obriga a pensar. Embora se queixe amargamente dos fenômenos descritos anteriormente, vê nesse vício da fundamentação "uma espécie de compensação para as injustiças cometidas" contra ele. Dentre as frases inconclusas "lançadas" em seus nervos, encontram-se com especial frequência conjunções ou locuções adverbiais que exprimem uma relação causal: "mas por quê?", "por isso", "porque eu", "seja então", "pelo menos". Assim como todas as outras, ele tem de completar também essas frases e, nesse sentido, também elas exercem uma pressão sobre ele: "me obrigou a refletir sobre muitas coisas pelas quais o homem costuma passar despercebido, contribuindo assim para aprofundar o meu pensamento".

Schreber está inteiramente de acordo com seu vício da fundamentação. Este proporciona-lhe muita alegria; para justificá-lo, encontra argumentos plausíveis. A cargo de Deus ele deixa apenas o ato original da criação. Tudo o mais que há no mundo ele alinhava com uma cadeia de razões de confecção própria, apoderando-se, assim, de tudo.

Mas nem sempre seu vício da fundamentação é tão racional. Ao encontrar um homem que já viu repetidas vezes, reconhece-o de pronto como o "sr. Schneider". Trata-se de um homem que não se disfarça; que se apresenta inofensivamente sob a forma pela qual é já conhecido de todos. Contudo, esse processo simples do reconhecimento não basta para Schreber. Ele quer que haja algo mais por trás disso e somente com dificuldade se acalma, verificando que nada há por trás do sr. Schneider. Schreber está acostumado ao *desmascaramento*; quando não há ninguém nem coisa alguma para desmascarar, ele fica perdido. O fenômeno do *desmascaramento* é de fundamental importância para o paranoico, e não apenas para ele. Do desmascaramento deriva também o vício da causalidade; todas as razões são buscadas originalmente nas *pessoas*. Cabe perfeitamente aqui uma abordagem mais minuciosa do desmascaramento, de que tanto já se falou nesta investigação.

A tendência, numa rua, por exemplo, em meio a muitos rostos estranhos, a subitamente descobrir um que pareça conhecido é, decerto, coisa corriqueira. Com frequência verifica-se, então, que tudo não passou de um equívoco; o suposto conhecido se aproxima, ou caminha-se em sua direção, e descobre-se que se trata de alguém que jamais se viu na vida. Ninguém quebra a cabeça para saber a razão de um tal equívoco. Um traço casualmente semelhante, a postura da cabeça, o jeito de andar ou os cabelos ensejaram a confusão e a esclarecem. Existem épocas, porém, nas quais essas confusões se acumulam. Uma pessoa específica *aparece por toda parte*. Encontra-se defronte aos restaurantes nos quais se pretende entrar ou em animadas esquinas. Ela surge diversas vezes ao longo do dia; trata-se, naturalmente, de alguém que preocupa, alguém que se ama ou — com maior frequência, talvez — se odeia. Sabe-se que essa pessoa mudou-se para outra cidade, para além do oceano, e, não obstante, acredita-se reconhecê-la ali. O equívoco se repete; não é deixado em paz. Está claro que se *quer* encontrar essa pessoa por trás dos rostos de outras. Estas outras são percebidas como uma ilusão a ocultar a pessoa certa. Muitos são os rostos que podem servir a essa ilusão, e por trás de todos eles supõe-se estar aquele rosto em particular. Há nesse processo uma premência que não dá sossego: centenas de rostos são arrancados qual máscaras, a fim de que, por trás deles, surja aquele que importa. Se se tivesse de definir a principal diferença entre aquele rosto específico e as centenas de outros, ter-se-ia de afirmar: estes últimos são *estranhos*; aquele é *familiar*. É como se se pudesse reconhecer somente o familiar. Este, porém, se esconde, tornando necessário procurá-lo em meio ao estranho.

No paranoico, esse fenômeno concentra-se e se acentua. O paranoico sofre de uma atrofia da metamorfose que tem na sua própria pessoa — que é o que há de mais imutável — seu ponto de partida e que, partindo dali, recobre todo o restante do mundo. Até mesmo o efetivamente diverso, ele aprecia percebê-lo como o *mesmo*. Seu *inimigo*, ele o reencontra sob as mais diversas formas. Sempre que retira uma máscara encontra, por trás dela, o inimigo. Em função do segredo que supõe por trás de tudo, em função do desmascaramento, tudo se transforma para ele numa máscara. O paranoico não se deixa enganar: *ele* é aquele que *vê através das coisas*. O *múltiplo* torna-se *um*. Em razão do crescente enrijecimento de seu sistema, o mundo torna-se pobre, cada vez mais pobre de figuras reconhecidas; o que sobra é somente o que faz parte do jogo de seu delírio. Tudo é, de uma única e mesma maneira, desvendável, e termina por ser desvendado. Por fim, nada mais resta senão ele próprio e aquilo que ele domina.

O que se tem aqui, no nível mais profundo, é o contrário da metamorfose. Pode-se muito bem designar também o processo do desmascaramento como uma *contrametamorfose*. Algo é, obrigatoriamente, remontado a si mesmo, a uma determinada posição ou postura que se deseja que assuma e que se toma pela verdadeira e genuína. Começa-se como espectador; parte-se da observação das pessoas transformando-se umas nas outras. Talvez se atente por um breve momento para seu jogo com as máscaras, mas sem aprová-lo, sem tirar prazer algum disso. De repente, diz-se: "Parem!", detendo-se assim o breve e variegado processo. "Desmascarem-se", grita-se, e cada um se apresenta como aquele que de fato é. Seguir transformando-se torna-se proibido. O espetáculo acabou. Viu-se através das máscaras. Esse processo inverso da *contrametamorfose* raramente se verifica em toda a sua pureza porque, na maioria das vezes, apresenta-se matizado pela expectativa da hostilidade. As máscaras pretenderam enganar o paranoico. Sua metamorfose não foi desinteressada. Para ela, o mais importante era o segredo. No que se transformaram ou o que deviam representar era coisa secundária; o principal era que de modo algum pudessem ser reconhecidas. A reação do ameaçado, o arrancar das máscaras, é cortante e hostil; é, por certo, tão violenta e impressionante que facilmente se ignoram as metamorfoses precedentes.

As *Memórias* de Schreber conduzem-nos aqui para bem perto do cerne da questão. Ele se recorda do princípio, quando tudo para ele era fluido ainda. No primeiro ano de sua doença, no "período sagrado", Schreber passou uma ou duas semanas numa pequena clínica particular, chamada pelas vozes a "cozinha do diabo". Foi, conforme afirma, o "período em que [...] foram cometidos os milagres mais absurdos e desatinados". O que ele viveu ali em termos de metamorfoses e desmascaramentos, muito antes que seu delírio se enrijecesse e clarificasse, é a melhor ilustração concebível para tudo exposto acima.

Passava o dia na maior parte das vezes no refeitório ou salão *c*, para o qual iam e vinham continuamente outros supostos pacientes do sanatório. Parece que foi particularmente encarregado de me vigiar um guarda, no qual eu talvez tenha acreditado reconhecer uma semelhança casual com o servente da Corte de Apelação que, durante as seis semanas da minha atividade profissional em Dresden, levava as atas para a minha casa; [...]. O "servente da Corte de Apelação" tinha, além disso, o hábito de vez por outra vestir minhas roupas. Na qualidade de pretenso diretor médico da clínica, aparecia às vezes — mais frequentemente à tarde — um senhor que por sua vez me recordava, por uma certa semelhança, o médico dr. O., que consultei em Dresden; [...]. Só uma única vez andei pelo jardim do sanatório [...]; nesse passeio vi algumas senhoras, entre as quais a esposa do pastor W. de Fr., e minha própria mãe, bem como alguns senhores, e entre eles o conselheiro da Corte de Apelação K., de Dresden, aliás com uma cabeça aumentada de modo disforme. [...] a ocorrência de tais semelhanças poderia ser compreensível em dois ou três casos, mas não o fato [...] de que *quase toda a população dos pacientes da clínica*, portanto no mínimo várias dúzias de pessoas, trazia a marca de personalidades que na vida tinham estado mais ou menos próximas de mim.

Na qualidade de pacientes, via

apenas figuras completamente bizarras, entre as quais uns tipos sujos de fuligem, vestidos com aventais de linho. [...] Eles apareciam, entrando no salão de estar, um após o outro, em absoluto silêncio, e saíam do mesmo modo, cada um aparentemente sem tomar conhecimento da presença do outro. Nessa ocasião, muitas vezes observei que alguns deles *trocavam de cabeça* durante a sua permanência no salão [...] de repente punham-se a andar pelo salão com uma outra cabeça enquanto eu os observava. O número de pacientes que eu via no estábulo [assim chama ele um pátio no qual as pessoas iam tomar um pouco de ar] e no salão de estar (particularmente neste último), em parte *juntos*, em parte *um após o outro*, não era de modo algum proporcional ao tamanho das acomodações do sanatório, até onde eu podia apreendê-las. Eu estava e estou convencido de que é totalmente impossível que quarenta a cinquenta pessoas que eram postas junto comigo para dentro do estábulo e que se acotovelavam toda vez que era dado o sinal de retornar para a porta do edifício, pudessem encontrar lá acomodações para dormir; [...] o andar térreo [...] *fervilhava* de figuras humanas [...].

Dentre as figuras no estábulo, Schreber lembra-se de um primo de sua mulher, que já em 1887 se matara com um tiro, e do procurador-geral B., que sempre assumia uma postura recurvada, devota, suplicante, por assim dizer, nela mantendo-se imóvel. Reconhece ainda um conselheiro particular, um presidente de uma Corte de Apelação, outro conselheiro de uma Corte de Apelação, um advogado de Leipzig que fora seu amigo na juventude, seu sobrinho Fritz e alguém de Warnemünde que conhecera de passagem no verão. Certa feita, da janela, vê seu sogro no caminho que conduzia até a clínica.

Acontecia de eu ver entrar repetidas vezes nos quartos de canto *a* e *d* do esquema anteriormente apresentado um bom número de pessoas (quatro a cinco), uma vez até algumas senhoras, que depois de passarem pelo salão devem ter desaparecido nesses quartos. Ouvi também várias vezes os estertores típicos que acompanhavam a "eliminação" (dissolução) dos "homens feitos às pressas". [...]

Os milagres eram feitos não apenas com figuras humanas, mas também com objetos inanimados. Por mais cético que eu tente ficar até hoje no exame de minhas recordações, não posso apagar de minha memória certas impressões: como, por exemplo, quando se transformavam as roupas no corpo das pessoas que eu via, a comida do meu prato durante as refeições (por exemplo, de assado de porco em assado de vitela, ou vice-versa) etc.

Nessa descrição, muita coisa é digna de nota. Schreber vê seres humanos numa quantidade maior do que aquela que efetivamente poderia estar ali, e todos são arrebanhados para um *estábulo*. Junto com eles ele se sente, conforme expressa a palavra "estábulo", *degradado a um animal*, o que constitui o mais próximo que ele chega de uma experiência de massa. Mas tampouco no "estábulo" dos pacientes, é claro, ele chega alguma vez a dissolver-se realmente. Contempla o jogo das metamorfoses com exatidão — de maneira crítica, é certo, mas não propriamente com hostilidade. Até mesmo as comidas e as roupas transformam-se umas nas outras. Preocupam-no sobretudo as pessoas que *reconhece*. Cada um que surge é, na realidade, alguma outra pessoa que ele conheceu bem no passado. Schreber cuida para que ninguém lhe seja verdadeiramente estranho. Esses desmascaramentos, porém, ostentam ainda um caráter relativamente benévolo. Com ódio, ele fala apenas do chefe dos enfermeiros, numa passagem não citada aqui. Ele reconhece muitas pessoas, e as mais variadas; não se verifica aqui ainda nenhum estreitamento ou exclusivismo. Em vez de desmascarar-se, as pessoas vez por outra trocam logo de cabeça — uma espécie mais divertida e generosa de desmascaramento seria quase inconcebível.

Mas as experiências de Schreber raramente exibiam esse caráter travesso e libertador. Uma espécie inteiramente distinta de visão que ele tinha com frequência em seu "período sagrado" conduz-nos diretamente, creio eu, ao cerne da *situação primordial da paranoia*.

A sensação de o indivíduo estar *cercado* por uma *malta de inimigos* que o têm por alvo é uma sensação básica da paranoia. Em sua forma mais pura, ela se manifesta nas visões de olhos: o indivíduo vê *olhos* por toda parte e por todos os lados, olhos que se interessam única e exclusivamente por ele e cujo interesse é absolutamente ameaçador. As criaturas às quais esses olhos pertencem pretendem se vingar dele, que longa e impunemente fê-las sentir seu poder. Em se tratando de animais, serão aqueles a que ele deu caça implacável; ameaçados de extinção, eles se voltam agora, inesperadamente, contra ele. De forma concludente e inequívoca, essa situação primordial da paranoia pode ser encontrada nas lendas de caçadores de muitos povos.

Nem sempre esses animais preservam a forma que, na qualidade de presa, apresentam aos homens. Transformam-se em criaturas mais perigosas, temidas desde sempre pelo homem e, aproximando-se bastante dele — enchendo-lhe o quarto, ocupando-lhe a cama —, elas intensificam ao máximo o seu medo. O próprio Schreber sentia-se, à noite, atormentado por ursos.

Com frequência levantava-se da cama e, só de camisa, ficava sentado no chão de seu quarto. Suas mãos, que mantinha firmemente plantadas no assoalho às suas costas, eram então, de tempos em tempos, erguidas pelas figuras em forma de ursos — *ursos-negros*. Via ainda bem perto, à sua volta, outros ursos-negros, maiores e menores, com os olhos em brasa. Sua roupa de cama assumia a forma de "ursos-brancos". À noite — estando ele ainda acordado —, gatos com olhos em brasa apareciam nas árvores do jardim da clínica.

Mas essas *maltas animais* não foram as únicas. O principal inimigo de Schreber, o psiquiatra Flechsig, tinha uma maneira particularmente eficaz e perigosa de formar *maltas celestiais* contra ele. Tratava-se de um fenômeno singular ao qual Schreber deu o nome de *divisão das almas*.

A alma de Flechsig dividia-se, a fim de ocupar com porções de alma a totalidade da abóbada celeste, de modo que os raios divinos encontravam resistência por toda parte. Toda a extensão do céu parecia coberta de nervos a oferecer um obstáculo mecânico aos raios divinos; era impossível atravessá-los. Tais nervos assemelhavam-se a uma fortaleza sitiada, protegida por valas e fossos do ataque inimigo. Para esse fim, a alma de Flechsig dividira-se numa grande quantidade de partes; ao longo de um certo tempo, seu número variou de quarenta a sessenta, algumas assaz minúsculas.

Aparentemente, outras "almas provadas" começaram, então, a se dividir, segundo o modelo oferecido por Flechsig; fizeram-se cada vez mais numerosas e viviam apenas para as emboscadas e os ataques, como convém às maltas genuínas. Uma grande parte delas ocupava-se quase exclusivamente de movimentos envolventes, uma manobra que tinha por propósito atacar pela retaguarda os cândidos raios divinos, obrigando-os à rendição. Por fim, o grande número dessas "porções de almas provadas" tornou-se um incômodo para a própria onipotência divina. Certo dia, depois de Schreber haver já conseguido atrair para si boa parte delas, a própria onipotência divina promoveu uma grande batida com o intuito de aniquilá-las.

É possível que, para sua "divisão das almas", Schreber tenha tomado por modelo a proliferação das células, que naturalmente conhecia. O emprego dos amontoados daí resultantes nas maltas celestiais é uma das construções mais características de seu delírio. Seria impossível expressar com maior clareza o significado das *maltas hostis* para a estrutura da paranoia.

A relação complicada e ambígua de Schreber para com Deus, a "política das almas" da qual ele se sentia vítima, não o impediu de experimentar a *onipotência* divina sob a forma de *esplendor* — de fora, por assim dizer, e como algo uno. Ao longo de todos os anos de sua doença, ele teve essa experiência somente por uma breve sucessão de dias e noites: decerto, tinha plena consciência da raridade e preciosidade desse acontecimento.

Deus apareceu numa única noite. A imagem resplandecente de seus raios fez-se visível aos olhos espirituais de Schreber, que jazia acordado na cama. Ao mesmo tempo, ouviu sua língua. Não sob a forma de um silencioso sussurrar, mas ressonando num portentoso baixo, bem defronte às janelas de seu quarto.

No dia seguinte, Schreber viu Deus com seus olhos corpóreos. Era o Sol; não como este costuma aparecer, mas banhado num mar de raios prateados que cobriam uma sexta ou uma oitava parte do céu. A visão era de uma pompa e grandiosidade tão avassaladoras que ele teve receio de fitá-la continuamente, buscando, então, desviar os olhos da aparição. O Sol resplandecente *falou-lhe*.

Schreber experimentou tal esplendor não apenas em Deus, mas, por vezes, também em si próprio — o que, considerando-se sua importância e seu íntimo parentesco com Deus, não é de admirar. "[...] em consequência da afluência maciça de raios, minha cabeça ficava banhada de um halo de luz, semelhante à auréola de Jesus Cristo, tal como é representada nos quadros, só que incomparavelmente mais rica e mais brilhante: era a chamada 'coroa de raios'."

Schreber, porém, descreveu esse *aspecto sagrado do poder* de forma ainda mais intensa. Em seu período de *imobilidade*, para o qual temos de nos voltar agora, essa exposição atingiu sua plenitude.

A vida exterior que ele levava a essa época era extremamente monótona. Duas vezes por dia, passeava pelo jardim. No mais, ficava o dia inteiro sentado imóvel na cadeira defronte a sua mesa; não ia sequer até a janela. Mesmo no jardim, preferia ficar sentado sempre no mesmo lugar. Essa passividade absoluta, ele a via como um dever religioso, por assim dizer.

As vozes que lhe falavam é que haviam suscitado nele essa ideia. "Nem o menor movimento!", diziam-lhe sempre. A explicação que Schreber dava a si próprio para essa demanda era a de que Deus não sabia tratar com os vivos. Estava acostumado apenas ao contato com os cadáveres. Assim, foi-lhe imposta a monstruosa exigência de que ele se comportasse constantemente como um cadáver.

Tal imobilidade era uma questão de autopreservação, mas também um dever para com Deus: cabia libertá-lo da aflição em que o haviam mergulhado as "almas provadas".

Eu tinha adquirido a intuição […] de que aumentariam as perdas de raios se eu me movimentasse muito de um lado para o outro (da mesma forma se uma corrente de ar atravessasse meu quarto), e dada a sagrada reverência que eu ainda sentia para com os raios divinos, sabendo de seus elevados objetivos, e, na incerteza de saber se havia ainda uma eternidade ou se os raios teriam um fim repentino, considerei como meu dever, na medida das minhas possibilidades, opor-me a qualquer desperdício de raios.

Era mais fácil atrair para baixo as almas provadas e deixá-las se dissolverem por completo em seu corpo, se ele o mantivesse constantemente em repouso. Somente assim era possível restabelecer a soberania absoluta de Deus no céu. Schreber impôs-se, então, o inacreditável sacrifício de privar-se durante semanas e meses de qualquer movimento de seu corpo. Sendo a expectativa a de que as almas provadas se dissolvessem sobretudo durante o sono, ele não ousava sequer alterar a posição do corpo na cama enquanto dormia.

Esse *retesamento* por um período de semanas, meses, é uma das coisas mais espantosas contidas no relato de Schreber. Duas coisas motivam-no a tanto. O fato de, por amor a Deus, ele manter-se quieto feito um cadáver soa ainda mais estranho a nossos ouvidos europeus do que já é em si, principalmente em razão de nossa relação puritana com o *cadáver*. Nossos costumes cuidam para que um cadáver seja removido rapidamente. Não se faz muita cerimônia; o fato de sabermos que ele não tardará a se decompor não nos obriga de modo algum a tomar qualquer atitude contra a sua remoção. Adornamos um pouco o cadáver, mal o exibimos e tornamos impossível um posterior acesso a ele. A despeito de toda a pompa que um funeral pode ter, o cadáver em si não aparece; trata-se da cerimônia de seu ocultamento e sua supressão. Para compreender Schreber, é necessário pensar nas múmias dos egípcios, nas quais a personalidade do cadáver é preservada, cuidada e admirada. Por amor a Deus, ele se comportou por meses como uma múmia, não como um cadáver. Nesse caso, ele próprio se valeu de uma expressão não muito acertada.

O segundo motivo para sua imobilidade — o receio de um desperdício dos raios divinos —, ele o compartilha com inúmeras culturas espalhadas pelo mundo todo, culturas estas nas quais se desenvolveu uma concepção sagrada do poder. Schreber sente-se a si próprio como um recipiente no qual a essência divina vai pouco a pouco acumulando-se. Cada movimento, por mais minúsculo que seja, pode fazê-lo derramar um pouco dessa essência, razão pela qual não lhe é permitido mover-se. O detentor de poder retém em si o poder de que está carregado, ou porque o sente como uma substância impessoal que poderia escapar-lhe, ou porque uma instância superior espera dele esse comportamento parcimonioso, na condição de um ato de veneração. Lentamente, ele se *retesará* naquela postura que lhe parece a mais propícia para a preservação de sua preciosa substância; todo e qualquer desvio desse comportamento é perigoso e há de enchê-lo de preocupação. Evitar conscienciosamente um tal desvio garante-lhe a existência. Em função de sua igualdade, várias dessas posturas tornaram-se modelares ao longo dos séculos. A estrutura política de muitos povos tem seu cerne na postura rígida e exata prescrita a um *indivíduo*.

Também Schreber cuidou de um povo, que, embora não o tivesse por rei, tinha-lhe por um "santo nacional". Em algum distante corpo celeste, fizera-se, de fato, uma tentativa de criar um novo mundo feito "do espírito de Schreber". Fisicamente, esses novos homens eram de uma estirpe muito menor do que a de nossos homens terrestres. Ainda assim, haviam atingido um respeitável nível cultural e, em conformidade com seu tamanho reduzido, criavam também uma espécie menor de gado. O próprio Schreber, na condição de seu "santo nacional", ter-se-ia tornado para eles objeto de veneração divina, de forma que sua *postura corporal* ser-lhes-ia de alguma importância para sua crença.

Faz-se bastante claro aí o caráter modelar de uma determinada postura, que há de ser entendida de forma assaz concreta e corpórea. Esses homens não são apenas criados a partir de sua substância; da postura de Schreber depende também a sua crença.

Como se viu, o *juízo* de Schreber teve de suportar os mais refinados perigos no curso de sua enfermidade. Contudo, também as intervenções tendo por alvo o seu *corpo* esquivam-se de toda e qualquer descrição. Quase nenhuma parte de seu corpo foi poupada. Os raios não esqueceram ou ignoraram porção alguma dele; literalmente tudo teve a sua vez. Os efeitos produzidos por suas intervenções manifestavam-se tão súbita e surpreendentemente que ele só podia considerá-los milagres.

Dentre tais fenômenos estavam aqueles vinculados à sua pretendida transformação em uma mulher. Estes, ele os aceitara, e não mais lhes impôs resistência alguma. Mas mal se pode acreditar no que, além disso, lhe sucedeu. Um verme foi enviado a seus pulmões. Suas costelas foram temporariamente esmagadas. Em lugar de seu estômago saudável e natural, o já mencionado neurologista vienense implantou-lhe no corpo um "estômago judeu" inferior. As vicissitudes de seu estômago foram bastante variadas. Frequentemente, Schreber teve de viver sem estômago algum, declarando expressamente ao enfermeiro que não podia comer porque não tinha estômago. Quando, a despeito disso, comia, a comida derramava-se por sua cavidade abdominal e pela coxa. Seu esôfago e seus intestinos rasgavam-se ou desapareciam com frequência. Mais de uma vez ele chegou a engolir partes da laringe junto com a comida.

Com o auxílio de "homúnculos" colocados em seus pés tentou-se bombear para fora sua medula espinhal, que, assim, sob a forma de nuvenzinhas, era exalada pela boca quando de seus passeios pelo jardim. Frequentemente tinha a sensação de que toda a sua abóbada craniana tornara-se mais delgada. Quando tocava piano ou escrevia, tentavam paralisar seus dedos. Várias almas assumiam a forma de minúsculas figuras humanas, medindo não mais que um milímetro e fazendo das suas nas mais variadas partes de seu corpo — umas em seu interior, outras em sua superfície exterior. Algumas delas ocupavam-se de abrir e fechar seus olhos: postadas nas sobrancelhas, elas lhe puxavam à vontade as pálpebras para cima e para baixo, com o auxílio de fios finíssimos, semelhantes aos de uma teia de aranha. Por essa época, homúnculos em grande número encontravam-se quase sempre reunidos em sua cabeça. Estes literalmente passeavam por ela, correndo curiosos para onde quer que divisassem novas perturbações. Tais homúnculos participam até mesmo das refeições de Schreber, amiúde servindo-se de minúsculas porções do que ele estava comendo.

Devorando-lhe dolorosamente os ossos da região do calcanhar e das nádegas, procuravam impossibilitá-lo de caminhar ou ficar em pé, de sentar-se ou deitar-se. Não o queriam por muito tempo em nenhuma posição ou atividade: quando Schreber caminhava, procuravam obrigá-lo a se deitar, e, quando estava deitado, a novamente levantar-se. "Os raios pareciam não compreender que um homem que realmente existe afinal *precisa estar em algum lugar.*"

Em todos esses fenômenos, talvez se possa constatar um elemento comum: trata-se da *penetração* de seu corpo. O princípio físico da impenetrabilidade do corpo já não se aplica aqui. Assim como Schreber deseja estender-se em todas as direções, atravessando o corpo da Terra, assim também tudo o atravessa, pregando nele, e dentro dele, suas peças. Com frequência, ele se refere a si próprio como se fosse um corpo celeste, mas nem sequer de seu corpo habitual e humano ele está seguro. A época de sua expansão, na qual ele anuncia suas pretensões, parece ser também a época de sua penetrabilidade. *Grandeza* e *perseguição* encontram-se nele intimamente ligadas, ambas expressando-se em seu corpo.

Como, porém, a despeito de todos os ataques, ele seguia vivendo, desenvolveu-se nele a convicção de que os raios o *curavam* também. Todas as substâncias impuras em seu corpo eram absorvidas pelos raios. Pôde, assim, permitir-se comer à vontade, mesmo sem estômago. Graças aos raios, surgiam nele os germes das doenças, e graças a esses mesmos raios eles eram aniquilados.

É, pois, de suspeitar que todos os ataques contra seu corpo tinham por meta comprovar sua *invulnerabilidade.* Seu corpo deveria demonstrar tudo quanto era capaz de suportar. Quanto mais ele o prejudicava e abalava, tão mais seguro ele ficava.

Schreber começou a duvidar de que fosse mortal. O que era o mais letal dos venenos comparado aos danos que ele suportara? Se caísse na água e se afogasse, a atividade cardíaca e a circulação provavelmente o reanimariam. Se metesse uma bala na cabeça, os órgãos internos e os pedaços de ossos destruídos poderiam ser restabelecidos. Afinal, vivera um longo tempo sem órgãos vitais. Tudo nele tornara a crescer. Tampouco as doenças naturais podiam representar-lhe algum perigo. Após muitas e tormentosas aflições e dúvidas, aquela ânsia veemente pela *invulnerabilidade* transformara-se para ele numa incontestável conquista.

Mostrou-se, no curso desta investigação, de que forma essa ânsia pela invulnerabilidade e o vício da sobrevivência confluem um para o outro. Também nesse aspecto o paranoico revela-se a imagem exata do detentor de poder. A diferença entre eles é somente a de sua posição no mundo exterior. Em sua estrutura interna, eles são idênticos. Pode-se achar o paranoico mais impressionante, porque ele se basta a si mesmo e não se deixa abalar por seu fracasso exterior. A opinião do mundo nada representa para ele; seu delírio sustenta-se sozinho contra toda a humanidade.

"[…] *tudo o que acontece se refere a mim*", afirma Schreber. "[…] eu me tornei para Deus, num certo sentido, o homem, ou o único homem em torno do qual tudo gira, ao qual tudo deve se referir e que por isso, também do seu próprio ponto de vista, tem de referir a si mesmo todas as coisas."

Como se sabe, a ideia de que todos os demais homens teriam perecido, de que Schreber seria efetivamente o único homem — e não apenas o único que importa —, dominou-o por vários anos. Somente aos poucos ela foi dando lugar a uma concepção mais tranquila. Do único homem vivo, ele se transformou no único que conta. Não há como rejeitar a suposição de que, por trás de toda paranoia, bem como de todo poder, encontra-se uma mesma e profunda tendência: o desejo de afastar os outros do caminho, a fim de ser o único; ou, na formulação mais branda e frequentemente admitida, o desejo de servir-se dos outros a fim de, com seu auxílio, vir a ser o único.

Nota sobre os leitores de Schreber*

Roberto Calasso

As *Memórias* de Daniel Paul Schreber foram publicadas em 1903, pelo editor Oswald Mutze, em Leipzig.[1] A edição, paga pelo autor, hoje é raríssima, porque a família comprou-a em bloco e destruiu, ao que parece, a maior parte das cópias existentes.[2] De qualquer modo, o livro não passou completamente despercebido entre os psiquiatras. No mesmo ano de 1903, apareceu uma recensão na *Allgemeine Zeitschrift für Psychiatrie*, seguindo-se uma outra, em 1904, na *Deutsche Zeitschrift für Nervenheilkunde*. O autor da primeira resenha, C. Pelman, tratou logo de distinguir as *Memórias* de Schreber da massa daquelas "obras mais ou menos volumosas de nossos ex-pacientes que pretendem tornar pública a suposta supressão de liberdade de que foram vítimas, atribuindo a culpa a médicos criminosos".[3] Pelman afasta logo, com um gesto de distanciamento irônico, a associação com esses "produtos literários bastante dúbios", para precisar que o livro de Schreber tem com eles "só uma coisa em comum, isto é, o fato de ter sido escrito por um doente mental, ao passo que quanto a todo o resto domina do alto os demais".[4] Com efeito, a primeira preocupação de Schreber seria não exprimir rancores pessoais, mas sim "oferecer sua pessoa ao

---

* Roberto Calasso, "Nota sobre os leitores de Schreber". In: *Os 49 degraus*. Trad. Nilson Molin. São Paulo: Companhia das Letras, 1997, pp. 83-107.   **1** Daniel Paul Schreber, *Denkwürdigkeiten eines Nervenkranken nebst Nachträgen und einem Anhang über die Frage: "Unter welchen Voraussetzungen darf eine für geiteskrank erachtete Person gegen ihren erklärten Willen in einer Heilanstalt festgehalten werden?"*. Leipzig: Oswald Mutze, 1903.   **2** Id., *Memoirs of My Nervous Illness*. Org. com dois artigos de I. Macalpine e R. A. Hunter. Londres: Dawson, 1955, p. 369; Elias Canetti, *Die Provinz des Menschen: Aufzeichnungen 1942-1972*. Munique: Hanser, 1973, p. 154 [trad. it.: *La provincia dell'uomo. Quaderni di appunti 1942-1972*, Milão, 1978].   **3** C. Pelman, recensão de Daniel Paul Streber [sic], "Denkwürdigkeiten eines Nervenkranken", *Allgemeine Zeitschrift für Psychiatrie*, LX, p. 657, 1903.   **4** Ibid.

julgamento dos especialistas como objeto de observação científica".[5] Uma vez dada sua aprovação a esse reto propósito de Schreber, Pelman faz um resumo breve e extremamente genérico das *Memórias*. Contudo demonstra maior interesse pelos documentos do processo, e em particular concede ao presidente que, em sua luta judiciária contra a autoridade, "não se defrontaram dois adversários comuns", pois se pode dizer que a disputa ocorria "num nível de paridade". Enfim Pelman concluía: "Por tais razões haveria de lamentar se o livro fosse retirado de circulação [...] pois merece uma sorte melhor. Que Schreber tenha mente saudável é coisa que nenhum ser pensante há de aceitar, mas certamente haverá de convir que se trata de um homem tanto intelectualmente dotado como respeitável em sua sensibilidade".[6]

Quanto à segunda resenha, assinada por Pfeiffer, merece ser reproduzida integralmente por sua cegueira:

> O autor, um paranoico típico, introduz seu livro com uma breve carta aberta ao professor Flechsig e faz seguir a ela 350 páginas de descrição detalhada de suas ideias delirantes sistematizadas, e que não poderão oferecer nada de novo ao médico especializado. Nos documentos, o mais interessante é a reprodução precisa dos atos processuais e dos motivos pelos quais o tribunal decidiu anular a interdição de Schreber, apesar da permanência de suas ideias delirantes. Não se deve recear uma ampla difusão desse livro em círculos profanos, embora ela pudesse, a despeito da clara situação dos fatos, criar confusão.[7]

É provável que uma dessas duas recensões tenha atraído a atenção do jovem psiquiatra suíço Carl Gustav Jung, então fazendo residência no hospital de Burghölzli, para as *Memórias* de Schreber. Ou talvez ele as tenha encontrado entre as novidades daquele mesmo editor que, um ano antes, publicara seu primeiro livro, *Psychologie und Pathologie sogenannter okkulter Phänomene*. Seja como for, verificamos que Jung cita as *Memórias* de Schreber já em 1907, em *Psychologie der Dementia praecox*.[8] Sabe-se a importân-

---

5 Ibid., p. 658. **6** Ibid., p. 659. **7** R. Pfeiffer, recensão de D. P. Schreber, "Denkwürdigkeiten eines Nerven-kranken", *Deutsche Zeitschrift fiir Nervenheilkunde*, XXVII, pp. 352-3, 1904. **8** Carl Gustav Jung, *Über die Psychologie der dementia praecox* (1907). In: *Gesammelte Werke*, v. III. Olten-Freiburg: Olten, 1971, passim [trad. it. em *Psicogenesi delle malattie mentali*, Turim, 1971].

cia fundamental que essa obra teve na formação de Jung: aliás, ela marca uma primeira declaração de princípios em relação a Freud. No prólogo, de fato, datado de julho de 1906 — isto é, três meses depois de ter estabelecido contato epistolar com Freud, a quem remetera como homenagem suas *Assoziationstudien* —, Jung se preocupa sobretudo em explicar o quanto é "devedor das geniais concepções de Freud",[9] e, depois de ter precisado que nenhuma crítica a Freud faz sentido senão *no interior* da psicanálise, acrescenta também uma primeira referência a certas divergências de atitudes de sua parte, sobretudo na resistência a colocar a sexualidade "tão maciçamente em primeiro plano" ou a "reconhecer-lhe aquela universalidade psicológica que Freud postula".[10] Palavras de mau augúrio, em que se manifesta uma diversidade de perspectiva que seria quase anulada nos anos imediatamente posteriores, para reaparecer depois de forma bem mais radical no momento da ruptura com Freud. Em *Psychologie der Dementia praecox*, as referências às *Memórias* de Schreber são sobretudo exemplificativas de certas características da doença tratada e não há tentativas de interpretação. O primeiro ensaio interpretativo sobre as *Memórias* de Schreber continua sendo o de Freud, escrito no outono de 1910.

Antes de examinar as teses, gostaria de repassar alguns traços de sua complicada pré-história. O problema da paranoia se colocara para Freud já nos primeiros anos da psicanálise, como testemunham as numerosas referências ao tema nas cartas a Fliess dos anos 1895-6 e sobretudo a antecipadora Minuta H, incluída numa carta de 24 de janeiro de 1895 e dedicada a uma primeira formulação teórica sobre a paranoia, que é ali associada a várias formas patológicas de defesa já identificadas por Freud — isto é, histeria, neurose obsessiva e estados de confusão alucinatória — e ao mesmo tempo delas diferenciada, aliás recorrendo pela primeira vez ao termo "projeção" (tratado ulteriormente na Minuta K). A manifestação pública, e bastante menos drástica, dessa teoria terá lugar no ano seguinte, com *Weitere Bemerkungen über die Abwehrneuropsychosen*, cuja terceira seção é dedicada à "Análise de um caso de paranoia crônica". Aqui, pela primeira vez em língua alemã, usa o termo "psicanálise", referindo-se justamente ao caso da paciente paranoica, que lhe fora enviada por Breuer, que fornece o material de estudo. Nessa análise rápida, o objetivo de Freud é mais uma vez

9 Ibid., p. 3.   10 Ibid., p. 4.

mostrar como "também a paranoia — ou os grupos de casos listados sob esse nome — é uma psicose por defesa, isto é, que também ela, como a histeria e as obsessões, provém da remoção de lembranças penosas, e que seus sintomas devem ser determinados em sua forma pelo material removido".[11] Mas Freud não se arrisca a estabelecer sobre essa base uma teoria da paranoia e precisa que sua análise se limita a afirmar isto: "O caso tratado por mim é uma psicose por defesa, e é possível que no grupo da 'paranoia' existam outras da mesma espécie".[12] De fato essa cautela oculta a ambição já clara de dar uma interpretação exaustiva de toda a patologia paranoica — e alguns dos termos que reaparecem do decurso dessa análise, por exemplo, "projeção", permanecerão fundamentais também nas formulações posteriores da teoria. Ao contrário, o que Freud abandonará totalmente é a teoria do trauma sexual específico, com a descoberta — ocorrida em 1897, veja-se a carta 69 a Fliess — de "que não existe um 'sinal de realidade' no inconsciente, sendo assim impossível fazer distinção entre verdade e ficção emocional". Enfim, numa carta a Fliess de 1899 (a de número 125), Freud dá um passo adiante em sua teoria da paranoia, chegando a considerá-la "como uma retomada das tendências autoeróticas, uma regressão a um estado primitivo".

Depois dessa carta mais de dez anos passarão, durante os quais Freud não fará praticamente nenhuma referência à paranoia em suas publicações. Mas continuará a debruçar-se sobre os vários problemas que ela levanta, como aparece claramente nas cartas a Jung, o qual, já na *Psychologie der Dementia praecox*, discutira o caso da paranoia apresentado por Freud em 1896, reconhecendo tratar-se de uma "análise infinitamente importante"[13] e chegando enfim a uma crítica que tocava o verdadeiro ponto delicado do estudo de Freud: "Os mecanismos freudianos não bastam para explicar por que se manifesta uma *dementia praecox* e não uma histeria".[14] Desde os primeiros meses da correspondência com Jung, Freud levanta o problema da paranoia, e numa carta de 6 de dezembro de 1906 escreve abertamente: "Ainda não cheguei a uma ideia definida sobre a linha de separação entre *dementia praecox* e paranoia [...]. Mas

---

11 Sigmund Freud, *Weitere Bemerkungen über die Abwehrneuropsychosen* (1896). In: *Gesammelte Werke*, v. I. Frankfurt: Fischer, 1952, p. 392 [trad. it. em *Opere*, v. II, Turim, 1968]. 12 Ibid., p. 395. 13 C. G. Jung, op. cit. 14 Ibid.

minha experiência nesse campo é magra". Freud voltará várias vezes a essa segunda afirmação, com um sentimento quase de inferioridade em relação a Jung, o qual, na clínica de Burghölzli, tinha muitos pacientes atacados de paranoia e *dementia praecox*. E é significativo que o grande texto de Freud sobre a paranoia, isto é, o ensaio sobre Schreber, seja o único dentre os seus grandes casos baseado apenas em um texto. Depois do primeiro encontro com Freud, em Viena, em março de 1907, Jung lhe escreverá, comentando evidentemente discursos feitos durante a visita: "Que o *autoerotismo* seja a essência da *dementia praecox* me parece cada vez mais um aprofundamento fundamental de nossos conhecimentos" — e aqui vemos ressurgir o tema citado na carta a Fliess de 1899. Desde as primeiras correspondências observam-se contrastes terminológicos entre Freud e Jung a propósito de paranoia e *dementia praecox*: de qualquer modo, é comum a ambos o desagrado pela expressão *dementia praecox*, que seria de fato substituída pelo termo fatal "esquizofrenia" só depois do aparecimento, em 1911, do grande tratado de Bleuler: *Dementia praecox oder Gruppe der Schizophrenien*. Em abril de 1907, Freud manda para Jung um esboço teórico sobre a paranoia, *Algumas observações teóricas sobre a paranoia*, primeiro manuscrito que, num gesto de confiança paterna, Freud comunicará a Jung para obter seu parecer. Nessas notas fundamentais diz-se, entre outras coisas, que "o instinto sexual é autoerótico na origem", que "na paranoia a libido é retirada do objeto", que a "projeção [...] é uma variedade da repressão, em que uma imagem se torna consciente como percepção". Jung reage ao manuscrito com críticas oblíquas, pede a Bleuler que o leia, o qual anuncia que o usará em seu grande estudo sobre a *dementia praecox*. Supremamente cômica e iluminadora para a história da psiquiatria é a observação que Jung acrescenta: "Bleuler não gosta de dizer 'autoerotismo' (por razões que todos conhecemos) [ou seja, de *pruderie*], preferindo 'autismo' ou 'ipsismo'. No que me diz respeito, já me habituei a 'autoerotismo'" (carta de 13 de maio de 1907).

Entretanto, Jung continua a propor a Freud ricos casos de *dementia praecox* que encontra em sua prática clínica. Em junho de 1907, Freud isola entre eles o caso de um paranoico com "experiências homossexuais" — e é a primeira vez que o homossexualismo aparece relacionado com a paranoia. Numa carta de 17 de fevereiro de 1908, Freud apresenta pela primeira vez a Jung o possível nexo teórico entre homossexualismo e paranoia:

Estive em contato com poucos casos de paranoia em minha prática clínica, mas posso contar-lhe um segredo [...] encontrei regularmente um distanciamento da libido de um componente homossexual que até aquele momento fora objeto de um investimento normal ou moderado [...]. A minha velha análise de 1896 revelava que o processo patológico tivera início com o estranhamento da paciente com a *irmã* do marido. O meu ex-amigo Fliess desenvolveu um tremendo caso de paranoia depois de ter descartado seu afeto por mim, que era sem dúvida considerável. Devo essa ideia a ele, isto é, ao seu comportamento. É preciso aprender com qualquer experiência.

Nessa carta Freud ilumina de repente o fundo escuro e as complexas conexões pessoais que marcam sua teoria da paranoia. Ela se revela aqui associada, em seu elemento central — o papel da homossexualidade —, com a experiência psicológica mais grave, apaixonada e dilacerante da vida de Freud: a amizade e a ruptura com Fliess. Jung, obviamente, logo entendeu a importância do que Freud lhe revelara e respondeu três dias depois com uma atitude que adquire um sentido até demasiado evidente em relação ao que sucederia entre eles poucos anos depois: "A referência a Fliess — certamente não acidental — e sua relação com ele me levam a pedir poder desfrutar de sua amizade não como de uma amizade entre iguais, mas entre pai e filho". Com isso se lançavam bases sólidas para uma relação atormentada e patética, que também se desgastaria dentro em breve. Durante o ano de 1908, a troca de ideias entre Freud e Jung sobre a paranoia permanece bem intensa — e também entre Freud e Ferenczi, com o qual Freud chega a estabelecer um teorema decisivo: "O que consideramos uma manifestação do mal deles [paranoia] [...] é a tentativa que fazem para curar-se" (carta de 26 de dezembro de 1908).

O ano de 1909, marcado pela segunda visita de Jung a Viena, em março, e por sua viagem aos Estados Unidos para a Clark Conference, no verão, fará adensar na relação Freud-Jung uma carga cada vez mais forte de ambiguidade e ambivalências. Jung, entretanto, descobre o mito como material privilegiado para a análise, e Freud partilha, ainda nessa altura, o entusiasmo dele. Com o início de 1910, começam os preparativos para o Congresso de Nuremberg, e Jung surge sempre mais agressivo ao apresentar suas ideias. Na importante carta de 11 de fevereiro de 1910, onde se descreve "em equilíbrio precário entre dionisíaco e apolíneo", Jung afirma drasticamente: "A religião só pode ser substituída pela religião". Ao passo que o aluno predileto declara encontrar-se "na noite de Valpurgis do meu inconsciente", o mestre não insiste nas divergências e se demonstra conciliador, embora preocupado. No final de março ocorre o Congresso de Nuremberg. Após o encerramento dos trabalhos, Freud e Jung passaram um dia juntos em Rothenburg — e foi sem dúvida a primeira vez que Jung falou a Freud de Schreber. De qualquer modo, numa carta de 17 de abril, já encontramos uma primeira referência indireta a Schreber, e desde então, até o final da correspondência entre eles, tais referências serão numerosas. Freud parece sobretudo ter absorvido de brincadeira várias expressões das *Memórias*, como "miraculado", "língua fundamental", "conexão nervosa" (esta última aparecerá diversas vezes também na correspondência com Abraham). Numa carta de 22 de abril, Freud se refere explicitamente ao "maravilhoso Schreber", que se retirou para as férias, e observa que "Schreber deveria passar a professor de psiquiatria e diretor de uma clínica psiquiátrica". Durante o verão de 1910, Freud foi descansar, exausto depois de um ano particularmente pesado, na Holanda. De lá partiu para uma viagem muito sonhada à Itália, junto com Ferenczi. A viagem coincidiu com um momento de intensa concentração de Freud em si mesmo, pois andava enfrentando um novo obstáculo em sua autoanálise. Tratava-se, uma vez mais, de Fliess *e* da paranoia. Ferenczi metralhava Freud com perguntas exatamente sobre a paranoia, tema que o ocupava também naquele momento, e Freud deve ter sido muitas vezes esquivo nas respostas, tanto que, de volta a Viena, sentiu necessidade de justificar-se com Ferenczi numa carta reveladora, onde encontramos estas palavras:

> Que eu não necessite mais de uma plena abertura da personalidade, o senhor não só notou como também compreendeu e o remeteu à sua origem traumática [...]. Depois do caso Fliess, que o senhor me permitiu superar, tal necessidade se extinguiu em mim. Agora uma parte do investimento homossexual foi eliminado e utilizado para engrandecer o próprio eu. Logrei o que o paranoico não consegue.[15]

Durante essa viagem à Itália, Freud levava as *Memórias* de Schreber e leu cerca da metade, mas já sentindo captar seu segredo. Regressando a Viena,

---

15 Max Schur, *Sigmund Freud: Leben und Sterben.* Frankfurt: Suhrkamp, 1973, p. 307 [trad. it.: *Il caso di Freud*, Turim, 1976].

anuncia logo a Jung que está preparando um artigo sobre a paranoia, sem citar Schreber. Mas Jung percebe do que se trata e responde de imediato, em 29 de setembro: "Fiquei comovido e exultante ao saber quanto o senhor aprecia a grandeza da mente de Schreber e os liberadores *hieroi logoi* da língua fundamental". Pouco mais adiante, na mesma carta, Jung mostra vislumbrar por trás de Schreber todo o fundo mitológico e religioso com o qual se ocupava naquele momento: "Os maniqueus (os padrinhos de Schreber?) já tinham se deparado com a ideia de um certo número de 'arcontes' crucificados ou afixados na abóbada celeste, considerando-os *pais dos seres humanos*". Freud responde: "Partilho seu entusiasmo por Schreber, é uma espécie de revelação. Projeto introduzir a 'língua fundamental' como termo técnico sério [...]. Depois de uma outra leitura, espero estar em condições de resolver todas as enigmáticas fantasias; a primeira vez não tinha conseguido bem [...]. Desejo-lhe boa sorte em seu mergulho na mitologia". Freud trabalhou no caso Schreber a partir de então até meados de dezembro — no dia 16, escrevia a Abraham e Ferenczi informando ter acabado a redação do ensaio. Poucos dias antes anunciara a Jung que levaria consigo o manuscrito a Munique e acrescentava: "Não estou muito satisfeito com ele, mas cabe a outros julgar. [...] Terei de reservar outras partes de minhas especulações sobre a paranoia para outro ensaio". E, no dia 18 de dezembro, reiterava:

> O ensaio está imperfeito na forma, foi escrito às pressas. Não tive tempo nem forças para fazer melhor. Todavia há coisas boas nele, e o texto assinala o avanço mais audacioso no campo da psiquiatria sexual depois de seu livro sobre a *dementia praecox*. Não tenho condições de julgar seu valor objetivo, como ao contrário conseguia nos ensaios anteriores, pois trabalhando nele tive de lutar contra certos complexos em mim (Fliess).

Não se pode ser mais claro: de novo o espectro de Fliess se desenha atrás do presidente Schreber. O ensaio de Freud foi publicado em 1911, num número do *Jahrbuch* que é o grande divisor de águas na história da psicanálise. Ele continha de fato também a primeira parte do novo livro de Jung, *Wandlungen und Symbole der Libido*, onde apareciam claramente os diversos caminhos que o aluno então rebelde andava trilhando. Entretanto, em 28 de março de 1911, suicidava-se Honegger, o jovem e genial seguidor de Jung, que apresentara em Nuremberg um relatório sobre a paranoia que antecipava com perfeita lucidez as teorias que Jung explicitaria depois a respeito;[16] e em 14 de abril morria Schreber, na clínica psiquiátrica de Dösen, perto de Leipzig, sem saber que suas *Memórias* haviam se tornado a base da teoria da paranoia que dominaria o século e sem que Freud soubesse de sua morte.

O ensaio de Freud sobre Schreber se articula em três partes e um suplemento. A primeira parte acompanha o percurso da doença do presidente, conforme resulta das *Memórias*. O resumo que Freud apresenta é extremamente parcial, isolando da trama do relato schreberiano só o que pode servir à interpretação que depois lhe é dada: faltam, quase completamente, por exemplo, referências às partes políticas do delírio, à "coação a pensar", às transformações da "língua fundamental". Na segunda parte do ensaio, Freud passa a "tentativas de interpretação". Após uma rápida premissa metodológica logo aparece o eixo da teoria: "Do estudo de uma série de casos de mania de perseguição eu e outros extraímos a impressão de que a relação entre o doente e seu perseguidor pode ser resolvida com uma fórmula simples".[17] Tal fórmula diz: "Aquele que ora é odiado e temido por causa de sua perseguição deve ter sido antes uma pessoa amada e venerada".[18] No caso de Schreber, tal pessoa é evidentemente Flechsig. E aqui comparece a homossexualidade: "Uma irrupção de libido homossexual foi portanto a ocasião dessa doença, seu objeto foi provavelmente desde o início o médico Flechsig, e a oposição a esse movimento de libido criou o conflito do qual resultaram as manifestações da doença".[19] Após tão extraordinária afirmação, Freud se detém um momento e se pergunta: "Mas não é uma irresponsável leviandade, indiscrição e calúnia, acusar de homossexualismo uma pessoa moralmente tão elevada quanto o presidente aposentado do Tribunal de Justiça, Schreber?". Superada essa dúvida grave, que diz muito sobre a cautela então imposta também ao menos cauteloso dos psicanalistas, Freud entra nos detalhes da relação com Flechsig, descobrindo atrás de sua figura a do pai de Schreber, que por suas virtudes de pedagogo autoritário parece

---

16 J. Honegger, "Über paranoide Wahnbildung", *Jahrbuch für psychoanalytische und psychopathologische Forschungen*, II, pp. 734-5, 1910. **17** S. Freud, "Psychoanalytische Bemerkungen über einen autobiographisch beschriebenen Fall von Paranoia (Dementia paranoides)" (1911). In: *Studienausgabe*, v. VII, Frankfurt: Fischer, 1973, p. 167 [trad. it. em *Opere complete*, v. VI, Turim, 1974]. **18** Ibid. **19** Ibid., p. 169.

a Freud particularmente adequado ao papel, e do irmão morto. Enfim, do Deus das *Memórias* e de seu representante: o Sol. Essas transformações lhe parecem relacionadas como tema do duplo, ao qual ele faz, contudo, apenas uma breve referência. Enfim, encerrando o capítulo, Freud analisa o problema dos motivos da explosão do conflito, que deve estar associado com "uma privação na vida real"[20] — e tal privação teria sido para Schreber a falta de filhos: "O dr. Schreber poderia ter desenvolvido a fantasia de que, se tivesse sido uma mulher, teria tido mais facilidade para gerar filhos, e assim teria sido aberta a estrada que teria reconduzido àquela atitude feminina em relação ao pai que é própria dos anos da primeira infância".[21] O terceiro capítulo, "Sobre o mecanismo paranoico", contém as considerações teóricas mais complexas. O ponto de partida é aqui a constatação de que tudo o que foi dito antes não basta para fixar a "peculiaridade da paranoia", e para captá-la é preciso entrar no "mecanismo de formação dos sintomas".[22] Uma breve digressão genética permite a Freud, entretanto, identificar "o ponto débil de seu desenvolvimento [dos paranoicos] na zona entre autoerotismo, narcisismo e homossexualidade"[23] — e se acrescenta que uma disposição semelhante se encontra na *esquizofrenia* (para usar o termo de Bleuler)".[24] Prepara-se nessa altura a análise da transformação da frase: "Eu o *amo*", sob a pressão dos diversos estímulos patológicos, que a transformam em "Eu o *odeio*", na mania de perseguição, ou então em outras fórmulas ainda, no caso da erotomania, do ciúme paranoico, do delírio de ciúme do alcoolizado. É essa parte do ensaio de Freud que teve mais influência sobre a literatura psicanalítica posterior, inclusive pela extrema sutileza e pela ductilidade das transformações propostas em relação a um amplo leque patológico. No que concerne à formação dos sintomas da paranoia, Freud isola como fundamental o traço da *projeção*, assim definida: "uma percepção interna é reprimida e para substituí-la aparece, como percepção do exterior, seu conteúdo, após ter sofrido uma certa deformação".[25] E a esse tema decisivo Freud promete voltar num estudo posterior, mas isso não acontece. Com a passagem sobre a projeção foram apresentados todos os elementos fundamentais do ensaio — e daqui em diante Freud realiza uma última e intrincada orquestração de seus temas, em que a tônica é colocada primeiro nas três fases da remoção na paranoia, depois nos problemas associados com

---

20 Ibid., p. 181. **21** Ibid., p. 182. **22** Ibid., p. 183. **23** Ibid., p. 186. **24** Ibid. **25** Ibid., p. 189.

o "distanciamento da libido", fenômeno peculiar da paranoia, mas não só dela. No final do capítulo, ressurgem em forma embrionária as várias divergências com Jung a propósito da *dementia praecox*, que já tinham aparecido na correspondência tantas vezes. Assim, tendo chegado ao final da análise, Freud sente — e é obviamente significativo — a necessidade de afirmar que sua teoria da paranoia se formara *antes* da leitura das *Memórias* de Schreber:

> Posso chamar como testemunha um amigo e especialista, ao afirmar que desenvolvi a teoria da paranoia antes de conhecer o conteúdo do livro de Schreber. Cabe ao futuro decidir se em minha teoria há mais delírio do que gostaria ou se no delírio existe mais verdade do que hoje outros estão dispostos a acreditar.[26]

E essa frase surpreendente é o verdadeiro final do ensaio de Freud sobre Schreber.

Vem depois o suplemento, duas páginas e meia que tiveram um significado inaugural na história da psicanálise. Foram lidas por Freud no Congresso de Weimar (21-22 de setembro de 1911, última ocasião pública em que Freud e Jung apareceram oficialmente unidos). A atitude de Freud nessas páginas parece ser quase de autodefesa: depois de começar lembrando que na análise do caso Schreber se restringiu "voluntariamente a um mínimo de interpretação",[27] Freud reconhece que muitas outras riquezas podem ser extraídas das *Memórias* e cita a respeito as referências a Schreber em *Wandlungen und Symbole der Libido,* de Jung, e num artigo de Sabina Spielrein. Retorna depois ao tema do *Sol* como passível de novas interpretações *mitológicas*, refere-se pela primeira vez ao totemismo e no último parágrafo enfrenta, sempre pela primeira vez em sua obra, o tema da mitologia em geral, com palavras que teriam uma imensa ressonância:

> Este pequeno suplemento à análise de um paranoico pode servir para mostrar como é bem fundamentada a afirmação de Jung segundo a qual as forças mitopoéticas da humanidade não se encontram exauridas, antes continuam ainda hoje a criar na neurose os mesmos produtos psíquicos dos

26 Ibid., p. 200.   **27** Ibid., p. 201.

tempos mais antigos. Também gostaria de retomar uma referência anterior para sublinhar que o mesmo vale para as forças formadoras da religião. E com isso quero dizer que logo será tempo de ampliar um princípio que nós, psicanalistas, formulamos há muito tempo, isto é, acrescentando a seu conteúdo individual, ontogenético, uma integração antropológica, em sentido filogenético. Havíamos dito: no sonho e na neurose, reencontramos a *criança* com as peculiaridades de seu modo de pensar e de sua vida afetiva. Ora acrescentaremos: encontramos também o *selvagem*, o *primitivo*, conforme se mostra a nós à luz do estudo da Antiguidade e da pesquisa antropológica.[28]

Com essas palavras de homenagem, Freud dava igualmente adeus ao aluno predileto, Jung — e ao mesmo tempo antecipava *Totem e tabu*.

Jung, por seu lado, havia recebido mal o ensaio de Freud sobre Schreber. Numa carta de 11 de dezembro de 1911, de tom bastante ressentido, escrevia, referindo-se a um ponto do ensaio em que Freud fala da "queda do interesse libidinoso" em relação ao mundo no paranoico:

> No que concerne ao problema da libido, devo confessar que sua observação na análise de Schreber, na página 65, parágrafo 3, provocou em mim repercussões intensas. A dúvida que o senhor manifestou naquela passagem ressuscitou todas as dificuldades que me oprimiram todos estes anos na tentativa de aplicar a teoria da libido à *dementia praecox*. A perda da função de realidade na *d.pr.* não pode ser reduzida à repressão da libido (enquanto fome sexual). Não por mim, em todo caso.

O tom, o momento, o contexto dessas palavras fazem delas uma declaração de guerra explícita e o reconhecimento de uma divergência então inelutável. Iniciada com discussões sobre a *dementia praecox*, a relação Freud-Jung com elas se degrada, junto com o ridículo nome da doença. Permanece, para nós, a esquizofrenia.

A visão diferente da libido em Jung aparece mais claramente que nunca na segunda parte de *Wandlungen und Symbole der Libido*, publicada antes

---

28 Ibid., p. 203.

no *Jahrbuch* de 1912 e depois, no decorrer do mesmo ano, reunida num volume junto com a primeira parte. Ali se encontram outras referências às *Memórias* de Schreber, que se multiplicarão depois na versão alterada, publicada por Jung em 1952, com o título de *Symbole der Wandlung*: aqui Jung afirma explicitamente, entre outras coisas, que a análise do caso Schreber feita por Freud é de fato "insuficiente" e reivindica numa nota ter indicado as *Memórias* a Freud. Quanto ao resto, as referências são exemplificativas — e as *Memórias* são consideradas no mesmo nível de outros materiais mitológicos, poéticos, místicos e psicopatológicos utilizados no livro.

De qualquer modo, dois anos após a ruptura com Freud, Jung já o atacara a propósito do caso Schreber no longo suplemento à conferência *Der Inhalt der Psychose*, que antes tanto agradara a Freud. Nessas páginas, Jung faz uma exposição que permanecerá clássica da oposição metodológica entre interpretação redutiva (Freud) e interpretação ampliadora (o próprio Jung), aqui chamada de "construtiva".[29] No caso Schreber, segundo Jung, revelar-se-ia escandalosamente a insuficiência do primeiro método, que permite realizar só "a metade do trabalho"[30] de análise, deixando completamente descoberta a pergunta sobre a *finalidade*, a dinâmica do sistema delirante, à qual Jung pensara ter dado uma resposta em *Wandlungen und Symbole der Libido*.

No mesmo ano de 1911 em que apareceu o ensaio de Freud sobre Schreber, Sabina Spielrein publicou um artigo a respeito de um caso de esquizofrenia fazendo referências às *Memórias* do presidente. De origem russa, aluna de Jung em Zurique e envolvida com ele numa ambígua relação pessoal, ela figura entre os primeiros autores da psicanálise, uma das mais interessantes e menos estudadas. Até hoje não se conhecem com precisão suas datas de nascimento e morte (1886?-depois de 1934), o Grinstein lista trinta contribuições suas para a psicanálise, compreendidas entre 1911 e 1931. Enfim, sabemos que Spielrein teve Piaget em análise didática e que em 1923 voltou à Rússia, onde difundiu a doutrina freudiana e ensinou em Rostov até 1933, quando a psicanálise foi posta fora da lei. No artigo citado, Spielrein analisou o caso de uma esquizofrênica que apresenta algumas analogias com a história de Schreber: por exemplo, o temor de uma "catolicização" como

---

29 C. G. Jung, *Der Inhalt der Psychose (1908-1914)*. In: *Gesammelte Werke*, v. III, p. 207 [trad. it. em *Psicogenesi delle malattie mentali*].   **30** Ibid., p. 206.

"conversão à sexualidade", a função do psiquiatra Forel para a paciente, semelhante à de Flechsig para Schreber, o delírio mitológico, que Spielrein acompanha com sutileza. Nas "Considerações finais" do ensaio, encontramos antecipadas quase literalmente as declarações fundamentais de Freud no suplemento ao caso Schreber.

> O paralelismo com o modo de pensar mitológico remete a uma afinidade particular do mecanismo onírico com o pensamento arcaico. Tal impressão me foi imposta claramente durante a análise desta paciente. Se Freud e Jung estabeleceram um paralelismo entre os fenômenos neuróticos e oníricos e a esquizofrenia, creio poder acrescentar um elemento essencial à concepção de Freud e Jung propondo que tudo isso seja considerado em relação com a filogênese.[31]

Numa recensão de 1912 do caso Schreber, Bleuler reconhecia abertamente, a despeito de todas as suas dúvidas e hesitações, a enorme importância do ensaio de Freud: "Esse breve ensaio de sessenta páginas contém uma imensa riqueza de pensamento. Não se pode lê-lo, é preciso estudá-lo".[32] Esse reconhecimento é acompanhado de várias objeções, que Bleuler vinha desenvolvendo havia muitos anos, mas o ponto central da teoria, isto é, a relação paranoia-homossexualidade, é inteiramente aceito. Com essa resenha de certo modo se cristaliza a primeira fase da história do caso Schreber. Freud, por seu lado, voltará outras vezes, nos anos seguintes, a problemas associados a seu ensaio sobre o presidente,[33] mas será sempre para encontrar confirmação às teses ali formuladas. Quanto a seus alunos, uma

---

31 S. Spielrein, "Über den psychologischen Inhalt eines Falles von Schizophrenie (Dementia praecox)", *Jahrbuch für psychoanalytische und psychopathologische Forschungen*, III, pp. 396-7, 1911.
32 E. Bleuler, recensão de Freud, "Psychoanalytische Bemerkungen über einen autobiographisch beschriebenen Fall von Paranoia (Dementia paranoides)", *Zentralblatt für Psychoanalyse*, II, p. 346, 1912. **33** S. Freud, "Zur Einführung des Narzissmus" (1914). In: *Gesammelte Werke*, v. X. Frankfurt: Fischer, 1963, pp. 137-70 [trad. it. em *Opere complete*, v. VII, Turim, 1975]; "Mitteilung eines der psychoanalytischen Theorie widersprechenden Falles von Paranoia" (1915). In: *Studienausgabe*, v. VII, pp. 205-16 [trad. it. em *Opere complete*, v. VIII, 1976]; "Über einige neurotische Mechanismen bei Eifersucht, Paranoia und Homosexualität" (1922). In: *Studienausgabe*, v. VII, pp. 217-28 [trad. it. em *Opere complete*, v. IX, Turim, 1977]; "Eine Teufelsneurose im siebzehnten Jahrhundert" (1923). In: *Studienausgabe*, v. VII, pp. 283-319 [trad. it. em *Opere complete*, v. IX].

espécie de terror sagrado parece circundar durante décadas o nome de Schreber. A teoria da paranoia é obviamente aceita, mas ninguém ousará indagar mais de perto — contudo, fora o próprio mestre a sugeri-lo — outros aspectos das *Memórias*.

Em 6 de julho de 1928, a *Literarische Welt* publicava um *feuilleton* de Walter Benjamin com o título *Livros de doentes mentais*, subtítulo *Da minha coleção*. Num pequeno antiquário de Berna, em 1918, Benjamin conta ter encontrado um dos raríssimos exemplares das *Memórias* de Schreber. Não lembra se então já havia lido o ensaio de Freud. Mas não importa: "Fiquei logo fascinado ao extremo".[34] Na preciosa "biblioteca patológica" de Benjamin, as *Memórias* de Schreber ocuparam um lugar central, junto com o livro do médico do século XIX C. F. A. Schmidt: "Se também o mundo do delírio, como o do saber, tivesse as suas quatro faculdades, as obras de Schreber e de Schmidt seriam um compêndio de sua teologia e de sua filosofia".[35] Em tom de divagação elegante, Benjamin oferece aos leitores um cotejo fugaz dos temas e da linguagem das *Memórias* — e afinal conclui com uma passagem em que a desenvoltura folhetinesca cede ao timbre do grande ensaísta:

> A existência de obras deste gênero tem algo de desconcertante. Enquanto nos sentimos habituados a considerar o âmbito da escrita como, apesar de tudo, superior e protegido, a irrupção da loucura, que se insinua com passos abafados nunca antes conhecidos, é ainda mais aterrorizante. Como conseguiu entrar? Como pôde evitar os controles dessa Tebas das cem portas, a cidade dos livros?[36]

A única grande tentativa de leitura, até hoje, das *Memórias* de Schreber fora do âmbito da psicanálise se deve a Elias Canetti. Também neste caso é interessante considerar por que vias ele chegou a ler as *Memórias*. Em agosto de 1939, Canetti vivia em Londres, no ateliê da escultora Anna Mahler, filha de Gustav. "Entre os livros dela, que conhecia bem, notei um que era novo para mim: as *Memórias* de Schreber. Abri-o e logo vi que me interessaria muito. Não sabia de onde vinha e não o relacionei com Freud, cujo

---

34 Walter Benjamin, "Bücher von Geisteskranken". In: *Gesammelte Schriften*, v. IV, 2. Frankfurt: Suhrkamp, 1972, p. 616. **35** Ibid., p. 617. **36** Ibid., p. 618.

trabalho ainda não tinha lido."[37] O livro se encontrava ali por acaso, deixado por um médico que tinha morado no ateliê e havia emigrado para a América. Canetti pediu-o à dona da casa, mas não o leu até maio de 1949: foi um encontro desconcertante, que provocou a redação dos dois capítulos sobre Schreber em *Massa e poder*.* Sobre o efeito imediato da leitura, é testemunho uma nota de 1949:

> O que não encontrei nele [Schreber]! Confirmações para algumas das ideias que me ocupam há anos: por exemplo, a conexão indissolúvel entre paranoia e poder. Todo o seu sistema é a representação de uma luta pelo poder, na qual o próprio Deus é o seu verdadeiro antagonista. Schreber viveu longamente com a ideia de ser o único homem sobrevivente no mundo: todos os outros eram almas de mortos e até Deus em várias encarnações. A ideia de ser único no mundo, de pretender sê-lo, o único no meio de cadáveres, é decisiva para a psicologia tanto do paranoico como do extremamente poderoso [...]. Mas Schreber também trazia pronta consigo, como delírio, a ideologia do nazismo [...]. Essa maneira de ocupar--se da paranoia tem seus perigos. Depois de poucas horas, sou atacado por um sentimento atormentado de reclusão e, quanto mais convincente é o sistema delirante, mais forte é minha angústia.[38]

Fica claro por essas palavras, e pela passagem inteira, como Schreber pareceu a Canetti um pouco como o soberano habitante daquele imenso Musée Grévin do poder que é *Massa e poder*. E justamente nessa posição, pouco antes do epílogo, Canetti situou seu relato do caso Schreber na obra que acompanhou por décadas a sua vida. A técnica da apresentação é narrativa, como quer o procedimento peculiar de Canetti — felizmente experimentado por ele outras vezes, nas *Cartas a Felícia* de Kafka e também nas *Memórias* de Speer — de pensar narrando, procedimento pelo qual o leitor se dá conta de ter sido conduzido a uma inexorável leitura dos fatos enquanto pensava ouvir simplesmente sua exposição.

---

* Trata-se de "Der Fall Schreber I/II", reproduzidos no posfácio anterior desta edição (pp. 415--46) sob o título "O caso Schreber". [N. E.]   **37** Essas indicações são retiradas de uma carta pessoal de Elias Canetti, a quem agradeço por me ter permitido citá-las.   **38** Elias Canetti, *Die Provinz des Menschen: Aufzeichnungen 1942-1972*, op. cit., p. 155.

Canetti trata primeiro do "sentimento da posição" próprio do paranoico: é sempre uma posição de importância cósmica, que permite ao paranoico falar das constelações "como se fossem pontos de ônibus logo virando a esquina".[39] E aqui já aparece a relação com o detentor do poder: "Também com o detentor do poder, e pela própria natureza do poder, não poderia ser de outra forma: o sentimento subjetivo que ele abriga em relação a sua posição não difere em nada daquele do paranoico".[40] O segundo ponto abordado por Canetti diz respeito à *massa*, como aparece na miríade de almas que circundam Schreber. O terceiro ponto é a obsessão do *complô*, igualmente essencial para os paranoicos e os poderosos. Assim já se desenhou a estrutura do delírio de Schreber em relação ao poder político:

> Seu delírio [de Schreber], sob o disfarce de uma antiga concepção de mundo que pressupõe a existência de espíritos, é, na realidade, o modelo exato do poder *político*, o qual se alimenta e compõe-se da massa. Qualquer tentativa de analisar conceitualmente o poder só poderá causar dano à clareza da visão de Schreber. Nela estão contidos todos os elementos da situação real: a forte e duradoura atração exercida sobre os indivíduos que deverão compor uma massa, sua postura ambígua, seu amansamento mediante a miniaturização daqueles que a compõem, sua dissolução no detentor de poder, cuja pessoa, cujo *corpo* representa o poder político; a grandeza do poderoso, que, assim, tem de *renovar-se* de modo incessante, e, por fim, um último ponto, bastante importante, do qual não se falou ainda: o sentimento do *catastrófico* que a isso se liga, uma ameaça à ordem universal que deriva precisamente dessa inesperada atração a crescer velozmente.[41]

Como se vê, muitos dos temas que Canetti havia articulado pacientemente em sua grande obra se encontram concentrados, e num grau de enorme intensidade, nas vivências de Schreber, se as considerarmos na perspectiva do poder. E Canetti será certamente o último a abandonar tal tema, prosseguindo assim em seu relato-meditação nessa linha, evitando qualquer distração possível, similar nisso a Freud, que tratara o texto de Schreber com

---

39 Id., "Der Fall Schreber I/II". In: *Masse und Macht*. Hamburgo: Claassen, 1960, p. 501. [Ed. bras.: "O caso Schreber", In: *Massa e poder*. Trad. Sérgio Tellaroli. São Paulo: Companhia das Letras, 1995. Aqui, p. 416.] **40** Ibid., p. 502 [416]. **41** Ibid., p. 508 [422].

parcialidade igual e oposta. O procedimento de Canetti lhe permite alcançar aqui algumas de suas mais importantes conclusões aforísticas: "ser o derradeiro ser vivo constitui a mais profunda tendência de todo *detentor de poder* 'ideal'";[42] "Ninguém possui um olho mais atento às propriedades da massa do que o paranoico ou — o que dá no mesmo, conforme agora já se há, talvez, de admitir — o detentor de poder";[43] "A paranoia é, literalmente, uma *doença do poder*".[44] E no final da primeira parte do tratado de Canetti aparece a imagem de Hitler e do nazismo, como atualização, "sob uma forma algo mais grosseira e menos 'culta'",[45] do delírio de Schreber.

Na segunda parte, já estabelecido o nexo indissolúvel entre paranoia e poder, Canetti passa a uma espécie de quadro descritivo do paranoico, sempre visto através de Schreber. A acuidade da análise psicológica é aqui portentosa e se move desde o início em direções totalmente diversas daquelas de Freud: "Tentou-se remeter o seu caso em particular, e, posteriormente, a própria paranoia como tal, a disposições homossexuais recalcadas. Equívoco maior seria impensável. *Tudo* pode se tornar um *ensejo* para a paranoia; essencial, entretanto, é a *estrutura* e o *povoamento* do delírio".[46] Na análise de tal estrutura reaparecem, por contraste, muitos temas já tratados por Canetti: a tônica aqui é colocada na rigidez, a petrificação do mundo paranoico em oposição ao mundo da metamorfose, ao qual Canetti dedicou uma seção belíssima do livro. Em Schreber, tal enrijecimento se manifesta sobretudo no "vício da *causalidade*"[47] e na obsessão verbal. Sobre esse ponto Canetti chega a algumas de suas formulações mais felizes: "Talvez a tendência mais extrema da paranoia seja a de pretender apanhar o mundo em sua totalidade por meio das palavras, como se a língua fosse um punho a encerrar o mundo dentro de si".[48] Chegando à conclusão dessa segunda seção, Canetti retoma com maior nitidez o tema da relação paranoia-poder:

Também nesse aspecto o paranoico revela-se a imagem exata do detentor de poder. A diferença entre eles é somente a de sua posição no mundo exterior. Em sua estrutura interna, eles são idênticos. [...] Não há como

---

42 Ibid., p. 510 [424]   **43** Ibid., p. 515 [429].   **44** Ibid., p. 516 [430].   **45** Ibid., p. 515 [429].
46 Ibid., p. 518 [431].   **47** Ibid., p. 521 [434].   **48** Ibid.

rejeitar a suposição de que, por trás de toda paranoia, bem como de todo poder, encontra-se uma mesma e profunda tendência: o desejo de afastar os outros do caminho, a fim de ser o único; ou, na formulação mais branda e frequentemente admitida, o desejo de servir-se dos outros a fim de, com seu auxílio, vir a ser o único.[49]

A letargia da psicanálise em relação a Schreber se rompe gradualmente, e com lentidão, a partir do final da Segunda Guerra Mundial. Nos anos anteriores, há bem pouco para assinalar, exceto os dois artigos de W. Spring e R. Knight, que são de 1939-40.[50] No apêndice a uma conferência lida, em 1946, na British Psychoanalytical Society, Melanie Klein se refere à análise do caso Schreber dizendo que ela "contém uma massa de material importante para o meu tema",[51] que é afinal um exame rápido da "posição paranoide-esquizoide" em relação a vários processos do *splitting*. Dentre as várias citações de Schreber no texto de Freud, Klein isola sobretudo as que concernem à *divisão das almas* (por exemplo, da alma de Flechsig), processo entendido por ela como "projeção do sentimento, em Schreber, de que o seu Eu era dividido".[52] Neste e em outros pontos Klein sugere correções e ampliações da teoria de Freud, para concluir, enfim, que "a abordagem de Freud dos problemas da esquizofrenia e da paranoia revelou ser de importância fundamental. Seu ensaio sobre Schreber [...] abriu a possibilidade de entender a psicose e os processos que a sustentam".[53] A partir de 1949, o psicanalista americano Maurits Katan publica vários artigos breves sobre Schreber,[54] depois retomados e refundidos na complexa análise

---

49 Ibid., p. 533 [446]. **50** W. J. Spring, "Observations on World Destruction Fantasies", *Psychoanalytic Quarterly*, VIII, pp. 48-56, 1939; R. P. Knight, "The Relationship of Latent Homosexuality to the Mechanism of Paranoid Delusions", *Bulletin of the Menninger Clinic*, IV, pp. 149-59, 1940. **51** Melanie Klein, "Notes on Some Schizoid Mechanisms". In: M. Klein; P. Heimann; S. Isaacs e J. Rivière, *Developments in Psycho-Analysis*. Londres: The Hogarth, 1952, p. 317 [trad. it. em *Scritti 1921-1958*, Turim, 1978]. **52** Ibid., p. 42. **53** Ibid., p. 43. **54** M. Katan, "Schreber's Delusion of the End of the World", *Psycho-Analitic Quarterly*, XVIII, pp. 60-6, 1949; "Schreber's Hallucinations about the 'Little Men'", *International Journal of Psycho-Analysis*, XXXI, pp. 32-5, 1950; "Further Remarks about Schreber's Hallucinations", *International Journal of Psycho-Analysis*, XXXIII, pp. 429-32, 1952; "Schreber's Prepsychotic Phase", *International Journal of Psycho-Analysis*, XXXIV, pp. 43-51, 1953; "The Importance of the Non-Psychotic Part of the Personality in Schizophrenia", *International Journal of Psycho-Analysis*, XXXV, pp. 119-28, 1954.

de 1959.[55] Essas contribuições estabelecem quase um modelo do texto que voltará a ser apresentado com frequência até hoje: prudente variação sobre os temas do ensaio de Freud, extrapolação de alguns detalhes das *Memórias* para dar-lhes uma importância nova, sem jamais questionar os fundamentos da análise freudiana ou então levá-la a consequências mais profundas. A esse tipo de textos pertencem, obviamente com notável diversidade de posição, os artigos de A. C. Carr, R. Waelder, J. Nydes, P. M. Kitay, R. B. White, H. F. Searles.[56] Estes dois últimos autores dedicam-se sobretudo a relevar a importância, em Schreber, *também* do complexo materno, tema que foi retomado depois num interessante artigo de R. Stoller, que trata em geral do problema da bissexualidade em Freud.[57] O sinal mais evidente do renovado interesse da psicanálise oficial pelo caso Schreber verificou-se em 1962, quando ocorreu em Atlantic City um simpósio com o tema: Reinterpretations of the Schreber Case: Freud's Theory of Paranoia [Reinterpretações do caso Schreber: a teoria da paranoia de Freud].

Até 1955, as discussões sobre o caso Schreber permaneciam sobremaneira limitadas ao texto de Freud, *não* existindo uma nova edição, nem em alemão nem em outra língua, das *Memórias*. Foi por isso extremamente útil, e verdadeira obra pioneira, a publicação, naquele ano, de uma tradução inglesa amplamente comentada, sob a responsabilidade de Ida Macalpine e R. A. Hunter.[58] Na introdução, os dois autores apresentam primeiro um esquema histórico do caso Schreber e da noção de paranoia na evolução da psiquiatria, revelando as muitas e curiosas oscilações e incertezas que

---

55 M. Katan, "Schreber's Hereafter", *The Psychoanalytic Study of the Child*, XIV, pp. 314-82, 1959.
56 A. C. Carr, "Observations on Paranoia and Their Relationship to the Schreber Case", *International Journal of Psycho-Analysis*, XLIV, pp. 195-200, 1963; R. Waelder, "The Structure of Paranoid Ideas", *International Journal of Psycho-Analysis*, XXXII, pp. 167-77, 1951; J. Nydes, "Schreber, Parricide, and Paranoid-Masochism", *International Journal of Psycho-Analysis*, XLIV, pp. 208-12, 1963; P. M. Kitay, "Introduction" e "Summary" do "Symposium on 'Reinterpretations of the Schreber Case: Freud's Theory of Paranoia'", *International Journal of Psycho-Analysis*, XLIV, pp. 191-4, 222-3, 1963; R. B. White, "The Mother-Conflict in Schreber's Psychosis", *International Journal of Psycho-Analysis*, XLII, pp. 55-73; "The Schreber Case Reconsidered in the Light of Psychosocial Concepts", *International Journal of Psycho-Analysis*, pp. 213-21, 1963; H. F. Searles, "Sexual Processes in Schizophrenia", *Collected Papers on Schizophrenia and Related Subjects*. Londres: The Hogarth, 1965, pp. 429-42.   **57** R. Stoller, "Faits et hypothèses: Un Examen du concept freudien de bisexualité", *Nouvelle Revue de Psychanalyse*, 7, pp. 135-55, primavera 1973.   **58** D. P. Schreber, *Memoirs of My Nervous Illness*, op. cit.

a marcaram desde o início. A essa utilíssima introdução histórica corresponde, no final do volume, uma discussão teórica em que os autores denunciam a insuficiência da teoria freudiana com corajosa sinceridade. Porém, a teoria alternativa que os dois autores propõem é de uma fraqueza extrema — e como tal foi objeto de um deboche cruel por parte de Lacan.[59] Para Macalpine e Hunter, o elemento decisivo na paranoia de Schreber seriam as suas "fantasias de procriação pré-genitais",[60] provocadas por seu desejo frustrado de ter filhos. Assim, todo o eixo da interpretação freudiana se desloca, sem muitos frutos. Em particular, a exemplificação mitológica e antropológica a que recorrem os autores é bastante pobre e casual, sobretudo se confrontadas com as imensas aberturas para essas perspectivas que se encontram nas *Memórias* de Schreber.

A partir de 1950, começam a sair artigos que apresentam novos materiais sobre a vida de Schreber e sua família, atendendo a uma demanda de Freud de quarenta anos antes. As primeiras pesquisas neste sentido são de Niederland e de Baumeyer,[61] e desde o início elas propõem dados de enorme interesse, que se tornaram a base de todos os estudos sobre Schreber em seu contexto familiar. Emerge, desses artigos, em especial a figura do pai, D. G. M. Schreber, pedagogo iluminado e torturador, que teve, para todo o século XIX e subterraneamente até hoje, uma imensa influência na Alemanha como defensor do higienismo, da ginástica e de uma educação estritamente moralista. Por longos anos, a obra mais documentada sobre ele

---

59 Jacques Lacan, "D'une Question préliminaire à tout traitement possible de la psychose". In: *Écrits*. Paris: Éditions du Seuil, 1966, pp. 544-7 [trad. it. em *Scritti*, Turim, 1974]. **60** D. P. Schreber, *Memoirs of My Nervous Illness*, op. cit., pp. 381 ss. **61** William G. Niederland, "Three Notes on the Schreber Case", *Psychoanalytic Quarterly*, XX, pp. 579-91, 1951; "River Symbolism, Part I", *Psychoanalytic Quarterly*, XXV, pp. 469-504, 1956; "River Symbolism, Part II", *Psychoanalytic Quarterly*, XXVI, pp. 50-75, 1957; "Schreber: Father and Son", *Psychoanalytic Quarterly*, XXVIII, pp. 151-69, 1959; "The 'Miracled-Up' World of Schreber's Childhood", *The Psychoanalytic Study of the Child*, XIV, pp. 383-413, 1959; "Schreber's Father", *Journal of the American Psychoanalytic Association*, VIII, pp. 492-9, 1960; "Further Data and Memorabilia Pertaining to the Schreber Case", *International Journal of Psycho-Analysis*, XLIV, pp. 201-7, 1963; F. Baumeyer, "New Insights into the Life and Psychosis of Schreber", *International Journal of Psycho-Analysis*, XXXIII, p. 262, 1952; "Der Fall Schreber", *Psyche*, IX, pp. 513-36, 1955 (publicado de novo em *Denkwürdigkeiten eines Nervenkranken*: ver nota 63); "Noch ein Nachtrag zu Freuds Arbeit über Schreber", *Zeitschrift für psychosomatische Medizin und Psychoanalyse*, XVI, pp. 243-5, 1970 (republicado em *Denkwürdigkeiten eines Nervenkranken*).

foi a tese de um jovem nazista, Alfons Ritter, venerador de Schreber pai, que inscreveu *in limine* em seu trabalho esta sentença: "A via rumo à renovação da essência e da força alemãs conduz necessariamente à profissão de fé no sangue e na terra".[62] D. G. M. Schreber lhe parecia justamente, com alguma razão, um precursor de tal "renovação".

As pesquisas de Niederland e de Baumeyer conseguiram explicar alguns detalhes até então misteriosos nas *Memórias* de Schreber, associando-os a fatos de sua vida. Baumeyer, mais tarde, encontrou, na clínica de Arnsdorf, da qual fora diretor de 1946 a 1949, algumas fichas clínicas concernentes a Schreber que tinham pertencido ao arquivo do instituto médico de Sonnenstein. O texto desses documentos pode agora ser encontrado na última edição alemã das *Memórias* de Schreber, acompanhado de um comentário de Baumeyer.[63] Eles são relevantes, acima de tudo, porque reportam várias afirmações de Schreber que não se encontram nas *Memórias*, dentre as quais a famosa frase: "O Sol é uma puta", à qual Lacan dedicou um comentário sutil.[64] Uma vez a figura do pai retirada do esquecimento com resultados surpreendentes, a pesquisa se dirigiu para as gerações precedentes dessa notável família de cientistas e juristas: um excelente artigo publicado em *Scilicet* documenta a recorrência, sob várias formas, de certas obsessões moralistas nos antepassados do presidente, a ponto de iluminar violentamente um *karman* certamente muito pesado.[65] Enfim, a obra mais brilhante, que de certo modo apresenta uma soma das primeiras pesquisas sobre a família Schreber, é o livro de Schatzman,[66] caracterizado por uma generosa defesa, à maneira de Laing, do direito do presidente ao delírio, considerando as humilhações sofridas por ele na infância, humilhações que Schatzman encontra *transformadas* em vários pontos das *Memórias* de Schreber. E não me parece que seja de duvidar, por exemplo, que certos "milagres" relatados pelo presidente correspondem perfeitamente a algumas máquinas de tortura ortopédicas inventadas pelo pai. Mas é preciso dizer que mesmo nesse caso o presidente escapa a

---

62 Alfons Ritter, *Schreber das Bildungssystem eines Arztes*. Erfurt: Ohlenroth, 1936. **63** *Denkwürdigkeiten eines Nervenkranken*. Org. P. Heiligenthal e R. Volk, com dois artigos de F. Baumeyer e um glossário da "língua fundamental". Wiesbaden: Focus, 1973, pp. 341-66. **64** J. Lacan, op. cit., pp. 582-3. **65** "Une Étude: La Remarquable famille Schreber", *Scilicet*, Paris, n. 4, 1973, pp. 287-321 [sem indicação de autor]. **66** Morton Schatzman, *Soul Murder*. Nova York: Random House, 1973 [trad. it.: *La famiglia che uccide*, com um ensaio de E. Codignola, Milão, 1973].

qualquer redução: os aspectos particulares das *Memórias* atribuíveis à terrível relação com o pai são apenas uma determinada parte de seu delírio, que depois continua a se desenvolver e proliferar em outras direções, sobre as quais até hoje bem pouco foi dito. Enfim, é curioso como às numerosas pesquisas sobre D. G. M. Schreber não tenha correspondido um interesse igual no que concerne à figura histórica de Flechsig, que poderia reservar surpresas não menores. Só um artigo de Niederland trata de alguns pontos da relação real entre Schreber e Flechsig.[67] Será que não foi porque o pai Freud não tinha encorajado, em seu ensaio, a investigar a vida e as obras de seu colega Flechsig?

A leitura de Schreber na França está ligada sobretudo ao nome de Lacan, que já em 1955-6 havia dedicado um seminário ao caso Schreber. Em 1959, no número 4 de *Psychanalyse*, aparecia seu longo ensaio "D'une Question préliminaire à tout traitement possible de la psychose", onde é retomado muito material do seminário precedente. Dedicado, com uma certa solenidade macabra, ao *genius loci* do hospital psiquiátrico de Sainte-Anne, esse ensaio é sem dúvida central na obra de Lacan e é o único, no âmbito psicanalítico, que se confronta radicalmente com o de Freud. As questões que nele se levantam são obviamente muito intrincadas e nos afastariam um pouco demais do presidente. Portanto, vou me limitar a relevar alguns pontos de um percurso tortuoso. "Meio século de freudismo aplicado à psicose deixa ainda tal problema para ser repensado, em outras palavras, deixa-nos ainda no statu quo ante":[68] com essa brutal e longamente esperada declaração de falência, tão mais significativa na boca de um psicanalista que havia estreado muitos anos antes com uma tese intitulada *De la Psychose paranoïque dans ses rapports avec la personnalité*, Lacan prepara seu discurso, e já poucas linhas depois, falando do "longo cozimento da ciência na Escola" e do "fedor de gordura queimada" que atraiçoa a "prática secular da preparação dos cérebros",[69] nos introduz triunfalmente num nível schreberiano, coisa que os psicanalistas precedentes haviam evitado fazer. Acima de tudo, Lacan parece movido — como Freud antes dele, que havia até reconhecido numa passagem das *Memórias* uma antecipação fantástica da

---

67 W. G. Niederland, "Schreber and Flechsig", *Journal of the American Psychoanalytic Association*, XVI, pp. 740-8, 1968.   **68** J. Lacan, op. cit., p. 537.   **69** Ibid.

teoria da libido[70] — por uma admiração justificada pelo presidente, que é acompanhada por um furioso desprezo por seus leitores depois de Freud — e quem recebe ataques mais furiosos é sobretudo "mme. Macalpine", separada na ocasião, de modo um tanto *canaille*, de R. A. Hunter. Quanto a Freud ("Vers Freud" e "Avec Freud" são os títulos da primeira e da terceira seção do ensaio), Lacan relê aqui em filigrana vários de seus textos fundamentais, que o orientam em muitas direções centrífugas, antes de fazê-lo voltar *"du côté de Schreber"* (quarta seção), não sem ter deixado escapar com desenvoltura uma frase significativa do deslocamento teórico que está ocorrendo: "A homossexualidade, suposta determinante da psicose paranoica, é propriamente um sintoma articulado em seu processo".[71] E são sobretudo duas as presas categoriais que Lacan haverá de extrair dessa sua incursão: a *Verwefung* = *forclusion* e o Nome-do-Pai, que representará o pai simbólico de *Totem e tabu*, a lei, o pai morto. A conjunção dessas categorias será, enfim, reencontrada na formulação mais densa que Lacan ofereceu do mecanismo da psicose:

> Para que a psicose se desencadeie, é preciso que o Nome-do-Pai, *verwofen*, *forclos*, isto é, jamais surgido no lugar do outro, aí seja chamado em oposição simbólica ao sujeito.
>
> É o defeito do Nome-do-Pai em tal lugar que, através do buraco que abre no significado, encaminha a cascata de remanejamentos do significante do qual procede o desastre crescente do imaginário, até que se atinja aquele nível em que significante e significado se estabilizam na metáfora delirante.[72]

Derivados da leitura de Lacan, em diferentes medidas, são os vários ensaios e referências que se sucederam na França após a publicação dos *Écrits*, em particular os de G. Rosolato, O. Mannoni e M. Mannoni.[73]

---

70 S. Freud, "Psychoanalytische Bemerkungen...", op. cit. **71** J. Lacan, op. cit., p. 550. **72** Ibid., p. 584. **73** Guy Rosolato, "Paranöia et scène primitive" e "Repères pour la psychose". In: *Essais sur le symbolique*. Paris: Gallimard, 1969, pp. 199-241, 315-34; Octave Mannoni, *Clefs pour l'imaginaire ou l'Autre scène*. Paris: Éditions du Seuil, 1969, pp. 75-9 [trad. it.: *La funzione dell'immaginario*, Bari, 1972]; Maud Mannoni, *Le Psychiatre, son "fou" et la psychanalyse*. Paris: Éditions du Seuil, 1970, pp. 165-85, 229-31 [trad. it.: *Lo psichiatra, il suo "pazzo" e la psicoanalisi*, Milão, 1971]; *Éducation impossible*. Paris: Éditions du Seuil, 1973, pp. 21-32, 48-9 e passim [trad. it.: *Educazione impossibile*, Milão, 1974].

Uma aclimatação de Lacan (e, no fundo, de Derrida) na Alemanha através de Schreber ocorre na longa introdução de S. M. Weber para a edição Ullstein das *Memórias*.[74] Enfim, gostaria de referir-me a dois livros nascidos no mesmo clima, que não só são importantes em si, mas significativos de uma certa mudança de perspectiva em relação ao presidente, o qual aparece então frequentemente como bandeira de um discurso que sempre ameaça abrir-se: o *Anti-Oedipe*, de Deleuze e Guattari, e *System and Structure*, de Anthony Wilden. Na sedutora estrutura pseudodelirante e cripto-universitária de *Anti-Oedipe*, o nome do presidente brilha várias vezes, invocado junto com Artaud, Lewis Carroll e Beckett entre os santos protetores da revolta contra o triângulo edipiano. Mesmo sem se deterem em análises detalhadas das *Memórias* de Schreber, Deleuze e Guattari querem sobretudo subtrair sua leitura à coerção freudiana — e colocam de fato uma séria pergunta retórica contra ela: "Como ousar reduzir ao tema paterno um delírio tão rico, tão diferenciado e tão 'divino' como o delírio do presidente?".[75] De fato, se Freud sentiu a necessidade de desculpar-se, no ensaio sobre Schreber, pela monotonia das interpretações psicanalíticas, decorrente de uma suposta monotonia da sexualidade,[76] isso quer dizer que também ele se deu conta, nesse caso, da desproporção entre o material a ser interpretado e os resultados da interpretação:

Do enorme conteúdo político, social e histórico do delírio de Schreber *não resta uma única palavra*, como se a libido não se ocupasse daquelas coisas. Os únicos a serem invocados são um argumento sexual, que consiste em operar a ligação da sexualidade e do complexo familiar, e um argumento mitológico, que consiste em apresentar a adequação das potências produtivas do inconsciente e das "forças edificadoras dos mitos e das religiões".[77]

---

74 D. P. Schreber, *Denkwürdigkeiten eines Nervenkranken*. Org. com um ensaio de S. M. Weber. Frankfurt: Suhrkamp, 1973. **75** G. Deleuze e F. Guattari, *L'Anti-Oedipe*. Paris: Les Éditions de Minuit, 1972, p. 66. [Ed. bras.: *O anti-Édipo*. Trad. Luiz B. L. Orlandi. São Paulo: Ed. 34, 2010, p. 80.] **76** S. Freud, "Psychoanalytische Bemerkungen"..., p. 179. **77** G. Deleuze e F. Guattari, op. cit., p. 67.

Portanto, se parece clara, em *Anti-Oedipe*, a função da personagem Schreber, reivindicação permanente contra toda a história da psicanálise, e de certo modo contra toda a nossa história, permanece bastante indefinida a leitura das *Memórias* proposta por Deleuze e Guattari, sobretudo se pensarmos em suas tentativas de fixar a distinção, sempre assaz delicada, entre paranoicos (meio semelhantes demais aos Maus) e esquizofrênicos (meio semelhantes demais aos Bons), sem analisar, senão ocasionalmente, passagens das *Memórias* do presidente.

Uma outra aclimatação crítica de Lacan e Derrida num contexto anglo-saxão, marcado por Bateson, Laing e MacKay, além de Marx e Fanon, se encontra no ensaio de Anthony Wilden. Também aqui as razões de Schreber podem celebrar sua vitória contra a razão da psicanálise, porque Wilden, após ter percorrido com acuidade a interpretação de Lacan, passa a apresentar o presidente como herói cultural hostil ao falocentrismo dominante — e por isso só por equívoco podendo ser conduzido à homossexualidade reprimida proposta por Freud. Depois de ter observado que "o mérito principal da interpretação de Freud não se acha tanto em sua fidelidade ao texto, mas em sua simplicidade *estética*",[78] depois de ter criticado inclusive a posição de Lacan, falocêntrica à sua maneira, Wilden passa vivamente para a análise daquilo que Schreber, em suas *Memórias*, tende a "metacomunicar a respeito da ideologia maniqueísta de sua cultura, sem ser plenamente capaz de definir tal metacomunicação".[79] Tal incapacidade parcial, contudo, não impede Wilden de reconhecer que, enquanto "filósofo social" e "psicólogo-filósofo",[80] Schreber dá uma interpretação de si mesmo que "transcende o preconceito 'homossexual', do gênero *aut-aut*, de Freud, o preconceito 'linguístico' digitalizado de Lacan e a teoria opositora de Macalpine e de Hunter sobre a 'identidade sexual'".[81] Para Wilden, o ponto decisivo na visão de Schreber é o desejo de emasculação — enquanto transformação em mulher —, mas que não deveria ser relacionado com a homossexualidade e o terror da castração, e sim com o lúcido desejo de *recuperar o corpo*, readquirir a condição da volúpia, abandonando a gaiola das

---

78 Anthony Wilden, "Critique of Phallocentrism: Daniel Paul Schreber on Women's Liberation". In: *System and Structure*. Londres: Tavistock, 1972, pp. 278-301. **79** Ibid., p. 296. **80** Ibid., p. 295. **81** Ibid., p. 298.

dicotomias homossexuais que governam nossa sociedade. Nesse sentido, escreve Wilden: "Schreber merece ter um lugar entre os grandes místicos e filósofos do socialismo utópico".[82] E com tal generoso reconhecimento póstumo das qualidades do presidente encerro esta viagem breve pela psique do século XX.[83]

82 Ibid., p. 301.   **83** Muitas são as publicações sobre Schreber que foram acrescentadas entre 1974 (quando esta nota foi escrita) e hoje. Mas todas seguem, sob diversos aspectos, algumas das pistas que já tinham sido indicadas. Porém, é obrigatório destacar um livro que oferece uma impressionante quantidade de dados novos sobre Schreber e sua família: Han Isräels, *Schreber: Father and Son.* Amsterdam: versão datilografada, 1981; versão adaptada do inglês: *Schreber, père et fils.* Paris: Seuil, 1986.

DANIEL PAUL SCHREBER, nascido em uma família tradicional e proeminente da cidade de Leipzig em 1842, é internado em uma clínica psiquiátrica em razão de uma crise hipocondríaca aos 42 anos de idade, numa época em que já ocupava altas posições em sua carreira de Estado como jurista. Nove anos depois ele é afastado da presidência da Corte de Apelação de Dresden e inicia um longo período de internação que terá nove anos de duração. Nos anos finais desta segunda internação Schreber redige estas *Memórias*, que apresentam seu sistema de pensamento e suas concepções religiosas, às quais ele continua a atribuir grande valor mesmo após retomar a vida em liberdade: "Sou também apenas um homem e, portanto, preso aos limites do conhecimento humano; só não tenho dúvida de que cheguei infinitamente mais perto da verdade do que os outros homens, que não receberam as revelações divinas". Nesse período elabora ainda a defesa jurídica do fim de sua internação e das interdições impostas a ele, em um documento presente neste volume ("Em que condições uma pessoa considerada doente mental pode ser mantida reclusa em um sanatório contra a sua vontade manifesta?"). Schreber recupera a liberdade e os direitos civis ao completar sessenta anos de idade, em 1902, mas volta a ser internado em 1907 após a doença e o falecimento de sua esposa. Morre em 1911, ano em que Sigmund Freud publica uma interpretação psicanalítica de suas *Memórias*, iniciando a inusitada celebridade do livro e do nome de seu autor.

MARILENE CARONE (1942-87), psicanalista e tradutora, formada em psicologia pela USP (1968) e especialista na aplicação de testes de Rorschach (estudou com Aníbal Silveira e aperfeiçoou-se em Viena), participou da fundação do curso de Psicoterapia de Orientação Psicanalítica do Instituto Sedes Sapientiae, onde lecionou entre 1976 e 1980. Concebeu na década de 1980 o primeiro projeto de tradução — interrompido por sua morte precoce — das obras completas de Sigmund Freud para o português diretamente do original alemão, além de ter elaborado uma crítica histórica e teórica das traduções que até então circulavam no mercado brasileiro. Entre as obras de Sigmund Freud por ela traduzidas figuram os ensaios "A negação", "Luto e melancolia" e o livro *Conferências introdutórias à psicanálise*.

© Todavia, 2021
© *tradução e introdução*, herdeiros de Marilene Carone

Todos os direitos desta edição reservados à Todavia.

Grafia atualizada segundo o Acordo Ortográfico da Língua
Portuguesa de 1990, que entrou em vigor no Brasil em 2009.

capa e ilustração de capa
Elisa v. Randow
preparação
Mariana Delfini
revisão
Huendel Viana
Ana Maria Barbosa

2ª reimpressão, 2024

Dados internacionais de Catalogação na Publicação (CIP)

Schreber, Daniel Paul (1842-1911)
Memórias de um doente dos nervos / Daniel Paul
Schreber ; tradução e introdução Marilene Carone ;
posfácios Elias Canetti, Roberto Calasso. — 1. ed. —
São Paulo : Todavia, 2021.

Título original: *Denkwürdigkeiten eines Nervenkranken*
ISBN 978-65-5692-099-3

1. Doença mental. 2. Autobiografia. I. Carone, Marilene.
II. Canetti, Elias. III. Calasso, Roberto. III. Título.

CDD 616.890.092

Índice para catálogo sistemático:
1. Doença mental: Autobiografia 616.890.092

Bruna Heller — Bibliotecária — CRB-10/2348

todavia
Rua Luís Anhaia, 44
05433.020 São Paulo SP
T. 55 11. 3094 0500
www.todavialivros.com.br

fonte
Register*
papel
Avena 80 g/m²
impressão
Forma Certa